區域經濟一體化中的法律問題研究

以粵港澳大灣區為例

慕亞平　主編

慕子怡　朱穎俐　副主編

Studies on the Legal Issues in the Regional
Economic Integration: Take Guangdong,
Hong Kong and Macao Bay Area as an Example

開明書店

目　錄

主要編撰者簡介

慕亞平 男，河南滑縣人，1956 年 7 月出生。中山大學法學院教授、碩士生導師，WTO 與 CEPA 法律研究中心主任。兼任中國國際經濟貿易法研究會副會長，中國國際法學會理事、中國法學會 WTO 研究會理事、廣東省港澳法研究會副會長等。獨著、主編、參著有專著、教材 30 多部，包括《WTO 中的「一國四席」》《全球化背景下的國際法問題研究》《區域經濟一體化與 CEPA 法律問題研究》《國際法原理》等。

慕子怡 男，河南安陽人，1984 年 4 月出生。廣州大學法學院教師，香港城市大學國際法經濟法博士，美國維克森林大學法學碩士，廣東商學院法學學士。主要研究方向為國際經濟法，在《學術研究》《暨南學報》《政法學刊》《經濟與法》、*US-China Law Review* 等重要期刊上發表中英文學術論文 20 餘篇。合著有《CEPA 協議及其實施中的法律問題研究》。

朱穎俐 女，江西臨川人，1972 年 9 月出生。韶關學院法學院教授，廈門大學國際法碩士，韶關仲裁委員會仲裁員。主要研究方向為國際經濟法。在《暨南學報》《太平洋學報》《南昌大學學報》《河北法學》《當代法學》《內蒙古社會科學》《求是》等刊物上發表論文 20 餘篇。參與省部級課題 4 項，參編專著 2 部。

張 亮 男，法學博士，中山大學法學院副院長、教授、博士生導師。主要研究領域為國際經濟法、國際公法。曾在《法學研究》等境內重要法學刊物上發表論文十數篇；在 *Journal of East Asia and International Law* 等（SSCI）、《法令月刊》（台灣地區）等境外重要法學刊物上發表論文數篇；出版專著或編著數本；主持教育部等省部級課題數項。

王承志 男，湖北鄂州人，1977 年出生。中山大學法學院副教授、碩士生導師。武漢大學學士、碩士、博士，主要研究領域為國際私法、仲裁法、比較商法等，出版著述多部，主持參與國家級、省部級課題 10 多項，在《中國法學》《法學評論》《中山大學學報》《暨南學報》等期刊上發表論文 30 篇。

代中現　男，河南平輿人，1972 年 2 月出生。中山大學國際商學院副教授，中山大學公共管理學博士後，華東政法學院國際法學博士，中山大學國際法學碩士。主要研究方向為國際商法、國家投資法和國際知識產權法。著有《中國區域貿易一體化法律制度研究》，合著有《CEPA 協議及其實施中的法律問題研究》，參著、參編《國際經濟法新論》《當代國際法論叢》《國際經濟法》教材等數部，發表學術論文 30 餘篇，主持和參與 5 項國家級和省部級課題。

周　蓮　女，湖北荊州人，1978 年 12 月出生。廣州廣信君達律師事務所律師、合夥人，中山大學民商法研究生班。參與撰寫論文多篇。參與本報告修改、整理工作，還參與廣東省 2008 年普通高校人文社會科學重點基地重大課題「深化粵港澳合作中的法律理論與實務問題研究」及廣州市政府法制辦委託項目「香港、澳門、台灣地區和新加坡法律制度對南沙新區制度創新的借鑒意義」。

謝炳坤　男，河南信陽人，1988 年 7 月出生。中國聯合網絡通信有限公司廣州市分公司，中山大學法律（法學）碩士。主要研究方向為國際經濟法。參與「《粵港合作框架協議》中的法律問題研究」等項目和課題的研究。

鍾燕蓮　女，廣西桂平人，1988 年 10 月出生。廣東省佛山市中級人民法院法官助理，中山大學國際法學碩士。主要研究方向為國際經濟法。參與「《粵港合作框架協議》中的法律問題研究」、廣州市人民政府法制辦委託課題「香港、澳門、台灣地區和新加坡法律制度對南沙新區制度創新的借鑒意義」等項目和課題的研究，撰寫了多篇論文。

梁子恆　男，廣東中山人，1989 年 8 月出生。富力地產集團法律事務部法務助理，中山大學法律（法學）碩士。主要研究方向為國際公法。參與「《粵港合作框架協議》中的法律問題研究」等項目和課題的研究。

葉文飛　男，廣東信宜人，1991 年 1 月出生。廣東省珠海市金灣區人民法院執行法官，中山大學法律碩士（法學）專業研究生。主要研究方向為國際公法、國際經濟法。在中國·泛珠三角合作與發展法治論壇、粵港澳法學論壇、廣州市法律援助理論研討會等論文集上發表論文多篇。

彭浩華　男，廣東惠州人，1988 年 10 月出生。中山大學國際貿易學碩士研究生，主要研究方向為國際貿易，在中國國際法學會年會論文集上發表學術論文多篇。

廖立穎　女，廣東博羅人，1989 年 1 月出生。廣東省政府機關工作人員，中山大學國際法碩士。主要研究方向為國際經濟法。在《廣東外語外貿大學學報》等刊物上發表學術論文多篇。

張鳳媚　女，廣東番禺人，1987 年 8 月出生。廣東品濟律師事務所律師，中山大學法學碩士。主要研究方向為國際經濟法。在中國國際法學會年會論文集上發表學術論文多篇。

李　瓊　女，廣東韶關人，1988 年 10 月出生。廣州地鐵集團工作人員，中山大學法律（法學）碩士。主要研究方向為國際經濟法、投資法。參加多項科研課題。

陳栩芸　女，廣東潮州人，1990 年 1 月出生。廣發銀行信用卡中心法律事務主任，中山大學國際法學碩士，主要研究方向為國際經濟法。參與「《粵港合作框架協議》中的法律問題研究」、廣州市人民政府法制辦委託課題「香港、澳門、台灣地區和新加坡法律制度對南沙新區制度創新的借鑒意義」等項目和課題的研究，撰寫了多篇論文。

黃冬雪　女，遼寧昌圖人，1988 年 2 月出生。遼寧省委選調生，現任遼寧省昌圖縣人民檢察院公訴科副科長，中山大學國際法法律碩士，主要研究方向為國際法，在《遼寧大學學報》《法制與社會》等刊物發表學術論文多篇。

羅劍釗　男，廣東佛山人，1989 年 8 月出生。廣東東軟學院行政管理系工作人員，中山大學國際貿易學專業碩士研究生，主要研究方向為國際貿易學，在《現代商貿工業》等刊物上發表論文多篇。

鄧　毓　女，寧夏銀川人，1990 年 2 月出生。中山大學國際貿易專業碩士研究生，主要研究方向為國際經濟法、國際貿易。

此外，參加編寫的還有黃媛、敖穎怡。

前　言

一　本書內容簡介

本書係中山大學「985 工程」三期港澳珠江三角洲研究創新基地法學招標項目「港澳與內地區域經濟一體化中的法律問題研究」的中期成果，本書主要從港澳與內地區域經濟一體化的理論依據及其在法律上的可行性出發，探討具有中國特色的區域經濟一體化法律理論。從內容和範圍來看，這些論文主要研究的是港澳與內地區域經濟一體化面臨的具體法律問題，解析了內地與港澳區域經濟一體化的法律性質及相關文件的性質、定位和作用，CEPA 與中國區域經濟一體化的關係，「先行先試」的政策意義與作用等法律理論問題；對 CEPA 補充協議中「服務提供者」的定義與標準、CEPA 下爭端解決機制的構建、內地與港澳地區實行區域經濟一體化可能發生的民商事爭端的解決途徑等法律實務問題進行了探討。此外，還結合《粵港合作框架協議》的具體合作方案，對內地與港澳地區實行區域經濟一體化所可能面臨的具體法律問題進行了個案研討。

二　內容與方法的特色

在內容上，本書各部分內容聯繫緊密，邏輯性強；整體內容完整性與創造性並存，理論性與實踐性兼顧。作者緊緊圍繞港澳與內地區域經濟一體化中的法律問題這一中心，對以下問題進行了探討。第一，針對港澳與內地實行區域經濟一體化進行法學理論方面的探討：探討內地與港澳實行區域經濟一體化與 CEPA 的關係，與《規劃綱要》《粵港合作框架協議》《粵澳合作框架協議》之間的聯繫與區別，以及實行該區域經濟一體化的可行

性及其法律性質等。第二，針對港澳與內地實行區域經濟一體化在一些具體領域中面臨的法律問題進行探討：探討了 CEPA 補充協議中「服務提供者」的定義與標準、CEPA 下爭端解決機制的構建、內地與港澳地區實行區域經濟一體化可能發生的民商事爭端的解決途徑以及區域經濟一體化下證券市場監管模式等法律實務問題；並結合《粵港合作框架協議》的具體合作方案，對粵港區域知識產權保護合作、法律服務合作、中小企業融資合作、處理企業欠薪的合作、廣東建立港商獨資醫院的法律可行性等具體問題，進行個案研討。這些研究對推動內地與港澳地區實現區域經濟一體化、規範內地與港澳的經濟合作以及推進我國區域經貿合作戰略具有重要意義，更重要的是針對內地與港澳地區實行區域經濟一體化存在的問題從法律規範和制度上探討解決方法，對豐富我國在處理區域經濟合作方面的相關難題、積累司法實踐方面的經驗、促進內地與港澳地區早日實現區域經濟一體化具有極為重要的現實意義。

在方法上，綜合運用了歷史考察、文義解釋、實證研究和比較分析等論證方法以及演繹推理、歸納推理和辯證推理等推理方法。例如，在界定內地與港澳地區實行區域經濟一體化的法律依據時，運用了歷史考察法和文義解釋法；在分析歐盟、北美和東盟自由貿易區的機構設置和爭端解決機制的過程中，運用了實證分析法；在闡明內地與港澳地區實行區域經濟一體化中的原產地標準的確定與調整問題時，採用了「基本理論—對象特徵—定性分類」的三段式推理方法，即演繹推理法；在揭示 CEPA 原產地認定標準的缺陷時，根據香港工業貿易署及有關政府認可機構簽發的 CEPA 原產地證書的統計數據總結出香港 CEPA 原產地證書整體使用率偏低，出口商未能有效利用 CEPA 提供的優惠的結論，即歸納推理法；在從法哲學的視角研究內地與港澳區域經濟協調治理與知識產權保護關係問題時，通過梳理東西方關於區域經濟協調治理與知識產權法哲學之間的辯證關係理論，提出內地與港澳區域經濟協調治理與知識產權保護的平衡路徑，採用的是辯證衡量、比較利弊得失的推理方法，即辯證推理法。

三 本書的建樹與創新

內地與港澳地區實行區域經濟一體化是以內地與港澳地區簽訂和履行CEPA 協議為現實基礎而在理論上提出的關於進一步深化內地與港澳合作的新模式。提出內地與港澳地區的區域經濟一體化是對近年來內地與港澳緊密合作的一次提升，是對 CEPA 協議向縱深發展的一次大力推進，它並非一個簡單的提法上的變化，它的實施必將大力推進內地與港澳合作深入而迅速地發展。該理論是以「一國兩制」為前提，以 CEPA 協議為基礎，以最大限度消除內地與港澳因制度差異及行政區劃分立對經濟發展形成的制約為目的，力促形成內地與港澳人流、物流和資金流自由往來的全新理論，從而在客觀上不僅令本項目的研究具有重要的現實意義，而且令本項目的研究面臨前所未有的挑戰，作者不得不研究前人沒有遇到過的問題，討論他人沒有涉及到的領域，其創新之處主要表現在以下幾方面。

第一，論題的某些創新。本書涉及新的研究領域，內地與港澳地區的區域經濟一體化是以消除內地與港澳之間在經濟交往方面的制度障礙為途徑，最終實現三地之間在經濟管理制度上的統一，以此促進三地之間的交流合作，提升對外的競爭實力。目前，國內學者主要是從經濟學的角度關注內地與港澳地區實行區域經濟一體化的可行性以及三地實行區域經濟一體化所應採用的具體模式問題，就三地實行區域經濟一體化可能面臨的法律問題進行專項研究的成果實不多見。然而，由於「內地」是在涉港澳台問題的特定情境下使用的特殊概念，並不存在與之對應的專門的實體政府機構，在對外關係中沒有意義；香港、澳門特別行政區既是中國主權範圍內的一級地方政府，也是世貿組織的成員。三地的這種特殊身份令內地與港澳區域經濟一體化有別於此前的任何區域經濟一體化類型，從而令此種區域經濟一體化模式面臨許多前所未有的法律問題。其中包括其在法律上的可行性、可能出現的爭議及其解決途徑等。對於這些問題，國內學界目前進行系統研究的較少。本書結合新情況，涉足新領域，具有鮮明的創新性。

　　第二，觀點的某些創新。CEPA 協議的目標是在內地與香港、內地與澳門之間建立更緊密的經貿關係。協議雙方每年都會根據協議履行情況制定新的補充協議，不斷擴大兩地合作領域，減少貿易、投資等商貿領域的制度障礙。儘管如此，CEPA 協議也只是加強了協議雙方的經貿往來，從合作雙方開放的領域及開放的程度來看，CEPA 協議還遠遠達不到區域經濟一體化的要求。內地與港澳地區實行區域經濟一體化的理論構想已經遠遠超出了內地與香港、澳門締結 CEPA 協議的基本目標，是在加強三地經濟合作、提升三地經濟實力方面的又一理論創新。此外，內地與香港、澳門地區都是世貿組織的成員，在「一國四席」的背景下，建立 WTO 框架下的三地區域經濟一體化是史無前例的創新。雖同屬一國範圍，但因三地有着不同的法律文化傳統，在 WTO 框架下分析內地與港澳地區實行區域經濟一體化可能面臨的法律問題，並尋找解決辦法的研究本身就是對區域經濟一體化進行的一種制度創新，具有重大的現實意義，在學術觀點上具有顯著的創新性。

　　第三，方法的某些創新。本書綜合運用了歷史考察、文義解釋、實證研究和比較分析方法，同時採用了演繹推理、歸納推理和辯證推理等推理方式，力求使研究結論更具科學性與合理性。

四　學術價值和應用價值

　　學術價值方面，在理論上提出內地與港澳實行區域經濟一體化是對近年來內地與港澳緊密合作的一次提升，是對 CEPA 協議向縱深發展的一次大力推進，它並非一個簡單的提法上的變化，它的實施必將大力推進內地與港澳合作深入而迅速地發展。內地與港澳地區的區域經濟一體化就是要以消除三地之間在經濟交往方面的制度障礙為途徑，甚至在政治、制度的某些方面也起到推進作用，最終實現三地之間在經濟、管理制度上的統一，以此促進三地之間的交流合作，提升對外的競爭力。目前，國內學者主要是從經濟學的角度關注內地與港澳地區實行區域經濟一體化的可行性以及三地實行區域經濟一體化所應採用的具體模式問題，就三地實行區域經濟

一體化可能面臨的法律問題進行系統研究的成果並不多見。對三地區域經濟一體化的法律性質、法律依據、法律上的可行性以及可能面臨的法律問題及其解決途徑進行探討，不僅可以豐富國內法、國際法以及國際關係理論，而且會豐富區域經濟合作的新範例和新模式，就如同「一國兩制」開創了國家制度的先河一樣，內地與港澳實行區域經濟一體化，也將由於三地的世貿組織成員身份而開創國際組織內協調國內關係的先河，具有非常重要的學術價值。

應用價值方面，本書主要是對內地與港澳實行區域經濟一體化的法律理論和實務問題進行分析，綜合性研究、理論性研究和應用性研究並重，但更側重於應用性研究。研究內地與港澳區域經濟一體化中的法律理論和實務問題，對於推動 CEPA 協議及深化粵港澳合作的全面實施、規範內地與港澳的經濟合作以及推動我國區域經貿合作戰略具有重要意義。更重要的是針對內地與港澳實行區域經濟一體化合作過程中存在的問題的研究，能幫助政府從法律規範和制度上尋求解決問題的方法，最終促進內地與港澳地區早日實現區域經濟一體化，具有極為重要的現實意義。

五 不足之處和尚需深入研究的問題

本書的研究成果也存在不足之處。例如，對內地與港澳實行區域經濟一體化中面臨的障礙和問題還可以做進一步的深入研究；在三地區域經濟一體化的制度構建方面的研究還有待完善。

作者將在今後的研究中着重對上述不足方面做進一步的深入探討：以《粵港合作框架協議》《粵澳合作框架協議》的實施狀況作為研究內地與港澳區域經濟一體化的範例，通過關注其實施效果，從實證分析的角度客觀分析內地與港澳實行區域經濟一體化可能面臨的各種問題，提出相應的解決對策，並在廣泛收集相關案例和統計數據的基礎上，進一步研究內地與港澳實行區域經濟一體化的制度需求，提出相應的完善措施。

上編

內地與港澳地區實行區域
經濟一體化的理論依據

1. 內地與港澳區域經濟一體化法律性質探析

慕亞平　朱穎俐　慕子怡

區域經濟一體化是指兩個或兩個以上的經濟體，為了使其利益最大化，達到最佳配置生產要素的目的，以政府的名義，通過談判協商而建立經濟貿易聯合的過程，實現成員之間互利互惠及經濟整合的制度性安排。[1]從廣義上說，區域經濟一體化不僅發生在國家與國家之間，也發生在同一主權國家範圍內的不同行政區劃之間。其中，發生在同一主權國家範圍內的區域經濟一體化通常表現為三種形式：一國國內同一法域各行政區劃之間的跨地區經貿聯合（如我國內地各省市之間的經貿合作）、一國國內不同法域同級行政區劃之間的跨地區經貿聯合（如美國各州之間的經貿合作）和一國國內不同法域不同級別行政區劃之間的跨地區經貿聯合（如美國聯邦政府作為成員方加入州際協定）。

在內地與香港、澳門特別行政區簽署《內地與香港關於建立更緊密經貿關係的安排》《內地與澳門關於建立更緊密經貿關係的安排》（下文將這兩個文件統稱為 CEPA）之前，我國國內的區域經濟一體化形式主要表現為同一法域內的跨行政區劃的經貿合作，其中既包括同級行政區劃之間的合作（如珠三角各市之間的合作），也包括不同級別的行政區劃之間的合作（如長三角地區的合作）。然而，伴隨着 CEPA 的簽署，一種全新的跨地區的經貿合作形式出現在世人面前，其與眾不同的特點主要表現為該經濟

1　樊瑩：《國際區域一體化的經濟效應》，中國經濟出版社，2005，第 17 頁。

合作的主體身份的特殊性，具體表現為香港、澳門這種享有高度自治權的「特別行政區」在世界各國的行政區劃建制中史無前例，以及與「特別行政區」相對應的「內地」作為合作關係主體具有的特殊性。儘管這種合作形式並無先例可以遵循，但這絲毫沒有影響合作的進展，自 2003 年內地與港澳簽署 CEPA 以來，內地與港澳地區不僅在貨物貿易方面基本實現貿易自由化，而且到 2015 年已基本實現服務貿易的自由化。[1] 在此形勢下，深入研究內地與港澳地區區域經濟一體化的法律問題顯得日益迫切，其中，對內地與港澳地區區域經濟一體化的法律性質問題的研究已成為其他具體法律問題研究的理論基礎，對促進內地與港澳地區經濟合作目標的順利實現具有積極的現實意義。

一 內地與港澳區域經濟一體化在國內法上的性質

（一）內地與香港、澳門作為區域經濟一體化合作主體的身份非常特殊，所構建的區域經濟一體化模式不僅有別於傳統的同一法域內的區域合作，也有別於傳統的不同法域之間的區際合作，是一種全新的區際經貿合作形式

在香港、澳門回歸之前，「內地」通常只是在地域上區別於港澳地區的地理稱謂，但在香港、澳門回歸之後，「內地」主要被特指為在同一主權國家範圍內實行與港澳地區不同政治、法律制度的特定法域。《內地與香港關於建立更緊密經貿關係的安排》對「內地」一詞的解釋為「中華人民共和國的全部關稅領土」，這一關稅領土是指除香港、澳門及台灣、澎湖、金門、馬祖（簡稱「中國台北」）單獨關稅區以外的中華人民共和國領土，也

---

1 林建楊、高路、張天國：《CEPA 補充協議九推出 43 項服務貿易開放等措施》，中央政府門戶網站，2012 年 6 月 30 日，http://www.gov.cn/jrzg/2012-06/30/content_2173720.htm。

就是作為世貿組織成員的中華人民共和國關稅領土範圍。因此，「內地」已經不僅僅是一個地理概念，更是一個法律概念。但「內地」政府與中央政府很多時候是重合的，只是在處理世貿組織中的一國四席問題以及國內的一國兩制問題時，「內地」政府與中央政府才被嚴格區分。儘管這種區分確實是必要的甚至是必需的，但在中國的政府體制中並不真正存在區別於中央政府的專門的實體上的「內地」政府機構，也就是說通常情況下中央政府就是指「內地」政府，代表中華人民共和國對內管理國家事務，對外行使國家主權；但在涉及港澳台問題上，「內地」政府則特指除香港、澳門及台灣、澎湖、金門、馬祖（簡稱「中國台北」）單獨關稅區以外的中華人民共和國關稅領土之上的政府，與中華人民共和國中央政府有着嚴格的界限。這一點在內地與港澳簽署 CEPA 時的署名中可以得到印證，該文件內地方面的簽署方是「中華人民共和國商務部副部長」，香港方面的簽署方是「中華人民共和國香港特別行政區財政司司長」，澳門方面的簽署方是「中華人民共和國澳門特別行政區經濟財政司司長」。顯然，商務部副部長是代表「內地」政府的經貿主管機構，分別與香港、澳門特區政府的經貿主管機構簽署兩地的經貿合作文件 CEPA。但從商務部的職能來看，商務部是主管國內外貿易和國際經濟合作的國務院組成部門，[1] 是中央政府的職能部門，對外代表的是中華人民共和國這一主權國家，而非中國某一地區。可見，「內地」只是一個在涉及港澳台問題時必須使用的特有概念，是在涉及港澳台問題的特定情境下的特殊概念，在對外關係領域的意義並不大。

香港、澳門特別行政區是我國基於特定歷史原因實行「一國兩制」的產物，與內地的省級政府相較，特區政府在立法、行政和司法等領域都享有高度的自治權，除有關港澳的外交事務及防務事務由中央負責管理之外，特區政府的自治權力範圍不僅超過了內地的省級政府，也遠遠

---

1 《國務院辦公廳關於印發商務部主要職責內設機構和人員編制規定的通知》（國辦發〔2003〕29號），2003 年 4 月 25 日。

超過了聯邦國家的州或者各成員邦；但就其權力來源來看，特區政府享有的高度自治權來自中央政府的授權，與內地省級政府並無不同。換而言之，無論特區政府的高度自治權力範圍如何廣泛，均來自中央人民政府的授權，真正的主權和最終權力仍保留在中央人民政府手中。[1] 特區政府在法律地位上始終只是隸屬於中央政府的一個地方行政單位，但由於中央的特別授權，其在政府權限方面與內地省級政府有着很大的區別，從而在我國形成了一種介乎中央政府與省級政府之間的權限和級別非常特殊的地方政府。

建立在上述特殊身份基礎上的內地與香港、澳門的區域經濟一體化模式既不同於傳統的同一法域內的區域經貿合作，也不同於傳統的不同法域之間的區際經貿合作關係，而是一種全新的區際經貿合作。傳統的區域經濟一體化形式主要表現為同一法域的政府之間的區域經貿合作和不同法域政府之間的區際經貿合作，內地與香港、澳門在法律制度體系方面各自獨立，形成了一國主權範圍內的三個法域，內地與港澳的區際經濟一體化應屬於不同法域之間的區際經貿合作關係，但與傳統的區際經貿合作不同的是，內地政府並非一個有着實體政府機構的地方政府，也並非中央政府，而只是一個在理論上對應於港澳台地區的特定地域範圍的政府，其具體的工作機構基本就是中央政府工作機構；而香港、澳門特別行政區也不同於一般的地方政府，其自治權限不僅高於國內的省級政府甚至高於聯邦制下的州或省的權限，內地與港澳實行區域經濟一體化意味着除台灣地區外，中國國內在「一國兩制」的背景下實現了不同法域之間的經濟一體化，消除了因政治法律制度的差異給經濟發展造成的體制障礙，從而最終建成一個貨物和服務貿易自由化的統一中國大市場，這顯然不是傳統的區際經貿合作能夠實現的。因此，內地與香港、澳門的區域經濟一體化應

1　MARIUS OLIVIER.Hong Kong：*An Exercise in Autonomy. 18 South African Yearbook of Int'l L.*，1992－1993，pp.87～88. 轉引自曾華群《論內地與香港 CEPA 之性質》，《廈門大學學報》（哲學社會科學版）2004 年第 6 期，第 34 頁。

屬於區際經貿合作的全新形式，由此引發的法律問題也需要進一步加以研究和探討。

（二）內地與香港、澳門區域經濟一體化合作屬於特殊的府際合作行為，但因其缺乏相應的法律依據，[1] 此合作行為並非法律行為，不屬於法律調整的範疇

北京大學的謝慶奎教授是國內較早開始從事府際關係研究的學者，他在《中國政府的府際關係研究》一文中指出：「府際關係就是政府之間的關係，是指政府之間在垂直和水平上的縱橫交錯的關係，以及不同地區政府之間的關係，它包括中央政府與地方政府之間、地方政府之間、政府部門之間、各地區政府之間的關係。府際關係實際上是政府之間的權力配置和利益分配的關係。正因為如此，府際關係對各國各級政府來說，都是一個至關重要的問題，在中國尤為如此。」[2] 顯然，他在這篇文章中所概括的府際關係並沒有包含內地與香港、澳門特別行政區之間基於經貿合作而建立的府際關係，但在其概括的中央與地方之間的府際關係中包含了中央政府與香港、澳門特別行政區政府之間的府際關係，當然，這一府際關係與中央和內地省份的府際關係仍然存在很大區別。

內地與香港、澳門特別行政區締結 CEPA，正是要在內地與香港、內地與澳門之間建立跨區域的經貿合作關係，這種兩地政府之間的經貿合作關係本身就是府際關係的具體表現形式，之所以沒有被包含在上述府際關係的範疇之中，是因為這種府際關係中的「內地政府」既不是傳統意義上的中央政府，也不是傳統意義上的地方政府，不屬於傳統中的任何一種政府形式，而且香港、澳門特別行政區政府因為享有高度自治權，

1 　此處所探討的法律依據問題主要研究的是內地法的相關制度問題，不涉及香港、澳門特別行政區相關制度的具體規定。

2 　謝慶奎：《中國政府的府際關係研究》，《北京大學學報》(哲學社會版)2000 年第 1 期，第 26 頁。

其在法律上的地位也不等同於一般的省級政府，二者之間建立的經貿合作關係既不是中央與地方之間的府際合作關係，也不是傳統的地方政府之間的府際合作關係，是一種在當時尚未出現、史上也不曾有過的特殊的府際合作關係。

西方發達國家有關地方政府間合作的法律法規較完善，而我國在府際合作領域的法治建設狀況較為尷尬，既沒有相關的憲法條款，也沒有在其他法律中做出相關規定。法制的缺失令我國府際合作基本處於人治的境地，政府間的合作多靠領導人的推動，而且地方政府間的合作不管是不是真正得到了中央政府的讚許，都對外聲稱得到了中央政府的讚許。[1] 這在很大程度上表明，我國地方政府間合作沒有法律上的保障，需要依靠中央政府的同意來獲得合法性。[2] 內地與港澳之間的經貿合作雖不屬於傳統意義上的地方政府之間的府際合作，但這一府際合作同樣存在缺乏法律依據的問題。具體而言，商務部與港澳相關機構簽約的依據是國務院辦公廳下發的《商務部主要職責內設機構和人員編制規定》[3]，但依據《憲法》第八十九條第三項規定，各部和各委員會的任務與職責應由國務院規定。顯然，國務院辦公廳是不能代替國務院為各部委設定職責的，國務院辦公廳下發的上述文件也因發佈主體不合格而不具備法律效力，從而令商務部與港澳相關機構的簽約行為失去了法律依據，其通過簽約建立的府際經貿合作關係也不屬於法律調整的範疇，最終導致 CEPA 的履行缺乏法律保障。這在現代社會強調法治的大環境下不能不說是法律上的嚴重缺失。

1　〔美〕鮑大可：《中國西部四十年》，東方出版社，1998，第 558～562 頁。

2　程香麗：《論我國地方府際關係法制化的實現途徑》，《山東省青年管理幹部學院學報》2008 年第 3 期，第 96 頁。

3　商務部主要職責內設機構和人員編制規定》第 2 條第 12 項規定，商務部負責擬訂並執行對香港、澳門特別行政區和台灣地區的經貿政策、貿易中長期規劃；與香港、澳門特別行政區有關經貿主管機構和台灣授權的民間組織進行經貿談判並簽署有關文件；負責內地與香港、澳門特別行政區商貿聯絡機制工作；組織實施對台直接通商工作，處理多邊、雙邊經貿領域的涉台問題。

二 內地與港澳區域經濟一體化的國際法基礎

（一）內地與港澳簽署 CEPA 的行為不能簡單理解為世貿組織成員之間建立區域經貿合作關係的行為

由於世貿組織成員資格向主權國家和非主權的單獨關稅區開放，當一個主權國家與隸屬於該主權國家的一個或數個單獨關稅區分別加入世貿組織時，就有可能形成世貿組織中的「一國多席」局面，我國就在此狀況下擁有了世貿組織中的四個成員席位。這四個成員席位在地理上對應的是內地、香港、澳門和台灣四個地區，這四個地區共同組成了一個完整的中國，從而就有了「一國四席」之說。在世貿組織中，這四個席位對應的世貿組織成員分別是「中華人民共和國」「中國香港」「中國澳門」和「中國台北」，後三者都是不具備主權的單獨關稅區，只有「中華人民共和國」是以主權國家的身份加入世貿組織的。顯然，我國在世貿組織中擁有的這四個席位的法律性質並不相同。

如前文所述，「內地」是一個相對於港澳台地區而言的抽象概念，更多的是基於四地法律制度上的各自獨立而在地理位置上的一種稱謂，以此對應我國主權範圍內的四個法域，在對外關係上，沒有實質意義。儘管在申請加入世貿組織時，「中華人民共和國」在地理位置上對應的就是不包含香港、澳門和台灣的「內地」，但在法律上，世貿組織並不存在對應於港、澳、台單獨關稅區的「內地」成員。因此，在內地與香港、澳門簽署 CEPA 的問題上，不宜簡單地將「內地」作為世貿組織成員，從而認為 CEPA 是世貿組織兩個成員方之間建立區域經貿合作關係的文件，畢竟「內地」與「中華人民共和國」在法律上是兩個完全不同的概念，在法律上的地位有着天壤之別，這一點在討論內地與港澳地區的區域經濟一體化性質時必須首先予以明確。

（二）內地與港澳區域經濟一體化需要遵守世貿組織的相關制度

CEPA 是內地與港澳區域經濟一體化的基礎性文件，儘管該文件並非世貿組織成員之間的合作文件，但作為合作一方的內地在地理位置上對應的就是中華人民共和國關稅領土範圍，也是國家全面行使立法、行政、司法權的地域範圍，正如上文所述，「內地」政府只是國內在涉及港澳台問題中使用的一個理論概念，「內地」政府與中央政府很多時候是重合的，在對外關係上，「內地」沒有實質意義。因此，對於其他世貿組織成員而言，「內地」給予港澳地區的優惠待遇就是作為世貿組織成員的中華人民共和國給予同為世貿組織成員的香港、澳門單獨關稅區的優惠待遇，理應遵守世貿組織的相關制度。這在《中國加入世貿組織議定書》中已有明確的承諾。該文件第 4 條規定：「自加入時起，中國應取消與第三國和單獨關稅區之間的、與《建立世貿組織協定》不符的所有特殊貿易安排，包括易貨貿易安排，或使其符合《建立世貿組織協定》。」毫無疑問，內地與港澳區域經濟一體化的合作應該遵守世貿組織的相關制度。

（三）內地與港澳區域經濟一體化的國際法基礎是世貿組織區域經濟一體化的例外規則

CEPA 所謂的「更緊密經貿關係」是指相對於與其他世貿組織成員之間的經貿關係而言，內地與香港、澳門之間的經貿合作要更加緊密。從 CEPA 的內容來看，內地給予港澳的優惠明顯要多於港澳給予內地的優惠[1]，加之港澳本身是自由港，其可能給予內地的特別優惠就更少了。從這個角度看，內地與港澳在區域經濟一體化的過程中，主要是要確保內地給予港澳的與貿易相關的優惠待遇符合世貿組織的相關制度。在世貿組織體制下，

1　肖又賢：《CEPA 與中國入世承諾的比較分析》，《國際貿易問題》2004 年第 4 期，第 84 頁。

成員之間建立更緊密經貿關係與成員之間非歧視待遇原則是存在衝突的，為了避免違反世貿組織的相關制度，有關成員需要尋求適用非歧視待遇原則的例外，才可能建立符合世貿組織規則的相互間的更緊密的經貿關係。「內地」雖不是世貿組織成員，但作為世貿組織成員的中華人民共和國是以「內地」的地域範圍為關稅領土的，因此，內地與世貿組織成員香港、澳門建立更緊密經貿關係同樣應遵守世貿組織的相關制度，內地與港澳區域經濟一體化同樣需要尋求適用非歧視待遇原則的例外。

從國際法範疇看，區域經濟一體化有多種組織形式。按照區域組織成員間貿易和生產要素自由流動的實現程度，以及內部經濟和社會政策、對外關稅率及貿易政策的一致性程度等項因素劃分，通常可分為自由貿易區、關稅同盟、共同市場和經濟同盟等。[1]根據《關貿總協定》（以下簡稱GATT）第 24 條的原則「不得阻止在締約方領土之間形成關稅同盟或自由貿易區，或阻止通過形成關稅同盟和自由貿易區所必需的臨時協定」，區域經濟一體化安排的主要形式 —— 關稅同盟和自由貿易區被視為適用非歧視原則的一個例外。該例外的適用必須符合兩個基本條件：一是對組成地區之間的「實質上所有貿易」取消貿易限制；二是關稅同盟或自由貿易區的關稅率不得高於組成之前各組成地區適用的平均水平。烏拉圭回合進一步發展了 GATT 的區域經濟一體化規則。《服務貿易總協定》（以下簡稱 GATS）第 5 條規定與 GATT 第 24 條規定的原則基本一致，採用「經濟一體化」概念，明確規定，「本協定不得阻止任何成員參加或達成在參加方之間實現服務貿易自由化的協定」。據此，世貿組織法律體制允許的區域經濟一體化安排涵蓋的領域擴及服務貿易。[2]《關於解釋 1994 年關稅和貿易總協定第 24 條的諒解》（以下簡稱《第 24 條諒解》）對關稅同盟和自由貿易區協定同樣

1　劉世元：《區域國際經濟法研究》，吉林大學出版社，2001，第 3～4 頁。

2　曾華群：《論內地與香港 CEPA 之性質》，《廈門大學學報》（哲學社會科學版）2004 年第 6 期，第 35 頁。

予以了肯定。[1]

內地與港澳區域經濟一體化的基礎性文件 CEPA 第 1 條均明確規定其目標是通過採取「逐步減少或取消雙方之間實質上所有貨物貿易的關稅和非關稅壁壘」「逐步實現服務貿易的自由化，減少或取消雙方之間實質上所有歧視性措施」「促進貿易投資便利化」等措施，加強內地與港澳之間的貿易和投資合作，促進雙方的共同發展。CEPA 還包括內地與港澳對貨物貿易和服務貿易自由化的具體承諾。從 CEPA 的簽訂背景、主要內容和發展趨向看，基本符合 GATT 第 24 條、GATS 第 5 條和《第 24 條諒解》的規定。[2] 2006 年 3 月，CEPA 在接受三輪世貿組織審議後終獲通過的事實足以證明這一論斷。[3] 換言之，GATT 第 24 條、GATS 第 5 條和《第 24 條諒解》確立的區域經濟一體化例外規則是 CEPA 得以產生和發展的世貿組織規則基礎，[4] 是內地與港澳區域經濟一體化的國際法基礎。

三 內地與港澳區域經濟一體化 在國際法上的性質

美國經濟學家巴拉薩指出，經濟一體化進程劃分成四個階段：首先，貿易一體化，就是不再對商品流動進行限制；其次，要素一體化，目的是實現生產要素自由流動；再次，政策一體化，在集團內將國家經濟政策協調一致；最後，完全一體化，將所有政策形成全面統一。圍繞這四個階段，

1　《第 24 條諒解》指出「此類協定參加方的經濟更緊密的一體化可對世界貿易的擴大作出貢獻」，鼓勵將「成員領土之間關稅和其他限制性商業法規的取消延伸至所有貿易」，並且「重申此類協定的目的應為便利成員領土之間的貿易，而非提高其他成員與此類領土之間的貿易壁壘；在此類協定形成或擴大時，參加方應在最大限度內避免對其他成員的貿易造成不利影響」。

2　慕亞平、代中現、慕子怡：《CEPA 協議及其實施中的法律問題研究》，法律出版社，2009，第 76 頁。

3　慕亞平、代中現、慕子怡：《CEPA 協議及其實施中的法律問題研究》，法律出版社，2009，第 76 頁。

4　曾華群：《論內地與香港 CEPA 之性質》，《廈門大學學報》（哲學社會科學版）2004 年第 6 期，第 36 頁。

巴拉薩根據集團成員之間市場融合的程度，將經濟一體化組織具體分為：優惠貿易安排、自由貿易區、關稅同盟、共同市場、經濟同盟、完全經濟一體化六種類型。[1] 內地與港澳通過 CEPA 及其補充協議的訂立和履行已基本實現貿易一體化和要素一體化，但在區域經濟一體化的性質方面卻有着與傳統經濟一體化組織不同的特點。

自 2003 年內地與香港、澳門特別行政區簽訂 CEPA 協議以來，內地與香港、澳門特別行政區政府每年都會根據合作的具體情況，分別簽訂一個補充協議，不斷拓展經濟合作的領域，增加開放措施，至 2013 年 8 月 31 日，內地與港澳已分別簽署 10 個補充協議。除貨物貿易方面的零關稅措施適用面日益寬泛外，內地對港澳地區在全面服務貿易自由化方面也有了實質性進展。早在補充協議九簽訂時，內地在法律、會計、建築、醫療、教育、個體工商戶等 48 個領域，分別為香港提供了 338 項開放措施[2]、為澳門提供了 318 項開放措施。[3] 2013 年 8 月 29 日，內地與香港簽訂《補充協議十》，在法律、建築、計算機、房地產等 28 個原有領域進一步開放，包括 65 項服務貿易開放措施，以及 8 項加強兩地金融合作和便利貿易投資的措施。[4] 2013 年 8 月 31 日內地與澳門簽訂《補充協議十》，採取 72 項新開放措施，在法律、建築、計算機及其相關服務、商標代理等 28 個領域在原有開放承諾基礎上，進一步放寬市場准入條件、股權限制、經營範圍和經營地域限制等。服務貿易方面，內地對澳門採取 65 項具體措施。[5] 國務院總理李克強 2011 年 8 月訪港時明確表示，內地會進一步對香港擴大服務貿易開

1　胡強：《論經濟全球化與區域經濟一體化的關係》，《生產力研究》2012 年第 9 期，第 27 頁。

2　林建楊、高路、張天國：《CEPA 補充協議九推出 43 項服務貿易開放等措施》，中央政府門戶網站，2012 年 6 月 30 日，http：//www.gov.cn/jrzg/2012-06/30/content_2173720.htm。

3　蘭娟：《內地與澳門 CEPA 補充協議九簽署 2013 年正式實施》，中央政府門戶網站，2012 年 7 月 2 日，http：//www.gov.cn/jrzg/2012-07/02/content_2175209.htm。

4　姜婷婷：《CEPA 補充協議十在港簽署推出 73 項服務貿易開放等措施》，新華網，2013 年 8 月 29 日，http：//news.xinhuanet.com/gangao/2013-08/29/c_117150537.htm。

5　《CEPA 補充協議十推進服務貿易自由化》，中國商務部官方網站，2013 年 8 月 31 日，http：//mo.mofcom.gov.cn/article/jmxw/201309/20130900285195.shtml。

放，並在「十二五」末通過 CEPA 基本實現內地和香港服務貿易自由化。[1] 可見，近十年來，伴隨着 CEPA 及其補充協議的訂立實施，內地與香港、澳門特別行政區在經貿交流中的體制性障礙已大大減少，相互間資本、貨物、人員等要素的流動日益便利，內地與港澳在貨物貿易、服務貿易領域已基本實現了貿易一體化和要素一體化。

但由於內地與港澳的區域經濟一體化具有國內法和國際法上的雙重性特徵，其與全球範圍內此前已有的任何一種類型的區域經濟一體化都有所不同，換而言之，很難用既有的區域經濟一體化類型為之定性。CEPA 名稱的選擇經歷了謹慎的演變過程，最終是避免使用「自由貿易區」（Free Trade Areas，FTAs）和「協定」（agreement）的概念。[2] 傳統上，「自由貿易區」一般用於兩個或兩個以上國家建立的區域性國際組織的經濟一體化安排。而在國際法上，「協定」一般用於兩個或兩個以上國家簽訂的國際法律文件。為避免誤解，內地與香港已有的雙邊法律文件有意採用「安排」（arrangement）用語，由雙方代表簽署，之後由雙方通過頒佈適用於本區域的法律文件實施。三地政府在啟動經貿合作時的一系列審慎行為至少說明了一個問題，內地與港澳的區域經濟一體化是一種全新的跨區域經貿合作類型。

儘管內地與港澳區域經濟一體化要遵守世貿組織的相關制度，CEPA 的內容需要接受世貿組織的審查，但由於香港、澳門特別行政區與內地同屬一國主權範圍，無論香港、澳門特別行政區政府享有多大的自治權、對外具有如何特殊的身份，其與本國的其他區域乃至中央政府之間締結的協議都只能是國內協議，在性質上不可能變成只有不同主權國家或地區之間才可能締結的國際條約。內地與港澳的區域經濟一體化之所以要受到國際法

---

1 姜婷婷：《CEPA 補充協議十在港簽署推出 73 項服務貿易開放等措施》，新華網，2013 年 8 月 29 日，http://news.xinhuanet.com/gangao/2013-08/29/c_117150537.htm。

2 張憲初：《香港內地更緊密經貿關係安排的法律基礎和難點》，載張憲初主編《世貿規則與兩岸四地經貿法律關係》，商務印書館，2003，第 87~90 頁。

的約束，主要源於世貿組織關於成員方的特別規定 —— 世貿組織的成員資格實質上是以關稅區而不是以主權國家為適格條件。根據 1947 年《關稅和貿易總協定》（GATT 1947）第 26、32、33 條規定，只要構成一個關稅區，任何實體均可按一定程序成為 GATT 的締約方，《建立世界貿易組織協定》沿襲了這一規定，從而令香港、澳門等單獨關稅區得以成為世貿組織成員。也正是世貿組織的這一特別規則，才令本是國內區際經貿合作安排的文件受到國際法的約束，接受國際組織的審查。當然，世貿組織所審查和約束的內容只限於內地與港澳經貿關係中貿易方面的安排，不能涵蓋所有的經濟關係。從這個意義上講，內地與港澳基於 CEPA 實施而建立的區域經濟一體化在國際法上的性質可以理解為一種新型的自由貿易區，伴隨着大陸與台灣地區簽署的《海峽兩岸經濟合作框架協議》（簡稱 ECFA）的深入實施，最終將要建成的是包含中國內地、中國香港、中國澳門和中國台北四地的新型自由貿易區，其本質特徵是由一個主權國家成員與屬於該主權國家的單獨關稅區成員之間組成自由貿易區。

結語

　　「內地」特指除港澳台地區以外的中國關稅領土，內地政府與中央政府在大多情況下是重合的，並不存在與「內地」對應的專門的實體政府機構，在對外關係中「內地」概念基本沒有意義。但是在涉及港澳台問題的特定情境下，內地政府與中央政府就被嚴格區分；在世貿組織成員中，中國擁有的四個席位包括以主權國家的身份加入世貿組織的「中華人民共和國」和以單獨關稅區身份加入世貿組織的中國香港、中國澳門和中國台北，「內地」只能是「中華人民共和國」對應的關稅領土範圍，不具備世貿組織成員資格，因此，不能簡單地將 CEPA 理解為兩個世貿組織成員之間的經貿安排。香港、澳門特別行政區既是中國主權範圍內的一級地方政府，也是世貿組織的成員，其特殊身份令內地與港澳區域經濟一體化在國內法上屬於

特殊的府際經貿合作關係，在國際法上是世貿組織中主權國家成員與屬於該主權國家的單獨關稅區成員構建的新型自由貿易區，其實質是一國內的區域經濟一體化安排，但其中的貿易安排需接受世貿組織的審查和制度約束。由於一個主權國家成員與屬於該主權國家的單獨關稅區成員在世貿組織框架下建立更緊密經貿關係安排是史無前例的創舉，內地與港澳區域經濟一體化的發展趨向及其與世貿組織規則之間的關係必然會面臨前所未有的具體問題，有待相關政府機構及專家學者進行更為深入的研究和創新。

2. 論 CEPA 與中國區域經濟一體化的關係

慕亞平　謝炳坤

　　2012 年 11 月 20 日，在柬埔寨金邊舉行的第 21 屆東盟及其系列峰會上，中日韓三國經貿部長舉行會晤，宣佈啟動中日韓自由貿易區談判，至 2014 年 11 月 28 日，三方已經進行 6 輪談判。這一談判自其啟動之時就引發了人們對區域經濟一體化的新一輪熱議。[1] 在 21 世紀，人們已經認識到，「『一體化』似乎成了不可抗拒的潮流和趨勢」。「一體化」包含着全球經濟一體化與區域經濟一體化。實踐中，由於「全球經濟一體化包括世界上所有的國家，地理範圍廣，合作難度大，比區域經濟一體化更難達到」。於是區域經濟一體化就成了各國的最佳選擇。區域經濟一體化進程不斷加快，已成為各國和地區擴大對外經貿、促進經濟發展的重要手段。截至 2013 年 1 月，共有 546 個區域貿易協議向世界貿易組織報備，其中 354 個已經實施。[2] 其中多為自由貿易安排。在世界範圍內，成熟的區域經濟一體化組織即自由貿易區有許多，如北美自由貿易協定（NAFTA）、東南亞國家聯盟（ASEAN）、歐盟（EU）。其各國間由於建立自由貿易區，區域經濟更加活躍，經濟得到更大發展。但由於自由貿易區具有排他性，域外的國家享受不到自由貿易區帶來的經濟利益，反而有可能被經濟實力較強的區域貿易

1　《中日韓自貿協定談完第六輪：中韓聯手對日提主張》，網易新聞，2014 年 11 月 28 日，http://news.163.com/14/1128/18/AC5KQ77900014SEH.html。

2　李子木：《「區域經濟一體化」將重塑世界貿易格局》，《中國產經新聞報》2013 年 7 月 29 日，參見 http://epaper.idoican.com.cn/zgcjxwb/html/2013-07/29/content_4931390.htm。

集團擠壓生存空間。這種趨勢在多邊經貿進程緩慢的情況下對內地、港澳的經濟發展提出了嚴峻的挑戰，組織區域集團維護自身發展共同利益或與其他集團抗衡就成為其必然的選擇。在 2001 年以前，港澳一直是內地最重要的貿易夥伴、最大的境外投資來源地和對外投資目的地。對內地的經濟起飛和發展做出了卓越的貢獻。相應地，內地作為香港經濟的後盾，為香港製造業和服務業的升級轉型提供了廣闊的空間，內地與港澳經貿交流已經達到了相當高的水平。在 2001 年中國加入世貿後，內地的改革開放進入了一個新的階段。內地為了更多更好地吸收利用港澳投資，發揮香港世界金融中心及澳門作為投資平台的作用；同時，港澳方面受 1997 年亞洲金融危機風暴外圍經濟環境的影響，港澳經濟也出現了短暫的困難，在這樣的背景下，CEPA 作為內地與港澳建立更緊密經貿關係的綱領性文件誕生了。為實現中國區域經濟一體化，推動港澳的經濟復蘇和健康發展，深化內地改革開放的成果，應對區域經濟合作的挑戰做出了重要貢獻。

當下，西方的經濟蕭條已成長期態勢。在歐洲，歐盟已陷入因國家經濟結構失衡所導致的歐債危機而不能自拔。在美洲，美國也因為發行 16 萬億國債導致的「財政懸崖」而忙得焦頭爛額。世界兩大經濟體都陷入了貿易困境，它們均不能擔當引領世界經濟復蘇的引擎。但中國依然保持着每年 7%～8% 的 GDP 增長率，這對中國來說是一個機遇，深化鞏固 CEPA 成果、繼續深化拓寬和港澳的經貿合作，成為了我們的基本工作。縱然美歐均陷入困境，它們為經濟復蘇發展也在進行着美歐自貿區的談判。我國更應當清楚地認識到中國區域經濟一體化的重要性。在這樣的現實背景下，重新認識 CEPA 與中國區域經濟一體化的關係有着重大的現實意義。

一　CEPA 實施前後內地與香港的經貿發展變化

1. CEPA 實施中香港對內地經貿發展狀況

由於 CEPA 的簽署對香港的經濟影響比較大，所以在此只探討香港的經

濟發展狀況。在 2003 年 CEPA 簽署的時候，內地與港澳的經貿合作成果顯著，歷經十年的發展，兩地的經貿合作水平已達到一個新的台階。

在貨物貿易方面。內地對原產地為香港的產品都實行了零關稅。根據商務部港澳台司的數據顯示，2014 年 1～10 月，在兩地貿易方面，內地與香港貿易額 2961.8 億美元，其中內地對香港出口為 2862.3 億美元，自香港進口為 99.5 億美元。在吸收港資方面，內地共批准港商投資項目 9702個，實際使用港資金額 642.7 億美元。相比之下，截至 2014 年 10 月底，內地累計批准港資項目 370600 個，實際利用港資 7299.4 億美元。按照實際使用外資統計，港資佔內地累計吸收境外投資總額的 48.9%，成果不可謂不大。在對外經濟合作方面，2014 年 1～10 月，內地在香港承包工程合同數共計 202 份，合同金額 23.9 億美元，完成營業額 30.5 億美元，月底在港務工人數達到 50487 人。截至 2014 年 10 月底，內地在港累計完成營業額 464 億美元。[1]

在服務貿易方面，隨着 CEPA 的不斷完善和各項政策的逐漸落實，其促進內地與香港服務業的合作發展的作用也逐漸凸顯。內地越來越多的服務領域向香港開放，香港本身的優勢也得以最大限度發揮。CEPA 中若干關於內地向香港開放服務貿易的具體承諾的補充和修正文件亦顯示越來越多的服務領域對港開放，及市場准入標準對港降低。《補充協議一》涉及的領域有專利商標代理、機場服務、文化娛樂、信息技術、職業介紹、人才中介等。《補充協議二》涉及旅遊、個體工商業等。《補充協議三》涉及信息技術、會展服務等；在原有基礎上進一步採取 15 項具體開放措施。《補充協議四》涉及計算機服務、房地產、市場調研、諮詢管理、筆譯口譯、攝影、保險、體育等。《補充協議五》涉及人員提供與安排、環境、社會服務、採礦服務、科技諮詢等。《補充協議六》涉及公用事業、印刷、電信、

1　商務部台港澳司：《2014 年 1～10 月大陸與香港經貿交流情況》，中華人民共和國商務部台港澳司官網，2014 年 11 月 28 日，http://tga.mofcom.gov.cn/article/d/201411/20141100814288.shtml。

文娛、研究開發等。《補充協議七》涉及技術檢驗分析、專業設計、專業技術人員資格考試等。《補充協議八》涉及法律服務、與製造業有關的服務、分銷服務、金融服務、旅遊和旅遊相關的服務、運輸服務等。《補充協議九》涉及教育服務、環境服務，並在以前開放的領域中降低了市場准入標準。香港是自由港，服務業是其核心支柱產業。CEPA 的實施，使得香港服務業進入內地時間比其他世貿組織成員方的時間要早，而且進入的領域和深度也有較大的不同，准入門檻大幅降低。這些舉措對香港的服務業提供了良好的發展機遇，對香港拓寬服務市場、促進香港服務業繁榮、發展香港經濟大有裨益，同時也鞏固和提高了香港國際金融中心的地位。至今，內地已成為香港服務貿易出口最大的市場，可見 CEPA 效果顯著。

通過對以上數據的對比分析，我們可發現 CEPA 實施十餘年來，對香港的經濟發展做出了卓越的貢獻。香港依托內地這個世界最大的消費市場和低成本的勞動力市場，不但穩固了世界金融中心、投資中心的地位，還成功地實現了產業結構的轉型。CEPA 的實施對香港經濟的促進作用十分明顯。

2. CEPA 的實施對內地的經濟影響

CEPA 的實施實現了內地和香港的雙贏。貨物貿易方面，內地實行的零關稅政策使得更多的原產於香港的商品進入內地市場，繁榮了內地市場，擴大了內地消費者的選擇範圍，有利於市場競爭。服務業方面，服務業是香港的核心競爭力所在，實施 CEPA 後，在內地投資的香港服務業愈來愈多，節奏明顯加快。在內地對香港開放的若干領域如商業服務、分銷服務、金融服務、旅遊服務、運輸服務等領域，香港的企業和人才通過多種途徑進入內地市場，給內地的服務企業帶來了全新的經營理念、方式及經營渠道，促進了內地相關服務行業水平的提高和產業結構的升級。投資便利化方面，在貿易投資促進，通關便利化，商品檢驗檢疫、食品安全、質量標準，電子商務，法律法規透明度，中小企業合作，中醫藥產業合作等七個方面取得了不小的進步。內地的通關效率有所提高，商品食品的檢驗

檢疫的程序和制度等也得到了改善，內地的法規也更加透明，中醫藥產業合作推動了中醫藥產業的發展。當然在實施的進程中也存在若干問題，但總的來說利大於弊。CEPA 對內地改進社會治理方式、調整經濟結構、完善法治環境具有重要的意義。

二　CEPA 對中國經濟一體化的作用與影響

1. CEPA 促進內地與香港經濟一體化

通過以上敘述，我們可知 CEPA 在促進香港貨物貿易、服務貿易、投資便利化等方面存在積極作用，加強了香港特區政府和中央政府的溝通，促進了內地與香港經濟的一體化。在此不再贅述。

2. CEPA 的實施為內地各區域與香港進行經貿合作提供了條件

為確保 CEPA 的實施，內地各地方政府均在商務部門專門設立了 CEPA 聯絡員，專門負責與香港政府的經貿合作。最具代表性的當屬廣東省政府提出的粵港澳大灣區經濟一體化戰略，憑藉着鄰近的地緣優勢，CEPA 實施後，廣東省與香港的經貿聯繫更加緊密，在一些領域達到了較高的融合水平，主要表現在以下方面。其一，CEPA 加快了香港和泛珠江三角洲城市群的分工，粵港兩地利用產業結構互補的優勢達成了「粵港製造、港主服務」的共識，形成了一種「前店後廠」的模式，推動了廣東省的產業升級轉型。其二，生產要素流動加速。港商投資的主要地點集中在廣東省。其三，合作體系日趨完善，CEPA 及其補充協議以及在 CEPA 框架下制定的珠三角地區改革規劃綱要、粵港合作框架協議等一系列指導性文件構建了較為完善的合作體系。其四，在交通設施方面，在建的港珠澳大橋更是將三地的距離進一步縮短了。目前，泛珠江三角洲地區已成長為中國經濟最有活力的地區。廣東省更是利用「先行先試」的政策，以橫琴為試點探索粵港澳經濟一體化的模式，提供了更多的經驗。

3. CEPA 的實施成效對大陸與台灣簽署 ECFA 協議有着積極的作用，由於政治原因，台灣地區與大陸簽署的經濟合作協議採用的是 ECFA 形式

「多年來，『兩岸四地』以及海外華人中的許多學者和企業家，都主張建立大眾化經濟圈。」CEPA 的簽署使這一倡議更進一步。CEPA 的實施使內地與港澳的經濟連為一體，增強了整個中國在亞洲的影響力和輻射作用，港澳通過 CEPA 獲得了內地更廣闊的發展市場，從中獲得的利益顯著。受此影響，台灣也於 2010 年 6 月與大陸簽署了類似的協議。

根據商務部台港澳司的數據顯示，2014 年 1～10 月，大陸與台灣貿易額為 1627.5 億美元，其中大陸對台灣出口為 385.7 億美元，自台灣進口為 1241.8 億美元，可見大陸是台灣的一個重要的貿易市場。在吸收台資方面，2014 年 1～10 月，大陸共批准台商投資項目 1897 個，實際使用台資金額 17.5 億美元。截至 2014 年 10 月底，大陸累計批准台資項目 91909 個，實際利用台資 608.9 億美元。按實際使用外資統計，台資在大陸累計吸收境外投資中佔 4.1%。[1] 無論是貿易還是投資，大陸都是台灣一個重要的市場。簽署 ECFA 對台灣經濟發展的推動作用可想而知。

4. CEPA 的實施對中國未來的區域經濟一體化戰略具有示範和參考作用

如前所述，區域經濟一體化是全球經濟發展的一個趨勢，中國應當順應這個潮流，抓緊機會，部署區域經濟一體化戰略，應對來自其他經濟體或區域集團組織的挑戰。雖然中國已成為世界第二大經濟體，但市場還不夠成熟，經濟結構不夠合理，市場還很脆弱，不能將市場突然完全開放，所以先以 CEPA 為試點是個不錯的選擇。

「CEPA 是中國簽署的第一個兩個獨立關稅區之間區域經濟一體化的文

1　商務部台港澳司：《2014 年 1～10 月大陸與台灣貿易、投資情況》，中華人民共和國商務部台港澳司官網，2014 年 11 月 28 日，http：//tga.mofcom.gov.cn/article/d/201411/20141100814281.shtml。

件，是中國邁向自由貿易區的第一步，開啟了中國區域經濟一體化的大門。」在 CEPA 簽署後，我國陸續簽訂了 8 個自貿區協定，包括與東盟、巴基斯坦、智利、新西蘭、新加坡、秘魯、哥斯達黎加的自貿區協定及亞太貿易協定，正在談判的自貿區協定亦有 6 個。中日韓自貿區談判也已提上日程。不可否認的是，雖然 CEPA 與後續的若干自貿區協定有許多的不同，但是其對後續的自貿協定有着示範和參考作用。

參考文獻

慕亞平：《全球化背景下的國際法問題研究》，北京大學出版社，2008。

慕亞平：《區域經濟一體化與 CEPA 的法律問題研究》，法律出版社，2005。

郭萬達、馮月秋：《CEPA 與中國區域經濟一體化戰略》，《開放導報》2004 年第 2 期。

張鴻：《關於中國區域經濟一體化的思考》，《探索》2008 年第 3 期。

徐曉嶺等：《香港國際服務貿易統計數據的分析》，《上海師範大學學報》（自然科學版）2010 年第 6 期。

蔡洪波、楊晗：《CEPA 框架下內地與香港服務貿易開放評析》，《中央財經大學學報》2011 年第 9 期。

余雲州：《在「從橫琴視角看粵港澳區域經濟一體化發展」論壇上的發言》，http：//news.dayoo.com/guangzhou/201208/24/73437_25800007_2.htm。

3. 內地和港澳區域經濟一體化及相關文件的性質、定位和作用

慕亞平　鍾燕蓮

　　自 2003 年簽訂 CEPA 協議（包括《內地與香港關於建立更緊密經貿關係的安排》和《內地與澳門關於建立更緊密經貿關係的安排》）以來，內地與港澳之間不斷加強經濟方面的合作，有力地促進了內地和港澳經濟的發展。為促進合作和爭取更好發展，內地與港澳隨後又簽訂了 CEPA 多項補充協議，不斷擴大合作領域。國務院於 2009 年 1 月批准了《珠江三角洲地區改革發展規劃綱要（2008 — 2020 年）》（以下簡稱《規劃綱要》），將廣東省放在內地與港澳密切合作的最前沿，是對 CEPA 協議的落實深化及對我國區域合作戰略的順應和配合。而為了落實 CEPA 協議、其補充協議以及《規劃綱要》，以促進粵港澳大灣區更緊密地合作，廣東省政府分別與港澳政府簽署了《粵港合作框架協議》和《粵澳合作框架協議》（以下簡稱《框架協議》）。筆者認為，要實現內地與港澳的區域經濟一體化、實現《規劃綱要》和兩份《框架協議》的目標，應首先分析內地與港澳區域經濟一體化、《規劃綱要》和兩份《框架協議》的性質，明確其法律地位和不同作用。

一　內地與港澳經濟一體化的性質、法律地位和作用

（一）內地與港澳實行區域經濟一體化的性質和法律地位

　　區域經濟一體化的形式共有五種，即自由貿易區、關稅同盟、共同市場、經濟同盟、完全經濟一體化。而在當今 WTO 框架下，歐盟（EU）、北

美自由貿易區（NAFTA）和亞太經濟合作組織（APEC）等是比較典型的區域
經濟一體化模式。筆者認為，內地與港澳實行的區域經濟一體化，既不屬
於上述五種區域經濟一體化形式中的某一種，也不同於歐盟和亞太經濟合
作組織這兩種比較典型的區域經濟一體化模式；內地與港澳實行的區域經
濟一體化，是類似於自由貿易區的一種形式，是 WTO 框架下區域經濟一體
化的一種特殊模式，同時也是我國區域經濟戰略的重要組成部分。

1. 內地與港澳實行的區域經濟一體化是 WTO 框架下區域經濟一體化的特殊模式

　　首先，內地與港澳實行的區域經濟一體化並沒有像歐盟、北美自由貿
易區和亞太經濟合作組織那樣創建了「區域經濟組織」或「區域性經濟集
團」。歐盟、北美自由貿易區和亞太經濟合作組織是區域性的國際組織，其
成員是主權國家，這兩個國際組織本身及其成員國都具有國際法主體的地
位。因此，傳統的 WTO 框架下的區域經濟一體化通常指兩個或兩個以上相
互分立的國民經濟體通過契約或協議在區域內逐步實現產品和要素自由流
動並協調宏觀經濟政策而形成經濟聯合體的過程。[1] 也就是說，傳統的區域
經濟一體化的模式一般都會成立「區域經濟組織」或者「區域經濟集團」。
然而，內地與港澳之間實行的區域經濟一體化，是三個單獨關稅區在 WTO
框架下進行區域合作，並沒有成立區域性經濟組織或者區域經濟集團。

　　其次，內地與港澳實行的區域經濟一體化是同屬於一個主權國家的三
個單獨關稅區之間的經濟協作與安排。在內地與港澳實行區域經濟一體化
之前，國際社會中的區域經濟一體化模式一般是由兩個或兩個以上主權國
家組成，或者是由不具有從屬關係的非主權實體與主權國家組成。而內地
與港澳實行的區域經濟一體化的模式是由一個主權國家和與其具有從屬關
係的單獨關稅區組成的，這在 GATT 的歷史上以及在 WTO 以前的實踐中都是

1　慕亞平、宋洋：《CEPA—WTO 框架下區域經濟一體化的全新模式》，《珠三角現代產業》2007 年
　　第 10 期。

沒有出現過的。我國的這種區域經濟一體化模式不同於 GATT 和 WTO 體系中典型的區域經濟一體化模式，是在 WTO 框架下的一種區域經濟一體化的特殊模式，具有國際性因素。但值得注意的是，雖然內地與香港、澳門作為單獨關稅區享有平等的權利，但這樣的平等僅限於在 WTO 的框架之下，限於 WTO 管轄的範圍之內。WTO 作為一個國際經濟組織，其管轄的範圍是貿易，而貿易只是經濟生活的一部分。各國合作的經濟生活內容十分廣泛，例如大量的投資活動、金融、技術和環保等，而這些遠遠超出了 WTO 管轄的範圍。內地和港澳之間的合作範圍涉及社會、經濟和法律等多方面的內容，在這其中只有部分經濟生活屬於 WTO 的管轄範圍。作為 WTO 框架下的區域經濟一體化，對於 WTO 管轄的事項，內地和港澳必須遵守相關規定；而由一個主權國家和與其具有從屬關係的單獨關稅區形成的區域經濟一體化，對於 WTO 管轄範圍以外的事項，我們完全可以根據本國的具體情況來實行自由安排。[1]

2. 內地與港澳實行區域經濟一體化是我國區域經濟戰略的重要部分

區域經濟一體化在某種程度上可以說是經濟全球化的先行步驟，能夠促進世界經濟的逐步融合，已經成為了當今世界經濟的顯著特徵之一。區域經濟一體化的產生，最根本的原因是世界政治經濟發展的不平衡。不同的國家和地區，其政治經濟實力存在差異，其綜合國力、競爭能力不同，所處的國際環境也不同，為了在競爭中獲得更好的發展，與其他國家和地區，特別是與地理上相鄰相近的國家地區進行經濟上的合作就變得十分重要。我國現在仍是發展中國家，要實現復興、實現富強，還有很長的路要走。在這條實現復興和富強的道路上，在當今的國際社會環境中，我們不可能孤軍奮戰，我國必須與世界上其他的國家和地區特別是周邊的國家和地區進行經濟上的協作和配合。而且顯而易見的是，我國的國內市場與國外市場聯繫十分

1　慕亞平：《粵港澳緊密合作的法律依據及相關法律問題思考》，《當代港澳研究》2010 年第 2 輯。

緊密，我國不可能單靠國內市場實現政治經濟社會的全面發展。世界各國之間的經濟越來越相互依賴，經濟和市場的融合程度也越來越高。

為了加強區域經貿合作，踐行我國的對外經貿戰略，目前，中國在建自貿區 20 個，涉及 32 個國家和地區。其中，已簽署自貿協定 12 個，涉及 20 個國家和地區，分別是中國與東盟、新加坡、巴基斯坦、新西蘭、智利、秘魯、哥斯達黎加、冰島和瑞士的自貿協定，內地與香港、澳門的更緊密經貿關係安排（CEPA），以及大陸與台灣的海峽兩岸經濟合作框架協議（ECFA），目前均已實施；正在談判的自貿協定 8 個，涉及 23 個國家，分別是中國與韓國、海灣合作委員會（GCC）、澳大利亞、斯里蘭卡和挪威的自貿協定，以及中日韓自貿協定、《區域全面經濟合作夥伴關係》（RCEP）協定和中國 — 東盟自貿協定（「10+1」）升級版。此外，中國完成了與印度的區域貿易安排（RTA）聯合研究；正與哥倫比亞等開展自貿區聯合可行性研究；還加入了《亞太貿易協定》。[1] 由此可見，內地與港澳實行區域經濟一體化是我國區域經濟戰略的重要組成部分。

（二）內地與港澳實行區域經濟一體化的作用

1. 實現內地和港澳在經濟上的互惠互補，促進經濟上的協調發展

內地和港澳的經濟如今已經發展到密不可分的地步，內地和港澳現在是互惠互補的關係。內地製造業相對發達，而服務業發展水平卻不高。香港是一座國際化的城市，擁有發達的網絡和交通、便利的營商環境、完備的法律體制、公平開放的競爭環境、龐大的財政儲備和外匯儲備等優勢條件，並且融合了中西方文化，其在金融、物流、資訊和旅遊這四大服務業方面的發展優勢和水平在亞洲乃至全世界都是位於前列的。香港的這些發展優勢為內地相關產業的發展做出了貢獻，香港的優勢產業如金融服務業

1　《中國對外商談自由貿易協定總體情況》，中國自由貿易區服務網，2014 年 12 月 11 日，http：//fta.mofcom.gov.cn。

等可以為內地相關產業提供借鑒。而在香港面臨發展飽和問題，需要尋找新的經濟增長點的時候，內地的發展也為香港帶來了新的機遇，例如在香港與內地互惠互補的發展下，一方面港商利用內地的服務和技術並結合外國市場，找到了新的增長點；另一方面也為內地產業從「勞動密集型」向「技術密集型」的轉型做出了貢獻。澳門的博彩業十分發達，是其支柱產業，其旅遊業也較為發達。但總體來講，澳門的產業結構比較單一。澳門通過與內地加強區域合作，休閒旅遊、商務會展、文化創意和中醫藥等產業得到快速發展，促進了經濟的適度多元，同時也拓展了對外經濟合作和交流的空間，有效地發揮了商貿合作服務平台的作用，為內地開展對外經濟合作提供服務。內地和港澳通過實行區域經濟一體化，實現了經濟上的互惠互補，促進了經濟上的協調發展，形成了密不可分的關係。

2. 可促進內地與港澳作為一個區域在對外談判時達成一致意見，從而有利於促成多邊談判

內地與港澳作為區域經濟一體化的成員，又是同屬於一個主權國家的三個單獨關稅區，在對外的多邊談判方面意見應該是一致的。如果內地與港澳對於某些問題在內部已經形成統一意見，那麼到了對外的多邊談判時，就可以省去內地或港澳在單獨對外談判時的各種妥協折中步驟，從而加快多邊談判的進程並有利於促成多邊談判。

3. 為世界其他國家和地區的區域經濟一體化發展提供新模式，從而間接促進經濟全球化

一般認為，區域經濟一體化可以作為全球經濟一體化的試驗場，區域貿易安排中的自由化程度比多邊貿易體制中的自由化程度要高，它的發展進度也比多邊貿易體制快，是很好的先行者。[1] 如上文所述，內地與港澳實

1　張曉靜：《區域經濟一體化研究》，《2008 全國博士生學術論壇（國際法）論文集 —— 國際經濟法、國際環境法分冊》。

行的區域經濟一體化模式不同於 GATT 和 WTO 體系中典型的區域經濟一體化模式，而是在 WTO 框架下的一種區域經濟一體化的特殊模式，這就為後來其他國家和地區的區域經濟一體化實踐提供了一種新的思路和模式，對世界其他地方的區域經濟一體化的發展有一定的促進作用，從而間接地促進了經濟全球化的發展。

二 《規劃綱要》的性質、法律地位和作用

（一）《規劃綱要》的性質和法律地位

珠江三角洲地區是我國改革開放的先行地區，是我國重要的經濟中心區域，具有重要的戰略地位，為我國經濟社會的發展和對外經貿戰略的實施做出了巨大貢獻。然而，國內外經濟形勢不斷發生深刻的變化，珠江三角洲地區正處在經濟結構轉型和發展方式轉變的關鍵時期。在挑戰和機遇並存的情況下，為了促進珠江三角洲地區的進一步發展，以更好地發揮其對全國的輻射帶動作用和先行示範作用，國家發展和改革委員會從戰略全局和長遠發展的角度考慮並制定了《珠江三角洲地區改革發展規劃綱要》。《規劃綱要》是珠江三角洲地區改革和發展的行動綱領，但其卻不屬於法律規定的法律淵源，而是屬於行政指導性文件，不具有法律效力。

1.《規劃綱要》不屬於法律規定的法律淵源，不具有法律效力

我國《立法法》第 2 條規定：「法律、行政法規、地方性法規、自治條例和單行條例的制定、修改和廢止，適用本法。國務院部門規章和地方政府規章的制定、修改和廢止，依照本法的有關規定執行。」由此可見，我國的法律形式包括上述法條中規定的法律、行政法規、地方性法規、自治條例、單行條例、國務院部門規章和地方政府規章，此外還有這一法條未作規定的軍事規章。《規劃綱要》是由國家發改委制定頒佈的，也就是說，《規劃綱要》是由國務院部委制定和發佈的，因此就排除了其是法律、行

政法規、地方法規、自治條例、單行條例、地方政府規章和軍事規章的可能性，那麼我們需要探討的就是其是否為國務院的部門規章的問題。根據《立法法》的規定，雖然國務院各部委和直屬機構有制定部門規章的權力，但部門規章的制定必須從內容到程序都符合法律的嚴格規定。因此，即使是有權頒佈部門規章的行政機關，其所制定和頒佈的文件也必須在內容和程序兩個方面都滿足法律的規定才能成為部門規章，否則該文件就不屬於部門規章。

首先，從內容上分析。《立法法》第6條規定：「立法應當從實際出發，科學合理地規定公民、法人和其他組織的權利與義務、國家機關的權利與責任。」這一規定明確了法律的基本內容，然而《規劃綱要》卻不符合這一法律規定，其既沒有規定公民、法人和其他組織的權利義務，也沒有規定國家機關的權利與責任。因此，《規劃綱要》不符合法律對行政規章的內容的要求。

其次，從程序上分析。《立法法》第76條第1款規定：「部門規章由部門首長簽署命令予以公佈。」《規劃綱要》沒有以部門首長簽署命令的方式予以發佈，而是以國家發改委的名義發佈，這就不符合法律對部門規章的發佈程序的要求。

綜上所述，《規劃綱要》雖是國家發改委制定發佈的文件，但是其內容和發佈程序卻不符合法律對法律文件的相關規定，所以它既不是部門規章，也不屬於其他的法律形式，不具有法律效力。

2.《規劃綱要》應定性為行政指導性文件

行政指導是指行政主體基於國家的法律、政策的規定而做出的，旨在引導行政相對人自願採取一定的作為或者不作為，以實現行政管理目的的一種非職權行為，對行政相對人沒有強制力。[1]行政相對人不僅包括公民、

1　姜明安：《行政法與行政訴訟法》，北京大學出版社、高等教育出版社，1999，第251頁。

法人或其他組織，也包括國家機關在內。行政指導的構成要件有指導主
體、指導對象、指導內容、指導方式和指導後果，並不包含相關的行政處
罰措施。[1] 而行政指導的常用方式之一就是制定並發佈專門的導向性行政政
策和行政綱要[2]，政府通過將這些專門制定發佈的導向性行政政策和行政綱
要在一定時期內實施於一定的行政區域或領域，並通過一定的機制來影響
和引導行政相對人的行為，以達到促進社會和經濟發展的目標。[3] 結合國家
發改委制定發佈《規劃綱要》的行為進行分析，其行為完全符合行政指導
的構成要件。而國家發改委制定發佈《規劃綱要》是為了在 2008～2020
年，促進珠江三角洲地區的進一步發展，以更好地發揮其對全國的輻射帶
動作用和先行示範作用，國家發改委很顯然是在採用發佈導向性行政政策
和行政綱要的方式進行行政指導，因此《規劃綱要》屬於行政指導性文件
也就顯而易見了。

3.《規劃綱要》是珠江三角洲地區改革和發展的行動綱領

　　雖然通過上述分析可知《規劃綱要》不是法律規定的法律淵源，但其
作為行政指導性文件、作為珠江三角洲地區改革和發展的行動綱領的地位
是不容置疑的。正如《規劃綱要》前言所指出的：「本規劃綱要是指導珠江
三角洲地區當前和今後一個時期改革發展的行動綱領和編制相關專項規劃
的依據。」

1　姜明安、余凌雲主編《行政法》，科學出版社，2010，第 373～374 頁。
2　根據日本學者室井力的觀點，那種具有行政政策特點又具有行政規劃特點、非行政法規和規章甚至
　　有的並無具體法律規定作為制定依據、具有行政內部訓令性質卻又明示與有關相對人的一類綜合的
　　行政工作指針，被稱為行政綱要，依此綱要靈活機動且注重實效地推進行政工作、履行行政職責被
　　稱為綱要行政。參見〔日〕室井力《日本現代行政法》，吳微譯，中國政法大學出版社，1995，第
　　160～163 頁。
3　姜明安、余凌雲主編《行政法》，科學出版社，2010，第 375 頁。

（二）《規劃綱要》的作用

1.《規劃綱要》有助於將珠江三角洲面臨的挑戰轉化為機遇

《規劃綱要》提到，隨着經濟全球化和區域經濟一體化的深入發展，特別是當前國際金融危機不斷擴散蔓延和對實體經濟的影響日益加深，珠江三角洲地區的發展受到了嚴重衝擊，國際金融危機的影響與尚未解決的結構性矛盾交織在一起，外需急劇減少與部分行業產能過剩交織在一起，原材料價格大幅波動與較高的國際市場依存度交織在一起，經濟運行難度加大，深層次矛盾和問題進一步顯現。可見，珠江三角洲的改革和發展面臨着巨大的挑戰。但我們也要認識到，珠江三角洲地區也面臨着重大的機遇，例如亞洲區域經濟合作與交流方興未艾、中國—東盟自由貿易區進程加快、粵港澳大灣區經濟加快融合、珠江三角洲地區在改革開放 30 年中積累了雄厚的物質基礎和競爭實力等。風險與利益並存，有挑戰也就意味着有機遇。《規劃綱要》的制定和發佈，有助於我們認清當前的困境和挑戰，從而針對具體情況發揮自身優勢，利用機遇，着力解決突出問題，變壓力為動力，化挑戰為機遇。

2.《規劃綱要》有助於珠江三角洲地區帶動其他地區乃至全國經濟和社會的發展

珠江三角洲地區是我國改革開放的先行地區，是我國重要的經濟中心區域，具有重要的戰略地位。《規劃綱要》提出了五大戰略和兩大發展目標，賦予了珠江三角洲地區發展更大的自主權，有助於推進珠江三角洲地區經濟結構的戰略性調整，擴大珠三角的對外開放，並輻射和帶動周邊區域的經濟發展，促進優勢互補、良性互動的區域經濟發展新格局的形成；有助於提高我國的綜合實力、國際競爭力和抵禦國際風險的能力，使我國能更好地參與國際經濟合作與競爭。

3.《規劃綱要》促進和深化了內地與港澳的區域經濟一體化

《規劃綱要》雖然指出本規劃綱要是指導珠江三角洲地區當前和今後一

個時期改革發展的行動綱領和編制相關專項規劃的依據，而本規劃綱要的內容也主要是圍繞珠江三角洲地區展開，沒有直接涵蓋港澳，也沒有直接提及內地與港澳經濟一體化和粵港澳大灣區經濟一體化，但是本規劃綱要多處提到港澳兩個特區，粵港澳大灣區緊密合作的必要性和具體要求也在規劃綱要中相當突出，可以說《規劃綱要》已將粵港澳三地的緊密合作定位為國家政策。廣東省作為內地的一個省份，與港澳進行更緊密的合作，其實是對內地與港澳的區域經濟一體化的促進和深化，以及對 CEPA 協議相關規定的深刻實踐。

4.《規劃綱要》為港澳地區的長期繁榮和穩定提供了保障

《規劃綱要》在促進珠三角擴大對外開放、解決廣東自身發展難題的同時，也為港澳提供了更廣闊的發展腹地，為粵港澳大灣區的更緊密合作提供了政策支持，為保持港澳地區的長期繁榮和穩定提供了保障，也為祖國和平統一大業的最終完成奠定了堅實基礎。

三 《粵港合作框架協議》與《粵澳合作框架協議》的性質、法律地位和作用

（一）《粵港合作框架協議》與《粵澳合作框架協議》的性質和法律地位

《粵港合作框架協議》和《粵澳合作框架協議》是為了落實《規劃綱要》和 CEPA 協議，促進粵港澳大灣區更緊密地合作，而由廣東省人民政府分別同香港特別行政區政府以及澳門特別行政區政府經協商一致簽訂的。這兩份《框架協議》是區際政府間的合作協定，有一定的拘束力，然而其簽訂卻缺乏法律依據。

1.《框架協議》是區際行政協議，即區際政府間的合作協定

近年來，我國地方政府之間通過行政首長聯席會議機制締結合作協議

的情況日漸增多，政府合作協議作為聯席會議達成的一種結果，在法學上被定性為「行政協議」。[1] 對於「行政協議」的含義，目前學界的通說認為：「行政協議是兩個或兩個以上的行政主體，為了提高行使國家權力的效率，實現行政管理的效果，互相意思表示一致而達成協議的雙方行為，本質上是一種對等性行政契約。」[2]《框架協議》是內地地方政府與港澳兩個特別行政區政府之間的政府合作協議，是區際行政協議，與內地地方政府之間簽訂的行政協議不同。

「區際」一詞是國際私法上的概念，是一個以法域為基礎的引申概念。[3]「一般說來，一個具有獨特法律制度的地區被稱為法域。」[4] 就我國本身而言，內地和港澳是具有獨特法律制度的行政區域，這三個行政區域之間形成了不同的法域，各法域之間的相互關係可以稱為區際。區際行政協議是指在區域經濟一體化的客觀趨勢和區域合作治理的目標指引下，一定經濟區域內不同法域的行政機關之間為協調區際公共事務而訂立的行政協議，是一種新型的、特殊的行政協議。[5] 自港澳回歸、中國加入 WTO 以來，內地與港澳便形成了一個主權國家內三個不同的法域。隨着粵港澳大灣區經濟關係的日益密切，粵港澳大灣區形成了一定的經濟區域，然而這樣的經濟區域因其成員來自不同的法域而有別於內地的經濟區域，粵港澳大灣區的經濟關係是一個主權國家內三個不同法域之間的經濟關係。因此，粵港澳三地政府為了促進相互間更緊密地合作而簽訂的《框架協議》帶有區際屬性，屬於區際行政協議。

2.《框架協議》的簽訂缺乏法律依據

從《框架協議》簽訂的基礎來講，該文件的簽訂是缺乏法律依據的。

1　崔卓蘭、黃嘉偉：《區際行政協議試論》，《當代法學》2011 年第 6 期，第 19 頁。

2　何淵：《論行政協議》，《行政法學研究》2006 年第 3 期，第 46 頁。

3　崔卓蘭、黃嘉偉：《區際行政協議試論》，《當代法學》2011 年第 6 期，第 20 頁。

4　韓德培：《國際私法》，北京大學出版社、高等教育出版社，2000，第 274 頁。

5　崔卓蘭、黃嘉偉：《區際行政協議試論》，《當代法學》2011 年第 6 期，第 20 頁。

《框架協議》是廣東省人民政府和香港、澳門特別行政區政府為落實《規劃綱要》和 CEPA 協議，促進粵港澳大灣區更緊密合作而制定的綜合性合作協議。由此可見，《框架協議》是以《規劃綱要》和 CEPA 協議為基礎訂立的。然而，《規劃綱要》和 CEPA 協議卻都不具有法律效力，因而不能成為《框架協議》訂立的法律基礎。[1]

從《框架協議》的簽訂主體的權力角度來講，該文件的簽訂主體都是沒有法律的明確授權的。根據《憲法》和《地方組織法》的規定和授權，各級政府只能管理其轄區範圍內的事務，而對於地方政府能否同國內其他行政區劃的政府自願協商一致締結合作協定，以及締結協定的權限、程序及法律效力等問題，都沒有任何規定。此外，《香港特別行政區基本法》和《澳門特別行政區基本法》也沒有對港澳政府能否與內地各省之間締結區際合作協定做出規定。不僅是區際政府簽訂合作協定沒有規定，即便是內地各省政府之間簽訂的合作協定也沒有得到授權。換句話說，目前我國尚未有法律對這一類行政行為進行規範，筆者建議將來應對包括港澳地區在內的全國各地政府之間、全國各大經濟區域之間簽訂區域合作協議的行為予以規定和授權。經過上述分析可知，廣東省人民政府和香港、澳門特區政府簽訂《框架協議》的行為沒有獲得法律的明確授權，從而令該文件無法成為國內法律規定的法律淵源。

綜上所述，無論從《框架協議》簽訂的基礎角度，還是從其簽訂主體的權力角度來講，該文件的簽訂都是缺乏法律依據的，它不能成為法定的法律淵源，不具有法律效力。

3.《框架協議》具有事實上的拘束力

雖然《框架協議》的簽訂缺乏法律依據，但並不代表其完全沒有拘束力，它作為政府間的合作協議，不僅約束締約政府的行為，而且可能對締

1　朱穎俐、慕子怡、慕亞平：《〈粵港合作框架協議〉的性質、效力分析及立法建議》，《學術研究》2011 年第 6 期，第 42 頁。

約政府的管轄區域內的行政相對人產生一定的外部效果,「通過約定締約機關之間的權利義務而使得相對人獲得某種利益或使其利益範圍受到某種限定」。[1] 而且,《框架協議》並不是一次性地對某一特定對象適用,而是作為一種政策性、指導性的文件反覆地對相關對象產生影響。因此,《框架協議》具有事實上的拘束力。

(二)《粵港合作框架協議》和《粵澳合作框架協議》的作用

1. 適應並推動內地與港澳區域經濟一體化的發展

我國區域經濟一體化的進程發展十分迅速,國內外市場緊密相連,國內不同地區或區域的市場也是密不可分的,區域經濟一體化要求區域內的各個成員主動撤除各種妨礙區域間要素和產品流動的行政壁壘,以實現優勢互補、互惠共贏。《框架協議》是以 CEPA 協議和《規劃綱要》為基礎訂立的,它自然繼承和貫徹了後兩者的目標與要求。《框架協議》的制定就是為了促進粵港澳大灣區更緊密地合作,而廣東省作為內地的一個省份加強與港澳之間的緊密合作,正是適應了區域經濟一體化的發展要求,並且《框架協議》也從實質上促進了粵港澳大灣區的緊密合作,推動了我國內地與港澳經濟一體化的發展。

2. 把粵港澳大灣區緊密合作上升為國家戰略

《框架協議》對粵港澳大灣區合作發展的目標做出了明確的定位,提供了清晰的路徑,它把《規劃綱要》中關於深化粵港澳大灣區合作的宏觀策略轉化為具體政策措施,之後這些有關內容被寫入 2011 年 3 月公佈的國家「十二五」規劃,從而上升為國家戰略。這體現了中央對粵港澳大灣區深入合作和發展的重視,有利於粵港澳大灣區向國家爭取更多「先行先試」的機會和措施,也使港澳獲得更多的政策扶持。

1　葉必豐等:《行政協議:區域政府間合作機制研究》,法律出版社,2010,第 194 頁。

3. 有助於港澳在鞏固自身發展優勢的同時挖掘並發展新的經濟增長點

《框架協議》明確了粵港澳大灣區合作發展的定位和目標，也明確了粵港澳大灣區合作的具體措施，這些具體措施不僅可以使港澳自身優勢產業的地位得到鞏固乃至提升，還可以為港澳提供很多新的機遇，為港澳挖掘出新的經濟增長點。例如，對於澳門而言，《框架協議》中關於建設世界旅遊休閒中心的措施，鞏固並提升了澳門的博彩業和旅遊業在經濟發展中的地位；而橫琴島開發中的「共同參與、分線管理」通關模式從制度上為廣大澳門居民的就業、學習和生活，以及澳門企業的發展創造了新的機遇；橫琴島開發中關於建設粵澳合作產業園區、中醫藥科技產業園、文化創意區、中心商務區等重點項目，為澳門經濟的適度多元化發展創造了巨大的發展前景。

4. 有助於貫徹「一國兩制」方針和保障港澳的繁榮與穩定

根據《框架協議》的具體內容，它的實施必須堅持「一國兩制」的指導方針。《框架協議》適應並推動內地與港澳區域經濟一體化的發展，把粵港澳大灣區緊密合作上升為國家戰略，使港澳獲得更多的政策扶持，幫助港澳在鞏固自身發展優勢的同時挖掘並發展新的經濟增長點，其結果自然能夠促進和保障港澳的繁榮與穩定。

4.「先行先試」政策的重要意義和作用初析

慕亞平　梁子恆

先行先試是國家在政治經濟文化發展過程中面對改革需要所採取的一種試探性、漸進性的選擇。通過將部分中央權力向地方下放的手段，讓地方擁有先行先試權，從而令經濟結構的調整、發展模式的選擇、資源配置的優化、規範制度的構建等多方面改革能夠因應各自的條件行使更大的地方自主權，達到換取低成本高收益的目的。先行先試不是一個新名詞，事實上，先行先試在中國改革開放的光輝歷程中發揮過的作用讓國人乃至世界歎為觀止。本文以改革開放最先的受益者 —— 廣東省為對象，首先對改革開放歷程取得的成績進行回顧，闡述中央先行先試政策在其中的重要意義，以及在新歷史發展時期面對新機遇和新挑戰，繼續堅持先行先試漸進式試錯改革的特殊作用。接着從外部對先行先試政策的法律地位、內容、形式及範圍進行介紹。最後回到法律的視角，論述先行先試政策對法治的影響。

一　改革語境下的漸進式選擇 —— 先行先試政策

（一）改革開放 30 年，廣東省在先行先試政策下取得了令人矚目的發展成就

自西方世界工業革命開始，中國的經濟發展就被遠遠地拋在了後面，無論是清王朝還是後來的國民政府都無法扭轉頹勢。經濟的落後帶來了戰

爭賠款、土地割讓等喪權辱國的事件。即便是新中國成立後，在相對安穩的國內環境下，中國經濟發展也相當緩慢，甚至陷入了「文化大革命」的泥潭，經濟政治發展受到了嚴重的打擊。體制弊端暴露無遺，綜合改革勢在必行。自 1978 年，中國開始對早已顯示出多種弊端的高度集權的計劃經濟體制進行改革。[1] 廣東省抓住了這個歷史機遇，大膽地解放思想，創造性地向中央提出讓其先行先試，試驗、篩選能夠促進經濟快速增長的方法。對於廣東省「大膽的要權要求」，鄧小平同志那句石破天驚的「中央沒有錢，可以給些政策，你們自己去搞，殺出一條血路來！」言猶在耳。於是權力下放、分權、放權被提上議事日程，地方政府開始扮演發展型政府的角色。廣東改革開放的先行先試主要包括經濟特區的設置，中央賦予其新的財政自主權、更大的金融獨立權、工商企業管理權等一系列地方自主管理權，儘管先行先試的實踐曾經面臨着質疑、阻力和挑戰，然而 30 年過去了，廣東從一個經濟落後的農業省份變成全國經濟第一大省，帶領國家從封閉到全方位開放，實現了社會主義初級階段小康社會的目標，它用舉世矚目的發展成就打消了人們對先行先試的疑慮。

（二）新時期珠三角發展和粵港澳合作是 先行先試政策的傳承

在改革開放進行了 30 多年的重要歷史節點，中國的發展道路仍將不平坦，相對穩定的世界格局和全球化浪潮要求中國的市場經濟體制和政府管理政策能夠與世界接軌，並且深化地區合作以增強區域經濟競爭力，中國不能停止改革的步伐。隨着國務院制定實施的《珠江三角洲地區改革發展規劃綱要（2008－2020 年）》（下稱《規劃綱要》）出台，整個珠三角地區再一次被賦予了改革急先鋒的角色。《規劃綱要》集中體現了科學發展、先

1　舒元等：《廣東發展模式 —— 廣東經濟發展 30 年》，廣東人民出版社。

行先試的精神，要求珠三角地區繼續擔當探索科學發展模式試驗區、深化改革先行區的重任。在新的歷史時期繼續發揚敢為人先、大膽探索、改革創新的精神，勇當深化改革開放、再創體制機制新優勢的先鋒，在推進珠三角地區和全國的改革開放中發揮窗口、試驗、示範和帶動的作用。《規劃綱要》注重和突出了賦予珠三角發展的自主權，在不支援更多投資和政策的優惠前提下，讓珠三角在更廣的範圍先行先試、大膽嘗試。

《規劃綱要》多處間接提到香港與澳門的發展合作問題。[1] 然而憑藉港澳的區位優勢及雄厚的發展基礎，還有一國兩制制度下的差異，粵港澳合作極具發展戰略的科學試驗價值。其實粵港澳合作的戰略安排已經被規定在中央與港澳特區政府簽署的 CEPA 協議，[2] 以及廣東省與香港、澳門在 CEPA 協議基礎上形成的《粵港合作框架協議》《粵澳合作框架協議》（下稱《框架協議》）當中。這一系列協議深化了粵港澳合作，使其關係更加緊密，凸顯先行先試政策的功效，同時也向粵港澳三地提出了探索三地優勢互補的合作方法的新思路。

（三）先行先試政策的重要意義與特殊作用

不難看出，中央在《規劃綱要》和 CEPA 協議中授予的先行先試權力，實質上是中央政府授予肩負改革任務的地方以制度創新的權力，憑藉此項權力，地方政府作為制度創新的主體可以大膽地進行改革的試驗，甚至必要時可以在一定程度上突破某些原有的規範性行為準則。中央授予的先行先試權與以往廣東改革中特區所擁有的先行先試權力並無本質區別。眾所周知，改革不是一蹴而就的事情，更別說是在幅員遼闊、人口眾多的中

1　如《規劃綱要》指導思想就提出「着力加強與港澳合作」，在戰略定位中提出「推進與港澳緊密合作、整合發展共同打造亞太地區最具活力和國際競爭力的城市群」；在發展目標中提出「形成粵港澳三地分工合作、優勢互補、全球最具核心競爭力的大都市圈之一」等。

2　CEPA 協議是《內地與香港關於建立更緊密經貿關係的安排》及其補充協議的簡稱。

國。一攬子的改革解決辦法面對複雜多變的社會因素、各種各樣的問題，根本不可能進展得一帆風順。因此改革方案的最優解在於局部地區、局部範圍的試驗，如同科學試驗，系統模型化的研究既能為調控各種變量因素提供方便，又能將試驗失敗帶來的損害降到最低，漸行漸進，一步一個腳印，直到發現最佳的解決辦法。這樣一種漸進式改革以其溫和的、注重「微調」的特點避免了激進式改革的致命缺陷。作為一種動態、開放的模式，有錯就改，不斷試驗，並且容易實施，易於得到社會中大多數群體的支持，保證了政治體系的穩定和改革的順利推進。[1] 實踐證明，漸進式改革適合中國國情，為廣大群眾所擁護，取得了巨大的成功。

二　先行先試政策的內涵探析

（一）先行先試的內容

中央的先行先試政策賦予地方在若干領域探索改革方法的自主權，而這一切應服務於以國家為整體進行漸進式改革的戰略需要。如前所述，國家在其發展歷程中不可避免地會遇到來自現實各方面的障礙，阻礙着發展進程。在衝破障礙的方法選擇上較之孤注一擲式的激進改革，相對溫和的漸進式改革無疑能得到當權者以及人民群眾的青睞。那麼何為漸進式的改革？筆者認為其特徵為試錯性、階段性、風險可控性，以及低成本性。改革和創新必然會觸及既得利益並因此受到阻力，但漸進式改革強調率先進行突破和創新的地方必須限定在特定的領域和範圍內，之後進行一系列的改革探索。若結果符合改革發展的要求，則逐步將其固定下來；一旦結果不能滿足需要，則立刻進行錯誤的糾正並且總結失敗經驗，更換另外一種方案進行新的探索，或更換別的領域進行探索。這是其試錯性的表現。

1　鄒建鋒：《漸進改革現實合理性的規範思考》，《求實》2003 年第 10 期。

這樣一來，即使試驗結果出現了嚴重的差錯，但由於負面的影響被控制在局部範圍內，也不至於產生無法補救的惡果。此處體現了漸進式改革的風險可控性。在選擇探索和突破的試錯過程中，漸進式改革必然會在一番比較後選擇風險低、成本小的範圍作為優先試錯的突破口，即採取先易後難的策略，與其花費大量資源解決體制頑疾，不如先從具有良好預期的方面開始，這體現了其低成本性。而階段性在於將成功的經驗通過進一步的完善，直到作為成熟的制度建設再逐步進行推廣，最終使整個系統能夠享受到局部化改革的成功經驗。

　　然而最適合進行這種漸進式改革的主體並不是統管國家上下大小事務的中央政府，而是在特定地域具有管轄權力的地方政府或者分管不同事務的相關部門。原因在於，一方面由中央政府選擇進行試錯改革的範圍和領域不能很好地滿足風險最小化的需要；另一方面在進行具體試錯改革的過程中熟悉相關事務的地方政府或相關部門擁有中央政府無可比擬的天然優勢。事實上絕大多數取得重大成功的改革是地方政府率先提出並試驗的。此外，漸進式改革的進程不僅沒有否定中央除授權以外的作用，在地方的試驗取得成功後，恰恰需要藉助中央的力量向各地進行推廣，並最終通過立法的方式確定下來。

　　因此先行先試政策既屬於漸進式改革的一部分，也是中央層面進行漸進式改革應用到地方層面的產物。一般來說，先行先試的內容按照其實行階段來分應該包含擁有一定事務自主權的地方在中央的鼓勵、引導之下，充分利用自身對於地方管理的經驗，劃分試點進行摸索和創新。試點的效果基本令人滿意的，可以通過制定地方性法規固定下來；符合中央在授權文件或其他發展計劃中的總體目標和發展要求的（如《規劃綱要》），中央政府或人大可根據情況需要對其進行立法，並推廣到全國各地；試點效果難以令人滿意的，予以及時清理，總結失敗教訓。作為符合我國改革發展需求的最優工具，先行先試最核心的要求是制度創新，然而無論是借鑒吸納目前其他國家和地區的先進經驗，還是自主探索，都對改革實施者的管

理智慧和創新膽識提出了較高要求。

（二）先行先試的形式

　　所謂先行先試的形式，指的是地方行政機關或規範性文件制定機關在實行中央先行先試政策的試錯改革時所採用的具體方法。那麼中央是否已經針對「先行先試」的範圍和形式對地方進行具體細緻的授權？答案是否定的。誠然，作為地方的行政行為，其在先行先試的探索過程中當然不能隨心所欲地脫離上位行政權力的控制，更不能擺脫法律的拘束。上位權力在授權時必然會對地方的先行先試權力的內容、形式、範圍等做出必要的限制。但是，正如前述，先行先試的核心在於創新，也就是說，先行先試本身就是無法確定也不適宜做出太多限制的，它恰恰需要改革者通過不斷地試錯來加以明確。一個無論是內容形式還是範圍都已受明確限制的「先行先試」，就不是先行先試。這種受限制的先行先試，對地方改革者的試驗和創新行為會構成不當的束縛，違背了先行先試政策的授權原意。因此，先行先試授權在具體事項和方法上，中央一般會有意無意留有一定的模糊之處，儘管在法理上這種授權方式不甚恰當，但考慮到自主探索對於社會改革的重要性，這種方法又有一定的合理性。

　　雖然存在不詳細之處，但一般認為，先行先試的形式包括執行中的先行先試權，規範制定的先行權和變通權。對於地方行政機關來說，完成其管轄範圍先行先試任務具有天然的優勢。行政機關面對制度建設以及改革過程中出現的問題，會做出主動的思考，並且需要在實踐中不斷探索解決辦法，採取措施做出反應，這正是先行先試的運用過程。在這個過程中行政機關比依法行政、不主動進行改革探索的狀態需要更大的自由裁量權。這就要求立法做出一定的讓步，可以保留原則性的規定，但不宜在具體創新行為上做限制。當然行政機關在具體的先行先試之前應當廣泛討論，制定出相應的實施規則再予以執行，並接受監督。這是執行中的先行先試。而規範制定的先行權所應用的場合包括：第一，地方機關在解決本地的特

殊問題時迫切需要制定相關規範，但這種規範可能由於其本身的特殊性或中央立法的滯後性導致相應上位法存在缺位，那麼為了先行先試的需要，地方政府可以進行創制性的規範制定；[1]第二，當地方的改革探索出現階段性的成果，具有成熟的運用經驗和普遍適用的條件，就可以通過地方規範制定對其進行先行調整，隨後可通過中央立法進一步推廣。[2]此外，還有規範制定的變通權，不過較之先行權，這種變通權的主體要少得多，往往只被限制在經濟特區，並只能適用於特區範圍。[3]儘管如此，就深化合作及改革的珠港澳地區來看，就已經包含一個經濟特區以及兩個特別行政區，規範制定變通權可以有很大的發揮空間。所謂「變通」，即是指一種非原則性的變動。這種變化本身就意味着一種創新和突破，其先行性和試驗性的特點表露無遺。因此，變通規定的權力與「先行先試」同樣具有根本的契合性，變通規定權應當也是先行先試權的一種重要表現。[4]

（三）先行先試的範圍

關於先行先試的範圍，上文得出的結論指出中央對地方進行授權時不會對此範圍做過於具體的規定，否則便違反了先行先試的精神。而這點並不妨礙中央對地方的探索試錯範圍做概括性的指導意見，至於具體運用範圍和形式的選擇權，則交由地方。中央基於戰略性的概括範圍，形成了先行先試的基本範圍。就本文珠港澳改革發展的例子來看，《規劃綱要》對珠三角的行政體制、經濟體制、文化體制、社會體制及民主政治改革發展

1　《立法法》第 64 條第 2 款規定：「省、自治區、直轄市和較大的市可以在上位法空缺時先制定地方性法規。」
2　鄧小平曾指出：「現在立法的工作量很大，人力很不夠……有的法規地方可以先試搞，然後經過總結提高，制定全國通行的法律。」可參見《鄧小平文選》（第二卷），人民出版社，1994。
3　《立法法》第 81 條：「經濟特區法規根據授權對法律、行政法規、地方性法規作變通規定的，在本經濟特區適用經濟特區法規的規定。」
4　王誠：《改革中的先行先試權研究》，博士學位論文，上海交通大學。

提出了諸多先行先試要求。CEPA 協議則將先行先試措施大量集中在港澳與廣東進行深化合作的金融服務業方面。然而，由於這些基本範圍的規定過於籠統，富有彈性，其指導意義大於研究意義，無助於我們對先行先試的範圍的把握，即有關文件回答擁有先行先試權力的地方能夠在哪些範圍、何種程度上超越或者打破現有的體制障礙的問題。我們不能容忍肆無忌憚地藉改革之名行違法甚至違憲之實的行為。對這個問題的回答其實在於確定先行先試的邊界，因此需要確定消極的範圍即先行先試所不能觸及的範圍。既然上級機關在授予地方先行先試權時往往沒有做出限制性規定（若存在限制，範圍的邊界將清晰易見，然而實際上不適宜做過多限制），那麼筆者認為得到該先行先試權的地方機關其權能與行使範圍即等同於授權機關的權限範圍。易言之，根據授權主體性質和所在層級在權限方面的不同，授權機關進行先行先試的權限也會有所區別。

所以，對地方改革者先行先試範圍的研究相當於其相應的上級授權機關的權限的確定。考慮到本文主要着眼研究的《規劃綱要》、CEPA 和兩份《框架協議》均不是立法機關制定的法律，如《規劃綱要》是發改委擬定後交由國務院通過的一份行政規範性文件，CEPA 與兩份《框架協議》分別是中央政府與港澳特區政府、廣東省政府與港澳特區政府簽訂的協議。作為先行先試權的權力來源，國務院這個國家最高行政機關與廣東省政府分別起着作用。這樣一來，就必須將行政法的法律優先原則和法律保留原則作為工具進行分析。因為在行政法的領域，國家行政機關行使公權力的行為必須符合上述兩個原則才能滿足其合法性基礎。憑藉這兩個原則，行政行為可謂確立了不可逾越的界限。法律優先原則要求行政主體的行政行為與法律存在抵觸時以法律優先，亦即行政行為不能違反法律的規定，尤其不能違反法律的禁止性規定。因此《規劃綱要》和 CEPA 協議中的「先行先試」，只要保證符合法律優先原則，都是可以適用的範圍。至於省一級政府的權力範圍除不違反法律之外，還不能違反國務院的行政法規、省級人大制定的地方性法規，然後適用於兩份《框架協議》。根據法律保留原則，

國家事項的某些方面已被法律設定為專屬國家權力機關從立法層面上調整的事項，那些連國務院也無法涉足的領域自然也不能成為國務院屬下的行政機關進行先行先試的範圍。退一步說，即使屬於國務院權限範圍的某些事項，也會因為專屬於國務院調整從而成為先行先試的禁區。這些事項應由法律和行政法規等規範文件明文確定，在此不展開論述。[1]

三　先行先試政策對改革與法治的影響

作為改革開放以來乃至新時期社會改革的核心思想，先行先試政策無可爭議地在制度創新中發揮了重要作用。通過承擔改革任務的政府的應用，加上個人、社會團體、企事業單位的幫助，先行先試一步一步推進整個社會多方面的發展，以效率更高的制度取代效率低的制度。然而不可忽視的是，那些在改革過程中起着一定制約作用的制度、法律還有觀念，每當被掌握先行先試權力的改革者認為其起到的正面作用小於給制度創新形成的障礙，拋棄舊制度的成本低於構建新制度的收益時，往往會被視為改革阻礙因素從而大膽突破。這樣的先行先試政策，可能會成為破壞原有制度堂而皇之的理由。面對改革的進行往往以犧牲法治為代價，我們必須追問，是否可以改革取得的巨大成效掩蓋、沖淡先前肆意突破原有制度的事實？是否可以結果來衡量改革與法治誰更優先？它們能否共存？怎麼解決它們的衝突？

實際上不只中國，其他國家也存在既有法律和規則構成社會改革創新的障礙的問題。只是這個問題在中國表現得尤為尖銳。究其原因，筆者認為有以下幾方面：第一，中國曾經是一個中央高度集權化的國家，社會發展模式由政府一手掌控，法律秩序與社會意識又與國家意志高度吻合，因

1　如《立法法》第 8 條列舉了十項法律保留的事項，第 9 條規定的犯罪和刑罰、對公民政治權利的剝奪和限制人身自由的強制措施和處罰、司法制度等事項則是法律絕對保留的事項。

此改革與法治幾乎不存在衝突。但改革開放後社會經濟制度從高度計劃經濟走向市場化經濟，由於中國選擇的是漸進式改革策略，大量原有陳舊制度需要跟隨市場發展的步伐逐漸改變，每一次「摸着石頭過河」的過程都是試驗性地對原有制度安排的違反。第二，實踐證明走向社會主義市場化的中國經濟具有迅猛發展的爆發力，多年來保持着穩健高速的增長。由於法律本身就有滯後性，自其制定之日起就落後於社會現實，可是在高速發展的中國經濟面前，這種滯後性被急劇放大，以致法律很可能早已不能適應社會一般發展的需要，更別說需要探索改革變化的前沿領域。第三，國內的社會環境中彌漫着法律意識淡薄的陰霾。法律規則不是行為的首要準則，人們缺少對法律的信仰。在這樣法治觀念淡薄的社會，改革者在面對制度障礙時也同樣會毫不忌諱地選擇突破和規避。

因此，「先行先試」政策對法治提出了嚴峻的挑戰。在改革與法治、效率與穩定何者處於優先地位的問題上，筆者認為當然是法治和穩定處於優先地位，要將改革亦即先行先試放在合法的框架下進行，避免讓改革不合理地突破法律，同時讓法律儘量適應改革的現實需要，儘量預防、緩解這對緊張關係產生的衝突。首先，要在改革進程中極力扭轉過去那種對效率追求凌駕於遵守社會準則之上的思想。效率與其他價值衡量因素如公平、民主、誠信等不能一直佔據首要地位。任何只注重效率，忽視其他價值的改革方案不應被改革者所採納。其次，授權過程中上級機關再不適宜採用模糊的處理方式，當然這並不意味着應該在範圍和領域甚至具體實施辦法上對下級機關做嚴格的限制，而是授予其先行先試權力時應儘可能做充分全面的說明，輔之以若干基本原則作為規範權力的邊界，明確授權改革者的職責和權力，從而減少下級機關逾越法律的可能；另外在法律的層面，即便滯後性是內在固有的根本屬性，而大多數情況下改革的需要與法律的穩定不是一個非你即我的兩難選擇。針對非根本違反法律原則的現實需要，法律完全可以通過解釋的辦法來適應甚至推動改革發展的進程。比起頻繁的法律修改，法律解釋具有時間短、成本低的優點，也避免了人們對

於法律的穩定預期遭到破壞。最後，強化人民的法律意識和法制觀念，這也是建設法制社會的基本途徑和根本目標。但這取決於紛繁複雜的社會因素，不是短時間內可以有效解決的。

先行先試所蘊含的改革爆發力和成效之巨，是我們無法否認的，但我們仍然不應該忘記改革不應以犧牲法治的穩定性為代價。特別是「依法治國」已經成為我國的治國基本方略，改革應當在法治的視野下緊密進行。除了經濟實力的進一步增強以外，法治社會的建設同樣是改革的目標。那些肆意和頻繁突破法律底線的舉動，不僅不利於人們法律信仰的形成，也會讓法治國家建設淪為空談。

參考文獻

慕亞平：《粵港澳緊密合作中的法律問題研究》，中國民主法制出版社，2011。

舒元等：《廣東發展模式 —— 廣東經濟發展 30 年》，廣東人民出版社。

鄒建鋒：《漸進改革現實合理性的規範思考》，《求實》2003 年第 10 期。

王誠：《改革中的先行先試權研究》，博士學位論文，上海交通大學。

王書成：《前海「基本法」：如何先行先試？》，《法人》2011 年 3 月 7 日。

賀海峰：《先行先試權的邊界在哪裏？》，《決策》2010 年第 8 期。

李大西：《在打破規則方面廣東可先行先試》，《同舟共進》2009 年第 3 期。

5. 粵港澳大灣區緊密經貿合作的法律基礎研究 [1]

張亮　敖穎怡

　　早在 1998 年即已建立的粵港合作聯席會議制度是廣東省人民政府與香港特別行政區政府建立的一種雙邊的不同級別的地方政府之間的一個經常性的、高層次的協調組織機構。2003 年商務部安民副部長代表中央政府與香港特別行政區財政司梁錦松司長，共同簽署了《內地與香港關於建立更緊密經貿關係的安排》（Closer Economic Partnership Arrangement，CEPA），同年《內地與澳門關於建立更緊密經貿關係的安排》及其六個附件文本也正式簽署。2008 年「粵港澳緊密合作區」的概念被首次正式提出。同年國家發展和改革委員會出台了《珠江三角洲地區改革發展規劃綱要（2008～2020 年）》（下稱《規劃綱要》），提出「推進珠江三角洲區域經濟一體化、推進粵港澳更緊密合作、深化泛珠三角洲區域合作」的政策建議。《規劃綱要》經國務院批准，從戰略全局和長遠發展出發，把粵港澳合作提升到國家戰略層面，使得粵港澳緊密合作、構建世界級珠三角都會區有了制度保障，進一步發揮其對全國的輻射帶動作用和先行示範作用。[2] 在

1　原文發表於《當代港澳研究》2012 年第 3 期。

2　例如《規劃綱要》明確提出要「深化粵港澳合作，落實粵港、粵澳合作框架協定，促進區域經濟共同發展，打造更具綜合競爭力的世界級城市群」「共建粵港澳優質生活圈」「支持粵港澳三地在中央有關部門指導下，擴大就合作事宜進行自主協商的範圍。鼓勵在協商一致的前提下，與港澳共同編制區域合作規劃」等等。雖然《規劃綱要》主要圍繞廣東省珠江三角洲地區的廣州、深圳、珠海、佛山等 9 個城市展開，但《規劃綱要》裏突出要推進與粵港澳的緊密合作。當前粵港澳合作戰略已從致力於產業合作向共同打造亞太地區最具活力和國際競爭力的城市群轉變，合作內涵不斷深化；合作領域已從以經貿為主，向經貿、社會、民生合作並重轉變，合作範圍不斷擴大；合作區域已從珠三角核心區向粵西、粵北、粵東全方位合作轉變，合作空間不斷拓展。

區域經濟發展大潮下，廣東如何充分發揮自身區位優勢再創新的輝煌，其中關鍵就在於有機整合粵港澳資源。2009 年國務院正式批准實施《橫琴總體發展規劃》，2010 年的《政府工作報告》更明確指出要「深化粵港澳合作，密切內地與港澳的經濟聯繫」。同年，以《規劃綱要》和 CEPA 協議的訂立為基礎，香港特首和廣東省省長在北京簽署了《粵港合作框架協議》。同年 8 月，在深圳經濟特區成立 30 周年紀念日當天，國務院正式批覆原則同意深圳前海《發展規劃》，這些都是近年來粵港澳合作的標誌性事件。港澳特區政府的施政報告都突出強調深化粵港澳合作，加強三地合作已成為粵港澳三地共識，目前粵港澳發展態勢良好，合作層面已從區域戰略上升為國家戰略。這一系列文件表明，已上升至國家戰略高度的「粵港澳緊密合作區」將成為推動粵港澳三地進一步融合的新載體。另外，「十二五」規劃綱要的第十四篇《深化合作 —— 建設中華民族共同家園》中的第五十七章《保持香港澳門長期繁榮穩定》首次專章對香港、澳門未來的定位進行闡述，體現了新中國成立以來中央的一個重大戰略思想，就是努力保持香港、澳門的繁榮穩定，並利用港澳的特殊地位和優勢，進一步發展國民經濟，增強國家的綜合競爭力，從整體上提高綜合國力，更是在很大程度上對台灣的回歸與國家的統一起到了示範作用。

　　眾所周知，粵港澳合作的意義是非凡的。那麼在法律層面上看，粵港澳進行合作的依據是什麼？簽署的協議是什麼？粵港澳的法律地位有何不同？不同表現在什麼地方？粵港澳進行經貿合作的法律基礎是什麼？另外，粵港澳合作沒有法律保障是不行的，那麼應該以什麼形式來合作呢？有學者認為「商務部代表內地與香港特別行政區締結 CEPA 協議的行為面臨良性違憲的尷尬」。[1] 儘管現行立法沒有行政協議的相關立法，沒有明確港澳特別行政區與普通行政區進行各種交往的權限，也沒有專門調整中央與地方關係的法律，但筆者認為粵港澳進行經貿合作是有堅實的法律基礎的，

1　朱穎俐：《粵港合作框架協議的性質 —— 效力分析及立法建議》，《學術研究》2011 年第 6 期。

前述的在粵港澳進行經貿合作中面臨的問題都可以在未來立法中得到妥善解決，這也是筆者在本文中試圖闡述的重點。下文筆者打算從這幾方面予以展開：首先從中央與地方的關係的角度論證粵港澳的法律地位，進而探討粵港澳進行緊密經貿合作的法律依據是什麼，最後試圖論述粵港澳緊密經貿合作的一種可行的形式 —— 行政協議。

一　粵港澳的法律地位

根據《憲法》規定，我國是單一制的社會主義國家：全國只有一部憲法、只有一個中央政府，公民只有一個國籍，中央人民政府是我國對外交往的唯一國際法主體，全國只有一個國家主權，地方所行使的權力源於中央通過立法的授予。

然而，與一般意義上的單一制國家相比，我國現行的單一制國家結構形式也存在一定的特殊之處：首先，我國沒有實行一般意義上的地方自治制度，中央和地方是領導與被領導的關係，地方在法律上不具有與中央平等的地位與資格；其次，為處理多民族的關係，我國實行民族區域自治制度；最後，為了解決歷史遺留問題，我國在香港、澳門實行「一國兩制」，建立了特別行政區，港澳享有高度的自治權。根據《憲法》規定，中華人民共和國國內的一般地方與特別地方，相互沒有任何行政上的隸屬關係，它們之間的關係是平等的，互不隸屬、互不干預，是平等協作、相互幫助的關係，它們都分別向上直接對國務院負責，但這並不是就說它們之間就不能有任何地區協作關係。廣東省由於歷史、地理的緣由，與港澳交往較其他地區頻繁，粵港澳有關部門很早就建立了聯絡官制，並對粵港澳之間解決雙方的許多問題、促進交流和理解發揮着巨大作用。隨着內地的不斷開放，粵港澳在經貿、共同管理、教科文等方面的地區協作肯定會不斷增加，實現取長補短、共同進步、共同繁榮。此外，值得注意的是，《基本法》是全國性的法律，中央政府和內地的普通行政區應當嚴格遵守，在處

理國內普通行政區與特別行政區的關係問題上，雙方都要嚴格貫徹落實「一國兩制」的精神，按照《基本法》辦事，任何行政部門或機構未經授權都不能干預港澳特別行政區的事務。

（一）廣東省：普通行政區

　　根據《憲法》第三十條規定，行政區劃如下：全國分為省、自治區、直轄市；國家在必要時設立特別行政區。省、自治區分為自治州、縣、自治縣、市。直轄市和較大的市分為區、縣。自治州分為縣、自治縣、市。縣、自治縣分為鄉、民族鄉、鎮。事實上，人民代表大會制度已經蘊含了承認地方一定的獨立性的意義，從全國人大與地方人大的關係可以看出，它是一個指導與被指導的關係。所以，只要國家承認地方的自主性，就存在地方自治。地方立法權是實現地方自治的一項重要權限，地方政府根據自身的情況制定符合自身發展的地方性法規能有效地提高各地方的積極性、創造性。地方自治，作為中央與地方關係制度建設的關鍵方面，就好比一枚硬幣的正反兩個方面。實質上，地方自治，主要是處理中央與地方關係的制度，是一種劃分中央與地方職權的方式。

　　《憲法》第三條規定：「國家機構實行民主集中制的原則。」該條第四款規定：「中央和地方的國家機構職權的劃分，遵循在中央的統一領導下，充分發揮地方的主動性、積極性的原則。」據此，在遵循中央的統一領導之下，此條也成為中央和地方國家機構職權劃分的一項原則。在這個原則的指導之下，地方國家機構應根據本地區的發展實際情況和需要制定許多對本地區的經濟社會的穩定與發展有着重要意義的有特色的法規、規章；此外，隨着地方與地方的共同利益和共同管理範圍的事項的相互交叉與融合，尤其在防治污染、金融科技、社會治安、人才教育等方面的表現尤為明顯，目前的以行政區域為單位的地方行政立法模式已經滯後於經濟發展的需要，當「中央立法對應當由自己解決的問題往往不能獨立解決⋯⋯如果這些問題急需以立法的形式解決，便不能坐等經驗的積累、時機的成熟

以及其他條件的具備，而可以由經濟區域內的地方對這些問題先行共同立法，或由中央授權先行立法……」[1] 而《憲法》第一〇七條規定更是明確了地方政府的職權：「縣級以上地方各級人民政府依照法律規定的權限，管理本行政區域內的經濟、教育、科學、文化、衛生、體育事業、城鄉建設事業和財政、民政、公安、民族事務、司法行政、監察、計劃生育等行政工作。」此外，《立法法》第六十三條規定：省、自治區、直轄市的人民代表大會及其常務委員會根據本行政區域的具體情況和實際需要，在不同憲法、法律、行政法規相抵觸的前提下，可以制定地方性法規。較大的市的人民代表大會及其常務委員會根據本市的具體情況和實際需要，在不同憲法、法律、行政法規和本省、自治區的地方性法規相抵觸的前提下，可以制定地方性法規，報省、自治區的人民代表大會常務委員會批准後施行。並且該法第六十四條對「地方性法規」的立法範圍做了規定。[2]

　　《立法法》對中央和地方的立法權配置做出了初步的規定，成為我國中央與地方關係法治化的開端。但中央與地方的立法權配置作為法治化進程的一個環節，並不能在一部法律中全部解決。《立法法》第八條是具體規定中央立法跟地方事務的劃分，而不是一個範圍上的劃分。事實上，我國目前沒有明確劃分中央與地方的權限的任何法律法規。「中央與地方的關係主要是基於一定利益關係的權力關係，長期以來，我國中央與地方的關係紊亂，中央高度集權，統得過多，過死，『上有政策，下有對策』，一個重要原因就在於憲法對於中央與地方權限未能科學界定。」[3] 但由於目前中央與

1　田成有：《地方立法的理論與實踐》，中國法制出版社，2004，第 110 頁。

2　《立法法》第六十四條：「（一）為執行法律、行政法規的規定，需要根據本行政區域的實際情況作具體規定的事項；（二）屬於地方性事務需要制定地方性法規的事項。除本法第八條規定的事項外，其他事項國家尚未制定法律或者行政法規的，省、自治區、直轄市和較大的市根據本地方的具體情況和實際需要，可以先制定地方性法規。在國家制定的法律或者行政法規生效後，地方性法規同法律或者行政法規相抵觸的規定無效，制定機關應當及時予以修改或者廢止。」

3　石柏林、鄒姣鳳：《行政管理體制改革與憲法科學配置權力》，《中國法學會行政法學研究會 2006 年年會論文集》。

地方職權的劃分任務並沒有完成，兩者的權限仍然模糊，中央可假以「遵循中央的統一領導」干涉地方事務，擴大中央集權，侵犯地方自治權。因此，我國現行的立法也沒有解決這些問題：哪些具體事項屬於中央專屬權限，哪些屬於地方專屬權限，哪些屬於中央專屬權限但可以委託地方行使等。如果要釐清到底哪些屬於中央立法範圍，哪些屬於地方立法範圍，就要對中央機關跟地方機關的事權、職權做具體的分析，看哪些事情是中央管的，哪些事情是地方管的，應該從事項上分開。《憲法》第三條規定：「中央和地方的國家機構職權的劃分，遵循在中央的統一領導下，充分發揮地方的主動性、積極性的原則。」因此在今後制定相關處理中央與地方法律規範時應該對中央權力和地方權力範圍進行劃分，約束中央的權力，保障地方的自治權，做到二者的相互平衡。儘管《粵港合作框架協議》和《粵澳合作框架協議》在法律上不存在任何問題（見以下分析），但如能在立法上明確賦予粵港澳一定的自主權，擺脫凡事都要中央點頭的局面，則對進一步調動粵港澳的積極性、深化粵港澳緊密經貿合作大有裨益。借鑒國外的理論，聯繫到我國的立法實踐需要，可以將我國地方立法權的內容分成三類：第一類屬於自治性的法規、自治性的章程，屬於地方專屬事務；第二類屬於委辦性法規、委辦性規章，屬於中央專屬事務而交給地方辦理；第三類就是共同事項，中央跟地方都有立法權的事項，但是中央還沒有立法，此時地方可以先行立法，填補立法空白。[1]

（二）港澳：特別行政區

《憲法》第三十一條規定：國家在必要時得設立特別行政區。在特別行政區內實行的制度按照具體情況由全國人民代表大會以法律形式規定。事實上，中央與港澳特別行政區的關係與中央和其他普通行政區的關係相比

---

1 「第二期金杜—明德法制沙龍」《中央與地方法治關係》，中國法學創新網，2012 年 7 月 9 日，http://www.lawinnovation.com/html/mdfz/sl/5354.shtml。

有其特殊性，主要表現在以下方面。

首先，「一國」是「兩制」的前提和保障。「一國」強調維護國家統一與領土完整。例如，香港《基本法》第 23 條規定：「香港特別行政區應自行立法禁止任何叛國、分裂國家、煽動叛亂、顛覆中央人民政府及竊取國家機密的行為，禁止外國的政治性組織或團體在香港特別行政區進行政治活動，禁止香港特別行政區的政治性組織或團體與外國的政治性組織或團體建立聯繫。」誠然，只強調「兩制」而忽視「一國」，犯了本末倒置的錯誤，也必將損害國家統一，更不利於實現港澳的持續繁榮與穩定。

其次，港澳特別行政區擁有高度自治權，特別行政區的政治主權屬於社會主義的中國，但其經濟社會制度仍屬於資本主義體系。[1,2] 香港、澳門特別行政區《基本法》都在第 2 條中規定：「全國人民代表大會授權香港特別行政區依照本法的規定實行高度自治，享有行政管理權、立法權、獨立的司法權和終審權。」第 13 條第 3 款還規定：「中央人民政府授權香港特別行政區依照本法自行處理有關的對外事務。」雖然特別行政區沒有獨立的外交權，但是根據特別行政區基本法第 151 條的規定，特別行政區擁有廣泛的外事權，可在經濟、貿易、金融、航運、通信、旅遊、文化、體育等領域單獨地同世界各國、各地區及有關國際組織保持和發展關係，簽訂和履行有關協議。這些就是特別行政區實行高度自治的基本內容。[3] 此外，香港《基本法》第 16、17、19 條以及第 7 章還專門對上述香港特別行政區擁有的高度自治權予以細化。澳門特別行政區《基本法》也有同樣的規定。

再次，基於我國在 WTO 中形成的「一國四席」局面的特殊性，港澳和內地一樣在 WTO 規則管轄的框架之下，港澳與同樣作為單獨關稅區一方的內地享有平等的地位與平等的權利。

1　葉峰：《地方自治的若干問題探討》，《法律學習與研究》1991 年第 1 期。

2　王振民：《中央與特別行政區關係 —— 一種法治結構的解析》，清華大學出版社，2001，第 112 頁。

3　王叔文：《香港特別行政區基本法導論》，中共中央黨校出版社，1990，第 110 頁。

最後，在單一制國家，由於地方的權力都是由中央授予的，因此不存在「剩餘權力」的問題。換言之，如果存在沒有明確歸屬的權力，也應該是歸中央所有的，這點也由《憲法》第 2、62、67、89 條予以規定，兩部特別行政區《基本法》也都在第 2 條規定全國人民代表大會授權香港、澳門特別行政區依照本法的規定實行高度自治。顯然中央沒有明確授予特別行政區行使的「剩餘權力」仍由中央保留並行使，中央保留一切「剩餘權力」，而特別行政區有再接受中央授予「其他剩餘權力」之權力。[1]

二　粵港澳緊密經貿合作的法律依據

從粵港澳合作的發展歷史過程來看，從最初的粵港合作聯席會議制度到最近的《粵港合作框架協議》的簽署，都是在一個中央政府領導之下的跨區域行政機關之間的一種全新的合作模式的有益嘗試，有利於實現憲法的經濟目標，有利於實現區域協調發展和資源的有效利用，有利於更好地發揮粵港澳作為內陸腹地戰略通道中的「橋頭堡」的重要戰略作用。為落實《珠江三角洲地區改革發展規劃綱要（2008－2020 年）》《內地與香港關於建立更緊密經貿關係的安排》（CEPA）及其補充協議，促進粵港更緊密合作，廣東省人民政府和香港特別行政區政府經協商一致，在國務院批准之後簽署了《粵港合作框架協議》（以下簡稱《框架協議》），這是我國第一份在普通行政區和特別行政區之間簽署的行政協議。但存在的問題是港澳《基本法》和現行的憲法、法律、行政法規等都沒有明確粵港澳等普通行政區與特別行政區進行各種交往的權限，這是否意味着地方政府之間、國內普通行政區與特別行政區之間有權聯合制定行政協議呢？《框架協議》的簽署是否得到了中央的授權呢？現分述如下。

1　參見兩部《基本法》第 12～15 條、第 20 條、第 158～159 條。

（一）粵港澳都在各自權限範圍之內進行經貿合作

地方的創造性與經濟分權帶來的地方發展激勵是建立在政治集權基礎上的，很大程度上是一個中央政府主導和控制下的機制設計問題。[1] 如前所述，我國《憲法》第三、一〇七條，《立法法》第六十三、六十四條等都明確了普通行政區廣東省的職權範圍，作為普通行政區的廣東省可以行使地方行政管理權：執行國民經濟和社會發展計劃、預算，管理本行政區域內的經濟、教育、科學、文化、衛生、體育、環保、城鄉建設和財政、公安、民族事務、司法行政、監督、計劃生育等行政工作。因此，廣東省對自身的地方性事務，例如經貿往來方面的事務有權在遵守上位法的前提之下做出安排；香港、澳門特別行政區直轄於中央政府，是世界上著名的經濟中心，《基本法》更是對港澳的高度自治權予以確認和保障，其中關於自治權方面的事項也包括了對貿易往來事務的安排。粵港澳簽署《粵港合作框架協議》和《粵澳合作框架協議》就是粵港澳在各自授權範圍之內對雙方進行經貿合作事項方面自主安排的體現。實踐證明，這種合作也得到了中央的支持與認可。事實上，隨着我國區域一體化不斷發展完善，中央對於在這樣的背景下出現的《框架協議》等協議安排實際上是默許地方擁有一定的自主權限來進行經貿合作，中央在實踐中並沒有干預地方在處理類似的經濟事務上的自主權的情形。事實上，在單一制的體制之下，作為一個中國框架內的粵港澳都是地方性政府，地方政府之間通過締結行政協議展開區域合作，遵從了中央與地方政府的權力次序規則，並沒有突破中央與地方政府的法定權限劃分。[2] 更何況，我國中央政府對地方政府的控制能力，比其他國家相對都要強一些。[3]

1　王永欽：《中國的大國發展道路——論分權式改革的得失》，《經濟研究》2007 年第 1 期。

2　葉必豐：《行政協議：區域政府合作機制研究》，法律出版社，2010，第 155 頁。

3　周黎安：《晉升博弈中政府官員的激勵與合作——兼論我國地方保護主義和重複建設問題長期存在的原因》，《經濟研究》2004 年第 6 期。

此外，由於「一國四席」局面的產生，在 WTO 規則管轄的框架下，港澳與同樣作為單獨關稅區一方的內地享有平等的地位與權利。但是對於內地和港澳而言，三者合作的事項與範圍遠遠超出了 WTO 規則所管轄的範圍。目前，我國區域經濟的政府合作協議涉及社會生活的方方面面，如基礎設施、產業投資、金融商貿、物流勞務、科教文化、環境保護、衛生防疫等領域。事實上，只要在不違反 WTO 規則和其他相關規定的前提下，根據國家主權原則，在同一個主權國家之內，在中央政府的指導之下，一國是可以合情合理地對自己的國內事務做出相關規定與安排的，這也沒有違反相關的國際法規則。另外，政府合作協議是不同的政府之間為實現區域的共同發展而形成的對各自行政管理活動進行規制的協議，其法理基礎在於不具有隸屬關係的行政主體間相互平等地位的原則，其制定協議的目的在於通過政府之間的合作消除經濟發展等方面的障礙，促進本地經濟和社會的發展，是針對現實中出現的新情況和新問題適時地、有針對性地進行立法活動，以解決複雜多樣、連續不斷的行政管理方面的問題。[1] 不過，目前尚無具體劃分中央與普通行政區權限的法律規定。而特別行政區則根據《憲法》《基本法》的規定，享有高度的自治權。因此，從法理上講，普通行政區和特別行政區能夠在各自的權限範圍內以平等主體的身份簽訂經貿合作協議。但是在各自權限範圍之外簽訂經貿合作協議，則需要中央的授權。

（二）粵港澳經貿合作獲得中央的明確認可

事實上，粵港澳進行緊密經貿合作是獲得了中央的明確認可的，理由如下。

首先，根據《憲法》《地方各級人民代表大會和地方各級人民政府組織法》《立法法》等法律的規定，普通行政區應享有一定的自主權。不過，

1　慕亞平：《粵港澳緊密合作中的法律問題研究》，中國民主法制出版社，2011，第 20 頁。

目前尚無具體劃分中央與普通行政區權限的法律規定。特別行政區則根據《憲法》《基本法》的規定，享有高度的自治權。因此，從法理上講，普通行政區和特別行政區能夠在各自的權限範圍內以平等主體的身份簽訂經貿合作協議。《粵港合作框架協議》和《粵澳合作框架協議》的簽署過程中，雖然中央沒有特別授權粵港澳進行經貿合作，儘管《憲法》《基本法》等未對港澳等特別行政區與普通行政區展開經貿合作的權限做出具體規定，儘管《憲法》《組織法》《立法法》等法律也未對普通行政區與港澳等特別行政區之間展開經貿合作的權限做出具體規定，但事實上，從框架協議獲准通過、簽署現場的見證人，以及簽署地點可以看出，中央對粵港澳經貿合作的高度重視和大力支持。粵港澳實際上都是在國務院批准以及見證下簽署這兩份《框架協議》的，也就是說中央是明確支持粵港澳開展經貿往來與合作的，故得到了中央事實上的授權，這與得到中央明確授權的效果是一樣的。即便粵港澳進行經貿合作並沒有在現行立法中找到確切的明文依據，但是從國務院批准這個程序來看，我們可認為粵港澳實質上獲得了國務院的默示的授權。因此我們可以大膽地認為粵港澳進行經貿合作是得到了中央的明確認可的。

其次，從國務院的權限範圍的角度來看，《憲法》第八十九條在規定國務院的職權時規定國務院有權「領導和管理經濟工作和城鄉建設」「領導和管理教育、科學、文化、衛生、體育和計劃生育工作」「領導和管理民政、公安、司法行政和監察等工作」「領導和管理民族事務」。同時，第一○七條規定地方政府的職權時規定：「縣級以上地方各級人民政府依照法律規定的權限，管理本行政區域內的經濟、教育、科學、文化、衛生、體育事業、城鄉建設事業和財政、民政、公安、民族事務、司法行政、監察、計劃生育等行政工作。」從上文的憲法條文中我們可以看出，在經貿往來方面，地方的職權範圍與中央的職權範圍是重疊的，在憲法中沒有根據中央與地方職權的特點對中央與地方專屬權限進行具體的規定，因此國務院是批准並見證這兩份《框架協議》簽署的適格的主體。

　　再次，香港和澳門都是單獨關稅區，都享有高度自治權，也是一國兩制下的特別行政區，粵港澳之間的合作協議是不同級別、不同法域地方政府之間締結的合作協定，也不同於內地各省之間締結的同一法域內省級地方政府之間的合作協議。儘管《粵港合作框架協議》和《粵澳合作框架協議》在法律上不存在任何問題，但如能在立法上明確賦予粵港澳一定的自主權，擺脫凡事都要中央點頭的局面，在《基本法》中明確港澳等特別行政區與普通行政區進行各種交往的權限，則對進一步調動粵港澳的積極性、深化粵港澳緊密經貿合作大有裨益。

三　粵港澳緊密經貿合作的法律形式：行政協議

　　從事實層面上看，我國行政實踐中的行政協議是在我國區域經濟一體化背景之下產生的。雖然我國法律上沒有行政協議這一概念，但行政協議的實踐在各個區域，比如長三角區域、珠三角區域、環渤海區域等都如火如荼地進行着。目前，我國各區域政府間所締結的行政協議大多數已經進入履行與實施階段。[1] 從我國實踐來看，地方政府締約權的適憲性及適法性的缺失問題，已經成了阻礙區域合作和區域一體化的瓶頸。[2] 行政協議機制可以促進區域行政合作和區域法治協調，實現區域經濟一體化與區域和諧。一方面行政協議法律依據的缺位會使得依法行政原則難以維繫，使得行政機關的締約權缺乏應有的合法性基礎，這種困境導致了良性違法這種「毒樹之果」的誕生；另一方面重中央政府輕地方政府的現實狀況往往會迫使地方政府竭力走「上級路線」而使得實現同級政府之間合作的行政協議機制變得只是走過場而已。

1　葉必豐：《行政協議：區域政府合作機制研究》，法律出版社，2010，第 46～62 頁。

2　王貽志：《長三角一體化進程中的政府合作機制評估與分析》，萬斌主編《中國長三角區域發展報告》，社會科學文獻出版社，2005，第 203 頁。

（一）行政協議的概念和特徵

粵港澳緊密經貿合作的形式有很多種，從早期的聯席會議制度到香港、澳門 CEPA，到目前的以粵港、粵澳框架協議為代表的行政協議等等都能很好地適應不同時期的發展需要。行政協議之所以能夠在區域一體化實踐中興起並不斷發展，主要是它本身所具備的長處與優勢。例如，行政協議是區域政府自律與他律相結合的機制，是一個靈活性與制度性相結合的機制，更為靈活，也更具有透明度，能夠及時應對複雜多變的區域實踐；此外，行政協議的最大的優勢就是主體的意思自治。[1] 葉必豐與何淵是在國內率先提出行政協議或行政契約概念並對之進行較為深入研究的兩位學者。雖然，我國行政法學上並沒有區域性行政協議這一概念，但根據現有的研究，行政協議可以定義為：兩個或者兩個以上的行政主體或行政機關，為了提高行使國家權力的效率，為了實現行政管理的效果，互相意思表示一致而達成協議的雙方行為。具體而言，區域性行政協議包括以下幾個基本特徵：①區域性行政協議是一種公法契約，其主體應當是在特定區域內的各級地方行政機關。②區域性行政協議是一種對等性的公法契約。③區域性行政協議是一種區域性公法契約。[2]

（二）兩份《框架協議》符合行政協議的基本特徵

《粵港合作框架協議》和《粵澳合作框架協議》在法律性質上應界定為行政協議，即行政主體間基於平等合作、協商一致而締結的行政協議。

首先，從主體上看，粵港澳都是單一制之下的地方政府，兩份《框架協議》都是在平等的行政主體之間展開的。儘管廣東省是普通行政區，港澳是特別行政區，但粵港澳之間是中華人民共和國國內的一般地方與特別

1　葉必豐：《行政協議：區域政府合作機制研究》，法律出版社，2010，第 73～74 頁。

2　何淵：《區域性行政協議研究》，法律出版社，2009，第 31～34 頁。

地方之間的關係，它們相互沒有任何行政上的隸屬關係，它們之間是平等的，互不隸屬、互不干預，是平等協作、相互幫助的關係。正是這種行政主體之間的主體地位的平等性，促使粵港澳在平等和協商的基礎上達成了這兩份有重要意義的協議。

其次，從簽署的過程來看，《粵港合作框架協議》和《粵澳合作框架協議》都是粵港澳在平等協商、相互意思表示一致下達成的，為落實《珠江三角洲地區改革發展規劃綱要（2008－2020 年）》，內地與香港、澳門兩份 CEPA 及其補充協議，是促進粵港更緊密合作的目標而制定的協議。從兩份協議的締結過程、簽署程序，協議的具體內容、協議的履行，法律責任的承擔方式等方面可以看出這兩份框架協議都是一種對等性的公法契約。

再次，兩份《框架協議》不同於國內簽署的一般的行政協議的地方在於：香港和澳門都是單獨關稅區，都享有高度自治權，也是「一國兩制」下的特別行政區，《粵港合作框架協議》是國內第一份普通行政區與特別行政區之間簽署的行政協議，是不同級別、不同法域地方政府之間締結的合作協定，也不同於內地各省之間締結的同一法域內的合作協議。

最後，現行立法的現狀是沒有行政協議這一概念的，《憲法》和《立法法》根本沒有承認各行政區之間可以聯合制定法律，行政主體締結行政協議基本上是無法可依的。那麼，這樣是否意味着《粵港合作框架協議》《粵澳合作框架協議》都是違憲的，是應當被取消的？筆者認為答案是否定的。理由是：其一，行政協議這種法律形式在我國的產生不僅僅是中央和地方分權的結果，更重要的是一個事實問題。顯然，內地和港澳給予對方更多商貿優惠、促進投資和服務貿易便利化與自由化不僅僅是一個國家治理層面的問題，更是一個最直接的利害關係的事實問題。另外，目前出現的行政協議都是通過友好協商方式達成的，並且它們不與國家法律和政策相抵觸，雖然它們沒有經過地方或者全國人民代表大會或其常務委員會的批准或備案的嚴格程序，但是以契約方式形成決策恰恰是中國政府社會治理過程中需要大力提倡的，也更加有效地解決了官方不能解決或者不方便

解決的事情。其二，從法理上說，行政協議也可以由地方政府與地方政府締結。事實上，區域協調發展首先是一個經濟問題，其次才是一個憲政問題。誠然，現階段寄望於通過中央統一立法來協調、規範不同法域涉及的社會經濟關係幾乎是不現實的。

（三）可行的立法建議

針對行政主體締結行政協議基本上是無法可依的問題，筆者具體建議如下。

其一，總結現有的經驗，在我國的行政協議締結領域，無論是關於行政協議締結的法治基礎，還是關於行政協議的主體、效力、內容、法律責任等實體問題或是關於締結程序、協議的履行、爭端解決機制等程序問題都有待未來制定行政協議法，使得行政主體締結行政協議有法可依。

其二，修改《基本法》，使之明確港澳等特別行政區與普通行政區進行各種交往的權限。目前，無論是內地的現行法律法規還是《基本法》裏，我們都不難發現地方（無論是普通行政區還是特別行政區）的自主權的邊界並沒有獲得法律上的具體化與明確化，即便是現行的《憲法》《國務院組織法》《地方人民代表大會和地方人民政府組織法》也沒有就具體的職權劃分做出詳盡的規定。因此，我們有必要一方面修改《基本法》，明確特別行政區與內地普通行政區進行交往的權限；另一方面也要修改相關立法或出台專門調整中央與地方關係的法律，明確劃分中央與地方的權限。

其三，區域性行政協議效力不再僅僅局限於締約機關，也基於誠信原則和保護第三人利益的理由，區域性行政協議的相對性也必須得到擴張。[1]事實上，只要行政協議影響了第三方的權利與義務，不管這個第三方是行政機關還是自然人，區域性行政協議的效力都應當擴展到第三人。對於這

1　葉必豐：《論公共利益與個人利益的辯證關係》，《學術季刊》1997 年第 1 期。

些相對人的利益,我們必須保護,最佳的方式就是使得這些行政相對人有權通過各種途徑參與區域性行政協議的締結,具體而言,他們可以通過批評、建議、聽證會,聽取意見陳述、申辯等形式參與到行政協議的締結與實施的過程當中來。

其四,《粵港合作框架協議》和《粵澳合作框架協議》均是在獲得國務院批准之後簽訂的,那麼這類經過國務院批准的行政協議的效力如何?現行立法顯然也沒有對此明確。筆者贊同這樣的處理辦法,即經過國務院批准程序簽署的區域性行政協議可以成為國務院的行政法規或規範性文件。在單一制的體制之下,批准行為是國務院獨立意志的體現,也是中央政府鞏固權威的體現,是一個能夠引起法律關係產生、變更和消滅的確認行為。筆者建議,未來我國的法治中應當明確這種經過國務院批准程序成立的行政協議的效力為國務院制定的規範性文件,[1] 它們的效力低於法律和行政法規,但高於中央部委的部門規章。

四　結語

粵港澳都是中國的地方行政區,廣東是普通行政區,港澳是特別行政區。中國是單一制國家,地方的一切權力都來源於中央的授予。根據《憲法》《地方各級人民代表大會和地方各級人民政府組織法》《立法法》等的規定,普通行政區應享有一定的自主權限。不過,目前尚無劃分中央與普通行政區權限的具體法律規定。特別行政區則根據《憲法》《基本法》的規定,享有高度的自治權。因此,從法理上講,普通行政區和特別行政區能夠在各自的權限範圍內以平等主體的身份簽訂經貿合作協議。超出各自權限範圍簽訂經貿合作協議,則需要中央的授權。目前,粵港兩地政府和粵澳兩地政府分別簽訂了《粵港合作框架協議》和《粵澳合作框架協議》。儘

1　何淵:《區域性行政協議研究》,法律出版社,2009,第 103 頁。

管《憲法》《基本法》等未對港澳等特別行政區與普通行政區展開經貿合作的權限做出具體規定，儘管《憲法》《地方各級人民代表大會和地方各級人民政府組織法》《立法法》等法律也未對普通行政區與港澳等特別行政區之間展開經貿合作的權限做出具體規定，但《粵港合作框架協議》和《粵澳合作框架協議》均是在獲得國務院批准之後簽訂的，故可認為粵港澳已經獲得中央授權，可以締結經貿合作協議。

《粵港合作框架協議》和《粵澳合作框架協議》在法律性質上應界定為行政協議，即行政主體間基於平等合作、協商一致而締結的職務協議。儘管目前中國法律中並沒有行政協議這一概念，但在國內開展得如火如荼的區域經濟合作實踐之中，行政協議已得到廣泛應用。儘管《粵港合作框架協議》和《粵澳合作框架協議》在法律上不存在任何問題，但如能在立法上明確賦予粵港澳一定的自主權，擺脫凡事都要中央點頭的局面，則對進一步調動粵港澳的積極性、深化粵港澳緊密經貿合作大有裨益。具體建議如下：其一，修改相關立法或出台專門調整中央與地方關係的法律，明確劃分中央與地方的權限。特別是，哪些具體事項屬於中央專屬權限，哪些屬於地方專屬權限，哪些屬於中央專屬權限但可以委託地方行使等。其二，修改《基本法》，使之明確港澳等特別行政區與普通行政區進行各種交往的權限。其三，總結現有的經驗，制定行政協議法，使得行政主體締結行政協議有法可依。

6. 對構建粵港澳自貿區的初步思考[1]

—— 從上海自貿區談起

張　亮

　　中國（上海）自由貿易試驗區（簡稱上海自貿區）的建立，一下子讓國內的自貿區熱急劇升溫。據媒體報道，粵港澳亦計劃籌建自貿區。鑒於目前獲批的只有上海自貿區，而且更為重要的是，上海自貿區並非為促進某特定地區或產業的發展，而是致力於率先突破具有全局意義的改革熱點和難點，最終尋求「可複製、可推廣」的經驗，因此上海自貿區的政策措施無疑具有標杆作用，所以筆者試圖從上海自貿區談起，尋求本輪自貿區建設的特點與內在邏輯，進而對粵港澳自貿區的構建做出初步思考。

一　上海自貿區概述：方案措施與主要特點[2]

　　上海自貿區於 2013 年 8 月 22 日經國務院正式批准設立，9 月 29 日上午 10 時正式掛牌開張。試驗區總面積為 28.78 平方公里，相當於上海市面積的 1/226，範圍涵蓋上海市外高橋保稅區、外高橋保稅物流園區、洋山保稅港區和上海浦東機場綜合保稅區 4 個海關特殊監管區域。

1　原文發表於《當代港澳研究》2015 年第 4 期。
2　本部分的內容主要根據《中國（上海）自由貿易試驗區總體方案》等歸納總結。

（一）方案措施

1. 投資領域

（1）擴大服務業開放。選擇金融服務、航運服務、商貿服務、專業服務、文化服務以及社會服務領域擴大開放，暫停或取消投資者資質要求、股比限制、經營範圍限制等准入限制，營造有利於各類投資者平等准入的市場環境。

（2）探索建立負面清單管理模式。對外商投資試行准入前國民待遇，研究制定試驗區外商投資與國民待遇等不符的負面清單。對負面清單之外的領域，按照內外資一致的原則，將外商投資項目由核准制改為備案制。在總結試點經驗的基礎上，逐步形成與國際接軌的外商投資管理制度。

（3）構築對外投資服務促進體系。對境外投資開辦企業實行以備案制為主的管理方式，對境外投資一般項目實行備案制。創新投資服務促進機制，加強境外投資事後管理和服務，形成多部門共享的信息監測平台，做好對外直接投資統計和年檢工作。支持試驗區內各類投資主體開展多種形式的境外投資。鼓勵在試驗區設立專門從事境外股權投資的項目公司，支持有條件的投資者設立境外投資股權投資母基金。

2. 貿易領域

（1）推動貿易轉型升級。積極培育貿易新型業態和功能，形成以技術、品牌、質量、服務為核心的外貿競爭新優勢，加快提升我國在全球貿易價值鏈中的地位。深化國際貿易結算中心試點，拓展專用賬戶的服務貿易跨境收付和融資功能。支持試驗區內企業發展離岸業務。鼓勵企業統籌開展國際國內貿易，實現內外貿一體化發展。

（2）提升國際航運服務能級。積極發揮外高橋港、洋山深水港、浦東空港國際樞紐港的聯動作用，探索形成具有國際競爭力的航運發展制度和運作模式。在試驗區實行已在天津試點的國際船舶登記政策。簡化國際船舶運輸經營許可流程，形成高效率的船籍登記制度。

3. 金融領域

（1）加快金融制度創新。在風險可控的前提下，可在試驗區內對人民幣資本項目可兌換、金融市場利率市場化、人民幣跨境使用等方面創造條件進行先行先試。在試驗區內實現金融機構資產方價格市場化。探索面向國際的外匯管理改革試點，建立與自由貿易試驗區相適應的外匯管理體制，全面實現貿易投資便利化。鼓勵企業充分利用境內外兩種資源、兩個市場，實現跨境融資自由化。深化外債管理方式改革，促進跨境融資便利化。深化跨國公司總部外匯資金集中運營管理試點，促進跨國公司設立區域性或全球性資金管理中心。建立試驗區金融改革創新與上海國際金融中心建設的聯動機制。

（2）增強金融服務功能。推動金融服務業對符合條件的民營資本和外資金融機構全面開放，支持在試驗區內設立外資銀行和中外合資銀行。允許金融市場在試驗區內建立面向國際的交易平台。逐步允許境外企業參與商品期貨交易。鼓勵金融市場產品創新。支持股權托管交易機構在試驗區內建立綜合金融服務平台。支持開展人民幣跨境再保險業務，培育發展再保險市場。

4. 行政法制領域

（1）深化行政管理體制改革。加快轉變政府職能，創新政府管理方式，推進政府管理由注重事先審批轉為注重事中、事後監管。建立一口受理、綜合審批的服務模式；建立集中統一的市場監管綜合執法體系，提高行政透明度，完善投資者權益有效保障機制，建立知識產權糾紛調解和援助等多元化解決機制。

（2）完善法制領域的制度保障。經全國人民代表大會常務委員會授權，暫時調整《中華人民共和國外資企業法》《中華人民共和國中外合資經營企業法》《中華人民共和國中外合作經營企業法》規定的有關行政審批，自 2013 年 10 月 1 日起在三年內試行。上海市要通過地方立法，建立與試點要求相適應的試驗區管理制度。

5. 監管稅收領域

（1）創新監管模式。適應建立國際高水平投資和貿易服務體系的需要，創新監管服務模式，促進區域貨物、服務等各類要素的自由流動，推動服務業擴大開放和貨物貿易深入發展，形成公開、透明的管理制度。

（2）配套稅收政策。在維護現行稅制公平、統一、規範的前提下，以培育功能為導向，開展稅收制度改革試點，率先調整相關稅收政策，並與國內其他稅收制度改革相銜接，着力形成促進投資和貿易的政策環境。

（二）主要特點

1. 推進路徑：從保稅區升級為自由貿易區

自由貿易區往往由自由港發展而來，通常設在港口的港區或臨近港口的地區。保稅區是我國的特色產物。實踐表明，保稅區對推動中國國際物流、國際貿易、出口加工等產業發展，加快中國對外開放事業發揮了十分重要的作用。針對我國入世後的新形勢給保稅區的發展帶來的機遇和挑戰，研究保稅區的國內學者比較一致的共識是，保稅區必須向具有綜合優勢的自由貿易區（港）轉型才能充分發揮獨特的優勢。上海自貿區的特色在於它不是由單一的保稅區向自由貿易區轉型，而是在綜合保稅區的基礎上，統籌推動各類海關特殊監管區域的功能、政策、監管和法制等方面，使之融為一體，升級為開放層次更高、功能優勢更全、輻射範圍更廣的自由貿易區。就政策而言，上海自貿區是現有保稅區的全方位升級。就地理位置而言，上海自貿區是現有保稅區的合併。

2. 構建思路：在原有產業功能定位基礎上做加法

上海自貿區的範圍涵蓋上海市外高橋保稅區、外高橋保稅物流園區、洋山保稅港區和上海浦東機場綜合保稅區 4 個海關特殊監管區域，這些保稅區目前正在積極籌劃未來的功能定位，儘管具體內容要等到方案細則公佈後再展開，但在原有產業功能定位基礎上做加法的思路是明確的。具體而言，

依托外高橋保稅區現有的豐富業態，上海自貿區將加快發展服務貿易和離岸貿易。依據洋山保稅港區的特點，在自貿區發展規劃中，洋山承載了發展國際大宗商品交易、期貨保稅交割等新型貿易業務的重任。浦東機場綜合保稅區將給融資租賃稅收優惠，探索推動綜合保稅區融資租賃品牌化、多元化、規模化發展，探索「前店後庫」聯動模式，試點全球維修檢測業務。

3. 監管模式：一線逐步徹底放開，二線安全高效管住

改革和優化海關監管機制與模式是上海綜合保稅區建設自由貿易試驗區的關鍵內涵，是實行貿易和投資領域進一步開放試驗的先決條件。中國目前的海關特殊監管區實行的仍是「境內關內」政策，而國際通行的自由貿易區則實行「境內關外」政策，即「一線放開，二線管住」。所謂「一線」，是指國境線，「一線放開」是指境外貨物可以不受海關監管而自由進入自由貿易區，自由貿易區內的貨物也可以不受海關監管而自由運出境外；所謂「二線」，則是指自由貿易區與國內非自由貿易區的空間分界線，「二線管住」是指貨物從自由貿易區進入國內非自由貿易區，或貨物從國內非自由貿易區進入自由貿易區時，海關必須依據本國海關法的規定，徵收相應的稅收。和國內各類保稅區不同，上海自貿區的最大特色是在貿易領域將實施「一線逐步徹底放開、二線安全高效管住、區內貨物自由流動」的創新監管服務模式。創新監管模式提出要將一線監管集中在對人的監管，口岸單位只做必要的檢驗檢疫等工作，特別是海關方面將不再採用批次監管的模式，而採用集中、分類、電子化監管模式，達到自由貿易試驗區內人與貨物的高效快捷流動。

4. 發展方向：深化金融改革，探索制度創新

上海自貿區是創新的產物，是新一輪改革開放突破的支點，是中央政府改革措施的試驗田。相比以往的經濟特區、新區，上海自貿區的獨特之處主要集中在三個方面。首先是貿易的自由化，通過實行零關稅等措施降低自由貿易的成本。其次，自貿區內將逐步實現金融的自由化。再次，

自貿區將從傳統的優惠政策、特殊政策向制度創新轉變：一是監管理念，包括經貿和投資管理模式轉變，從保稅區框架下的貨物管理轉變為企業管理，促進貿易和投資便利化；二是貿易的開放度，建立與國際接軌的多元貿易模式，擴大服務業對外開放，尤其是金融服務業；三是政策的開放度，在貿易結算、稅收優惠以及外匯政策等方面自貿區較保稅區更有國際競爭力。

二　粵港澳自貿區的提出及其與上海自貿區的不同

據媒體報道，廣東擬聯合港澳，共建區域性的粵港澳自貿區，希望成為繼上海之後獲批的第二個自貿區。這與此前風傳的南沙、前海、珠海橫琴、白雲空港「打包」聯建略有不同。有人認為，粵港澳一體化、打包申請區域性自貿區，不僅獲批更有勝算，而且優勢互補，發展前景相當可觀。也有學者認為，廣東一直在強調區位特殊性，其實這次拉大港澳的地位，反而將問題弄複雜了，因為建設自貿區是非常麻煩的事情，政策非常特殊，不宜貿然大規模運作。因此，廣東拉上港澳的做法看似聰明，其實加大了審批的難度。而港澳問題也已經不是中國目前考慮的重點了，中國現在面對的是整個世界。[1]

在粵港合作聯席會議第十六次會議結束後的記者會上，朱小丹和梁振英都談及籌劃中的粵港澳自貿區。朱小丹表示，在新一輪對外開放中，國家把自貿區政策的落實放在非常重要的位置，根據對外開放總體格局的需要，合理佈局若干個自貿區。籌劃中的粵港澳自貿區是區域性的，不是國際性的，主要是發揮香港優勢，帶動珠三角發展，而上海自貿區是國際性的，兩者定位不同。朱小丹介紹，粵港澳自貿區的具體內容正在研究，最終定位、功能、立足點等將由國家做出規定。初步講，籌劃中的粵港澳自貿區將會涉及服務貿易自由化、投資便利化、貨物貿易自由化、金融合作

1　高連奎：《同是自貿區，差異在哪裏？》，http://www.aisixiang.com/data/68159.html。

與創新,以及管理體制機制的創新,也就是逐步建立跟香港接軌的營商環境,推動港澳更多高端服務業向自貿區集中,讓高端服務業發展獲得新的空間和平台,同時帶動珠三角、華南地區經濟結構的戰略性調整,提升經濟增長質量和競爭力。對於粵港澳自貿區,梁振英表示,香港將「積極參與、共同謀劃、互惠互利」。現在自貿區還在籌劃階段,可以讓香港提出自身想法,通過共同謀劃和積極參與,做到互惠互利。梁振英認為,內地的持續改革和開放是大勢所趨,在自貿區問題上香港有不可替代的優勢。全國城市中,香港的國際化程度最高,有國際性企業、國際性人才,有法治傳統和完善的法律體系,香港和廣東在南沙、前海、橫琴這三個平台上的合作,可以做到互惠互利。[1]

筆者認為,從媒體的報道來看,所謂的粵港澳自貿區與上海自貿區似乎存在根本的不同。粵港澳自貿區更大程度上屬於區域經濟合作的範疇,而非自貿區的範疇,理由如下。

其一,上海自貿區本質上是狹義的自貿區,也即自由貿易園區。

自由貿易區有廣義和狹義之分。廣義的自由貿易區(Free Trade Area,FTA),是指兩個以上的主權國家或單獨關稅區通過簽署協定,在世貿組織最惠國待遇基礎上,相互進一步開放市場,分階段取消絕大部分貨物的關稅和非關稅壁壘,改善服務和投資的市場准入條件,從而形成實現貿易和投資自由化的特定區域。狹義的自由貿易區(Free Trade Zone,FTZ),是指一個國家或單獨關稅區內設立的用柵欄隔離、置於海關管轄之外的特殊經濟區域。類似於 1973 年國際海關理事會簽訂的《京都公約》解釋的「自由區」(FREE ZONE)—— 締約方境內的一部分,進入這一部分的任何貨物,就進口稅費而言,通常被視為在關境之外,並免於實施通常的海關監管措施。相比而言,FTA 由兩個以上國家(或單獨關稅區)構成,遊

---

1 《粵港澳自貿區重在發揮香港優勢 粵港合作突出 5 個重點》,http://news.sz. soufun.com/2013-09-17/11038021_all.html。

戲規則由大家共同制定；而 FTZ 則由一國（或單獨關稅區）在自己境內設立，遊戲規則由自己制定。

FTA 和 FTZ 按其字面意思均可譯為「自由貿易區」，為避免概念混淆，商務部和海關總署曾聯合下文（商國際函〔2008〕15 號）建議將前者統一譯為「自由貿易區」，後者譯為「自由貿易園區」。上海自貿區本質上就是自由貿易園區：不僅其官方英文名為 China（Shanghai）Pilot Free Trade Zone，而且據媒體報道，上海市政府原來報給中央的方案就是叫上海自由貿易園區，中央政府把「上海」兩字括到括號裏面，前面加上「中國」兩字；同時把「貿易園區」的「園」字改成「試驗」兩個字。這樣改不是為了否定其自由貿易園區的本質，而是為了更好地體現中央的重大意圖：前面冠以「中國」二字，體現着自貿區在國際戰略與國內改革上的銜接作用，後面續接的「試驗區」更表明了改革試水之意，中央政府希望能在這片不到 30 平方公里的土地上，探索出一條可複製、可推廣的開放與改革的新路徑。[1]

當然，上海的自貿區不僅僅是貨物範疇的自貿區，如果僅限於此，那麼它將只不過是原來四個保稅區的物理疊加而已。在改革開放進行了三十多年的今天，在對外開放已有相當程度的中國市場，在改變經濟增長方式、提升經濟增長質量的新要求下，傳統的自貿區功能定位，根本不足以推動新時期的改革和開放進一步深化，難以為轉型期的中國經濟社會發展增添新的、足夠的活力。

所以，放鬆投資管制、深化金融開放、試驗稅制改革就成為了上海自貿區設立的根本要義和核心內涵。[2]

其二，粵港澳自貿區是粵港澳緊密合作區的升級版。

1998 年 3 月粵港兩地政府經國務院批准建立了內地省級政府與香港特

1　《中國（上海）自貿區「新解」》，http：//news.hexun.com/2013-10-10/158604457.html。

2　馬宇：《如何讓「負面清單」模式不只是個概念？》，http：//ndnews.oeeee.com/html/201309/24/291058.html。

區政府之間的第一個高層次的、經常性的協調組織機構 —— 粵港合作聯席會議機制。2003 年中央政府分別與香港特別行政區、澳門特別行政區簽訂了《內地與香港關於建立更緊密經貿關係的安排》《內地與澳門關於建立更緊密經貿關係的安排》，即 CEPA。2008 年廣東省通過《深化粵港澳合作的調研報告》，正式提出「粵港澳緊密合作區」的概念。同年 12 月，國家發展和改革委員會發佈《珠江三角洲地區改革發展規劃綱要（2008 — 2020 年）》（以下簡稱《規劃綱要》），提出「推進珠江三角洲區域經濟一體化、推進粵港澳更緊密合作、深化泛珠江三角洲區域合作」的政策建議。以《規劃綱要》和 CEPA 為訂立的基礎，廣東省政府分別與香港特區政府、澳門特區政府於 2010 年 4 月、2011 年 3 月在北京簽訂了《粵港合作框架協議》和《粵澳合作框架協議》。2012 年，國務院相繼批覆前海、橫琴、南沙規劃，支持建設以香港金融體系為龍頭、珠江三角洲城市金融資源和服務為支撐的金融合作區域，打造世界先進製造業和現代服務業基地，加快共建粵港澳優質生活圈步伐。

不難發現，粵港澳自貿區與粵港澳緊密合作區一樣，都屬於區域經濟合作的範疇。改革開放以來，隨着中國社會經濟的發展，尤其是 20 世紀 90 年代以後市場化改革的不斷深化，中國區域經濟的聯繫越來越緊密，區域合作的範圍和領域不斷拓展，合作規模不斷增大，形成了像長江三角洲、珠江三角洲以及粵港澳等重要的經濟區域。不同之處在於粵港澳自貿區是粵港澳緊密合作區的升級版。也即，在與港澳展開緊密合作的基礎上，廣東在南沙、前海、橫琴這三個平台上與港澳展開更為緊密的合作。

三 構建粵港澳自貿區的具體設想

從誕生之日起，上海自貿區就被外界解讀為本屆政府的改革「風向標」。不少國際觀察人士將上海自貿試驗區的意義和改革開放初期的深圳特區相提並論。李克強總理在上海調研時追問上海市市長楊雄「要政策還是要改革」時，上海自貿的歷史使命就已經明確：這將是一個集經濟體制、

監管體制、行政體制改革探索於一身的綜合試驗區，它的最終目標是創造出一個符合國際慣例、自由開放、鼓勵創新的市場經濟環境。[1]上海自貿區的精髓，並不在於有多少稅收和金融創新的突破，其核心在於「開放」和「放權」，即對外進一步向外資開放准入範圍，對內進一步收縮政府權力。這也是「李克強經濟學」的精髓：用開放倒逼改革，用放權激發活力。美國摩根大通銀行中國首席經濟學家朱海斌認為：「上海自貿區改革⋯⋯其核心在於重新定義政府與市場的關係。」進一步釐清市場和政府的權力分界，通過「制度創新」而非「制度優惠」來釋放新一輪增長動力，這正是中國新一輪改革的核心所在。[2]顯然，在這種背景之下，粵港澳自貿區如要與上海自貿區齊頭並進或更勝一籌，其構建也必須着眼於「制度創新」，着眼於創造出一個符合國際慣例、自由開放、鼓勵創新的市場經濟環境。筆者認為，粵港澳自貿區在制度創新上完全可以大有作為，完全可以創造一個符合國際慣例、自由開放、鼓勵創新的市場經濟環境。道理很簡單，香港本身就是一個國際公認的非常成熟、非常成功的自貿區，是世界上最符合國際慣例、自由開放、鼓勵創新的市場經濟環境之一。可以說，在這方面，香港就是我們最好的學習榜樣（至少是之一）。有鑒於此，筆者對構建粵港澳自貿區提出以下具體設想。

其一，廣東應仿效上海，將南沙、橫琴和前海三地打造成一個自貿區。[3]該自貿區與上海自貿區類似，屬於狹義的自由貿易區，也即自由貿易園區。上海自貿區在綜合保稅區的基礎上發展而來，其構建思路是在原有產業功能定位的基礎上做加法，這對構建粵港澳自貿區的啟示是：必須明確各個區域的功能定位和功能整合。南沙、橫琴和前海屬於不同的行政區劃，能否有效整合各區的資源將會是一大挑戰。三地獲批國家戰略發展平

1　《中國（上海）自貿區「新解」》，http：//news.hexun.com/2013-10-10/158604457.html。

2　《上海自貿區：前所未有的改革實驗者》，http：//www.chinareform.org.cn/Economy/trade/Practice/201310/t20131001_177344.htm。

3　可命名為中國（廣東）自由貿易試驗區。

台時定位有所不同，南沙新區被定位於粵港澳全面合作示範區；橫琴新區被定位為擁有「比經濟特區更加特殊的優惠政策」的粵港澳緊密合作新載體；前海深港現代服務業合作區被譽為「特區中的特區」，功能定位為現代服務業體制機制創新區、現代服務業發展集聚區、香港與內地緊密合作的先導區、珠三角產業升級的引領區。三地如何在自貿區的規劃和運作上做到合理分工、錯位發展，降低相互之間無序競爭的概率，是實現上述粵港澳自貿區建設第一步的重中之重。筆者認為，可由省政府層面進行統籌，攜手三地打包建自貿區後，上述三區特色應該進一步強化，形成分工互補的格局。前海面積較小，且鄰近香港，應該主要發展金融業和高端服務業；橫琴則以澳門為依托，產業重點是旅遊和科教；而南沙面積較大，可重點發展航運、物流、金融等。當然上述方案需要發揮廣東省層面的整合作用。

其二，在自貿區實行類似於香港的制度。如前所述，香港本身就是一個國際公認的非常成熟、非常成功的自貿區，是世界上最符合國際慣例、自由開放、鼓勵創新的市場經濟環境之一。南沙、橫琴和前海三地不僅毗鄰港澳，語言與文化相通，而且各自本身就是廣東與港澳進行緊密經濟合作的「特區」或「示範區」，具有實行類似於香港的制度的便利條件。儘管這樣的制度創新未必一定能夠突破具有全局意義的改革熱點和難點，但至少是一種有意義的試驗。也許，能夠尋求到一些「可複製、可推廣」的經驗。

其三，繼續大力推動粵港澳緊密合作，特別是在南沙、前海、橫琴這三個平台上與港澳展開更為緊密的合作。[1] 儘管粵港澳緊密合作與自貿區並

1　在粵港合作聯席會議第十六次會議結束後的記者會上，朱小丹表示，兩地在聯席會議上達成了廣泛共識，提出了很多具體想法和措施，會就各項工作成立政府間的專責小組逐項落實。接下來的粵港合作會突出 5 個重點。要進一步深化落實 CEPA 及補充協議，推進服務貿易自由化；在專業服務領域採取更具體的措施，使政策落實更細化，重點考慮法律、會計、教育培訓、規劃、檢測認證等幾個專業領域，希望克服過去「大門開了，小門未開」的問題。粵港雙方將一起推進南沙、前海、橫琴這三大粵港澳合作重大平台的建設，考慮設立融三大平台於一體的粵港澳自由貿易區；重點推進人民幣離岸和跨境業務的金融創新與合作；此外還有民生領域合作，包括教育、文化、醫療以及環境保護等。《粵港澳自貿區重在發揮香港優勢粵港合作突出 5 個重點》，http://news.sz.soufun.com/2013-09-17/11038021_all.html。

不是一回事，但是，毫無疑問，與港澳在經濟上更為緊密地合作，將為在
制度上適用類似於香港的制度奠定良好的基礎。

最後，筆者要指出的是，嚴格來講，這裏構建的實際上是廣東自貿
區，而不是粵港澳自貿區。事實上，儘管港澳都屬於中國，但港澳是特別
行政區，在「一國兩制」的方針之下，實行不同於內地的制度。在這種情
況下，如要將港澳與南沙、橫琴和前海三地（或廣東的其他地區）打造成
自貿區，目前幾乎沒有可能性。不過，考慮到南沙、橫琴和前海三地各自
都是廣東與港澳進行緊密經濟合作的「特區」或「示範區」，因此廣東自貿
區在很大程度上面向的就是港澳（當然，廣東自貿區也沒有必要排斥其他
國家或地區），通俗地將其稱為粵港澳自貿區，似乎也是可以的。

下編

內地與港澳地區實行區域經濟一體化的具體法律問題分析

1. 論 CEPA 中「服務提供者」在新環境下的定義與標準

慕亞平　葉文飛

為了促進內地和香港經濟的共同發展，內地和香港於 2003 年簽署了《內地與香港關於建立更緊密經貿關係的安排》（以下簡稱 CEPA），其內容涵蓋貨物和服務貿易自由化以及貿易投資便利化措施。在「循序漸進」的原則下，雙方自 2004 年以來就進一步的開放措施進行了多輪磋商，每年簽署一個補充協議。到 2013 年 8 月 29 日為止，雙方共簽署十個補充協議。其中，《〈內地與香港關於建立更緊密經貿關係的安排〉補充協議十》（以下簡稱《CEPA 補充協議十》[1]）包括 65 項服務貿易開放措施，以及 8 項加強兩地金融合作和便利貿易投資的措施；其中有 15 項在廣東先行先試，主要集中在金融、法律、檢測認證、通信等服務貿易領域。時任香港特區政府財政司司長曾俊華在簽署儀式上表示，《CEPA 補充協議十》是自 2003 年 CEPA 簽署以來，涵蓋最多措施的補充協議，部分措施在開放力度上超過近年的補充協議，有些更是業界殷切期待多年的。[2] 至此，內地對香港開放的服務貿易的領域達到 48 個，開放措施總共達到 403 項。

服務領域一直是 CEPA 推進貿易自由化的重點。從 2004 年 1 月 1 日起實施至今，CEPA 在服務貿易方面已經取得了令人矚目的成就。正確界定

1　如此所示，下文關於「CEPA 補充協議」或者「CEPA 補充協議四（八、九）」的凡是以「《》」標註的均表示內地與香港簽署的正式文件；若無「《》」標註，則泛指內地與香港所簽署的補充協議。

2　《CEPA 補充協議十 粵再獲 15 項先行先試優惠政策》，南方日報網站，2013 年 8 月 30 日，http：//news.southcn.com/g/2013-08/30/content_77737843.htm。

「服務提供者」的定義和標準是實施 CEPA 的一項重要內容。特別在《CEPA 補充協議八》簽署後，對於「服務提供者」的定義和標準又有了進一步的發展，準確分析這些新發展對於 CEPA 的運行效果、開放程度以及 CEPA 吸納其他國家和地區的投資等都有重要影響。因此，在新環境下，對 CEPA 下的「服務提供者」問題進行探討分析，頗有意義。

一　CEPA 中關於「服務」和「服務提供者」的規定

CEPA 中服務貿易方面的規定主要集中在 CEPA 附件 4《關於開放服務貿易領域的具體承諾》和附件 5《關於「服務提供者」定義及相關規定》中。附件 4 主要是對服務領域的具體承諾，包括了具體部門及分部門的領域、方式及時間安排，主要解決的是符合條件的香港服務提供者可以在內地何種服務領域從事何種形式的服務以及如何進行服務的安排，但其中也不乏對於服務提供者的資格要求。附件 5 則對服務提供者的定義做了詳細的解釋，其中第二條規定除非 CEPA 及其附件另有規定，CEPA 及其附件中的「服務提供者」指提供服務的任何人，從定性劃分上將「提供服務的任何人」歸類於「服務提供者」，既可將其與貨物貿易區別開來，又可使之囊括各種類型的服務，避免隨着形勢發展出現定義過窄的情形。由此，我們有必要先了解 CEPA 中的「服務」和「服務的提供」，接下來再分析 CEPA 中關於「服務提供者」的規定。

（一）CEPA 中關於「服務」和「服務的提供」

法律意義的服務是指一個人向他人履行義務或提供勞動，前者為後者的利益或按其指令履行義務或提供勞動，其意志受後者的控制和支配。[1]

1　*Black Law Dictionary*，West Publishing Co.1990，6th ed.，p.1368，轉引自余勁松、吳志攀主編《國際經濟法》，北京大學出版社、高等教育出版社，2000 年，第 155 頁。

而英國經濟學家 T.P.Hill 給服務下的定義是：「服務可以被定義為一個人活着是隸屬於某經濟體的貨物的狀態的改變，這種改變是由於其他經濟體根據與接受服務的人或經濟體事先達成的協議所從事的活動的結果。」[1] 但是，在 CEPA 協議及其附件中，並沒有明確定義「服務」以及「另一成員的服務」。就 CEPA 而言，服務的範圍包括附件 4 所涉及的部門和所指定的服務。由於中國內地和香港都是世界貿易組織成員，且附件 4 規定「對於本附件未涉及的服務貿易部門、分部門或有關措施，內地按《中華人民共和國加入世界貿易組織議定書》附件 9《服務貿易具體承諾減讓表第 2 條最惠國待遇豁免清單》執行」，故儘管 CEPA 作為一個獨立的區域貿易安排，但其仍是在 WTO 框架內的一個協議。《服務貿易總協定》第 3 條規定，「服務」包括任何部門的任何服務，但在行使政府職權時提供的服務除外。「行使政府職權時提供的服務」是指既不依據商業基礎提供，也不與一個或多個服務提供者競爭任何職務。因此，CEPA 中明確規定的部分，即為內地與香港在 WTO 框架下對服務範圍的確定；而沒有規定的部分仍然遵循 WTO 協議規則的定義和安排。

CEPA 在服務貿易領域做出了大膽嘗試，範圍涉及管理諮詢服務、會議及展覽服務等 48 個領域的具體承諾。附件 4 第 2 條規定「自 2004 年 1 月 1 日起，內地對香港服務及服務提供者實施本附件表 1 所列明的具體承諾」，可見 CEPA 所指的香港服務與香港服務提供者提供的服務是分開的，分別對應 GATS 中「另一成員的服務」的兩種情況，[2] 指自香港提供的或在香港提供

1　「A service may be defined as a change in the condition of a person，or of a good belonging to some economic unit，which is brought about as the result of the activity of some other economic unit，with the prior agreement of the former person or economic unit.」T.P.Hill，On Goods and Services，Review of Income and Wealth，Vol.23，No.4，1977，p.318.

2　詳見《服務貿易總協定》第 28 條第 1 款第 f 項：「service of another member」means a service which is supplied（i）from or in the territory of that other member，or in the case of maritime transport，by a vessel registered under the laws of that other member，or by a person of that other member which supplies the service through the operation of a vessel and/or its use in whole or in part，or（ii）in the case of the supply of a service through commercial presence or through the presence of natural persons，by a service supplier of that other member。

的服務，以及香港服務提供者提供的服務。

（二）CEPA 中關於「服務提供者」的規定

1. CEPA 正文及其附件對「服務提供者」的定義及其相關規定

如上所述，CEPA 中對「服務提供者」的規定主要體現在 CEPA 協議及其附件 4、附件 5 中，其中附件 5 對服務提供者的定義做了詳細的解釋，其中第二條規定除非 CEPA 及其附件另有規定，CEPA 及其附件中的「服務提供者」是指提供服務的任何人，其中「人」是指自然人或法人。

（1）自然人。按照附件 5 第二條第（二）項規定的定義，就內地而言，「自然人」是指中華人民共和國公民；就香港而言，「自然人」即香港特別行政區永久性居民。

（2）法人。附件 5 第二條第（三）項規定，「法人」，即指根據內地或香港特別行政區適用法律適當組建或設立的任何法律實體，無論是否以營利為目的，無論屬私有還是政府所有，包括任何公司、基金、合夥企業、合資企業、獨資企業或協會（商會）。進一步地說，附件 5 規定，以法人形式提供服務的香港服務提供者的具體標準區分法律服務部門和非法律服務部門的服務提供者兩大類。在法律服務部門方面，除必須是根據香港特別行政區有關法例登記設立為香港律師事務所並取得有效商業登記外，CEPA 還要求有關律師事務所的獨資經營者及所有合夥人應為香港注冊執業律師，並且，有關律師事務所的主要業務範圍應為在香港提供本地法律服務。對於非法律服務部門，根據附件 5 第三條規定，其應根據香港特別行政區《公司條例》或其他有關條例注冊或登記設立，[1] 並取得有效商業登記證，[2] 且應在香港從事實質性商業經營。其中「實質性商業經營」的判斷標

1　在香港登記的海外公司、辦事處、聯絡處、「信箱公司」和特別成立用於為母公司提供某些服務的公司不屬於本附件所指的香港服務提供者。

2　法例如有規定，應取得提供該服務的牌照或許可。

準包括業務性質和範圍、年限、利得稅、業務場所和僱傭員工。

2. CEPA 補充協議對香港「服務提供者」定義與標準的修改

如上文所述，以法人形式提供服務的香港服務提供者分為法律服務部門和非法律服務部門的服務提供者兩大類。在法律服務部門方面，CEPA 及其補充協議對其標準並未做出任何修改，對於非法律服務部門，內地和香港通過《CEPA 補充協議》《CEPA 補充協議四》以及 2011 年簽署的《CEPA 補充協議八》做出了部分修改。

（1）《CEPA 補充協議八》之前的 CEPA 補充協議細化了原有的「服務提供者」的定義與標準。

CEPA 從 2003 年 6 月 29 日簽署後，CEPA 正文及其附件 5 中關於「服務提供者」的定義及相關規定一直處於穩定狀態，截至 2011 年 12 月 13 日《CEPA 補充協議八》簽署之前，僅有《CEPA 補充協議》《CEPA 補充協議四》對附件 5 的部分條款有所修改。2004 年 10 月 27 日簽署的《CEPA 補充協議》第三條第（二）款規定：「在《安排》附件 5《關於『服務提供者』定義及相關規定》第三條第（一）款第 2 項第（2）目增加以下內容：提供航空運輸地面服務的香港服務提供者應已獲得香港從事航空運輸地面服務業務的專門牌照，從事實質性商業經營 5 年以上（含 5 年）。」

2007 年 6 月 29 日簽署的《CEPA 補充協議四》第一條第（三）款第 1 項規定放寬香港銀行或財務公司從事實質性商業經營年限的要求，即將 CEPA 附件 5《關於「服務提供者」定義及相關規定》第三條第（一）款第 2 項第（2）目中有關香港銀行或財務公司的內容修改為：「提供銀行及其他金融服務（不包括保險和證券）的香港服務提供者，即香港銀行或財務公司，應在獲得香港金融管理專員根據《銀行業條例》批給有關牌照後，從事實質性商業經營 5 年以上（含 5 年）；或以分行形式經營 2 年並且以本地註冊形式從事實質性商業經營 3 年以上（含 3 年）。」同條款下第 2 項規定，在 CEPA 附件 5《關於「服務提供者」定義及相關規定》第三條第（一）款第 2 項第（2）目下增加以下內容：「提供第三方國際船舶代理服務的香

港服務提供者，應已在香港注冊或登記設立並從事實質性商業經營 5 年以上（含 5 年）。」

分析這兩處關於「服務提供者」的修改，筆者發現實際上這兩處均為對以法人形式提供服務的「香港服務提供者」具體標準的進一步細化，且其變化均體現在具體的服務行業中，即增加提供航空運輸地面服務的香港服務提供者的年限要求以及放寬了提供銀行及其他金融服務（不包括保險和證券）的香港服務提供者的年限要求，並沒有實質上改變對以法人形式提供服務的香港「服務提供者」具體標準中業務性質和範圍的規定。

（2）《CEPA 補充協議八》放寬了法人形式的香港「服務提供者」業務性質和範圍方面的具體標準。

2011 年 12 月 13 日簽署的《CEPA 補充協議八》第二條第（三）款對香港「服務提供者」業務性質和範圍的具體標準做出了實質性的修改。《CEPA 補充協議八》第二條第（三）款規定，將 CEPA 附件 5 第三條第（一）款第 2 項第（1）目下的業務性質和範圍的規定取消，並修改為：「擬在內地提供服務的香港服務提供者在香港提供服務的性質和範圍，應符合附件 4、本附件的規定，內地法律法規和行政規章對外商投資主體的業務性質和範圍有限制性規定的從其規定。」相應地，第六條第（一）款第 1 項第（7）目修改為：「其他證明香港服務提供者在香港從事實質性商業經營的有關文件或其副本，如香港法例、附件 4 或本附件有關香港業務性質和範圍規定所需的牌照、許可或香港有關部門、機構發出的確認信。」此項修改，實質上放寬了對香港服務提供者的定義與標準。在原來的定義下，[1] 香港的服務提供者在內地提供服務的性質和範圍只能與其在香港提供服務的性質和範圍一致，或者在其範圍之內，但是，修改後，香港的服務提供者將在多方面受惠。

---

1 修改前，附件 5 第三條第（一）款第 2 項第（1）目下的業務性質和範圍的要求是：「香港服務提供者在香港提供服務的性質和範圍，應包含其擬在內地提供服務的性質和範圍。」

第一，服務領域的涵蓋範圍有所拓寬。從 2012 年 4 月 1 日起，申請企業須在申請表上申報其香港業務的範疇。有關業務範疇將在其獲批的《香港服務提供者證明書》上顯示，CEPA 涵蓋服務領域以外的申請企業可選擇其中一個服務領域（與農業、林業及漁業相關的服務，行政及支援服務，教育服務以及個人、寵物及家居服務）在申請表中申報。

第二，香港「服務提供者」可向內地申請使用 CEPA 優惠措施的範圍，不受其在香港經營的範圍限制。從 2012 年 4 月 1 日起，持有《香港服務提供者證明書》的企業可向內地相關機構申請其他服務領域的 CEPA 優惠待遇，而不受其在香港經營的範圍限制。但和 2012 年 4 月 1 日前的做法一致，所有 CEPA 優惠待遇的申請須經內地相關機構審批，以及符合 CEPA 及其補充協議、相關內地法規和行政規章的規定。

第三，申請《香港服務提供者證明書》的文件要求放寬。香港「服務提供者」定義放寬後，大多數服務領域的申請企業只需遞交文件以證明其在香港擁有 3 年或 5 年以上的實質性商業經營，以及香港法例規定的相關牌照或許可。一般而言，申請企業無須再遞交各行業所需文件以證明其在香港的業務性質和範圍。個別行業類別，則仍需符合根據 CEPA 附件 5 的規定而定下的文件要求。

二　CEPA 規定與兩地法律對於「服務提供者」定義及標準規定的比較

1. 自然人

根據附件 5 第二條第（二）項規定的定義，對內地和香港而言，CEPA 對「自然人」定義的具體範圍是不同的。就內地而言，《憲法》第三十三條第一款規定：「凡具有中華人民共和國國籍的人都是中華人民共和國公民。」此時，內地對「自然人」採取的是國籍標準，但是否對自然人的界定全採用此標準呢？筆者認為答案是否定的。我國《個人所得稅法》第一條規定：

「在中國境內有住所，或者無住所而在境內居住滿一年的個人，從中國境內和境外取得的所得，依照本法規定繳納個人所得稅。在中國境內無住所又不居住或者無住所而在境內居住不滿一年的個人，從中國境內取得的所得，依照本法規定繳納個人所得稅。」可見，此時界定「自然人」的標準是兼採國際標準和住所地標準的。因此，不能把內地的「自然人」按照某一標準進行絕對化的界定，需視情況具體分析。就香港而言，基於歷史原因，其定義「自然人」的方法與內地不同。《香港特區基本法》第 24 條第（1）款規定：「香港特別行政區居民，簡稱香港居民，包括永久居民和非永久居民。」其中，香港特別行政區非永久性居民為：有資格依照香港特別行政區法律取得香港居民身份證，但沒有居留權的人。但是，作為中國的一個特別行政區，除中國國籍外，香港居民不可能具有其他的國籍身份。因此，在香港法中，真正有意義的「自然人」的概念是永久性居民的定義。

2. 法人

　　由於附件 5 第二條第（三）項規定的定義是從《服務貿易總協定》（以下簡稱 GATS）第 28 條第 1 項引用過來的，故對內地與香港均以同一標準進行了定義，但實際上，在法人的範圍和標準等方面，內地和香港的法律制度與 CEPA 的上述定義是不同的。GATS 考慮到了大陸法系與普通法系對法人定義的差別，規定只要是依法組建的法律實體即是法人，不考慮該法律實體能否獨立承擔民事責任，這一界定與內地法律關於法人的定義[1]是相衝突的。[2]內地法律要求法人能獨立承擔民事責任，因此，內地的法人一般分為兩大類，一類為企業法人，包括公司法人（即有限責任公司法人和股份有限公司法人）和非公司法人，如工廠、廠礦、商店、農場等；另一類

1　我國《民法通則》第三十六條第一款規定：「法人是具有民事權利和民事行為能力，依法獨立享有民事權利和承擔民事義務的組織。」

2　鍾立國：《服務貿易的原產地規則 —— CEPA「服務提供者」定義析評》，《廣東商學院學報》2006 年第 2 期。

是非企業法人，包括機關法人（如權力機關、軍事機關、行政機關、檢察機關、審判機關等）、事業單位法人、社會團體法人、基金會法人（有學者將其歸屬於社會團體法人）。[1] 就香港而言，根據香港的《公司條例》，公司是指根據該條例組成並注冊的公司和已有的公司，包括股份有限公司（company limited by shares）、擔保有限責任公司（company limited by guarantee）和無限公司（unlimited company）等形式。

在標準方面，就內地而言，2005 年修訂的新《公司法》第一百九十二條規定：「本法所稱外國公司是指依照外國法律在中國境外設立的公司。」第一百九十六條第一款規定：「外國公司在中國境內設立的分支機構不具有中國法人地位。」另外，根據《民法通則》第十一條第二款規定：「在中華人民共和國領域內設立的中外合資經營企業、中外合作經營企業和外資企業，具備法人條件的，依法經工商行政管理機關核准登記，取得中國法人資格。」由此可見，內地對法人的界定標準是國籍標準，而判斷國籍標準的依據是注冊成立地，亦即不必考慮其資本來源等因素，只要符合中國法人條件並在中國境內設立的法人均屬於中國法人。就香港而言，香港的法人國籍是依據設立登記地作為標準的。《公司條例》第 332 條就規定海外公司是在香港以外成立為法團的公司。

三　適用 CEPA 中的「服務提供者」時的衝突及協調

由於 CEPA 是在「一國兩制」的框架下內地與香港簽署的經貿安排，締結雙方同屬於一個主權國家，充分考慮到該協議的作用和目的，CEPA 是建立在 WTO 基礎之上的更優惠的措施，應當屬於一項區際協議，[2] 在形式上也

1　李建偉：《國家司法考試專題講座：民法 60 講》，人民法院出版社，2012。

2　需要強調的是，CEPA 協議的性質不同於香港與內地簽訂的一般的區際協議，也不類似於國際私法中的國內「區際」，這裏是在 WTO 框架內的「單獨關稅區」的區際，其更多的是適用 WTO 的協議規則，因此不能簡單用國內法的思維來釐定和解釋 CEPA 協議的性質。詳見慕亞平、盧嘉嘉《論 CEPA 的性質及其實施問題》，《廣西師範大學學報》（哲學社會科學版）2005 年第 41 卷第 3 期。

更接近條約，因此在適用時應當使用類似於條約適用的方法和原則。根據「條約必須遵守」原則，條約要優於國內法。相似的，區域間的 CEPA 也應該優於區域內的法律（具體來說就是內地法和香港法）。一方面，在 CEPA 的規定與內地法和香港法的規定不一致的情況下，適用 CEPA 的規定；另一方面，在 CEPA 沒有規定的方面必須用內地法或香港法的適用來補充。而在涉及 GATS 與 CEPA 的關係時，依據 CEPA 主體文件的第 4 條以及 GATS 中關於區域經濟一體化的規定來處理。在符合 GATS 經濟一體化規定要求的框架內，CEPA 與 GATS 不一致的規定仍然可以適用。[1]

1. 對法人身份標準的判斷

CEPA 定義「法人」服務提供者的目的是通過其規定給予對方的服務提供便利與優惠待遇。[2] 因此除了了解「法人」的定義外，正確定義對方的服務提供者是否符合「法人」，即「另一成員的法人」的身份標準也具有實質性意義。但是，在定義「服務提供者」時，CEPA 僅僅在附件 5 中規定了作為「法人」的「香港服務提供者」的標準，並沒有把內地的「法人」的身份標準規定在其中，此即為法人身份標準的衝突。CEPA 判斷法人身份的標準為註冊成立地標準，與 GATS 對業務執行本地化標準的規定有所不同。

（1）CEPA 中判斷法人身份的登記註冊地標準與 GATS 的協調。在 CEPA 附件 5 中，以法人形式提供服務的香港服務提供者無論是法律服務部門還是非法律服務部門，其身份的形式要求是根據香港有關條例登記設立。也就是說，CEPA 採用的判斷法人身份的標準是註冊成立地。這一規定顯然比 GATS 下「另一成員的法人」概念狹隘。根據 GATS 規定，「另一成員的法人」包括以下兩種類型：其一，根據該另一成員的法律組建或組織的，並在該另一成員或任何其他成員領土內從事實質性業務活動的法人；其二，對於通過商業存在提供服務的情況，由該成員的自然人擁有或控制的法人

1　慕亞平、蔡妍婷：《CEPA 中「服務提供者」定義與資格確定》，《學術研究》2004 年第 4 期。

2　正如 CEPA 附件 5 第七條規定：香港服務提供者要獲得 CEPA 中的待遇，須向內地審核機關提交相關證明。

或由前一種類型確認的該另一成員的法人擁有或控制的法人。也就是說，GATS 採用了兩種認定法人國籍身份的方法，一是注冊成立地標準，二是資本控制標準，只要符合任意標準即可。其中，資本控制標準又根據控制者的身份分為自然人控制和法人控制。作為股東的法人國籍仍依注冊成立地判斷。總的來說，只要法人是在該另一成員國注冊成立，或者由該另一成員國自然人擁有或控制，或者由在該另一成員國注冊成立的法人擁有或控制，都符合「另一成員的法人」的身份要求。

　　CEPA 協議第 12 條第 2 款規定：任何世界貿易組織其他成員的服務提供者，如係根據一方的法律所設立的法人並在該方從事附件 5 中規定的「實質性商業經營」，則有權享受另一方在 CEPA 下給予該方服務提供者的優惠。這一規定實際上來源於 GATS，只是措辭上稍作改動罷了。GATS 第 5 條第 6 款規定：「任何其他成員的服務提供者，如屬根據第 1 款所指協定參加方的法律所設立的法人，則有權享受該協定項下給予的待遇，只要該服務提供者在該協定的參加方領土內從事實質性商業經營。」而該條第 1 款規定為：「本協定不得阻止任何成員參加或達成在參加方之間實現服務貿易自由化的協定，只要該類協定……」CEPA 正是該款所指之性質的協定，因而從內容上這一條款可以適用於 CEPA。但是 GATS 第 5 條第 6 款特別強調「其他成員的服務提供者」可以享受優惠待遇的原因是 GATS 的定義中既採取了注冊成立地標準，也採用了資本控制標準，從而可能出現在一成員國登記設立的法人又是另一國的服務提供者的情況。但根據 CEPA 附件 5 第 2 條，「服務提供者」是指提供服務的自然人和法人，其中法人係指根據內地或香港法律適當設立的法律實體（無論其是否「任何世界貿易組織其他成員」）。既然只有根據內地或香港法律設立的法律實體才符合 CEPA 下「服務提供者」的定義，那麼任何世界貿易組織其他成員的服務提供者就顯得多餘，因為 CEPA 對服務提供者的定義已經包含身份要求。使用「任何世界貿易組織其他成員的服務提供者」這樣的措辭，或許是基於給 WTO 其他成員開個口子，以便以後吸引這些「其他成員」在內地進行投資從而進一步

促進內地經濟貿易發展的考慮，但該問題的解決完全可以通過在 CEPA 附件 5 中規定「法人」定義時一併解決，在 CEPA 協議的主體文件中進行規定，則明顯會造成語句的重複，且很有可能造成理解上的混亂。

（2）法律專業服務採用註冊登記設立地和本地業務執行雙重標準。在專業服務中，服務的本地化是十分重要的，往往會把業務執行本地化作為認定法人身份的一個標準。通常認為，如果一個外國人在本地註冊的律師事務所，只提供離岸律師服務，不能提供本地律師服務，沒有持有本地執業許可的、佔執業人數 50% 以上的本地律師加盟，不能算作是本地律師事務所。作為提供律師、醫師、設計師、評估師服務的專業服務機構，只有其業務執業人員 50% 以上實現了本地化，並且得到本地業務營業許可以後，才能被認定為是區內的專業服務機構。[1]

GATS 調整的服務貿易範圍不包括法律服務，因此沒有特別規定業務執行本地化的標準。CEPA 對於業務執行本地化的要求比較高。一方面，香港《律師登記條例》第 50B 條第（4）項規定：「任何外地律師或一間外地律師行不得接受一名本地律師加入合夥，亦不得僱用持有執業證書的律師或持有執業證書的大律師」，並且 CEPA 也規定必須在香港註冊設立的香港律師事務所才具有「服務提供者」的資格，那麼也就沒有具體考量外國律師事務所是否區內服務機構的必要了。而對於香港律師事務所執業人員的比例，CEPA 沒有具體限制，只是要求主要業務範圍應為在香港提供本地法律服務。由於只有香港執業律師和執業大律師可以從事香港本地服務，這一條件也間接地限制了香港律師事務所中本地執業人員的成分。但該主要業務範圍應該如何判斷，按可從事本地服務的人員的數量來看還是以已經發生的實際業務的情況為依據，或者其他方法，CEPA 沒有規定。總的來說，在法律服務領域，法人身份資格採取了註冊登記設立地以及本地業務執行

1　朱兆敏：《論「入世」後中國各單獨關稅區間建立緊密經貿合作關係的法律基礎和框架》，《國際經濟法論叢（第 7 卷）》，法律出版社，2003，第 21、35 頁。

標準雙重標準來判斷。其中的本地業務執行標準沒有具體的數量規定，應該說是較有彈性的。

2. CEPA 和 GATS 對法人範圍的規定存在差異

由於對作為服務提供者的「法人」而言，CEPA 在下定義時絕大部分採用了 GATS 的規定，故其與兩地法律規定存在很大差別。無論 GATS 還是 CEPA 中所定義的法人範圍都包括了任何公司、基金、合夥企業、合資企業、獨資企業或協會。因此，無論是 GATS 採用此規定將法人解釋為根據成員國法律組建或設立的任何法律實體，還是 CEPA 沿用此規定將法人定義為「根據內地或香港特別行政區法律組建或設立的任何法律實體」，都擴大了一般意義上法人的範圍，至少對作為 WTO 成員的中國（內地）而言，合夥企業和獨資企業均不具有法人資格。

可見，CEPA 和 GATS 對法人採取擴大定義，均是基於擴大在其體制下服務貿易優惠的受益範圍，使無論何種形式的商業存在在符合特定條件下都能獲得優惠待遇的考慮。有學者認為，CEPA 定義「法人」服務提供者的目的僅僅是用來限定可以享受 CEPA 優惠待遇的主體的範圍，即純粹只是釐定某主體是否符合 CEPA 資格，而沒有必要為「香港法人」賦予新的法律定義。[1] 但須知道，享受 CEPA 優惠待遇的首要條件是「根據內地或香港特別行政區適用法律適當組建或設立的任何法律實體」，那麼其是不是公司、基金、合夥企業、合資企業、獨資企業或協會（商會），仍然要根據內地法或者香港法來判斷。依據內地法律，儘管合夥企業、獨資企業、中外合資經營企業、中外合作經營企業、外資企業都是依據內地相關法律設立登記的，但合夥企業和獨資企業均不具有法人資格，而中外合作經營企業和外資企業也可能不具有法人資格。而對於分支機構和分公司，儘管分支機構也需要根據香港《公司條例》第 XI 部在有關部門進行註冊，但其從屬於總公司，是

1　　王超：《芻議 CEPA 中的「服務提供者」》，《時代法學》2008 年第 6 卷第 1 期。

總公司的一個機構而非獨立的法律實體。如果其總公司不是根據內地或香港法律設立的法律實體，則其分支機構也就不是 CEPA 定義的法人，無法享受 CEPA 優惠待遇。對於分公司而言，內地的《公司法》第十三條明確規定分公司不具有企業法人資格，顯然，分公司亦無法享受 CEPA 優惠待遇。

3. 執行《CEPA 補充協議八》中法人標準的規定時的衝突及協調

　　上文提到，《CEPA 補充協議八》放寬了「服務提供者」的定義與標準，使得相關的服務提供者在申請《香港服務提供者證明書》時提交的文件要求放寬，即一般而言，申請企業無須遞交各行業所需文件以證明其在香港的業務性質和範圍。但是，根據「申請《香港服務提供者證明書》的程序」的要求，申請企業仍須提供「法定聲明」以聲明其在香港的業務性質和範圍。[1] 毋庸置疑，這樣的做法有利於提升申請企業的申請效率，但由此看來，對於「法定聲明」中業務性質和範圍內容的真實性，只能通過申請企業的誠信予以保證。當然，對此，香港方面也有一些保障措施，比如它規定，在任何時候工業貿易署可要求申請者提供額外資料及其他證明文件，以核實申請者在香港的業務性質和範圍。這種突擊式的抽查也進一步要求申請企業做到誠實聲明，否則將會面臨嚴重後果。[2] 但此亦存在亟待解決的問題，若工業貿易署要求提供文件證明申請者在香港的業務性質和範圍，那麼對具體的時限等程序性規定亦應作進一步的規範。

4. 注冊地標準在認定服務提供者身份時的「溢出效應」問題及對策

　　CEPA 第十二條第（二）款規定，任何世界貿易組織其他成員的服務提供者，如係根據一方的法律所設立的法人並在該方從事附件 5 中規定的「實質性商業經營」，則有權享受另一方在 CEPA 下給予該方服務提供者

1　香港工業貿易署：《致服務提供者的通告》，香港工業貿易署官網，2013 年 3 月 10 日，http：//www.tid.gov.hk/sc_chi/aboutus/tradecircular/ntss/ss_maincontent.html。

2　根據香港特別行政區《刑事罪行條例》（第 200 章），任何人明知而故意在非經宣誓的情況下，在法定聲明中做出在要項上虛假的陳述，一經循公訴程序定罪，可判處監禁 2 年及罰款。

的優惠。同時，如前所述，CEPA目前對香港法人服務提供者採用注冊地標準和業務本地化標準，這兩種標準對股東或經營者身份都沒有限定，也就是說，符合該定義的股東或經營者既可以是香港居民，也可以是非香港居民。具體以設立香港律師事務所為例，符合要求的香港律師事務所必須根據香港有關條例登記設立為律師事務所（行），且其獨資經營者和所有合夥人應為香港注冊執業律師；而根據香港《律師條例》，獲認可登記為執業律師並沒有要求必須是香港永久性居民，只要在獲認可前已經在香港居住至少3個月並有意在獲認可後繼續在香港居住至少3個月，就具備基本的資格要求了。由此可見，在香港登記成立法人並沒有嚴格的股東或經營者的身份要求。因而，在這種情況下，來自其他國家或地區的服務提供者就完全有可能利用這種漏洞「搭便車」成為符合CEPA要求的服務提供者，並藉此獲得CEPA給予的各種特殊優惠。

雖然目前「溢出效應」帶來的負面效果尚未明顯顯現，但仍需警惕，並做好規範，而不應掩耳盜鈴、避而不談。CEPA附件5對法人以及自然人做了詳細的定義，一定程度上能排除其他國家服務提供者的湧入，但仍不足以避免「溢出效應」的產生。香港法律對於公司設立的要求非常寬鬆，比如在公司資本上採用授權資本制和認繳制，沒有法定最低資本限額的要求，資本可採用任何貨幣，甚至可以選擇空殼公司等，創設符合要求的「香港法人」。此外，儘管附件5規定了判斷「實質性商業經營」的具體標準，通過對業務性質和範圍、年限、業務場所、香港本地僱員比例等要求來確保服務提供者的「香港屬性」，但由於現代企業的資本控制具有極強的隱蔽性，這些要求也仍然不足以防止「溢出效應」，因為非香港法人完全可以通過香港的某些商業存在進行多層控股，比如通過收購、換股、實際聯合等形式參與或控制符合CEPA要求的「香港法人」，最終得以享受CEPA優惠進入內地市場。

但是，筆者認為，CEPA第12條既然有此規定，則說明「溢出效應」並非有百害而無一利，且「溢出效應」本身並不足以證明這種效應的負面

性，只有對其進行適當控制，「溢出效應」才可能會帶來更多的回報。適用 CEPA 現有規定的注冊地標準吸引來自其他國家或地區的服務提供者通過在香港設立法人的方式而得以進入內地服務市場，這不僅使外國投資者受益，香港和內地也將受益良多，比如吸引更多的國際資本、提升本地產業結構等。但這種多方受益的局面發生的前提是，內地和香港要做好相關規範，對「溢出效應」趨利避害。首先，可增加資本控制標準。在實踐中，如果僅採用注冊地標準來認定服務提供者身份，是很難防止區外的服務提供者來區內注冊的，對內地來說，國外服務提供者可能利用香港為跳板，取得 CEPA 服務貿易准入的優惠待遇。而在 CEPA 中，服務提供者的准入資格直接與「實質性經營標準」掛鈎。CEPA 中的設立標準、實質性經營標準以及個別行業的特別標準雖然能夠在一定程度上防止空殼公司、臨時設立的公司濫用准入優惠，但對於實際控股、變相收購等商業運作則無能為力。因此，除了原有標準之外，可增加相對寬鬆的資本控制標準，這樣有利於保證獲得市場准入資格的服務提供者具有真正的香港屬性。其次，完善服務提供者准入資格審核程序。在服務提供者的准入資格審核程序方面，有必要在以下方面加以完善，在申請 CEPA 優惠待遇時提交的申請材料中增加以下證明：①對於外國資本長期投資的在港企業，應當要求其提交持續性長期經營的證明；②對於本港企業，在工貿署要求其提交的有關申請資料中，有必要增加港資控股證明；③明文規定 CEPA 及其附件、實施細則的有權解釋機關，在「對實質性經營標準」的定性上產生分歧時，保證其能夠對可能出現的新情況做出及時的反應。最後，完善服務提供者證明書發放後的監督機制。有必要定期對服務提供者的經營狀況做出書面或實質性審核，以防止其在獲得證書後因轉變經營方式、領域或者變更持股比例而喪失了享受優惠的資格。針對其喪失准入資格的情形，相關的審核、利潤折返等制度也應當得到確立。

只有通過進一步細化 CEPA 中服務提供者市場准入的衡量標準、審核程序以及配套的解釋機制，並進一步將其以地區性法律法規的形式落實到實

踐中，才能循序漸進地開放服務業市場，避免因「溢出效應」而引發的服務業市場開放過快、過急。這樣方能促進內地與香港服務貿易的長久發展。

參考文獻

鍾立國：《服務貿易的原產地規則，CEPA「服務提供者」定義析評》，《廣東商學院學報》2006 年第 2 期。

李建偉：《國家司法考試專題講座：民法 60 講》，人民法院出版社，2012。

慕亞平、盧嘉嘉：《論 CEPA 的性質及其實施問題》，《廣西師範大學學報》2005 年第 3 期。

孫鑫：《基於「服務提供者」視角淺析 CEPA 服務貿易的原產地問題》，《黑龍江對外經貿》2012 年第 3 期。

慕亞平、蔡妍婷：《CEPA 中「服務提供者」定義與資格確定》，《學術研究》2004 年第 4 期。

王超：《芻議 CEPA 中的「服務提供者」》，《時代法學》2008 年第 1 期。

朱兆敏：《論「入世」後中國各單獨關稅區間建立緊密經貿合作關係的法律基礎和框架》，《國際經濟法論叢（第 7 卷）》，北京法律出版社，2003。

Black Law Dictionary. West Publishing Co. 6th edition. 1990.

余勁松、吳志攀：《國際經濟法》，北京大學出版社、高等教育出版社，2000。

陳安：《國際經濟法學新論》，高等教育出版社，2007。

T.P.Hill. On Goods and Services，Review of Income and Wealth，Vol.23，No.4，1977.

代中現：《中國區域貿易一體化法律制度研究，以北美自由貿易區和東亞自由貿易區為視角》，北京大學出版社，2008。

施展：《中國內地與香港的 CEPA 法律問題研究》，復旦大學出版社，2009。

香港工業貿易署：《致服務提供者的通告》，2013 年 3 月 10 日，http：//www.tid.gov.hk/sc_chi/aboutus/tradecircular/ntss/ss_maincontent.html。

香港工業貿易署：《〈二零一零年安排〉對香港經濟的影響的最新評估（服務貿易）》，2013 年 3 月 10 日，http：//www.tid.gov.hk/sc_chi/cepa/statistics/statistics_research.html。

2. 也論 CEPA 下爭端解決機制的構建

—— 以 NAFTA 爭端解決機制的比較為視角

葉文飛

　　《內地與香港關於建立更緊密經貿關係的安排》《內地與澳門關於建立更緊密經貿關係的安排》（以下簡稱「CEPA」、「CEPA 協議」或「《安排》」）已經實施十年有餘。「兩岸三地」的區域經濟貿易越來越頻繁，伴隨的各種爭端也不斷增長。但是對於爭端的解決，CEPA 協議及其補充協議至今未有具體的規定。因此，筆者將在下文討論 CEPA 下爭端解決機制的構建。

一　CEPA 協議執行中的爭端及其現有的解決方式規定

（一）CEPA 協議執行中存在爭端且亟須解決

　　CEPA 協議執行過程中是否存在爭端？ 2004 年初，CEPA 協議簽署後，國務院各有關部門根據 CEPA 協議中的具體承諾修改了有關法規、規章，並制定了具體的實施辦法。海關總署與香港、澳門特區政府有關部門共同合作完成了貨物貿易合作監管的技術措施。國務院有關主管部門還對各省市商務、海關等部門進行了政策宣講和培訓，[1] 以保證 CEPA 協議的執行。而

1　CEPA 協議 2004 年 1 月 1 日實施後，內地做了一系列的工作保證其執行。參見《有關〈安排〉的問答 ——〈安排〉的基本問題》，http：//tga.mofcom.gov.cn/aarticle/subject/cepanew/apwd/200612/20061204082297.html。

且，內地與香港、澳門從 2004 年 10 月至 2013 年 8 月，已經簽訂 CEPA 協議的十個補充協議及其附件。內地與香港為保證 CEPA 協議的實施所做的這些工作，使得兩地在貨物貿易自由化、服務貿易自由化和貿易投資便利化領域的內容不斷豐富充實，協議的具體實施與執行也更具有指引性。同時，我們發現，在貨物貿易自由化、服務貿易自由化和貿易投資便利化這三個領域尚未有一個爭端見諸報紙、雜誌等公眾媒體，遑論其爭端解決機制了。那麼，實際上 CEPA 協議執行過程中是否存在爭端？答案是肯定的。儘管 CEPA 協議成員方處於中華人民共和國的同一主權下，但香港和澳門作為單獨關稅區、WTO 的成員，具有自身相對獨立的經濟利益，在協定實施過程中，同樣不能避免爭端的發生。[1] 只是在經貿合作方面，由於中國簽訂的協議多屬於過渡性協議，在過渡期內，每年都會進一步加強經貿的合作，所以即使在執行協議過程中出現了問題或爭端，這些問題或爭端也在不斷簽訂補充協議、加強經貿合作的過程中被解決了。但不可否認，CEPA 協議執行中仍存在爭端且亟須解決。

（二）CEPA 協議中關於爭端解決的規定過於原則化、粗略化

對於 CEPA 協議中現有的爭端解決方式的規定，2003 年簽署的 CEPA 協議及其幾個附件或多或少地還是做了一些規定的。根據《安排》第十九條的規定，CEPA 的機構安排採取「聯合指導委員會 —— 聯絡辦公室 —— 工作組」的模式，緊接着第三款規定，聯合指導委員會的職能之一是「解決《安排》執行過程中可能出現的爭議」，而第五款對於爭議的解決只做了總括性規定。[2] 此外，CEPA 協議在其中幾個附件中都規定了相應的爭端解決條款，如《安排》附件 1《關於貨物貿易零關稅的實施》中的第六條規定：

1　陳立虎、趙豔敏：《CEPA 爭端解決規則構建之分析》，《暨南學報》（哲學社會科學版）2006 年第 6 期。

2　《安排》第十九條第（五）款規定：「雙方將本着友好合作的精神，協商解決《安排》在解釋或執行過程中出現的問題。委員會採取協商一致的方式作出決定。」

「當因執行本附件對任何一方的貿易和相關產業造成重大影響時，應一方要求，雙方應對本附件的有關規定進行磋商。」[1] 附件 2《關於貨物貿易的原產地規則》規定：「本附件實施後，如因生產技術改進或其他原因，一方認為需要對本附件的內容或本附件表 1 內有關貨物的原產地標準作出修訂，可向另一方提出磋商要求並提交書面說明及支持數據和資料，通過《安排》第十九條設立的聯合指導委員會磋商解決。」附件 5《關於「服務提供者」定義及相關規定》第七條第（三）款規定：「內地審核機關對香港服務提供者的資格有異議時，應在規定時間內通知香港服務提供者，並向商務部通報，由商務部通知工業貿易署，並說明原因。香港服務提供者可通過工業貿易署向商務部提出書面理由，要求給予再次考慮。商務部應在規定時間內書面回覆工業貿易署。」

從上述規定來看，除了附件 5 第七條第（三）款外，CEPA 協議及其附件中其他爭端解決方式的規定條文均過於原則化、粗略化，缺乏可操作性。上述第十九條第（三）款、第（五）款僅僅規定了《安排》執行過程中可能產生的爭議由委員會採取「協商一致」的方式解決，但是對於委員會解決爭議的具體程序、適用的法律、爭議解決的時效制度、其做出的「協商」出來的決定的效力及執行等問題均無具體規定，且在 CEPA 協議執行至今，仍未有相應的規定出台並付諸執行。而且，當雙方產生爭議、委員會無法協商一致時，爭議如何得到解決，CEPA 協議也未做出回答。[2] 另外，從上述各附件中關於爭端解決方式的規定可以發現，磋商是 CEPA 最傾向的解決爭端方式。磋商屬於解決爭端方式中的政治方法，其優點是具有直接性、靈活性，但是，在問題解決過程中，當事方也可能藉助自身的實力對另一方施加影響，其結果缺乏穩定性和可預見性，並且可能導致有些

1　附件 4《關於開放服務貿易領域的具體承諾》第八條的規定與此類似，原文為：「當因執行本附件對任何一方的貿易和相關產業造成重大影響時，應一方要求，雙方應對本附件的相關條款進行磋商。」

2　王貴國：《經濟全球化下的區域性安排》，王貴國主編《區域安排法律問題研究》，北京大學出版社，2004。

爭端出現久拖不決的情形。[1]

再者，CEPA 協議及其附件中所言的「磋商」，既無關於磋商程序的規定，更無關於磋商結果的形式及其執行等具體事項的規定，顯然，這只是一個原則性的解決方式，或者更通俗地說，這只是一些象徵性的條文，只是為了使整個協議看起來更健全罷了。

綜上可見，目前的 CEPA 爭端解決方式仍未完善，需要構建一套自己的爭端解決規則和機制。以下，我們將從國際上典型並具有影響力的區域經濟合作成例 NAFTA 入手，分析 CEPA 爭端解決規則及機制是否可借鑒。

二　NAFTA 爭端解決機制的基本內容

NAFTA 即北美自由貿易區，其成員國包括美國、加拿大、墨西哥。NAFTA 是目前 RTAs 中發展最完善也是爭議最大的機制之一。[2]NAFTA 爭端解決機制主要由以下幾套解決機制組成。

第一，投資爭端解決機制。NAFTA 第 11 章規定了投資爭端的解決辦法：當投資者認為東道國違背了第 11 章的義務時，可以直接提起仲裁。仲裁庭由 3 名仲裁員組成，仲裁依據本協定決定應使用的三套國際仲裁規則，就爭議的問題做出裁決。仲裁裁決為最終裁決，具有法律效力。仲裁庭根據事實，可以做出與損失相當的金錢賠償的裁決，不能施加懲罰性損害賠償。如果不執行裁決，勝訴方可通過其所在國政府訴諸第 20 章締約國之一般爭端解決程序，或依據《ICSID 公約》《紐約公約》《美洲公約》尋求強制執行仲裁裁決。

第二，反傾銷與反補貼稅事項的審查與爭端解決機制。NAFTA 第 19 章規定了反傾銷與反補貼稅事項的爭端解決機制，但其沒有確定統一的實體

1　張亮：《也論 CEPA 是否應借鑒 NAFTA 的爭端解決機制》，《湖北廣播電視大學學報》2008 年第 1 期。

2　慕子怡：《論 CEPA 爭端解決機制的構建》，《政法學刊》2008 年第 2 期。

規則和程序規則，而只是做了一些原則性的規定，要求各成員國根據這些規定制定出具體的規則。

第三，一般爭端解決機制。NAFTA 第 20 章建立了一個在自由貿易委員會管理下的政府間爭端解決機制。它解決爭端的範圍十分廣泛，除了第 11 章和第 19 章所涉事項及本章另有規定外，適用於各方避免或解決所有爭端，如 NAFTA 的解釋與適用、一成員國所實施的與協定不一致的國內措施、一成員國所實施的可能導致協定項下一定利益的「喪失或損害」的國內措施。這些爭端主要通過磋商和專家組來解決，甚至原告可以通過國內法院解決爭端。

一個爭端的解決，首先要經過爭端雙方的談判和磋商，如無法達成一致，任何一方可要求貿易委員會召開全體會議，貿易委員會介入後，如問題仍無法解決，任何磋商方可以書面請求成立專家組。專家組審查的事項應是已協商而沒有解決的事項。為了保證專家組裁決的客觀和公正，NAFTA 還設立了專家證言程序，該程序構成了 NAFTA 爭端解決機制的一大特色。[1]

此外，NAFTA 的兩個附屬協定《北美環境合作協定》（NAAEC）和《北美勞工合作協定》（NAALC）分別建立了有關國內環境法和勞工法的國家間爭端解決機制。NAFTA 還可選擇使用 WTO 的爭端解決機制以及三套國際仲裁程序規則。

三　構建 CEPA 下的爭端解決機制
—— 可借鑒 NAFTA 爭端解決機制的規定

CEPA 協議遵循「一國兩制」方針，符合世貿組織有關自由貿易協定的規定，是內地與香港、澳門分別簽訂的，其主體並非國家政府，而是在同

1　孫志煜：《CAFTA 爭端解決機制條約化之路 —— NAFTA、CAFTA 爭端解決機制的比較視角》，《武漢大學學報》（哲學社會科學版）2010 年第 3 期。

一主權國家下的不同地域，且三者是相互獨立的關稅區，這一特點直接並根本地決定了 CEPA 絕不可能直接照搬 NAFTA 的爭端解決機制。但是，作為目前世界上發展較為完善的成例，NAFTA 爭端解決機制還是有很多值得 CEPA 借鑒之處的。筆者認為，CEPA 的爭端解決機制可參照國內法的結構進行構建，即可分為「一般的爭端解決機制」—— 類似國內法的總則部分與「特定領域的爭端解決機制」—— 類似國內法的分則部分。

（一）CEPA 應當制定一般的爭端解決機制

對於 CEPA 執行過程中產生的一般爭端，如貨物貿易爭端、服務貿易爭端等，可通過制定一般的爭端解決機制解決。此機制可參考 NAFTA 第 20 章關於一般爭端解決機制的規定，即談判和磋商程序作為前置性程序，若談判和磋商無法達成一致，則可通過仲裁程序解決。之所以把談判和磋商作為前置性程序，是因為當今商事領域最注重的即為私法自治，談判和磋商即是為雙方提供一個較為公平與規範的框架環境，使貨物貿易和服務貿易等一般事項的雙方可高效地解決爭端。若談判和磋商無法解決，則可通過法律方法，即仲裁，仲裁是類司法行為，當事雙方具有一定的自主性，而且仲裁具有高效、專業等特點，是目前國際上在經貿領域解決爭端最受青睞的方式。至於設立法院，這只有在一體化程度相當高的區域經濟貿易區（如歐盟）才具有可操作性。

CEPA 可借鑒 NAFTA 完整而嚴謹的程序，其第 20 章對磋商、斡旋、調解和調停、仲裁、執行等程序都有明確規定，且內容嚴謹。對於談判與磋商的具體程序、期限，仲裁的程序、期限、規則等，CEPA 均可借鑒之。

（二）CEPA 應當制定特定領域的爭端解決機制

在投資、環境保護方面，由於其覆蓋面廣、專業性強，有必要在這些特定領域單獨規定爭端解決機制。此種機制則可歸入爭端解決機制中的「分則」部分。

1. 制定投資爭端解決機制

《安排》的內容包括貨物貿易自由化、服務貿易自由化和貿易投資便利化。《〈安排〉對香港經濟的影響的評估 —— 進一步評估》指出：「愈來愈多內地公司利用香港各種金融及其他支援服務和設施在香港投資，這有助於鞏固香港作為國際金融中心的地位。與此同時，與內地企業相關的上市活動也日趨活躍，顯示香港可為內地提供一個雙向平台，協助內地企業及資金透過在港投資或上市進入國際市場，以及吸引外國資金進入內地投資，從而進一步加強香港作為主要中介人的角色。」[1]

由此可見，CEPA 協議在執行過程中，投資是非常重要的一環，無論是港澳對內地的投資、內地對港澳的投資，還是通過港澳平台吸引的對內地的國際投資，都在促進內地與港澳區域經濟自由化過程中充當重要角色，相伴而來的也一定會有各種大大小小的投資爭端。基於投資爭端的多樣性及專業性，CEPA 很有必要單獨建立起一套投資爭端解決機制。對於具體的機制設計，筆者認為，仲裁是較為合適的方式。除了上述（一）提到的仲裁的特點外，仲裁相對於磋商等政治方法更具有可預見性和穩定性，是目前世界上眾多經貿自由化區域所使用的爭端解決方法。

2. 制定環境爭端解決機制

CEPA 框架內的環保合作涉及貨物貿易、服務貿易和環保合作投資多個領域，然而，目前內地與港澳環境合作尚存在缺乏針對性機構安排，缺乏具體的、協調的環境法律制度等問題，關於環保領域的爭端也將不斷出現，如由什麼機構進行環保管理、區域生態補償機制如何等。參照 NAFTA 附屬協議《北美環境合作協定》（NAAEC）的做法，CEPA 可制定環境保護方面的爭端解決機制，以使爭端發生時當事方有章可循，便於解決爭端。

除投資與環保領域外，其他特定領域如有需要，也可參照這種方式制

1　香港工業貿易署：《立法會 CB（1）1849/06-07（04）號文件（附載報告二）》，http：//www.legco.gov.hk/yr06-07/chinese/panels/ci/papers/ci0612cb1-1849-4-c.pdf。

定其他專門的爭端解決機制。至於反補貼與反傾銷事項的審查與爭端解決機制，由於《安排》第七條與第八條明確規定雙方不對對方採取反補貼和反傾銷措施，故不必專門制定此項爭端解決措施。參照 NAFTA 的爭端解決機制，構建上述的 CEPA 爭端解決機制，不僅結構清晰，而且實用性強，值得我們付諸實踐。

最後，在構建 CEPA 爭端解決機制的過程中，筆者特別注意以下方面：其一，規則的制定應該民主、透明。實踐是檢驗真理的唯一標準，爭端解決機制的制定應當立足現實，並通過總結，預測未來可能發生的爭端，制定過程民主化、透明化。[1] 其二，不能簡單複製、移植全球其他區域經濟一體化（如 NAFTA 等）的爭端解決機制，而要考慮到 CEPA 是一個主權國家下的不同經濟地域、不同法域的區域經濟一體化，應結合實際，體現特色。

參考文獻

陳立虎、趙豔敏：《CEPA 爭端解決規則構建之分析》，《暨南學報》（哲學社會科學版）2006 年第 6 期。

王貴國：《經濟全球化下的區域性安排》，王貴國《區域安排法律問題研究》，北京大學出版社，2004。

張亮：《也論 CEPA 是否應借鑒 CAFTA 的爭端解決機制》，《湖北廣播電視大學學報》2008 年第 1 期。

慕子怡：《論 CEPA 爭端解決機制的構建》，《政法學刊》2008 年第 2 期。

孫志煜：《CAFTA 爭端解決機制條約化之路 —— NAFTA、CAFTA 爭端解決機制的比較視角》，《武漢大學學報》（哲學社會科學版）2010 年第 3 期。

葉興平：《〈北美自由貿易協定〉爭端解決機制的創新及意義》，《當代法學》2002 年第 7 期。

法律出版社法規中心：《內地與香港澳門建立更緊密經貿關係安排法規適用讀本》，法律出版社，2004。

1　這是筆者鑒於「埃塞爾公司（ETHYL）案」的考慮，詳見葉興平《〈北美自由貿易協定〉爭端解決機制的創新及意義》，《當代法學》2002 年第 7 期。

3. 內地與港澳台區域一體化下證券市場監管模式探討

—— 以美國 Muddy Waters 公司為例

代中現　彭浩華

　　隨着我國港澳台區域一體化進程的發展，中國證監會近日擬允許境內港澳台居民直接開立 A 股賬戶，這將推動中國資本市場國際化的進程，完善境內投資者的結構。近年來，我國證券市場的 IPO 數量快速增加，極大地擴充了容量，並使得證券市場在我國經濟發展中起到了舉足輕重的作用。尤其是創業板的設立，降低了企業上市融資的銷售額、盈利能力的門檻要求，極大地刺激了中小企業上市融資的積極性，並緩解了中小企業融資難的困境。在我國證券市場逐漸國際化的情況下，對證券市場有效監管是證券市場成熟與完善的必要環節，更是投資者保護的關鍵所在。

　　我國證券市場目前正以一種超常規速度發展，同時，我們也應看到證券監管的任務量同樣與日俱增。首先，企業 IPO 申請數量規模龐大，根據中國證監會於 2012 年 2 月 1 日公佈的企業 IPO 審核工作流程及申報企業在審情況，目前共有 515 家企業處於初審、落實反饋意見、已經預披露和中止審查狀態。中國證監會的發行監管部面臨着如此繁重的審核監管任務，而企業的資質參差不齊，難免會有漏網之魚僥倖混入證券市場，並將在未來給不知情的中小投資者帶來巨大損失。其次，二級市場中正常交易的上市公司數量規模日漸龐大，針對上市公司併購重組活動、信息披露等情況的監管任務也將變得前所未有的艱巨，這對現行的監管體制而言是一個極大的挑戰。在當前這種新環境下，需要對證券監管有一個新的認識與

研究。本文將就如何在以政府集中型監管體制為主的基礎上，引入市場監管力量做出分析。筆者認為目前我國證券市場正在推廣的股票融資融券交易，經過恰當的引導，將可以形成一種市場方面的監管力量，並顯著地減輕政府監管的壓力。

一　證券監管的現狀及存在的問題

（一）現行的監管體制

1998 年年底通過的《中華人民共和國證券法》（以下簡稱《證券法》）確立了我國證券市場的監管模式是一種以政府監管為主、自律監管為輔的格局。依據《證券法》的相關規定，國務院證券監督管理機構「依法對證券發行人、上市公司、證券交易所、證券公司、證券登記結算機構、證券投資基金管理公司、證券服務機構的證券業務活動，進行監督管理」以及「依法對證券業協會的活動進行指導和監督」。[1] 由此可見，我國證券市場的政府集中型監管模式主要體現在中國證監會可以垂直領導證券交易所、證券登記結算機構、證券業協會的經營管理活動。

證券監管作為一項任務繁重的系統性工程，並隨着高新技術在證券行業的應用而使得監管的難度不斷上升，然而證券監管的重擔卻過多地落在了中國證監會的肩上。依據《證券法》的相關規定，中國證監會「依法制定有關證券市場監督管理的規章、規則，並依法行使審批或者核准權」「依法對證券的發行、上市、交易、登記、存管、結算，進行監督管理」「依法對違反證券市場監督管理法律、行政法規的行為進行查處」。[2] 為了配合《證

1　由中華人民共和國第十屆全國人民代表大會常務委員會第十八次會議於 2005 年 10 月 27 日修訂通過的《證券法》中，第一百七十九條約定了國務院證券監督管理機構（即中國證監會）在對證券市場實施監督管理中應該履行的職責，本文所引的乃是其中的第三、第六小項。

2　《證券法》第一百七十九條第一、第二和第七項規定了中國證監會在對證券市場實施監督管理中應該履行的職責。

券法》的實施，中國證監會下設發行監管部、創業板發行監管部、市場監管部、上市公司監管部、稽查總隊等機構，分別承擔證券發行與上市、證券交易、上市公司職能履行監管、證券期貨案件審查等職能。另外，值得一提的是，中國證監會內設會計部、法律部，分別負責對證券監管過程中遇到的會計、法律問題提供諮詢，並審核會計師事務所、資產評估機構、律師事務所等機構從事證券期貨業務的資格。

對於一個正處在快速發展期的證券市場，政府集中型的監管模式往往意味着證券監督管理機構忙碌的運行狀態。創業板發行監管部運行之初，其辦公室負責人這樣描述該部門的工作狀態：「我們是用五加二、白加黑的工作方式，五個工作日和兩個休息日都在工作，只不過休息日是穿便服工作，晚上十二點鐘我們辦公室都有人在看材料，黑夜也不休息。」證監會的敬業精神固然值得尊敬，然而企業上市融資是一種動則數十億，多則超百億的重大公共利益事件，謹小慎微、有效監管也是對證監會發審工作及其他監管任務的基本要求。

證券交易所、證券登記結算機構、證券業協會，在證券監管的職能方面基本上扮演着一個輔助性的角色，服從於中國證監會的領導。對於證券交易所，依據《證券法》的相關規定：「證券交易所設總經理一人，由國務院證券監督管理機構任免。」[1] 證券交易所的監管職能主要體現在《證券法》中的此條規定：「證券交易所對證券交易實行實時監控，並按照國務院證券監督管理機構的要求，對異常的交易情況提出報告；證券交易所應當對上市公司及相關信息披露義務人披露信息進行監督，督促其依法及時、準確地披露信息；證券交易所根據需要，可以對出現重大異常交易情況的證券賬戶限制交易，並報國務院證券監督管理機構備案。」[2] 對於證券登記結算機構，依據《證券法》中的相關規定：「證券登記結算機構是為證券交易提

1　《證券法》第一百零七條。
2　《證券法》第一百一十五條。

供集中登記、存管與結算服務，不以營利為目的的法人；設立證券登記結算機構必須經國務院證券監督管理機構批准。」[1] 證券業協會作為一個典型的自律性組織，所有的證券公司是該組織的會員，因此證券業協會的功能主要體現在對其會員的監督管理上。依據《證券法》的相關規定：「證券業協會履行下列職責：（一）教育和組織會員遵守證券法律、行政法規；（二）依法維護會員的合法權益，向證券監督管理機構反映會員的建議和要求；（三）收集整理證券信息，為會員提供服務；（四）制定會員應遵守的規則，組織會員單位的從業人員的業務培訓，開展會員間的業務交流；（五）對會員之間、會員與客戶之間發生的證券業務糾紛進行調解；（六）組織會員就證券業的發展、運作及有關內容進行研究；（七）監督、檢查會員行為，對違反法律、行政法規或者協會章程的，按照規定給予紀律處分；（八）證券業協會章程規定的其他職責。」[2] 就證券監管的職權而言，證券交易所扮演一線的證券交易監管角色，證券登記結算機構扮演證券交易的後勤輔助角色，相對而言證券業協會更多的是一個由證券公司組成的自治性組織。

（二）鞭長莫及的監管狀態

證券監管是一項系統性工程，其核心乃是對上市公司、擬上市公司信息披露的監管，以保證信息披露的及時性、準確性、完整性，體現在具體的任務上就是對首次公開發行股票並上市公司的信息披露的監管以及對上市公司的信息披露的監管。依據《首次公開發行股票並上市管理辦法》中的相關規定，「發行人依法披露的信息，必須真實、準確、完整，不得有虛假記載、誤導性陳述或者重大遺漏」。[3] 披露的內容主要有發行人的招股說明

1　《證券法》第一百五十五條。

2　《證券法》第一百七十六條。

3　參見 2006 年 5 月 17 日中國證券監督管理委員會第 180 次主席辦公會議審議通過的《首次公開發行股票並上市管理辦法》第四條。

書摘要、招股說明書全文，包括保薦人出具的發行保薦書以及證券服務機構出具的有關文件在內的招股說明書的備查文件。類似的法規在《上市公司信息披露管理辦法》中亦有體現，需要披露的信息文件主要包括招股說明書、募集說明書、上市公告書、定期報告和臨時報告等。

然而，證券監管工作類似一項「貓捉老鼠」的遊戲，在面對非常規形勢的時候，上市公司、擬上市公司存在披露虛假信息的動機。對於擬上市公司而言，它們可以通過粉飾財務報表獲得更高的發行價，從而籌集更多的資金。性質更加惡劣的做法是，為了籌集資金支持企業發展，本不符合上市條件的公司通過虛構銷售收入、虛增企業資產等方式達到《證券法》《公司法》所要求的上市條件，從而實現欺詐上市。對上市公司而言，其信息造假的動機會更多，當企業持續地經營不善時，為了避免公司附帶 ST 預警標誌或已經附帶 ST 預警標誌公司力求不退市，上市公司有可能會通過關聯交易虛增企業利潤，在企業應收賬款賬戶上做功夫等避免企業的報表利潤顯現為非正值。另外，對於高管持股的上市公司，公司股價的表現將影響高管的個人資產。為了能夠在更高的價位上套現，公司高管將產生信息造假尤其是財務信息造假的動機。對於贏利能力比較高的上市公司，為了實現避稅目的或者調節利潤的目的，它們則存在隱藏利潤的動機。

證監會監管工作的執行有賴於具備證券服務資格的會計師事務所、律師事務所、資產評估機構等證券服務機構提供的專業意見。依據《上市公司信息披露管理辦法》的相關規定：「為信息披露義務人履行信息披露義務出具專項文件的保薦人、證券服務機構，應當勤勉盡責、誠實守信，按照依法制定的業務規則、行業執業規範和道德準則發表專業意見，保證所出具文件的真實性、準確性和完整性。」「注冊會計師應當秉承風險導向審計理念，嚴格執行注冊會計師執業準則及相關規定，完善鑒證程序，科學選用鑒證方法和技術，充分了解被鑒證單位及其環境，審慎關注重大錯報風險，獲取充分、適當的證據，合理發表鑒證結論。」「資產評估機構應當恪守職業道德，嚴格遵守評估準則或者其他評估規範，恰當選擇評估方法，

評估中提出的假設條件應當符合實際情況，對評估對象所涉及交易、收入、支出、投資等業務的合法性、未來預測的可靠性取得充分證據，充分考慮未來各種可能性發生的概率及其影響，形成合理的評估結論。」[1]

若上述的證券服務機構能夠在執行工作過程中充分保證它們的獨立性，那麼這些證券服務機構所提供的專業意見無疑也是值得信賴的。但是，上述的證券服務機構真能夠始終堅持它們的獨立性嗎？證券服務機構作為以營利為目的的企業法人，出於招攬業務的目的，存在放寬獨立性、容忍度的傾向。在現實的經濟環境中，我們並不能否認存在某些與問題上市公司、擬上市公司合謀的證券服務機構，並在合謀的過程中收取超出行業正常報酬的中介費用。由於這些證券服務機構的專業性特點，將決定信息造假的隱蔽性非常之高，一般的投資者甚至包括機構投資者也難以在一時之間識破它們，這也決定了研究上市公司信息造假尤其是財務信息造假的成本投入是很高的。

二　證券監管中的市場監管力量模式：以美國 Muddy Waters 公司為例

（一）市場力量介入監管的效率分析

在以政府監管為主、自律監管為輔的基本框架下，能否引入市場的力量介入證券監管的行列中？市場行為是在衡量投入產出的基礎上，認為產出能夠超出投入的一種結果。一般認為，證券監管是一種比較典型的公共產品，經濟個體執行證券監管的成本太高並且效益並不明顯，因此證券監管這種行為產品應該由政府或者官方他律型組織提供。這種邏輯在中國證券市場上體現得更加充分，主要原因是中國證券市場的股票賣空機制並不

1　《首次公開發行股票並上市管理辦法》第五十二條、第五十三條、第五十四條。

完善，或者說在引入融資融券業務之前股票市場根本就不提供賣空渠道。上市公司信息造假的主要動機在於隱藏有關上市公司的不利因素，這也是對證券投資者造成主要危害的一面。因此，在股票市場的賣空機制並不完善的情況下，研究上市公司信息造假的最大效益就是不持有這隻股票，不能從股票價格下跌中得到任何利益。因此，中國的個體投資者以及部分機構投資者研究上市公司信息造假的動機不強。

那麼，假如能夠保證研究上市公司信息造假的效益，市場力量就會自動加入證券監管的行列。這正是一些成熟資本市場上經常發生的行為。成熟的資本市場一般具備完善的做空機制，以及多樣化的做空渠道，完全可以保證研究上市公司信息造假的投資者的利益追求。近兩年勢頭最猛的做空機構 Muddy Waters（中文稱「渾水公司」）由美國人 Carson C.Block 於2010 年創建，主要研究在北美證券市場上市的中國小公司的財務信息造假行為，並從這些股票的空頭頭寸中獲利。自創建之日起，Muddy Waters 投入了大量的時間和精力對問題上市公司進行實地調研並最終形成有效的調研報告，它先後發佈了東方紙業、綠諾國際、中國高速頻道、多元環球水務、嘉漢林業等在北美上市的這些中國概念股的有關財務信息造假的報告，並取得了顯著的「業績」。在這些被獵殺的中國概念股中，東方紙業的市值劇減至渾水公司做空前的五成左右，嘉漢林業的市值最低跌至做空前的一成左右並在後期進入重組階段，綠諾科技被美國納斯達克交易所退市，中國高速頻道以及多元環球水務均被相關交易所退市。而 Muddy Waters 一般會在發佈研究報告前建好相關個股的空頭頭寸，因此能夠獲得相當豐厚的回報，而這些回報本身又成為 Muddy Waters 進一步研究上市公司財務造假的動力。另外，值得關注的一點就是，由於 Muddy Waters 的揭露使得綠諾科技被納斯達克交易所退市，美國證券交易委員會（SEC）主席夏皮洛致信美國國會金融服務分委會，提出嚴查通過反向併購上市的中國公司的信息披露問題，以及以保護投資者為目的制定的措施。這給我們的啟示是，證券監管中的市場力量不僅能夠對上市公司的信息造假尤其是財

務信息造假構成極大的震懾力，還能有效地促進政府監管的效率，幫助證監會及時發現問題、解決問題。

（二）融資融券交易的證券監管功能

我國證券市場的融資融券試點交易自 2010 年啟動，並於 2011 年 11 月 25 日《上海證券交易所融資融券交易實施細則》（以下簡稱《融資融券交易細則》）發佈之日起由「試點」轉為「常規」，根據該細則第二條對融資融券交易的定義，「本細則所稱融資融券交易，是指投資者向具有上海證券交易所（以下簡稱『本所』）會員資格的證券公司（以下簡稱『會員』）提供擔保物，借入資金買入本所上市證券或借入本所上市證券並賣出的行為」。融資融券交易為投資者提供了賣空股票的渠道，從而使得賣空股票盈利模式得以真正實現。筆者認為，經過恰當的引導，融資融券交易將可以成為證券監管的一種市場力量，從而揭開中國證券監管歷史的新篇章。

證券監管要求對所有處於交易狀態的上市公司進行監管，因此要使融資融券交易具備證券監管的功能，必然要求融資融券標的證券範圍包括所有上市公司的股票，至少是大部分上市公司的股票。有關融資融券標的證券的範圍在《融資融券交易細則》中有相關規定：「標的證券為股票的，應當符合下列條件：（一）在本所上市交易超過 3 個月。（二）融資買入標的股票的流通股本不少於 1 億股或流通市值不低於 5 億元，融券賣出標的股票的流通股本不少於 2 億股或流通市值不低於 8 億元。（三）股東人數不少於 4000 人。（四）在過去 3 個月內沒有出現下列情形之一：1. 日均換手率低於基準指數日均換手率的 15%，且日均成交金額小於 5000 萬元；2. 日均漲跌幅平均值與基準指數漲跌幅平均值的偏離值超過 4%；3. 波動幅度達到基準指數波動幅度的 5 倍以上。（五）股票發行公司已完成股權分置改革。（六）股票交易未被本所實行特別處理。（七）本所規定的其他條件。」[1]

1　參見 2011 年 11 月 25 日發佈的《上海證券交易所融資融券交易實施細則》第二十四條。

筆者認為，該細則所規定的標的證券選擇標準基本上是合適的，不少上市公司都符合該標準。不過，有關日均成交金額不小於 5000 萬元、融券賣出標的股票的流通市值不低於 8 億元的這個規定比較苛刻，將盤子較小的創業板公司股票、部分中小板公司股票、業績表現平平或者偏差的公司股票排除在外了，但是這類上市公司正是監管的難點，同時也是監管的重點。其中有融資融券交易尚處在幼稚發展期的因素，隨着融資融券交易的成熟發展，有必要進一步降低融資融券標的證券的選擇標準，將融資融券標的證券的範圍基本覆蓋所有的上市公司。值得注意的是，《融資融券交易細則》規定：「本所按照從嚴到寬、從少到多、逐步擴大的原則，從滿足本細則規定的證券範圍內選取和確定標的證券的名單，並向市場公佈。本所可根據市場情況調整標的證券的選擇標準和名單。」[1] 這表明逐步擴大融資融券標的證券範圍是得到了有關部門認可的，同時這也有利於融資融券交易的證券監管功能的發揮。

三 結論：官方監管與市場監管模式的有機結合

（一）允許做空機構的設立

本文所指的做空機構，專指那些通過對上市公司的前期調研形成及發佈做空報告，並在股價的下跌中獲取賣空收益的法人機構。到目前為止，中國證券市場並不允許這類機構的設立。一方面，中國證券市場的股票做空渠道並不完善；另一方面，機構可以發佈獨立的、客觀的諮詢性的做空報告，但不能從股價下跌中獲取額外的賣空收益，否則存在操縱股價的嫌疑。當然，這本身就是中國證券市場的發展不成熟的表現，是監管手段不夠完善的客觀限制。隨着中國證券市場的縱深化發展，這類做空機構的設

---

1 《上海證券交易所融資融券交易實施細則》第二十六條。

立障礙或許會被破除,這也是融資融券交易的監管功能發揮的必要條件。

在現實條件下,這類做空機構可能會存在惡性操縱股價的動機。然而,這存在一個利益博弈的過程。做空機構通過詳盡的前期調研形成的上市公司信息造假的揭露報告之後,被揭露的上市公司必然會組織相關調查並對報告的發佈者發起訴訟。如果報告中確實存在嚴重揭露不實的內容,那麼該做空機構操縱股價、做空欺詐的罪名自然會成立,其面臨的將是相關民事、刑事法律法規的制裁。從這個角度去看,做空機構會盡量保證自己所發佈報告的內容具有真實性,並務求報告中所揭示的上市公司信息造假行為是有確鑿證據的。因此,筆者認為這類做空機構可以允許設立,其利遠大於弊。在證券監管中引入這股市場力量,可以讓證券監管真正達到「天網恢恢,疏而不漏」的效果。

(二)對做空欺詐行為的防治

允許做空機構的設立必須有相配套的法律法規的施行,以防止做空欺詐的行為出現。做空欺詐行為主要是指所發佈的報告中存在虛假的、不準確的、誤導性的內容,意在人為地引導相關股價下跌並從中獲利的行為。對於這種惡意操縱股價、擾亂證券市場秩序的行為,首先應該從法律上明令禁止,採取相應的懲罰措施。

依據《證券法》第七十八條規定:「禁止國家工作人員、傳播媒介從業人員和有關人員編造、傳播虛假信息,擾亂證券市場。禁止證券交易所、證券公司、證券登記結算機構、證券服務機構及其從業人員,證券業協會、證券監督管理機構及其工作人員,在證券交易活動中作出虛假陳述或者信息誤導。各種傳播媒介傳播證券市場信息必須真實、客觀,禁止誤導。」若違背該條規定,相應的處罰措施是:「違反本法第七十八條第一款、第三款的規定,擾亂證券市場的,由證券監督管理機構責令改正,沒收違法所得,並處以違法所得一倍以上五倍以下的罰款;沒有違法所得或者違法所得不足三萬元的,處以三萬元以上二十萬元以下的罰款。」「違反本法

第七十八條第二款的規定，在證券交易活動中作出虛假陳述或者信息誤導的，責令改正，處以三萬元以上二十萬元以下的罰款；屬於國家工作人員的，還應當依法給予行政處分。」[1]對於該類行為的刑事追責主要體現在《刑法》第一百八十一條上，「編造並且傳播影響證券交易的虛假信息，擾亂證券交易市場，造成嚴重後果的，處五年以下有期徒刑或者拘役，並處或者單處一萬元以上十萬元以下罰金」。由於《證券法》晚於《中華人民共和國刑法》頒佈，一般習慣認為後法優於前法，因此在罰金的考慮上一般應採用《證券法》中的相關規定。依據《證券法》除了沒收違法所得，還會另外處以一定範圍的額外罰款。而刑拘問題的適用只有《刑法》中有規定，做空機構被允許設立之後，在做空欺詐問題上應該適用於上述相關規定。

針對做空機構的法人代表及其主要負責人，筆者認為應該額外附加一些懲罰性措施，對於性質特別惡劣的可以處以更長期限的有期徒刑。2005年在美國發生的一起證券欺詐案中，運營一個會員制投資信息訂閱網站的法人代表 Tony Elgindy 被認定參與五起證券欺詐、一起敲詐同謀、一起證券欺詐同謀，最終被判入獄 11 年，並處以相應的罰金。美國政府認定的犯罪案例案情是：Tony Elgindy 在一個腐敗 FBI 探員的協助下，挖掘目標公司的負面信息，然後利用這些負面信息讓目標公司股票下跌，並從做空中獲利。[2]在證券欺詐案例中，對直接責任人的刑罰認定往往對人們更有震懾力。

總之，在內地港澳台區域一體化進程進一步發展的今天，未來推動中國資本市場國際化進程的關鍵是要完善境內投資者結構，引入市民社會的監督機制是對證券市場有效監管的可行性選項，也是證券市場成熟與完善的必要環節，更是對投資者保護的關鍵所在。在我國當前新的經濟環境下，需要對證券監管有一個新的認識。在以政府集中型監管體制為主的基礎上，引入市場監管力量是目前我國證券市場正在推廣的股票融資融券交

1　《證券法》第二百零六條、第二百零七條。

2　江左夷吾：《訪前 SEC 律師：做空無過，「做空欺詐」有罪》，雪球財經旗下網站 —— 美股，http：//news.imeigu.com/a/1308822697444.html，2011 年 6 月 23 日。

易必須形成的一種市場機制,這不僅能減輕政府監管的壓力,而且能夠為中小投資者創造一個健康的投資和融資環境。

參考文獻

郭東:《證券監管體制的缺陷與社會證券監管力量的崛起》,《證券市場導報》2007年第 12 期。

魏玉枝:《完善我國證券監管體制初探》,《法制與經濟》2011 年第 2 期。

趙麗莉:《我國多元化證券監管體制構建的思考》,《商業時代》2009 年第 21 期。

劉鏐:《析我國融資融券交易風險防範法律制度的不足與完善》,《法律科學》(《西北政法大學學報》)2010 年第 4 期。

McKinnon Ronald. Exchange Rates under the East Asian Dollar Standard:Living with Conflicted Virtue.MIT Press,Cambridge,Mass,2005. pp.23-25.

張成軍、謝海玉:《證券公司開展融資融券業務的風險控制》,《中國金融》2010 年第 4 期。

陳淼鑫、鄭振龍:《賣空機制對證券市場的影響:基於全球市場的經驗研究》,《世界經濟》2008 年第 12 期。

4. 粵港兩地知識產權保護合作法律制度探析 [1]

慕亞平　廖立穎

　　隨着「自主創新」成為我國科技發展的戰略基點和經濟增長、結構調整的中心環節，知識產權已成為經濟發展中至關重要的因素。知識產權貫穿於產業投資、商務貿易、科技文化等各領域的全過程，與區域經濟的社會發展息息相關。目前，區域經濟合作在知識產權的運營質量和效率方面日益重要，知識產權已成為一個地區經濟實力和科技競爭力的重要體現。很顯然，粵港在知識產權方面的合作已經成為兩地重點發展的領域。

　　廣東和香港同處珠江三角洲地區，這是一個經濟、科技和文化全方位開放的區域。在粵港區域合作中關於知識產權保護體系的構建不僅關係到建設區域產業技術創新能力和增強參與國內外科技與經濟競爭能力的問題，也關係到國際市場競爭和合作環境的建設問題。在《粵港合作框架協議》（以下簡稱《框架協議》）中明確規定了兩地加強知識產權合作保護的主要內容：建立健全知識產權溝通聯絡和執法協作機制；完善「粵港澳知識產權資料庫」；[2] 鼓勵香港居民在內地從業和中介服務機構的交流合作。為確保《框架協議》中保護知識產權任務的落實，筆者建議粵港兩地應建立一體化的知識產權保護體系。

1　原文發表於《廣東外語外貿大學學報》2013 年第 5 期。

2　現已初步建立起「粵港澳知識產權資料庫」，具體內容可參見 http：//www.ip-prd.net/main_s.htm。

一　粵港兩地知識產權保護的現狀

在「十一五」期間，廣東省知識產權擁有量不斷增長，質量顯著提高，全省累計申請專利 575798 件，比「十五」期間增長了 150.8%，其中申請發明專利 149255 件，比「十五」期間增長了 345.2%。[1] 在此期間，廣東省知識產權行政和司法保護力度不斷加大，行政執法和刑事司法相銜接機制和跨部門、跨地區知識產權保護協作機制不斷完善，會展行業協會知識產權保護不斷增強，營造了良好的法制環境，初步形成了行政執法、會展保護、行業自律的保護體系，有力地維護了市場經濟秩序。但在進步的同時，廣東省知識產權的發展也面臨着挑戰。相關的知識產權部門在宏觀決策和重大政策制定過程中的參與程度較低，在政策措施實施時，政府部門的導向性隨之減弱。

在香港，知識產權法屬於香港法律體系的有機組成部分。目前，香港知識產權法律涵蓋了知識產權領域的各個方面，主要包括《商標條例》《專利條例》《注冊外觀設計條例》《版權條例》《防止盜用版權條例》《商品說明條例》《集成電路的佈圖設計（拓撲圖）條例》《植物品種保護條例》等。香港特別行政區政府對知識產權的管理主要通過知識產權署和海關兩個機構實施，這兩個機構在職能上各有分工，但在行動上則相互配合。知識產權署成立於 1990 年 7 月 2 日，負責向工商及科技局局長提供有關知識產權方面的意見，協助制定香港的知識產權保護政策及法例，並負責香港特區的商標注冊、專利注冊、外觀設計注冊及版權特許機構注冊，同時，透過教育及舉辦各種活動，加強公眾人士對保護知識產權的意識。香港海關的主要職責是執法，負責對侵犯版權及商標的行為做出刑事制裁，主管偵查和打擊進出口、製造、批發及分銷層面的盜版活動，並調查與互聯網有關的侵權活動。

廣東省的知識產權保護起步較晚，發展空間大。正是利用兩地的差異

1　《廣東省知識產權事業發展「十二五」規劃》，參見道客巴巴網站，http://wenku.baidu.com/view/a071b93d0912a2161479291d.html。

進行互補，雙方不斷地加強在知識產權領域的交流和合作。2003 年 8 月，粵港保護知識產權合作專責小組成立，旨在全方位加強粵港保護知識產權的交流和合作。2013 年 8 月 6 日該小組在廣州舉行第 12 次會議，會議同意繼續深化和積極推動粵港知識產權合作，推動兩地知識產權貿易的發展。香港知識產權署署長張錦輝在新聞發佈會上說，專責小組的框架為兩地知識產權單位提供了充分的合作機會，並成功促進了兩地優勢融合，未來將有利於港粵知識產權貿易樞紐的形成。2013～2014 年粵港兩地在保護知識產權方面的合作計劃將包括積極推動發展粵港知識產權貿易、舉辦企業知識產權研討會和交流活動、舉辦知識產權保護培訓班，並開展知識產權執法專題活動等。[1] 2011 年 8 月 23 日，粵港合作聯席會議第 14 次會議，雙方圍繞推進落實《框架協議》共同簽署了 5 個項目協議，其中包括《2011～2012 年粵港知識產權合作協議》。[2] 在簽署《框架協議》後，兩地陸續不斷地加強合作，足以見得兩地政府對知識產權保護的高度重視，也標誌着粵港知識產權合作進入了嶄新的歷史發展時期。

二　粵港兩地知識產權保護合作存在的問題

（一）粵港知識產權法律制度和政策存在較大差異

　　由於歷史和現實原因，粵港兩地的知識產權法律、法規有着明顯的區別。香港作為 WTO 成員，與世界市場具有十分密切的貿易合作關係，同時，香港是亞洲乃至世界著名的金融中心、物流中心、信息中心和貿易中心。香港在知識產權制度的國際化程度，以及知識產權事務的國際合作等

1　《粵港兩地將深化知識產權合作》，新華網，2013 年 8 月 6 日，http：//news.xinhuanet.com/gangao/2013-08/06/c_116834734.htm。

2　《2011～2012 年粵港知識產權合作協議》，中國知識產權網，2011 年 8 月 24 日，http：//www.chinaipmagazine.com/news-show.asp？id=4643。

方面有着明顯的優勢。在內地，知識產權保護正在興起，2010 年《中國知識產權保護狀況》白皮書中提到：「各有關部門從立法、審批登記、執法、機制和能力建設、宣傳、教育培訓、國際交流合作等方面有效推進知識產權保護工作的全面開展，成效顯著。」[1] 但不可否認，相對於香港而言，內地體系的建立和完善仍需要一個過程。

在「一國兩制」政策下，雙方在政治、經濟和法律等方面具有相對獨立性和靈活性，這是粵港區域合作的一大特點。香港在回歸祖國之前長期受英國法律制度的影響，兩地在知識產權法律的制度性質、國際地位、體例結構、條文內容、反映新動態、具體做法等方面都有較大不同，從而給兩地經濟交流造成了很大障礙，也是造成兩地知識產權糾紛不斷的重要原因。中國為了加入 WTO 先後修訂了一系列知識產權法律，但與同為 WTO 成員的香港，在知識產權保護與合作方面的法律依然難以統一。

（二）粵港兩地沒有建立知識產權合作和協調機制

雖然在 2004 年首屆泛珠三角區域知識產權合作聯席會議中簽署了《泛珠三角區域知識產權合作框架協議》，該合作已成為全國首個知識產權領域的跨部門、跨地區的聯絡、協作、服務和工作平台，對全區域的自主創新和經濟發展起到了積極的推進作用。但是針對粵港更為深入、更為專業的區域知識產權合作協議或支持區域知識產權合作的平台卻沒有建立，這必然會影響區域投資貿易自由化的發展，阻礙兩地科技、經濟、文化等領域的更為廣泛的合作。

（三）粵港兩地尚缺乏有效的爭議解決機制

隨着彼此經貿融合的逐漸深入，知識產權糾紛會日益增多，從節約成

1　中華人民共和國國家知識產權局：《2010 年中國知識產權保護狀況》，國家知識產權戰略網，http://www.nipso.cn/onews.asp？id=11394。

本和時間上看，加強兩地磋商與合作解決糾紛會比 WTO 爭端解決機制更加有效。因而，選擇何種知識產權合作模式來協調法律政策差異，加快兩地經濟貿易自由化和一體化進程，是迫切需要解決的問題。特別是要建立一個有效的解決機制，加強兩地政府間知識產權的溝通與協調，從而消除知識產權制度和政策差異給貿易和投資造成的障礙，儘快解決爭議。

三　粵港兩地知識產權保護的合作模式

面對種種問題，我們需要以清醒的頭腦分析當前的局勢，從中探討出符合兩地情況的合作模式。夏先良教授在《兩岸及港澳地區知識產權合作模式探討》中提出了三種可選的模式：一是採取歐洲專利公約模式，[1]二是採取專利合作條約模式，三是採取泛珠三角區域知識產權合作協議模式。他認為採取第三種模式比較符合我國國情。

可以簡化多個國家取得專利的程序，統一專利權的審批標準和審批程序，降低成本和提高效率。這種歐洲模式是以高度統一的歐盟為基礎，就粵港兩地而言，處在兩種不同的經濟政治體制、兩種不同的貨幣流通體系，經濟發展程度不一的環境中，就目前來看，難以實現這一模式的發展。第二種模式是以國際性政府間的專利合作組織為基礎的，香港地區不是《專利合作條約》的成員，兩地的知識產權合作必須建立在一個中國的前提下，才能實現經濟互惠的一體化發展。因此，這種模式的發展也走不通。第三種是以《泛珠三角區域知識產權合作框架協議》為基礎的。此種合作模式內容比較廣泛，在一國之內進行區域政策合作不需要複雜的法律手續，合作方式比較靈活。不足之處在於合作缺乏法律約束力，因此

1　歐洲專利公約模式是指：歐洲專利公約採用單一的專利申請、授權程序來取代向各國分別申請國際專利的多重程序，使得申請人只要向歐洲專利局提出一次申請就可以根據申請書中的指定，請求授予在一個或數個締約國有效的「歐洲專利」。歐洲專利組織試圖制定統一的《歐洲專利法》，建立統一的專利法院。詳見夏先良《兩岸及港澳地區知識產權合作模式探討》，《兩岸關係》2007 年第 3 期。

難以深入。[1] 粵港的知識產權合作處在初步發展的階段，正好符合這種模式的特點，同時符合兩地在各方面都有差異的現實情況。兩地在簽署《粵港合作框架協議》基礎上進一步磋商達成共識，增加合作內容，細化合作項目，建立有效的合作機制。在這種合作模式發展成熟後，兩地的法律更為統一、融合程度更為深入，可以考慮轉化為其他的發展模式，需要更高層次、更為有利的合作模式。因此我們需要分析區域的發展階段，對此做出正確的發展戰略選擇。

四　完善粵港區域知識產權保護合作制度的意見和建議

根據粵港合作的實踐，針對《粵港合作框架協議》的內容和提出的新問題，區域知識產權的保護體系的構建是一個任重道遠的過程，我們尤其需要針對法律問題深入研究。在法律建設方面，包含立法、執法和司法的法制過程，對區域知識產權戰略的實現起着規範、促進和保障作用，從而為區域知識產權戰略發展提供更具特色的外部法制環境。

（一）法制環境的統一化

首先，在一個中國的前提下，區域性的立法要與國家法律的基本制度保持一致，不僅如此，在外部環境下也要與國際公約相統一。其次，區域立法應反映區域發展的特色，側重靈活性、針對性和可操作性，立法技術和立法語言應具體詳盡、便於操作。區域知識產權戰略的價值在於做大做強，與知識產權創造、保護、管理和貿易等各方面的社會發展密切相關，因而法律原則和法律制度更應體現區域特色。充分利用區域特色，在立法

1　夏先良：《兩岸及港澳地區知識產權合作模式探討》，《兩岸關係》2007 年第 3 期。

上為兩地的合作和交流保駕護航。因此，粵港區域要找準各自的定位，然後通過雙向流動的方式形成優勢互補。最後，區域立法要有前瞻性。知識產權本來是工業經濟時代為保護和促進知識產品的產業化而誕生的一種新型的民事權利，是對傳統民事權利的超越和創新，經過百年來的發展現已形成相對獨立的規則體系，然而，規則體系再完備也抵不過日益更新的知識經濟的衝擊和挑戰。我國加入世界貿易組織以後，作為一項必須履行的國際義務，就必須按照世界貿易組織法的規定對有關知識產權國家保護的立法進行修改和補充，這些法律中的相當部分立法具有超前性。有學者甚至認為我國知識產權立法保護超過了我國的經濟發展水平。這種觀點實質上反映的是地區間社會經濟發展的不平衡導致成熟型的知識產權制度在落後地區的不適應。一般而言，共同區域要比單個地區有着更為明顯的競爭優勢和更大的規模效應。為了帶動區域發展，有必要在不違反法律基本原則和基本制度的前提下，允許知識產權立法反映區域特色並有所創新，為國家立法進行預演。隨着經濟全球化向縱深發展，可以預見超前立法的比例將進一步增加。

區域知識產權戰略立法也存有體制障礙，例如，涉及區域知識產權整體戰略以及區域核心、關鍵知識產權制度的立法權問題。根據上位法優於下位法的原理，應由最高立法機關和行政機關行使的立法權，不可逾越。同時，涉及區域知識產權保護性、針對性、可操作性的立法，由區域內省級地方立法機關以共同通過的形式確立，以期獲得地方域內效力。這些區域性法律或法規只能在該區域內具有法律規範效力。

（二）執法手段的多樣化

在知識產權執法合作方面，自 2010 年 7 月至 2011 年 6 月，兩地海關共交換各類情報信息 141 件，開展海關保護知識產權聯合執法行動 3 次，查獲涉嫌侵權案件 60 宗。在協助港資企業認定廣東省著名商標方面，在 2011 年廣東省著名商標認定中，涉及港資企業的新認定申請 55 件、延續

認定申請 91 件。[1] 知識產權執法在區域發展戰略中具有十分重要的地位。兩地的市場發育程度不同，造成了區域間資金、技術和人才等要素的流動不暢，區域間的地方保護主義和地方利益追求導致區域知識產權保護和貿易舉步維艱。因此，需要消除區域知識產權發展障礙，提高區域知識產權執法服務水平，實現區域知識產權法律體系和法律執行的一體化。否則，再優越的法律規則也沒有實施的空間。

在法律體系和法律執行的無縫對接中，可以通過兩地協商設立一個相對獨立的知識產權協作的常設機構，加強區域間信息共享與政府部門的合作。在開展交換情報、協作辦案、聯合宣傳與執法、會展維權、法律法規政策通報與諮詢、聯合培訓等方面起到積極的推動作用，提供強有力的組織保障。同時，為進一步提高廣東省利用外資的水平和質量，必須在知識產權保護的執法上加大力度。要探索建立和完善知識產權保護的行政執法協作網絡，聯合打擊侵犯專利等知識產權的違法行為。同時對侵犯知識產權的行為實行異地舉報和跨區域維權，建立案件轉辦、移交的快速通道，形成打擊侵權行為的聯防機制，嚴厲打擊跨區域的知識產權侵權案，維護公正的市場秩序，形成良好的區域投資環境和區域競爭環境。

2011 年 8 月結束的粵港澳海關首次聯手打擊三地跨境侵權貨物運輸的「海龍行動」就取得了顯著的效果。在「海龍行動」中，三地海關精誠合作，集中力量聯手開展了分別針對行李郵遞渠道、陸路運輸渠道和海運渠道的聯合執法行動。同時，三地海關還積極開展情報和信息交流活動，加強了三地海關人員的交流，並就合作打擊跨境互聯網侵權活動、開展行李郵遞渠道打擊侵權行為專項治理、聯合查處跨境團夥侵權活動等進行了研討。不僅為淨化三地進出境口岸環境做出了貢獻，也為創造粵港澳執法合作的新局面提供了新經驗。這一實例正是落實了《框架協議》第六條第一

1　顧奇志：《粵港保護合作機制將推進知識產權貿易》，中國知識產權報資訊網，http：//www.cipnews.com.cn/showArticle.asp？ Articleid=20640。

款的內容：「建立健全知識產權溝通聯絡和執法協作機制，在現有法律框架下，完善粵港侵犯知識產權案件信息通報制度，深化開展信息共享、執法協作、人員交流培訓等合作，完善粵港知識產權案件執法協作處理機制，建立區域知識產權保護體系，共同打擊跨境侵權違法犯罪行為。」

在「剛性」執法的同時，也需要有「柔性」的執法。可以建立和啟動區域知識產權預警機制。在區域現有知識產權工作的基礎上，區域組織應積極協調，地區政府應主動引導，配合知識產權合作事宜，固化知識產權預警機構或組織。基於區域內產業發展、對外貿易情況及企業專利申請狀況，利用區域知識產權信息平台，對數據予以分析。根據分析結論，及時為區域內企業提供同行業發展預測，發佈預警信息，並指導行業協會和企業積極主動地運用知識產權國際規則，指導企業研發投入，規避知識產權陷阱，組建知識產權聯盟共享專利。集中區域人才、技術與區位優勢大打地域牌，主攻國際知識產權貿易，通過局部區域佔領知識產權的某些制高點，為以後全國的整體跟進創造條件和增強信心。

此外，建立區域人員交流及培訓機制。建立區域內知識產權公務人員、企事業單位人員的定期交流與考察學習機制，交流政府部門與企事業單位知識產權管理經驗。加大開展區域內知識產權培訓的力度，加強培訓課程和教材等方面資源和信息的共享，培養滿足區域發展要求的知識產權執法人才。

（三）司法保護的全面化

司法是區域知識產權糾紛救濟的終極手段，但區域知識產權的特殊性對司法公正效率目標提出了嚴峻挑戰，司法機關必須積極應對。

其一，法院審判的專業化。廣東省科技企業集中，商標、專利、著作權擁有量在全國名列前茅，知識產權矛盾糾紛多發，對司法保護的需求非常大。在廣州知識產權法院設立之前，廣東省內已有 22 個基層法院具有部

分知識產權管轄權，8 個中院具有專利管轄權。[1] 2013 年，廣東法院審結知識產權案件 2.5 萬件，佔全國 1/4 且排名第一。[2] 也正因為如此，國家確定廣州設立知識產權法院，對所在省（直轄市）的專利以及植物新品種、集成電圖佈圖設計、技術祕密等知識產權案件實行跨區域管轄，同時管轄所在市基層法院著作權、商標等民事和行政上訴案件。[3] 毫無疑問，這一司法改革舉措有效地提升了知識產權審判的專業化水準，但廣東省仍有不少基層法院具有知識產權案件的管轄權，強化法官理論素養、業務能力和職業道德，提高審判裝備和審判技術仍是當務之急。

其二，審判依據的統一化。根據國際公約、國家法律以及區域立法審理相關的知識產權案件。在庭外，法院可以定期發佈典型案例指導、建立疑難案件商討機制等，有利於提高審判水平。

其三，解決途徑的多樣化。根據區域經濟社會發展水平以及知識產權保護類型的不同，注重審判方式的選擇和運用，訴訟與調解成為主要方式。近年來，珠江三角洲地區就處於知識產權保護的轉型時期，區域知識產權案件調解結案率高達 50% 左右。[4] 調解不僅僅簡化審判環節，降低訴訟成本，及時有效地制止和打擊了侵權行為，更為主要的是為區域知識產權合作與貿易創造了良好的司法環境。

其四，司法保護的國際化。隨着國際交流的深入，涉外的知識產權糾紛也日益增多，區域組織應利用合作優勢，組成爭端處理聯盟，蒐集糾紛處理信息，選擇最佳解決方案，培養涉外事務應用人才，掌握知識產權國際保護和貿易規則，積極參與國際知識產權仲裁和訴訟活動，維護區域整體共同利益，為區域知識產權戰略發展創造良好的國際環境。

1　參見索有為、林勁標《最高法院副院長準確把握知識產權司法保護政策》，中國新聞網，2012 年 2 月 8 日，http：//www.chinanews.com/fz/2012/02-08/3653923.shtml。

2　王逸吟、殷泓：《知識產權法院啟幕》，求是網，2014 年 8 月 26 日，http：//www.qstheory.cn/culture/2014-08/26/c_1112232537.htm。

3　參見《最高人民法院關於北京、上海、廣州知識產權法院案件管轄的規定》第一條、第二條、第六條。

4　王國金：《區域知識產權戰略的法律思考》，《知識產權》2006 年第 4 期。

　　在過去的二十多年中，珠三角地區的經濟蓬勃發展。在粵港澳三地各自優勢的不斷互動和整合下，珠三角地區已經成為全球最有活力的地區之一。隨着關稅等貿易壁壘的取消，各國綜合國力的競爭必然越來越集中到知識和技術的競爭上，而自主知識產權技術將成為競爭的焦點。在《框架協議》的大背景下，粵港地區的知識產權保護已成為兩地深化發展的一個重要議題。雖然粵港的知識產權合作剛剛起步，在制度上和實踐上都存在不少問題，但這是一個朝陽的合作項目。粵港區域是開展知識產權保護先行一步的地區，該區域知識產權合作將會有效促進其經濟增長，大幅提升雙方的競爭實力，並以此促進整個區域經濟社會的和諧發展。

參考文獻

吳國平：《泛珠三角經濟區知識產權合作若干問題研究》，《知識產權》2005 年第 4 期。

杜愛萍：《泛珠三角區域知識產權人才培養及其對雲南的啟示》，《經濟問題探索》2008 年第 3 期。

韋鐵、何明：《泛珠三角區域知識產權戰略合作研究》，《廣西社會科學》2011 年第 11 期。

趙莉曉、馬虎兆：《關於構建環渤海區域知識產權協作體系的設想與建議》，《中國科技論壇》2006 年第 6 期。

馬小明：《關於加強泛珠三角區域創新體系知識產權保護的討論》，《廣東科技》2005 年第 6 期。

謝俊、孫穎、王成超：《國內區域知識產權戰略聯盟比較研究》，《文教資料》2006 年第 23 期。

王蘭、丁長青：《基於長三角區域投資環境建設的知識產權戰略研究》，《現代管理科學》2009 年第 4 期。

夏先良：《兩岸及港澳地區知識產權合作模式探討》，《兩岸關係》2007 年第 3 期。

江忠英：《淺談泛珠三角區域知識產權合作及人才隊伍建設》，《沿海企業與科技》2007 年第 7 期。

王國金：《區域知識產權戰略的法律思考》，《知識產權》2006 年第 4 期。

羅愛靜、龔雪琴：《區域知識產權戰略研究》，《中國科技論壇》2010 年第 2 期。

陶凱元主編《衝突與平衡：廣東法院知識產權審判十年巡禮》，法律出版社，2006。

5. 粵港澳大灣區金融合作存在的法律問題與對策

張　亮

一　引言

　　粵港澳經濟相輔相成，聯繫日益密切，金融合作也不斷拓展深化。2003 年，內地與香港、澳門分別簽訂了《內地與香港關於建立更緊密經貿關係的安排》和《內地與澳門關於建立更緊密經貿關係的安排》，提出粵港澳三地銀行業的合作。2008 年國家發改委出台的《珠江三角洲地區改革發展規劃綱要（2008－2020 年）》提出允許在金融改革與創新方面先行先試。2010 年簽署的《粵港合作框架協議》和 2011 年簽署的《粵澳合作框架協議》則對粵港澳大灣區金融合作中的跨境貿易人民幣結算試點工作做出了較為具體的規定。

　　粵港澳大灣區的金融合作具有重大的意義。第一，粵港澳金融合作有利於鞏固和提升香港的國際金融中心地位，保持香港、澳門經濟社會繁榮穩定。第二，粵港澳大灣區金融合作有利於國家實施貨幣穩定政策和人民幣國際化戰略。[1]

1　國務院研究室課題組：《深化粵港澳金融合作與創新，共同打造更高水平國際金融中心 —— 建立粵港澳更緊密合作框架研究報告之七》，《珠海市行政學院院報》2011 年第 6 期，第 44～45 頁。

二　粵港澳大灣區金融合作的法律依據

關於粵港澳大灣區金融合作的法律框架可分為三個層次。

第一個層次的法律文件是《中華人民共和國香港特別行政區基本法》和《中華人民共和國澳門特別行政區基本法》。這兩個基本法對於回歸後的香港和澳門與內地的金融事務安排做出了明確的規定，賦予了香港和澳門這兩個特別行政區在金融事務上的極大的自主權。

第二個層次的法律文件為 CEPA 及其補充協議和《粵港合作框架協議》及《粵澳合作框架協議》。2003 年 6 月 29 日，內地與香港簽署了《內地與香港關於建立更緊密經貿關係的安排》（簡稱 CEPA）。2003 年 10 月 29日，內地與澳門簽署《內地與澳門關於建立更緊密經貿關係的安排》（簡稱 CEPA）。2004～2013 年內地與香港、澳門分別簽署了十份補充協議。CEPA 及其補充協議實質性地推動了粵港澳大灣區金融合作的進程，成為粵港澳大灣區金融合作最重要的政策文件。而 2010 年簽署的《粵港合作框架協議》和 2011 年簽署的《粵澳合作框架協議》則指明了粵港澳大灣區金融合作的方向，為粵港澳大灣區全面深化金融合作提供了制度保障。

第三個層次的法律文件為關於金融合作具體方面的法律文件。主要包括《跨境貿易人民幣結算試點管理辦法》及其實施細則、《跨境貿易人民幣結算業務相關政策問題解答》《外資銀行管理條例》《外資銀行行政許可管理事項》《中華人民共和國外資金融機構管理條例》及其實施細則、《雙邊監管合作諒解備忘錄》等。

前文所述的法律文件關於金融合作的規定主要集中在以下幾個方面。

（一）關於支持銀行機構跨境互設機構的法律規定

第一，積極支持內地銀行赴香港開設分支機構經營業務。[1] 內地支持國

1　CEPA《補充協議四》第二條第（一）款。

有獨資商業銀行及部分股份制商業銀行將其國際資金外匯交易中心移至香港。支持內地銀行在香港以收購方式發展網絡和業務活動。[1]

第二，降低香港金融機構進入內地的門檻。香港銀行在內地設立分行或法人機構，提出申請前一年年末總資產不低於 60 億美元；在內地設立合資銀行，無須在內地設立代表機構。[2] 在 CEPA 簽署前，根據《外資銀行管理條例》第 10 條和第 11 條的規定，香港銀行在內地設立外商獨資銀行或中外合資銀行，提出申請前一年年末總資產不低於 100 億美元。根據《外資銀行管理條例》第 12 條的規定，擬在內地設立分行的香港銀行提出設立申請前一年年末總資產不少於 200 億美元。

香港銀行入股內地銀行，提出申請前一年年末總資產由不低於 100 億美元降為不低於 60 億美元。[3]

第三，允許符合一定條件的香港銀行在內地注冊的法人銀行將數據中心設在香港。在符合國家有關監管要求並經國家相關部門認可後，香港銀行於 2008 年 6 月 30 日前在內地注冊成立且在注冊成立時其母行已在香港設有數據中心的法人銀行，可將數據中心設在香港。[4]

第四，為香港銀行在廣東省開設分行設立綠色通道。[5]

第五，允許香港銀行在廣東省設立的外國銀行分行和在內地設立的外商獨資銀行在廣東省設立的分行在廣東省內設立異地支行。[6]

（二）關於香港金融機構經營業務的法律規定

第一，降低香港金融機構經營人民幣業務的准入條件。香港銀行內地

1　《內地與香港關於建立更緊密經貿關係的安排》第十三條第（一）款和第（二）款。

2　CEPA 附件 4《關於開放服務貿易領域的具體承諾》表 1《內地向香港開放服務貿易的具體承諾》。

3　《CEPA 補充協議四》附件《內地向香港開放服務承諾的具體承諾的補充和修正四》。

4　《CEPA 補充協議五》附件《內地向香港開放服務承諾的具體承諾的補充和修正五》。

5　《CEPA 補充協議四》第二條第二款。

6　《CEPA 補充協議六》附件《內地向香港開放服務承諾的具體承諾的補充和修正六》。

分行申請經營人民幣業務的條件為須在內地開業 2 年以上；主管部門在審查有關營利性資格的條件時將原來的內地單家分行考核改為多家分行整體考核。[1]

第二，自 2004 年 11 月 1 日起，允許香港銀行內地分行經批准從事代理保險業務。[2]

第三，香港銀行內地分行因對內地客戶提供人民幣和外幣業務而需向內地分行注入營運資金的條件，由單家分行考核改為多家分行整體考核，在內地多家分行平均營運資金達到 5 億元人民幣的前提下，單家分行營運資金不低於 3 億元。[3]

第四，允許香港銀行在內地注冊的法人銀行參與共同基金銷售業務。[4]

第五，允許符合一定條件的港資銀行從事證券公司客戶交易結算資金和期貨保證金存管業務。[5]

（三）關於跨境貿易人民幣結算的法律規定

關於跨境貿易人民幣結算，CEPA 及其補充協議未涉及。2009 年 7 月 1 日中國人民銀行會同財政部、商務部、海關總署、稅務總局、銀監會共同制定並對外公佈了《跨境貿易人民幣結算試點管理辦法》，該辦法對跨境貿易人民幣結算試點的業務範圍、運作方式、試點企業的選擇、清算渠道的選擇等問題做了具體規定。7 月 3 日，中國人民銀行公佈《跨境貿易人民幣結算試點管理辦法實施細則》，對跨境貿易人民幣結算中出現的問題做出了更詳細的規定。隨後中國人民銀行出台《跨境貿易人民幣結算業務相關政策問題解答》，對跨境貿易人民幣結算業務具體問題做出解答，澄清了相關疑義。

1　CEPA 附件 4《關於開放服務貿易領域的具體承諾》表 1《內地向香港開放服務貿易的具體承諾》。

2　《CEPA 補充協議一》附件《內地向香港開放服務承諾的具體承諾的補充和修正》。

3　《CEPA 補充協議二》附件《內地向香港開放服務承諾的具體承諾的補充和修正二》。

4　《CEPA 補充協議八》附件《內地向香港開放服務承諾的具體承諾的補充和修正八》。

5　《CEPA 補充協議九》附件《內地向香港開放服務承諾的具體承諾的補充和修正九》。

　　《粵港合作框架協議》第三章第一條第一款提出：「在人民幣跨境貿易結算相關政策框架下，共同推進跨境貿易人民幣結算試點，適時擴大參與試點的地區、銀行和企業範圍，逐步擴大香港以人民幣計價的貿易和融資業務。按照《跨境貿易人民幣結算試點管理辦法》的規定，鼓勵廣東銀行機構對香港銀行同業提供人民幣資金兌換和人民幣賬戶融資，對香港企業展開人民幣貿易融資。支持廣東企業通過香港銀行開展人民幣貿易融資。支持香港發展人民幣業務。」第二款規定：「推進人民幣跨境調撥基礎設施建設，完善人民幣現鈔跨境調撥機制，加強跨境反假幣、反洗錢合作。」

（四）關於金融監管的法律規定

　　《內地與香港關於建立更緊密經貿關係的安排》第四章「服務貿易」第十三條第四款提出「雙方加強金融監管部門的合作和信息共享」。

三　粵港澳大灣區金融合作存在的法律問題

（一）銀行機構跨境互設機構中存在的問題

1. 允許設立異地支行的主體範圍過於狹窄，不利於支持銀行機構跨境互設機構

　　現階段，允許在廣東省設立異地支行的主體局限於香港銀行在廣東省設立的分行和香港銀行在內地設立的外商獨資銀行在廣東省設立的分行，並不包括香港銀行在內地設立的外商獨資銀行、中外合資銀行和香港銀行在內地設立的中外合資銀行在廣東省設立的分行。

　　根據《商業銀行設立同城營業網點管理辦法》第 2 條和第 3 條的規定，外國銀行分行、外商獨資銀行和中外合資銀行設立同城支行的條件均為在當地設有分行（或視同分行管理的機構）以上的機構且正式營業 1 年以上。但是，在 CEPA 框架下，香港銀行在廣東省設立的分行可以在廣東省內設立

異地支行，而香港銀行在內地設立的外商獨資銀行和中外合資銀行不可以在廣東省內設立異地支行，這違反了公平原則。基於在廣東省設立分行、外商獨資銀行和中外合資銀行的總資產要求相同，[1] 與在內地設立外商獨資銀行和中外合資銀行相比，香港銀行會傾向於在廣東省設立分行。

香港銀行在內地設立外商獨資銀行和中外合資銀行，提出申請前一年年末總資產不低於 60 億美元。[2] 外商獨資銀行、中外合資銀行的註冊最低限額為 10 億元人民幣或等值的自由兌換貨幣。註冊資本應當是實繳資本。外商獨資銀行、中外合資銀行在中華人民共和國境內設立的分行，應當由其總行無償撥給不少於 1 億元人民幣或者等值的自由兌換貨幣的營運資金。外商獨資銀行、中外合資銀行撥給各分支機構營運資金的總和，不得超過總行資本金總額的 60%。[3] 由此可見，香港銀行在內地設立外商獨資銀行和中外合資銀行的總資產要求和註冊資本要求完全相同，其區別僅體現在：香港銀行在內地設立中外合資銀行無須先在內地設立代表機構，[4] 而香港銀行在內地設立外商獨資銀行需在內地設立代表處兩年以上。[5] 由於香港銀行在內地設立的外商獨資銀行在廣東省設立的分行可以在廣東省內設立異地支行，而香港銀行在內地設立的中外合資銀行在廣東省設立的分行不可以在廣東省內設立異地支行，這會促使香港銀行在內地設立外商獨資銀行。這樣一來，香港銀行在內地設立中外合資銀行無須先在內地設立代表機構的優惠安排就落空了。這也同時體現了 CEPA 與其他金融法律法規銜接上的誤差。

銀行要拓展其業務，必須首先在業務拓展地區建立分支機構。無法設立異地支行將極大限制銀行對市場的開拓。2010 年港資銀行在廣東新設異

1　香港銀行在內地設立分行或法人機構，提出申請前一年年末總資產均不低於 60 億美元。參見 CEPA 附件 4《關於開放服務貿易領域的具體承諾》。

2　參見 CEPA 附件 4《關於開放服務貿易領域的具體承諾》。

3　參見《中華人民共和國外資銀行管理條例》第 8 條第 1 款和第 2 款。

4　參見 CEPA 附件 4《關於開放服務貿易領域的具體承諾》。

5　參見《中華人民共和國外資銀行管理條例》第 10 條。

地支行佔全部港資銀行新設網點的 88%。[1] 這個數據說明了香港銀行確實傾向於在廣東設立分行或在內地設立外商獨資銀行，而香港銀行在內地設立的中外合資銀行及其在廣東省的分行由於不能設立異地支行，嚴重限制了其本身在廣東的市場開拓，從而喪失了競爭優勢。因此，由於 CEPA 框架下允許設立異地支行的主體範圍過於狹窄而導致香港銀行在內地設立分支機構或法人機構時過於單一的傾向性，嚴重阻礙了粵港澳在銀行機構跨境互設機構上的金融合作。

2. 市場准入門檻仍然偏高，影響粵港澳三地金融機構的深度合作

雖然 CEPA 已經將香港銀行在內地設立分行或法人機構提出申請前一年年末總資產要求由原先《外資銀行管理條例》規定的不低於 100 億美元降到不低於 60 億美元，但是外商獨資銀行、中外合資銀行的注冊最低限額為 10 億元人民幣或等值的自由兌換貨幣，且注冊資本應當是實繳資本。這對於香港中小型銀行來講，准入門檻仍然偏高，影響粵港澳三地金融機構的深度合作。

3. 無差別性市場准入導致實力較弱的本港金融機構獲利甚少

根據 CEPA 附件 5《關於「服務提供者」定義及相關規定》的規定，以法人形式提供服務的香港服務提供者應符合兩個條件：第一，根據香港特別行政區《公司條例》或其他有關條例注冊或登記設立；第二，在香港從事實質性商業經營。因此，香港銀行既可能是香港本地資本銀行，也有可能是外資銀行。從香港的實際情況來看，香港銀行可分為四類：一是英資銀行，實力最強；二是中資銀行；三是其他外資銀行；四是香港本地資本銀行，實力較弱。在寬鬆的市場准入條件下，實力較弱的本港金融機構在內地市場上獲利甚少。

1　　張麗、傅兵：《借鑒粵港經驗，深化閩台金融合作》，《福建金融》2013 年第 1 期，第 24 頁。

4. 關於支持內地銀行到香港設立機構經營業務的規定較為缺乏

關於支持內地銀行到香港設立機構經營業務的問題，只有 CEPA 第十三條第（一）款和第（二）款做出了相應的規定：「內地支持國有獨資商業銀行及部分股份制商業銀行將其國際資金外匯交易中心移至香港。支持內地銀行在香港以收購方式發展網絡和業務活動。」

（二）跨境貿易人民幣結算中存在的問題

所謂跨境貿易人民幣結算是指允許進出口企業以我國本幣人民幣在跨境的國際貿易中執行計價和結算收付的貨幣職能，實質上是我國居民可向非居民收付本幣人民幣。[1] 使用人民幣進行跨境貿易結算，具有降低匯率風險、節省匯兌成本和外幣衍生品交易費用的好處。

1. 關於人民幣結算項目範圍的問題

（1）人民幣結算項目的範圍不明確

《跨境貿易人民幣結算試點管理辦法》第 2 條規定：「國家允許指定的、有條件的企業在自願的基礎上以人民幣進行跨境貿易的結算，支持商業銀行為企業提供跨境貿易人民幣結算服務。」該條明確了人民幣結算的項目是跨境貿易，而跨境貿易包括貨物貿易和服務貿易，那麼人民幣結算項目是否既包括貨物貿易，又包括服務貿易呢？對此，無論是該管理辦法，還是其相關的配套法規、政策[2]，都沒有對「跨境貿易」做出清晰明確的界定。

該管理辦法第 17 條規定：「使用人民幣結算的出口貿易，按照有關規定享受出口貨物退（免）稅政策。具體出口貨物退（免）稅管理辦法由國務院稅務主管部門制定。」由此可知，使用人民幣結算的出口貿易是指貨物貿易。《跨境貿易人民幣結算業務相關政策問題解答》第 26 道問答指

1　徐志龍：《跨境貿易人民幣結算試點若干問題探討》，《商務財會》2009 年第 10 期，第 7 頁。

2　包括《跨境貿易人民幣結算試點管理辦法實施細則》《跨境貿易人民幣結算業務相關政策問題解答》和《中國人民銀行有關負責人就〈跨境貿易人民幣結算試點管理辦法〉有關問題答記者問》。

出，大型工程承包或成套設備出口時經常既包括貨物又包括服務，服務部分也可以人民幣結算。該解答第 25 道問答也指出，境內結算銀行和境內代理銀行可以在貿易從屬費用範圍內為試點企業辦理傭金、折扣等與貿易相關但無貨物流發生的人民幣跨境收付業務。此外，該解答第 22 道問答指出，境內銀行可以為試點企業提供跨境貿易結算項下的人民幣保函等對外擔保服務，試點企業也可以開展跨境貿易結算項下的人民幣擔保業務。由以上問答可知，人民幣結算項目「跨境貿易」原則上指的是貨物貿易，但是大型工程承包或成套設備出口中的服務貿易部分、傭金、折扣等與貿易相關的貿易從屬費用以及與跨境貿易結算相關的擔保服務也可以人民幣結算。至此，關於「跨境貿易」的界定似乎已經非常明確清晰了。但是，人民幣結算項目至少還存在兩個不明確的問題。第一，「與貿易相關的從屬費用」是一個比較寬泛的概念，除了《解答》中列明的「傭金」「折扣」外，還包括運費、保險費、廣告費、押金、保證金、違約賠償金等。那麼《解答》中的貿易從屬費用是否包括傭金、折扣以外的從屬費用呢？《解答》中使用了「等」字，但是「等」字既可以表示不完全列舉，也可以表示完全列舉，並且鑒於上述費用雖然皆屬於貿易從屬費用，但是它們之間又存在差異，是否都可以作為人民幣結算項目有待進一步的論證。第二，《解答》中提及了多項與跨境貨物貿易相關的服務都可以人民幣結算，那麼是否表示所有與跨境貨物貿易相關的服務都可以人民幣結算呢？該解答沒有對該問題做出一個明確的回答。

筆者認為，在人民幣結算項目範圍上的規定主要由《跨境貿易人民幣結算業務相關政策問題解答》做出是不合適的。首先，該解答是以問答的形式對具體問題做出回答，難免會存在缺漏之處。其次，該解答作為中國人民銀行出台的政策解讀，不屬於正式的法律淵源，不具有嚴格的法律效力。

（2）人民幣結算項目的範圍有待進一步拓展

如前所述，人民幣結算的項目原則上僅限於貨物貿易，但是與貿易相關的從屬費用、大型工程承包和成套設備出口中的服務貿易部分以及跨

境貿易結算項下的人民幣對外擔保業務也都屬於人民幣結算項目。但是，在現階段其他跨境服務貿易都不可以人民幣結算。鑒於使用人民幣進行跨境貿易結算具有降低匯率風險、節省匯兌成本和外幣衍生品交易費用的好處，有必要將人民幣試點涵蓋所有服務貿易的跨境貿易。

2. 關於試點企業的選取問題

（1）選取試點企業的程序不透明、條件不明確

對於如何選取試點企業，《跨境貿易人民幣結算試點管理辦法》第 4 條規定：「試點地區的省級人民政府負責協調當地有關部門推薦跨境貿易人民幣結算的試點企業，由中國人民銀行會同財政部、商務部、海關總署、稅務總局、銀監會等有關部門進行審核，最終確定試點企業名單。在推薦試點企業時，要核實試點企業及其法定代表人的真實身份，確保試點企業登記注冊實名制，並遵守跨境貿易人民幣結算的各項規定。」該條款規定了如何確定試點企業的程序：應先由有關部門推薦，再由中國人民銀行會同其他相關的五個部門進行審核確定試點企業名單。這樣的選取程序不透明，具有濃厚的行政審批色彩，涉及部門繁多，容易造成拖逶、效率低下，進而影響企業申請成為試點企業的熱情，從而也限制了跨境貿易人民幣結算的規模。

而對於試點企業的條件，該條款並沒有做出規定。《中國人民銀行有關負責人就〈跨境貿易人民幣結算試點管理辦法〉有關問題答記者問》第 4 道問答指出：「選擇國際結算業務經驗豐富，遵守財稅、商務、海關和外匯管理各項規定，資信良好的企業參加試點。試點企業須如實注冊、真實出資並在所在省市具有實際的營業場所，遵守跨境貿易人民幣結算的各項具體規定。」該規定存在兩個不合理之處。首先，對於如何確定企業「國際結算業務經驗豐富」「資信良好」沒有給出明確或可以量化的標準。其次，「在所在省市具有實際的營業場所」「遵守跨境貿易人民幣結算的各項具體規定」，對於確定試點企業並沒有實質性的作用。因此，選取試點企業的條件有待進一步明確。

（2）選取試點企業的做法造成了不公平的市場競爭環境

我國對外貿易大多採用第三國貨幣（如美元、歐元、日元）進行計價和結算。這對貿易雙方來講，都存在着將各自本幣兌換成第三國貨幣的二次兌換問題，這既增加了人民幣匯率風險，又增加了兌換成本，還影響了國際貿易的效率和效益。如果能用本幣（即人民幣）進行跨境貿易結算，就能起到降低匯率風險、節省兌換成本、提高跨境貿易的效率和效益的作用。然而，由於目前跨境貿易人民幣結算業務仍處於試點階段，試點企業與其他非試點企業相比獲取了更大的競爭優勢，從而導致市場競爭環境的不公平。

（3）試點企業的範圍有待進一步拓展

鑒於目前跨境貿易人民幣結算規模較小，且試點企業獲取了不公平的競爭優勢，因此應進一步擴大試點企業的範圍。

（三）金融監管合作中存在的問題

1. 現階段關於粵港澳大灣區金融合作的法律文件中關於金融監管合作的規定較少，金融監管合作仍然停留在簽署備忘錄的層面上

如前文所述，粵港澳大灣區金融合作的法律文件中關於金融監管合作的規定只有 CEPA 第四章第十三條第（四）款提出的「雙方加強金融監管部門的合作和信息共享」。而目前內地與香港銀行業監管合作的主要法律文件為 2003 年 8 月 25 日銀監會與香港金融管理局簽署的《雙邊監管合作諒解備忘錄》以及 2003 年 11 月 19 日中國人民銀行與香港金融管理局簽署的《雙邊監管合作諒解備忘錄》。由於 CEPA 在金融服務領域更多地關注服務貿易自由化的問題，目標的局限性使得金融監管合作仍然停留在簽署備忘錄的層面上。

2. 粵港澳三地政府金融管理部門缺乏經常性的溝通聯繫，金融監管合作機制尚未建立

跨境金融監管交流機制主要有：在粵港、粵澳聯席會議制度下建立的

粵港、粵澳金融合作聯絡機制，2002 年中國人民銀行廣州分行與澳門金融管理局建立的定期例會制度，以及 2004 年中國人民銀行和銀監會與香港金融管理局建立的金融合作定期例會機制。這些機制為粵港澳之間溝通信息、協調管理、相互合作搭建了良好的平台，但是三地的金融監管合作仍存在問題。首先，粵港、粵澳之間的定期例會機制基本上為每年一次，三地政府金融管理部門仍缺乏經常性的溝通聯繫。其次，這些金融合作聯絡機制因缺乏制度性的安排而難以發揮推動作用。再次，粵港澳三地缺乏一個金融監管合作的總協調機制。

3. 差異化的金融監管法律阻礙金融監管合作目標的實現

內地與香港、澳門地區的法律制度差異較大，立法背景也極為不同，加上內地與香港在金融體系、金融制度等方面有着較大差距，導致三地的金融監管法律存在極大的差異，進而導致法律規範適用上的困難，同時也導致金融立法方面存在諸多法律空白。

四　解決粵港澳大灣區金融合作法律問題的對策

（一）解決銀行機構跨境互設機構問題的對策

1. 擴大允許設立異地支行的主體範圍

如前所述，為了避免違反公平原則而出現與在內地設立外商獨資銀行和中外合資銀行相比，香港銀行會傾向於在廣東省設立分行的情況，同時也為了便利香港銀行在內地設立的外商獨資銀行和中外合資銀行，可在廣東省開拓銀行市場，應該允許香港銀行在內地設立的外商獨資銀行和中外合資銀行在廣東省內設立異地支行。

此外，為了避免違反公平原則而出現與設立中外合資銀行相比，香港銀行更傾向於在內地設立外商獨資銀行的情況，進而導致香港銀行在內地設立中外合資銀行無須先在內地設立代表機構這一優惠安排落空，應該允

許香港銀行在內地設立的中外合資銀行在廣東省設立的分行在廣東省內設立異地支行。

2. 審慎地降低銀行機構跨境互設機構的市場准入門檻

為了促進香港中小型銀行進軍內地金融市場，加快香港銀行業進入內地的步伐，可審慎地降低對香港銀行在內地設立外商獨資銀行和中外合資銀行的注冊資本的要求。

3. 完善內地銀行到港澳設立金融機構的法律規定

應該修改支持內地銀行到港澳設立金融機構、發展網絡和業務活動，並將國際資金外匯交易中心移至香港所涉及的內地法律。目前，調整內地金融機構在港澳設立機構開展業務的法規主要是《外資銀行管理條例》及其實施細則。內地銀行在香港設立國際資金外匯交易中心的問題涉及內地外匯管理體制的問題，因此，《外匯管理條例》應該進行相應的修改。

（二）解決跨境貿易人民幣結算問題的對策

1. 明確並擴大跨境貿易人民幣結算項目的範圍

《跨境貿易人民幣結算業務相關政策問題解答》明確了跨境貿易人民幣結算的項目原則上僅限於貨物貿易，但是與貿易相關的從屬費用、大型工程承包和成套設備出口中的服務貿易部分以及跨境貿易結算項下的人民幣對外擔保業務也都屬於人民幣結算項目。但是該解答是以問答的形式對具體問題做出回答，難免會存在缺漏之處。另外，該解答作為中國人民銀行出台的政策解讀，不屬於正式的法律淵源，不具有嚴格的法律效力。因此，應該由中國人民銀行會同各有關部門出台具有正式法律效力的部門規章來對跨境貿易人民幣結算項目的範圍做出清晰的界定，或者也可以在《跨境貿易人民幣結算試點管理辦法》中增加關於跨境貿易人民幣結算項目範圍的規定。

此外，有必要將人民幣結算項目由貨物貿易擴大到服務貿易。跨境服

務貿易的方式包括跨境交付、過境消費、商業存在和自然人存在。其中，由於商業存在還屬於國際投資範疇，這涉及資本項目的匯兌問題，而我國的人民幣資本項目尚未實現完全可兌換，因此商業存在不宜納入人民幣結算項目，人民幣結算的項目僅應拓展到跨境交付、過境消費和自然人存在這三種跨境服務貿易形式。

2. 制定跨境貿易人民幣結算試點企業的條件

在現行框架下，跨境貿易人民幣結算試點企業選取存在程序不透明、標準不明確的弊病。因此，應從以下兩個方面加以解決。首先，應該將現行的先由有關部門推薦，再由中國人民銀行會同其他相關的五個部門進行審核確定試點企業名單的選取程序改為備案登記程序。符合條件的企業只要經過備案登記，其所從事的跨境貿易就可以人民幣進行結算。其次，在制定跨境貿易人民幣結算試點企業的條件時應該考慮這些條件必須是明確的、可以量化的。

3. 進一步擴大跨境貿易人民幣結算試點企業的範圍

由於跨境貿易人民幣結算試點地區和企業的局限性，跨境貿易人民幣結算業務的規模仍較小。因此，在制定跨境貿易人民幣結算試點企業的條件時不應要求嚴苛，擴大跨境貿易人民幣結算試點企業的範圍，進而有助於人民幣的國際化。

（三）解決金融監管合作問題的對策

1. 應補充和細化 CEPA 總體框架，加強金融法律法規與 CEPA 的銜接

CEPA 只是為深化粵港澳三地金融合作而提出的一個總體框架，在具體的實施過程中，必須適時地對 CEPA 的總體框架進行細化，補充訂立金融監管合作方面的有關協議和相關監管法律文件，對其中的空白和缺失進行補充，使粵港澳三地的金融監管合作有章可循，以保證三地金融監管合作的順利實施。

2. 推動粵港澳三地政府金融管理部門經常性地溝通聯繫，建立金融監管合作機制

首先，為推動三地政府金融管理部門經常性地溝通聯繫，粵港澳政府和金融監管部門要建立完善的金融信息交流平台，如建立三地政府之間促進金融產業發展合作協調機制、高層互訪和工作會晤機制，完善三地金融監管機構聯席會議制度、信息共享制度等。

其次，粵港澳要互相給予對方金融機構及其分支機構國民待遇，視同本地金融機構進行監管，特別要推進三地金融監管信息共享。例如，在跨境貿易人民幣結算試點中應貫徹實施《跨境貿易人民幣結算試點管理辦法》及其實施細則中規定的建立信息共享和管理機制，以形成對跨境貿易人民幣結算試點工作的有效監管。[1]

3. 儘可能減少粵港澳三地金融監管和法律差異

內地應該在金融行業法律規定的協調方面，加強法律法規與 CEPA 和港澳法律規範的銜接。在銀行業方面為貫徹 CEPA 可以採用銀監會和中國人民銀行頒佈部門規章的形式，對港澳地區金融機構申請在內地設立金融機構的一些特殊問題做出針對性規定。

參考文獻

國務院研究室課題組：《深化粵港澳金融合作與創新，共同打造更高水平國際金融中心 —— 建立粵港澳更緊密合作框架研究報告之七》，《珠海市行政學院院報》2011年第 6 期。

張麗、傅兵：《借鑒粵港經驗，深化閩台金融合作》，《福建金融》2013 年第 1 期。

徐志龍：《跨境貿易人民幣結算試點若干問題探討》，《商務財會》2009 年第 10 期。

曾文革、陳璐：《論加強內地與香港金融合作的政策與法律措施》，《亞太經濟》2007年第 1 期。

1　參見《跨境貿易人民幣結算試點管理辦法》第 26 條。

慕亞平、陳月明：《粵港澳緊密合作中金融合作存在的法律問題與對策》，《WTO 法與中國論叢（2011 年卷）》。

楊文雲：《論 CEPA 金融融合進程中內地與香港金融監管法律的協調》，《上海金融》2007 年第 2 期。

馮邦彥、段晉苑、任鬱芳：《以制度創新構建大珠三角金融中心區域 —— 新形勢下深化粵港澳金融合作研究》，《2011 年港澳珠三角藍皮書 —— 港澳區域合作與發展報告（2010-2011）》。

中國人民銀行廣州分行課題組：《粵港澳新一輪經濟融合下的金融合作思考》，《南方金融》2006 年第 3 期。

馮邦彥、陳彬瑞：《CEPA 框架下粵港澳金融合作與廣東的對策研究》，《特區經濟》2006 年第 1 期。

支華：《當前跨境貿易人民幣結算的運行效果主要問題和對策建議》，《浙江金融》2010 年第 12 期。

馮邦彥、覃劍、彭薇：《先行先試政策下深化粵港金融合作研究》，《暨南學報》2012 年第 3 期。

6. 進一步推進粵港兩地法律服務合作的思考 [1]

慕亞平　張鳳媚

《內地與香港關於建立更緊密經貿關係的安排》（以下簡稱 CEPA）及其補充協議中關於法律服務貿易的安排是粵港兩地法律服務合作的重要依據。在已經簽訂的 CEPA 補充協議中，雙方對法律服務業的合作發展做出了趨於詳盡的補充規定，使香港和內地的法律服務業的合作在廣度和深度上都有了質的飛躍。《粵港合作框架協議》針對廣東省和香港的合作做出了專項規定，其中，在現代服務業和營商環境這兩個章節中都對法律服務做出了規定，該協議成為粵港法律服務業緊密合作的政策基礎。

一　關於粵港法律服務合作的簡況及法律規定

（一）法律服務合作的發展現狀

2010 年 7 月 6 日，香港在內地舉辦的最大規模的「香港法律服務，環球視野」法律事務論壇在上海舉行，時任香港特別行政區律政司司長黃仁龍通報，香港的律師事務所已在內地 14 座城市設立 65 家代表機構，其中在上海設有 17 家，北京、廣州也有相當數量。另外有 6 家香港律師事務所與內地律師事務所開展聯營。[2] 由此可見，CEPA 實施以來香港在內地設立的

1　原文發表於《政法學刊》2012 年第 6 期。

2　新華網，http://news.xinhuanet.com/gangao/2010-07/06/c_12304404.htm。

代表機構和進行聯營的律師事務所數量都呈持續上升的態勢，優惠政策的支持，大大調動了香港律師事務所到內地發展的積極性。

根據《香港特別行政區和澳門特別行政區律師事務所與內地律師事務所聯營管理辦法》（以下簡稱《聯營管理辦法》）第 3 條規定：「香港、澳門律師事務所與內地律師事務所聯營，不得採用合夥型聯營和法人型聯營。香港、澳門律師事務所與內地律師事務所聯營期間，雙方的法律地位、名稱和財產應當保持獨立，各自獨立承擔民事責任。」另外，根據《中華人民共和國民法通則》的規定，聯營分為三種類型，即法人型聯營、合夥型聯營和合同型聯營。因此，香港與內地的律師事務所進行聯營的法律性質只能被定為合同型聯營。《聯營管理辦法》所規定的聯營是合夥律師之間或合夥律師事務所與合夥律師事務所之間的合作關係，而合夥律師事務所在法律地位上視同公民。如果按照《中華人民共和國民法通則》的規定，香港、澳門與內地的律師事務所之間的聯營性質定位為合同型聯營是不恰當的，它們之間是一種合夥關係。[1]

為了解決這一矛盾，中國政府積極探索完善兩地律師事務所聯營的辦法，在《實施〈粵港合作框架協議〉2012 年重點工作安排》中關於加強法律服務合作規定了「爭取國家支持粵港律師事務所探索開展合夥型聯營」這一創新的聯營方式。[2]

此外，關於取得內地法律職業資格並獲得內地律師執業證書的香港居民在內地的執業範圍方面，由原來的只能從事非訴訟業務到 2006 年開放涉港的婚姻、繼承的訴訟業務，繼而在《補充協議八》中規定研究擴大其民事訴訟業務範圍，獲得內地律師執業證書的香港居民在內地的執業範圍得到了逐步的拓寬。隨着兩地經貿關係的進一步深化，相信香港法律職業者的執業範圍將進一步與內地執業律師靠近。

1　徐煥茹：《關於更緊密經貿關係安排下我國內地與香港法律服務業合作的思考》，廣東律師網。

2　http://www.info.gov.hk/gia/general/201201/09/P201201090341.htm。

（二）CEPA 協議關於法律服務的規定

儘管在 CEPA 協議中，對於如何實現法律服務的貿易自由化的規定還比較模糊，缺乏可操作性。但經過十年來對兩地法律服務合作實際情況的逐步摸索和研究，雙方在其後的十個補充協議中對如何實現法律服務的合作逐一進行了細化，CEPA 協議及其補充協議成為兩地法律服務合作的指導性文件。

自 2003 年 9 月香港特區政府與內地簽訂 CEPA 的第四個附件 ——《關於開放服務貿易領域的具體承諾》至 2013 年，雙方相繼簽訂了十個補充協議，在「先易後難，逐步推進」原則的指導下，內地積極為香港的法律服務業進入內地服務市場提供更多優惠的條件和寬鬆的政策環境，逐步實現香港與內地法律服務的自由化。

法律服務有廣義和狹義之分，[1] 廣義的法律服務是指法律工作者或相關機構為當事人提供的一切有償性質的法律幫助活動，包括訴訟的辯護、代理以及非訴訟代理、法律顧問、提供公證等。狹義的法律服務是指律師向當事人提供的有償法律幫助的活動，且不包括公證法律事務。在國際貿易中，人們通常所提及的法律服務是指狹義的法律服務，故本文也針對狹義的法律服務進行討論。

在簽訂的十個補充協議中相關方已經對服務貿易的具體承諾進行了或多或少的增減，就法律服務貿易而言，更新後的具體承諾內容如下。

1. 關於代表機構

在 CEPA 實施之前，香港與內地的法律服務合作方式主要是設立代表機構。為規範香港、澳門特別行政區律師事務所駐內地代表機構的設立及其法律服務活動，中國政府於 2002 年制定並實施了《香港、澳門特別行政區律師事務所駐內地代表機構管理辦法》（以下簡稱《管理辦法》），規定代表處的代表每年在內地居留的時間不得少於 6 個月；少於 6 個月的，下一

---

1   任繼聖：《WTO 與國際服務貿易法律事務》，吉林人民出版社，2001 年，第 221 頁。

年度不予注冊。CEPA 大大縮短了代表機構的代表居留時間，對香港律師事務所（行）在深圳、廣州設立的代表處的代表沒有最少居留時間要求，香港律師事務所（行）在除深圳、廣州以外的內地代表處的代表每年在內地的最少居留時間為 2 個月。《補充協議三》最終取消了代表機構在內地的居留時間限制，有利於香港律師同時兼顧香港與內地法律事務。

2. 關於法律服務合作的方式

在 CEPA 附件 4 中關於內地與香港雙方法律服務的合作方式規定了三種：第一種是採取律師事務所聯營的方式，允許在內地設立代表機構的香港律師事務所（行）與內地法律事務所聯營，聯營組織不得以合夥形式運作，聯營組織的香港律師不得辦理內地法律事務；第二種是由內地律師事務所聘用香港法律職業者（包括香港的大律師和律師），但被內地律師事務所聘用的香港法律職業者不得辦理內地法律事務；第三種是允許已獲得內地律師資格的 15 名香港律師以及以後通過司法考試、取得內地法律職業資格的香港永久性居民在內地的法律事務所執業，從事非訴訟事務。

在隨後的補充協議中，雙方逐漸放寬了兩地律師事務所合作的條件限制。在聯營方面，《補充協議二》對聯營進行了地域上的限制，香港的代表機構只能與所在地的省、自治區或直轄市內的一個內地律師事務所聯營，而在《補充協議四》中取消了地域限制。在聯營的專職律師人數方面，在簽訂 CEPA 之前，《聯營管理辦法》[1] 規定聯營的內地律師事務所的專職律師至少 20 人，而《補充協議三》取消了專職律師的數量限制，對於廣東省內進行聯營的律師事務所還採取了更加優惠的政策，只需要成立時間滿一年或以上並至少有一名設立人具有五年（含五年）以上執業經驗即可進行聯營。在聯營的方式上，《補充協議八》提出「積極探索完善兩地律師事務所

1　《香港特別行政區和澳門特別行政區律師事務所與內地律師事務所聯營管理辦法》於 2003 年 11 月 30 日以司法部令第 83 號發佈，此後根據 CEPA 補充協議對內地與香港、澳門律師事務所聯營內容的調整，先後以司法部令第 100 號、第 106 號、第 109 號、第 118 號和第 126 號進行五次修正，最近的修正時間為 2012 年 11 月 21 日，於 2013 年 1 月 1 日施行。

的聯營方式」，雖然沒有具體規定律師事務所除了合夥型聯營外還可採用何種方式，但該條規定為日後兩地律師事務所的合作方式的多樣化留出了巨大的發展空間。《補充協議九》規定：「允許已在內地設立代表機構的香港律師事務所，與 1～3 家內地律師事務所實行聯營。」《補充協議十》則明確提出在廣東省進行試點的聯營新方式，「允許香港律師事務所與廣東省律師事務所以協議方式，由廣東省律師事務所向香港律師事務所駐粵代表機構派駐內地律師擔任內地法律顧問」。2014 年 12 月 18 日，內地與香港簽署 CEPA《關於內地在廣東與香港基本實現服務貿易自由化的協議》，該協議不僅在《補充協議十》的基礎上將粵港兩地在法律服務方面的合作推進至香港律師事務所，也可以「向內地律師事務所派駐香港律師擔任涉港或跨境法律顧問」，而且進一步規定「在廣東省前海、南沙、橫琴試點與內地方以合夥方式聯營」，從而突破了《補充協議四》關於「聯營組織不得以合夥形式運作」的合作形式限制。

3. 關於法律服務的業務範圍

CEPA 規定聯營組織的香港律師不得辦理內地法律事務；被內地律師事務所聘用的香港法律職業者不得辦理內地法律事務；已獲得內地律師資格的 15 名香港律師以及在日後通過司法考試，取得內地法律職業資格的香港永久性居民可以在內地從事非訴訟法律事務。但這些關於法律業務範圍的限制得到不同程度的更改，取得內地法律資格或法律職業資格並獲得內地法律執業證書的香港居民不再局限於非訴訟法律事務，《補充協議三》允許他們以內地律師的身份從事涉港婚姻、繼承案件的代理活動，而《補充協議八》更規定將「研究擴大他們在內地從事涉及香港居民、法人的民事訴訟代理業務範圍」，相信日後他們的業務範圍將會逐步擴大至涉港的所有民事訴訟代理業務。

4. 關於法律資格的獲得

CEPA 規定允許香港永久性居民中的中國公民按照《國家司法考試實施

辦法》參加內地統一司法考試，取得內地法律職業資格後，按照《中華人民共和國律師法》，在內地律師事務所從事非訴訟法律事務，但在內地律師事務所執業之前，他們必須在內地律師事務所設在香港的分所按照內地規定的實習培訓大綱和實務練習指南進行為期一年的實習。《補充協議六》對此進行了放寬處理，規定具有 5 年（含 5 年）以上執業經驗並通過內地司法考試的香港法律執業者，按照《中華人民共和國律師法》和中華全國律師協會《申請律師執業人員實習管理規則（試行）》的規定參加內地律師協會組織的不少於 1 個月的集中培訓，經培訓考核合格後，可申請內地律師執業，大大縮短了香港律師實習培訓的時間，有利於香港律師更快速有效地參與到內地的法律事務中。

（三）《粵港合作框架協議》關於法律服務的規定

為了促進粵港兩地更緊密合作，廣東省政府和香港特別行政區政府協商一致，就跨界基礎設施、現代服務業、製造業及科技創新、營商環境、優質生活圈、教育與人才、重點合作區、區域合作規劃、機制安排等九大領域的合作內容做出了具體規定，其中涉及法律服務合作方面的內容主要有以下兩方面。

第一，在現代服務業方面，《框架協議》規定，為了落實 CEPA 及服務業對港開放在廣東先行先試政策措施，支持香港服務提供者依照相關規定到廣東開辦會計、法律、管理諮詢、中介服務等專業服務機構。積極爭取國家支持，進一步擴大開放領域、降低准入門檻、簡化審批程序。

第二，在營商環境的法律服務合作方面，主要包括：①建立法律法規文本交流制度，提供投資貿易操作程序和規則指引，建立溝通機制，就涉及雙方合作項目的立法建議相互通報及諮詢；②建立法律事務協調機制，成立法律問題協商與合作專家小組，處理涉及雙方合作的法律事務問題，按需要就加強雙方各領域合作提出立法建議；③支持兩地法律專業服務機構開展律師諮詢業務，推動律師、公證、司法鑒定領域的交流與合作。

二 粵港法律服務合作相關規定中存在的問題

CEPA 的有效實施促進了兩地法律服務的緊密發展，一方面為香港法律服務業進入內地市場提供了比 WTO 服務業開放承諾更加優惠的條件和更低的門檻，另一方面為內地法律服務業借鑒和學習國際法律服務提供了平台。CEPA 在兩地法律服務合作中起着舉足輕重的作用。《粵港合作框架協議》的簽署更進一步推動了法律服務在粵港兩地的發展。但不可否認的是，相關的規定仍存在着一定的缺陷，需要結合日後的實踐活動進行完善。[1]

（一）CEPA 關於法律服務規定存在的問題

1. 關於香港律師事務所在內地設立代表機構存在的問題

根據 CEPA 規定，只有在內地設立代表機構的香港律師事務所（行）才能夠與內地的律師事務所進行聯營，但並沒有涉及所設立的代表機構的具體條件。目前，關於代表機構的具體規定一般參照《管理辦法》執行，由於該《管理辦法》是在 2002 年中國加入 WTO 後，為了給予外國律師事務所和港澳代表機構最惠國待遇而設定的，所以對於香港律師事務所設立的代表機構規定了較多的限制，如設立代表機構和派駐代表都需要經過國務院司法行政部門的許可，港澳律師事務所、其他組織或者個人不得以諮詢公司或者其他名義在內地從事法律服務活動等。自從 CEPA 簽訂以後，內地對香港給予了更多的優惠，提前向香港實現在 WTO 中做出的服務貿易承諾。因此 CEPA 在香港律師事務所駐派內地的代表機構的設立條件、活動範圍、聘用人員等方面都應該有所體現，放寬對香港代表機構的限制，但 CEPA 缺乏相關的規定，顯然不利於推進兩地法律服務的往來。

另外，關於代表機構的從業人員，《管理辦法》還規定「代表處不得

---

1 慕亞平、相魯生：《CEPA 框架下內地與香港律師合作所面臨的主要法律問題》，《雲南大學學報》（法律版）2008 年第 5 期。

聘用內地執業律師；聘用的輔助人員不得為當事人提供法律服務」。一般而言，香港律師事務所的代表機構主要是處理涉港的業務和涉及金融、投資、跨國公司上市等高端的國際法律事務，內地的律師事務所正是缺乏這種國際性的高端業務的實踐經驗，其操作國際法律實務的能力偏低。提供部分具有相關資格條件的國內法律服務執業者從事於香港的代表機構，以此為橋樑提升國內的法律服務執業者處理國際法律事務的水平正是加緊兩地法律合作的目的之一，但《管理辦法》的規定與此背道而馳，所以相關方有必要在日後的補充協議中對此進行修改，以促進兩地法律服務業的發展。

2. 關於香港法律執業者在內地執業存在的問題

根據香港的法律制度，法律職業者分為大律師和律師兩類，大律師只能從事訴訟業務。根據 CEPA 的規定，被內地律師事務所聘用的香港法律執業者不得辦理內地法律事務，不論是大律師還是律師，只要他們還沒取得內地執業資格，一律不得參與內地法律事務。另外，CEPA 又規定允許香港永久性居民中的中國公民按照《國家司法考試實施辦法》參加內地統一司法考試，取得內地法律職業資格後按照《中華人民共和國律師法》，在內地律師事務所從事非訴訟法律事務。在這種情況下就產生了大律師在內地如何執業的問題，因為大律師只能從事訴訟業務，所以即便大律師獲得了內地的律師職業資格，他的業務範圍也只限於非訴訟業務，換言之，大律師根本不可能在內地開展業務。

為了破解這種尷尬局面，《補充協議三》規定「允許香港大律師以公民身份擔任內地民事訴訟的代理人」，但這一規定又引起了一系列的問題：①以「公民身份」擔任民事訴訟的代理人，即完全排除了香港大律師以律師的身份為委託人服務的可能性，否定了對香港法律服務者資格的認可；②若香港大律師以公民的身份擔任代理人，剝奪了大律師以律師身份進行代理所享有的特定權利，造成內地律師與香港律師的法律地位不對等；③香港大律師與內地律師都是在通過統一司法考試、獲得執業資格的情況下為代理人服務的，證明他們都具有充分的訴訟能力和知識技巧，卻

在訴訟權利和業務範圍中出現不對等現象，構成了對香港法律服務者的歧視；④對於「民事訴訟」的範圍界定不清，到底是只涉及婚姻、繼承的民事訴訟，還是涵蓋所有的民事訴訟的範圍呢？以上的種種規定都顯得過分謹慎和保守，使香港的法律服務者在內地的執業效果大打折扣，不利於法律服務的充分合作。

3. 關於取得內地律師執業資格的香港居民在內地執業存在的問題

CEPA 規定香港永久性居民中的中國公民按照《國家司法考試實施辦法》參加內地統一司法考試，取得內地法律職業資格後按照《中華人民共和國律師法》，在內地律師事務所從事非訴訟法律事務，在「先易後難，逐步推進」原則的指導下，內地逐步向已獲得內地法律執業資格的香港永久性居民開放業務範圍，2006 年更突破性地規定允許取得內地律師資格或法律職業資格並獲得內地律師執業證書的香港居民，以內地律師身份從事涉港婚姻、繼承的代理獲得，使其業務範圍有了實質性的擴大，不再局限於非訴訟業務。《補充協議八》又做出將會研究擴大取得內地法律職業資格並獲得內地律師執業證書的香港居民在內地從事涉及香港居民、法人的民事訴訟代理業務範圍，由此可見業務的開放程度越來越高了。

但取得內地律師執業資格的香港居民在內地執業也存在一些問題：①雖然內地律師和獲得內地執業資格的香港居民的業務範圍不斷靠近，但獲得內地執業資格的香港居民的業務範圍依然有限，遠遠未能達到服務貿易自由化的標準要求，應進一步擴大業務範圍；②獲得內地執業資格的香港居民的業務範圍一般限於涉港澳的業務，但具體哪些案件被定義為涉港澳，涉港澳的標準是主體的住所還是標的的所在地，這些問題還沒有一個可供操作的標準；③對於「非訴訟業務」的定義，由於香港與內地的法律制度存在差異，對於法律業務的分類也或多或少存在差異，由於雙方對業務範圍的界定不清，容易產生爭議，又缺乏相關規定，獲得內地執業資格的香港居民對於業務的承接總是畏首畏尾，害怕承接的業務與內地的法律規定不一致而產生不必要的經濟損失，挫傷了其開展業務的積極性；④由

於內地的律師行業起步晚，發展緩慢，法律執業水平偏低，加上外部的法律法規透明度不高、律師職業地位不高等因素，與香港成熟穩健的法律體制和規範的行業體系相比，形成較大的反差，給香港律師到內地執業造成了種種不適應，也是需要內地的立法和司法部門共同努力改善的；⑤《補充協議八》規定允許香港大律師以公民身份擔任內地民事訴訟的代理人，但具體而言，除了涉港的婚姻、繼承案件以外，還擴大至哪些民事領域呢？這些都需要及時細化，以促進獲得內地執業資格的香港居民在內地業務的展開。

4. 關於香港與內地律師事務所聯營存在的問題

自 2004 年 1 月浙江省天冊律師事務所與香港梁錦濤關學林律師行於香港簽署首份聯營協議至 2010 年只有六家香港律師事務所與內地律師事務所進行聯營，[1] 發展速度是緩慢的，其中的原因包括但不限於以下這些：①現實與法條、法條與法條之間產生了衝突，《聯營管理辦法》將律師事務所之間的聯營的性質定義為合同型聯營，但《聯營管理辦法》所規定的聯營是合夥律師之間或合夥律師事務所之間的合作關係，而合夥律師事務所在法律地位上視同公民。如果按照《民法通則》關於聯營的規定，香港、澳門與內地的律師事務所之間的聯營性質定為合同型聯營是不恰當的，它們之間是一種合夥關係，這就產生了法條之間的矛盾。②根據 CEPA 的規定，律師事務所之間進行聯營，香港的律師事務所必須在內地設立代表機構，但現實中只有大型的律師事務所為了方便業務的開展才在內地設立代表機構，而中小型的香港律師事務所為了節省營運成本和開支，一般沒有在內地設立代表機構，這就挫傷了中小型的香港律師事務所與內地律師事務所進行聯營的積極性，為了促進兩地律師事務所的合作，中央應當降低這一門檻。

1　新華網，http://news.xinhuanet.com/gangao/2010-07/06/c_12304404.htm。

5. 關於資格相互承認存在的問題

　　香港律師若想進駐內地法律服務市場，必須遵照《國家司法考試實施辦法》參加內地統一司法考試，取得內地法律職業資格後才能從事內地的法律事務，否則，以香港律師的身份是不能參加內地法律事務的。其實這表明了內地並沒有對香港的法律職業者的資格進行認可，只有參加了內地的司法考試，獲得了中國司法部的資格認可後才能執業，所以雙方之間還沒有實現資格的相互認可。此外，獲得內地法律執業資格的香港律師在進行代理活動時還必須以內地律師的身份，而不能以香港律師的身份，也體現了雙方資格認可上的不接軌。

（二）《粵港合作框架協議》關於法律服務規定存在的問題

　　首先，《框架協議》規定粵港之間將建立法律法規文本交流制度，提供投資貿易操作程序和規則指引，該制度的建立一方面有利於提高雙方之間的司法透明度，雙方法律服務者能夠及時了解到對方法律法規的變化發展；另一方面，關於貿易投資的操作程序與規則的指引是在 CEPA 框架協議下的進一步細化，與後者相比更具有可操作性。但同時也產生了一些問題：①針對法律法規的文本交流制度將由哪些政府部門負責制定缺乏相關的規定；②在法律法規進行修改變更的時候，對於將按照怎樣的程序撤銷已經失效的法律法規並沒有細化規定；③投資貿易的操作程序與規則到底是應該由粵港兩地分別制定適用於本地區的規則程序還是兩地政府聯合制定一套普遍適用的規則程序呢？這些問題都需要進一步細化。

　　其次，《框架協議》規定粵港之間將建立法律事務協調機制，成立專家小組就雙方合作領域提出立法建議，該專家小組的成立無疑對粵港之間合作事務問題的解決並提出及時有效的專業意見，是十分必要和有利的。但以下問題的進一步細化相信會更好地發揮協調機制的作用：①協調機制下的專家小組到底是一種常設的機構設置還是一種臨時的組織安排？②對於專家組就粵港合作問題提出的立法建議，應該遵照一種怎樣的程序向有關的立法

機關提出？③這些立法建議在立法機關的立法過程中的法律地位如何？

　　最後，CEPA 中關於內地與香港的法律服務的合作主要包括律師或律師事務所之間的合作交流，尚未涉及公證、司法鑒定等領域，所以《框架協議》規定粵港之間將推動公證、司法鑒定領域的合作交流是在 CEPA 基礎上一個新的突破。公證與司法鑒定涉及雙方之間公證人員的資格認可、鑒定技術的合作交流等一系列複雜的技術性問題，《框架協議》只是給出了一個概括統領性的建議，需要雙方在日後的法律文件中對具體如何操作做出補充規定。

三　完善粵港法律服務合作規定及制度的建議

　　面對 CEPA 及《粵港合作框架協議》中法律服務出現的種種問題，雙方應該積極採取應對措施，完善相應的法律法規，以促進兩地法律服務合作的健康發展。

（一）完善 CEPA 中法律服務合作規定及制度的建議

1. 關於香港律師事務所在內地設立代表機構的建議

　　《管理辦法》應當根據香港與內地現時的合作情況予以相應的調整，放寬對香港律師事務所在內地設立代表機構的條件限制，在代表機構的設立條件、活動範圍、聘用人員等方面給予香港律師事務所比外國律師事務所設立代表機構更加優惠的條件，如設立代表機構和派駐代表的程序要求可以由原來的經由國務院司法行政部門的許可改變為向司法行政部門備案即可。關於代表處不得聘用內地執業律師、聘用的輔助人員不得為當事人提供法律服務的規定應當予以刪除。為了加強兩地法律服務者的合作交流，特別是提高內地律師處理國際性金融、投資、併購等高端非訴訟業務的水平，應當允許具有相關資格的法律職業者從業於香港的代表機構，以提升其業務水平。

2. 關於香港法律執業者在內地執業的建議

根據 CEPA 的規定，取得內地法律執業資格的香港永久性居民可以在內地律師事務所從事非訴訟法律事務。而根據香港特區法律的規定，香港的法律服務者分為大律師和律師兩類，前者負責訴訟業務，後者負責非訴訟業務。換言之，律師只要取得內地執業資格，在內地開展業務是不存在障礙的，關鍵在於即便取得了內地執業資格的大律師也不能開展業務的問題。《補充協議三》嘗試解決這一問題，規定了允許香港大律師以公民身份擔任內地民事訴訟的代理人，但該規定又引起了大律師以公民身份擔任代理人致使法律地位、訴訟權利義務不對等的一系列問題，遭到社會各界的詬病，這也是立法者始料未及的。但隨着《補充協議三》突破了獲得內地法律資格的香港法律執業者只能從事非訴訟業務的界限，允許他們從事涉港的婚姻、繼承案件的民事訴訟，《補充協議八》規定將擴大他們在內地從事涉及香港居民、法人的民事訴訟代理業務範圍，香港大律師在內地的執業範圍是呈現不斷擴大的趨勢的。在香港大律師於內地涉足的訴訟業務範圍不斷擴大的背景下，因香港大律師只能以公民身份擔任代理人的規定而產生的訴訟地位不平等問題也隨之消失了。

3. 關於取得內地律師執業資格的香港居民在內地執業的建議

毫無疑問，取得內地律師執業資格的香港居民在內地執業的範圍是越來越寬廣了，但在不斷向前推進的過程中，一些細節上的規定還需完善，如獲得內地執業資格的香港居民的業務範圍一般限於涉港澳的業務，但具體哪些案件被定義為涉港澳，涉港澳的標準是主體的住所還是標的的所在地？另外，關於「非訴訟業務」的定義，兩地之間存在差異，應該以哪一個為標準？相關方宜磋商確立一個明確清晰的標準，並予以公佈，以便兩地法律服務者按照相關標準開展業務。

4. 關於香港與內地律師事務所聯營的建議

根據 CEPA 的規定，律師事務所之間進行聯營，香港的律師事務所必須

在內地設立代表機構，但現實中只有大型的律師事務所為了方便業務的開展在內地設立代表機構，而中小型的香港律師事務所為了節省運營成本和開支，一般沒有在內地設立代表機構，這就挫傷了中小型的香港律師事務所與內地的律師事務所進行聯營的積極性。所以為了促進兩地律師事務所的合作，應當降低這一門檻，允許所有的香港律師事務所與內地律師事務所進行聯營。

（二）完善《粵港合作框架協議》中法律服務合作規定及制度的建議

第一，政府為了提高立法和司法的透明度，建立了法律法規文本交流制度，有利於雙方法律服務者及時了解到對方的法律法規的發展變化。此外，政府還可以加大宣傳普法的力度，一方面可以在香港開展培訓班，就新實施的法律法規進行解釋；另一方面可以組織內地的涉外律師事務所以研討會的方式討論研究香港律師事務所近期在國際上成功的案例。

第二，政府應該加強對在內地執業的香港律師和香港律師事務所的監督和管理。對出現違法違規行為的內地律師和內地律師事務所，按照《中華人民共和國律師法》的規定可以追究相關責任人的民事責任，甚至刑事責任，但目前對出現違法違規行為的香港律師和香港律師事務所的懲罰力度仍然停留在罰款的層面，應該加強立法管理。[1]

第三，香港與廣東應該就兩地政府之間的法律服務合作中的具體事宜進一步磋商，積極完善《框架協議》仍未落實的具體措施，使相關法規更具可操作性，以便兩地法律執業者按照規定依法合作。比如關於公證、司法鑒定領域的合作，目前只有指導性的規定，關於如何具體落實的操作程序與規則尚未確定，有待相關部門進行細化。

1　李伯僑、黃麗瓗：《試論 CEPA 開放法律服務業的影響和對策》，《社會科學家》2005 年第 2 期。

　　第四，在加強香港與廣東的法律服務合作方面，除了政府方面的努力外，民間機構的力量也是不可或缺的。粵港澳法學論壇作為一個高層次的區域法學論壇，承載着為本地區法學界、法律界搭建一個高水平的學術交流平台，以更好地優化和整合學術資源，為本地區經濟社會發展和法治建設提供強有力的法學理論支持的使命。中國法學會會長韓杼濱在會議中指出：論壇關注的範圍應該包括如何促進三地法律界、法學界的相互了解、相互合作及司法機關間的相互協助等。[1] 各地的專家學者都高度關注香港與內地的法律服務合作，特別是粵港法律服務合作的進程，紛紛出謀獻策，為促進兩地的法律合作增添力量。這樣的學術論壇的參與者都是在香港、澳門和內地合作發展方面有深入研究的學者，他們具有深厚的法學理論功底，密切關注三地的發展動態，對於國際上的法律事務發展具有敏銳的觸覺，定期的交流研討會為他們交換研究成果提供便利，為法律服務業的合作提供學理上的分析與指導，具有重要的參考指導價值。《框架協議》項下的法律事務協調機制可以吸納這些專業人士組成專家小組，為粵港法律服務合作出謀劃策。

1　中國廣播網，http://www.cnr.cn/zhfw/xwzx/zhxw/200803/t20080311_504730471.html。

7. 完善粵港兩地中小企業融資合作的法律思考 [1]

慕亞平　李瓊　周蓮

　　《粵港合作框架協議》（以下簡稱《框架協議》）簽訂後，粵港兩地合作程度日益加深，範圍不斷擴大。2012 年 1 月 9 日，在香港召開的粵港合作聯席會議第十七次工作會議上簽署了落實《框架協議》的《2012 年重點工作》，對粵港深度合作大有推進。另外，內地推行央行連續加息、收緊平台貸款等緊縮的貨幣政策，加上全球經濟的不景氣，致使廣東許多中小企業在融資方面遇到了巨大困難。於是，一些廣東的中小企業乘粵港合作之東風，「借道」香港融資，在一定程度上緩解了企業的燃眉之急；但同時，也有一些不法分子，利用金融結算漏洞詐騙跨境融資的中小企業主，[2] 給中小企業帶來了巨大風險。本文謹對中小企業融資業務所面臨的法律問題，以及促進粵港兩地更規範和更深度的合作，使得資本市場能更好地為粵港的實體經濟服務，發表一些粗淺的看法。

1　本文入選《廣東省港澳法研究會 2014 年（汕頭）年會論文集》。

2　2011 年 12 月 2 日《人民日報》報道了「跨境融資詐騙瞄上中小企業主，利用金融結算漏洞」的新聞，http://finance.sina.com.cn/g/20111202/072010922297.shtml。

一　粵港中小企業融資現狀、存在問題及原因分析

（一）粵港中小企業融資合作中的現狀

中小企業融資難，是一個世界性的難題。中小企業融資 [1] 在銀行業務中就是給貧困者借貸發展資金的一種金融服務。根據廣東省經貿委測算，廣東省中小企業實際融資總額約 1.16 萬億元，與廣東省中小企業 2 萬億元的潛在資金需求相比，存在近 1 萬億元的資金缺口。廣東省是中國經濟的領頭羊，而中小企業又是廣東省經濟發展的重要支柱，它們在 2011 年卻面臨了一場巨大的融資危機。在汲取溫州民間借貸脆弱資金鏈的失敗教訓後，廣東的中小企業主開始轉戰到香港信貸融資。截至 2011 年 9 月，香港的中小企業總計約 30 萬家，佔香港商業單位總數的 98% 以上，並且為超過 120 萬人提供了就業機會，中小企業作為香港的主力軍，也同樣存在因銀行貸款門檻高而融資困難的問題。但慶倖的是，香港針對中小企業融資有較完善的政府資助計劃，能夠幫助中小企業在每一次金融危機中渡過難關。

（二）粵港中小企業融資合作中的法律依據

1. CEPA 協議關於融資的規定

CEPA 中涉及內地與港澳企業融資的規定，主要包括支持符合條件的內地企業到香港上市、支持內地銀行到香港發展包括融資在內的國際業務。

支持內地企業在香港上市體現在 2003 年簽訂的 CEPA 協議第十三條第（五）款中，內地本着尊重市場規律、提高監管效率的原則，支持符合條件的內地保險企業以及包括民營企業在內的其他企業到香港上市。從該條款

1　本文所講的融資是一個廣義的概念，即融資既包括從發起人的自有資本、上市發行股票或發行債券的直接融資，也包括通過商業銀行、農信社等專門金融機構或典當行、擔保公司等非金融機構的間接融資，還包括 BOT 項目融資和政府融資。

的內容上看，當時中央政府是重點助推內地具有國有成分的保險企業在港上市，同時也鼓勵民營企業自行赴港上市。中央政府對有國有成分的企業去香港上市是保持謹慎態度的，而且當時規定只能是經審批符合條件的保險企業。

而支持內地銀行到香港發展包括融資在內的國際業務體現在 2011 年簽訂的 CEPA《補充協議八》第三條第（一）款，支持內地銀行在審慎經營的前提下，利用香港的國際金融平台發展國際業務，其中包括所有類型的貸款（包括消費信貸、抵押信貸、商業交易的代理和融資）。在八年的經濟交往中，中央政府在赴港的融資業務上只是增加了內地銀行資格。可見，中央政府對金融資金的開放流通是相當保守的。

這兩個文件的表述都是指導性的，並沒有具體執行規定，融資業務的開放進度緩慢，兩地融資合作還有待時日。此外，CEPA 規定的粵港在服務業「先行先試」的政策，對中小企業融資這一金融服務應該可以適用。

2.《框架協議》關於融資的規定

根據《框架協議》第三章第一條第（一）款規定，鼓勵廣東銀行機構對香港銀行同業提供人民幣資金兌換和人民幣賬戶融資，對香港企業開展人民幣貿易融資。支持廣東企業通過香港銀行開展人民幣貿易融資。第（四）款規定，在政策允許範圍內支持符合條件的廣東法人金融機構和企業在香港交易所上市，在港發行人民幣債券、信託投資基金。支持符合條件的企業在深圳和香港創業板市場跨境上市。第（五）款規定，廣東出台的支持中小企業融資的政策措施，在不違反 WTO 規則的前提下，原則上適用於在廣東的港資中小企業。在政策允許範圍內支持符合條件的廣東金融機構為境內港資企業在內地銀行間市場發行企業債、短期融資券和中期票據提供承銷服務。鼓勵在廣東的港資企業在深圳證券交易所發行股票。

相較於 CEPA，《框架協議》的內容更加具體和明確，允許赴港上市融資的企業範圍也擴大了，在政府資助計劃方面則傾向於廣東省政府給予港資企業的優惠。

（三）粵港中小企業融資所存在的問題

1. 自有資金不足，直接融資渠道不暢，間接融資渠道單一

　　根據國際金融公司研究資料，業主資本和內部留存收益分別佔我國私營企業資金來源的 30% 和 26%，公司債券和外部股權融資不足 1%。可見，廣東絕大多數的中小企業的創業資本是通過自我積累和群體聚集形成的，其來源多為個人儲蓄、親友集資、天使投資等，因而其資金量是很有限的。特別是在企業發展到一定階段，比如從勞動密集型轉向技術密集型時，需要大量的資金支持。此時企業就不得不通過外源融資。

　　外源融資按中介機構在融資中所扮演的角色不同，分為直接融資和間接融資。直接融資主要是股權融資和債務融資，間接融資則包括銀行貸款、融資租賃和擔保融資等。從我國的《公司法》《證券法》以及相關的法律可知，我國對於股票發行和債券發行中企業的資產規模、經營時間以及盈利能力都有嚴格的限制。這對於絕大部分中小企業來說是「門檻」過高的。鑒於中小企業抵押難、擔保難的現狀，商業銀行的貸款成了其間接融資的主要渠道。

2. 銀行「惜貸」，且短期貸款居多，對中小企業存在歧視

　　從上文可知，作為中小企業間接融資的主要來源的商業銀行，對中小企業是持「惜貸」態度的。由於中小企業自身各種因素的限制（下文將詳細分析，在此不贅述），銀行一般只會為中小企業提供短期貸款。受計劃經濟的歷史影響，四大國有商業銀行為了防範金融風險和符合上市要求，業務定位轉向大客戶、大城市，同時也削減了一些地方網點，這就間接縮小了中小企業融資的範圍。另外，從規模經濟性出發，銀行對每一筆貸款所做的調查和監管費用大體相同，貸款規模越大，單位交易成本就越低。因此，銀行當然寧做「批發」，而不願做中小企業的「零售」。實質上銀行更多考慮的是中小企業的償債能力較低。

（四）中小企業融資問題的成因

1. 中小企業自身因素的限制

主要體現在以下幾方面：①一般來說，中小企業規模小、資信度低，可抵押財產少；②中小企業管理不規範，抗風險能力差；③中小企業財務制度不健全，導致信息不對稱，阻礙了銀行信貸。

2. 金融體系不健全，致使為中小企業服務的中小金融機構「難務正業」

我國現有的信貸體系是以四大國有銀行為主體，中小企業資金的主要提供者 —— 地方性中小金融機構，如股份制商業銀行、城市商業銀行、城市信用社以及農村信用社等為輔助。這些中小金融機構在設置上本來就是為中小企業服務的，但其中有的要麼像股份制商業銀行那樣定位失誤，有的要麼像城市商業銀行和城市信用社那樣不良資產比例極高，都無法在中小企業融資上發揮更大的作用。而由於體系不健全導致對中小企業的政策支持度不夠，在前文已有論述，不在此贅述。

3. 中小企業貸款的擔保體系不配套

由於中小企業可抵押的物品少，主要的間接融資渠道 —— 商業貸款渠道又不暢，而且在融資租賃、信用擔保、應收賬款質押融資、票據貼現融資等方面法律規定滯後。特別是在信用擔保這方面，政府出資設立的信用擔保機構通常只在籌建之初得到一次性的資金支持，缺乏後續的補償機制；而民營擔保機構受所有制限制，只能獨自承擔擔保貸款風險，無法與協作銀行形成共擔機制。[1]

這個問題在粵港金融合作中最為顯著，這裏涉及的是國際私法中區域法律的衝突問題，即擔保物的有效性問題，企業信用記錄的承認問題等。廣東和香港分屬兩個法域，各地對於對方的擔保物或企業信用憑證的規定不同。

1　張朝元、梁雨：《中小企業融資渠道》，機械工業出版社，2009，第 6 頁。

例如香港永隆銀行推出的「粵港中小企業融資通」，就限定了港商企業提供的抵押品只能是香港物業或永隆銀行的定期存單。[1]

4. 國家緊縮的貨幣政策以及人民幣持續升值

2010 年下半年以來，國際大宗商品進入新一輪上漲周期，原油、鐵礦石、有色金屬等主要工業原料的漲幅高達 20%～80%。特別是自 2010 年以來央行連續 12 次上調存款準備金率和 5 次加息，「中小企業受到政府調控政策的『誤傷』」，時任廣東省委統戰部副部長、省工商聯黨組書記楊浩明在第十一次粵港澳主要商會高層圓桌會議上這樣說道。廣東省工商聯調查表明，2014 年上半年，僅有 38% 的企業能從商業銀行獲得貸款。一些大型企業把貸款結算期由 45 天延長至 90 天，將資金短缺困難轉嫁給下游的中小企業，導致中小企業現金流進一步緊張。[2]

在國家採取緊縮的貨幣政策導致貸款資源有限的情況下，商業銀行對貸款對象的選擇和審核也隨之趨緊，特別對中小企業來說，融資的空間越來越小。同時對以加工貿易出口為主的港澳中小企業來說，人民幣一定時期的持續升值導致出口企業成本上升。這會對企業利潤形成強烈的擠壓，間接影響企業的內部融資。

二　粵港兩地中小企業融資法律制度的差異強化了合作的意義

（一）廣東省關於中小企業融資的法律制度和政策

廣東省作為我國行政區劃單位的一部分，應當受到《憲法》和其他部門

1　經濟通通訊社：《永隆銀行推出「粵港中小企業融資通」》，http：//www.wolun.com.cn/hkstock/24/249911.html。

2　楊清平：《粵港澳三地商會共商中小企業轉型》，http：//news.jschina.com.cn/system/2011/08/05/011393050.shtml。

法的約束。在中國這個有着「重農抑商」歷史傳統且如今又以公有制為主體的社會主義國家，中小企業法律地位的被承認是經歷了一個漫長的過程的。

首先，1999 年《憲法修正案》第十一條明確規定：「非公有制經濟是社會主義市場經濟的重要組成部分。國家保護個體經濟、私營經濟的合法的權利和利益。國家對個體經濟、私營經濟實行引導、監督和管理。」這為日後中小企業的發展提供了憲法依據。

其次，2003 年施行的《中小企業促進法》是我國第一部針對中小企業的專門立法，其中明確從資金支持、創業扶持、技術創新、市場開拓和社會服務等五大方面宏觀地規定了政府在促進中小企業發展中應該發揮積極的作用。特別是在資金支持方面，《中小企業促進法》從第十條到第二十一條都做了明確規定，從中央政府、中國人民銀行到各金融機構、風險投資機構、擔保機構等機構的介入，從中央財政預算中的中小企業發展專項資金、中小企業發展基金到中小企業信用制度建設、中小企業信用擔保體系的建立等制度的完善，從拓寬直接融資渠道到鼓勵互助性融資擔保，全方位、多角度地為中小企業融資提供了法律依據。但可惜的是，這些規定都是建設性的和鼓勵性的，並沒有規定具體如何操作，特別是沒有一個國家級統一的中小企業管理機構。雖然現在我國各省級和地級市都建立了中小企業局，但中央直屬的中小企業管理機構仍沒有形成，沒有上下協調的機制、信息不對稱，這些難免會影響中小企業的良性發展。

再次，國務院直屬機構和廣東省政府都相繼制定了幫助中小企業融資的政策措施。比如中國銀監會出台的《銀行開展小企業貸款業務指導意見的通知》《關於進一步做好小企業金融服務工作的通知》，以及國務院 2009 年出台的《關於進一步促進中小企業發展的若干意見》。廣東省政府在 2012 年 2 月 7 日也印發了《2012 年扶持中小微企業發展的若干政策措施》，[1] 其中第四章也專門提到了「加大對中小微企業的融資支持力度」，涉及了小額貸款保

1　廣東省人民政府印發《2012 年扶持中小微企業發展若干政策措施的通知》粵府〔2012〕15 號文，http://www.gdsme.com.cn/web/Article/zhengwu/zhengwuxinwen/201202/20120207084110.htm。

證保險試點、鼓勵投保信用保險、上市融資、發行集合票據、開展融資擔
保機構信用評級等方面，其後還明確了各項目的負責單位。該政策也是宏
觀的規範性文件，仍需各部門制定協作的細化規則才具有可操作性。

除了以上專門針對中小企業的法律和政策之外，我國的一些部門法也
規定了相應的融資制度，例如《擔保法》的保證，《物權法》的抵押、質押
和留置，證券法律法規規定的公司上市發行股票和債券的要求等。在實際
的商業運營中，這些制度都成為了中小企業融資的硬傷，比如中小企業的
資信體系不健全，銀行由於信息不對稱不敢給予信用貸款。根據物權法定
主義的原則，物權法規定了抵押物的範圍，但因為中小企業自身規模所限
能抵押的物就很少，所以其商業貸款的途徑也不暢通。但可喜的是，《物
權法》第 181 條關於特殊動產集合抵押是對中小企業融資有利的，它允許
「企業、個體戶將現有、將有的生產設備、原材料、半成品、產品等動產抵
押」，這一條在實際操作中可能會涉及資產評估的問題，各金融機構有可能
會因此望而卻步。至於公司上市發行股票或債券，其標準不是一般的中小
企業能夠企及的，所以這條路對中小企業來說也是很難走的。

（二）香港關於中小企業融資的法律制度和政策

內地企業紛紛到香港融資，其背後是有深刻的制度和政策因素的。
香港擁有一套較為完善的金融網絡，政府為中小企業融資提供了有力的保
障。按其實際環境劃分，香港中小企業融資可分為股權融資和債務融資，
其中股權融資的途徑有個人資金、私營股份制融資、合夥融資、職工持
股、創業板上市和風險資本；債務融資渠道主要有商業信貸、政府資助計
劃、金融機構貸款和私人貸款。[1] 而內地中小企業到香港融資主要集中在創
業板上市、商業信貸和政府資助計劃上。

1　香港聯交所網站 —— 創業板，http：//www.hkgem.com/aboutgem/tc_default.htm？ ref=59。

　　在香港創業板上市。相對於在香港主板上市或在內地創業板上市，在香港創業板上市對公司是無盈利或其他財務標準要求的。[1] 因此，實踐中內地企業到香港的創業板上市比在內地創業板上市容易，但能符合上市條件的中小企業都是有長期發展潛力的。

　　商業信貸和政府資助計劃。在香港，政府的資助計劃往往都是聯合商業銀行或其他非金融機構一起實施的，通常表現為一項計劃或基金由政府撥付一定的資金作為信用保證人資金，參與計劃的數個金融機構負責提供貸款給申請加入計劃的中小企業，故一併介紹。

　　最初政府的資助計劃起源於 1998 年金融危機，當時香港房價大跌導致中小企業的抵押貸款空間被縮小，特區政府一概偏重抵押品為主的審批貸款制度，順勢推行了信貸評級資料制度，設立商業信貸數據庫，並實施了多個中小企業貸款擔保計劃。其中，信貸數據庫的建立，使得貸款機構能取得申請人的授信數目、授信額度以及欠款記錄，有助於銀行一改以往以企業經營效益為審批依據的做法，這也令更多金融機構願意為業務前景良好、盈利能力高和財務制度健全的中小企業提供「無抵押貸款」，即信用貸款。

　　目前，由香港特區政府推出的中小企業資助計劃包括由香港工業貿易署推出的特別信貸保證計劃、中小企業信貸保證計劃、中小企業發展支援基金和中小企業市場推廣基金，此外還有香港出口信用保險局提供的中小企業無抵押出口融資計劃等。而這些政府資助計劃的對象都是按照香港法例成立的企業，詳情參見表 1。

1　香港創業板上市企業的具體要求如下。第一，持續管理層及控股權：擬上市公司須有至少兩年的活躍業務記錄，在這段時間內，公司需擁有持續的管理層及股權架構不能有重大變動。在符合若干條件下，上述活躍業務記錄可減少至一年。第二，單一主營業務：擬上市公司在上述一年或兩年的活躍業務記錄期內積極經營一種單一主營業務，故綜合性企業或擁有多種業務的企業不能在創業板上市。第三，業務目標聲明：擬上市公司須在招股章程內詳細說明未來整體業務目標和計劃，及解釋上市後當年及隨後兩年的財政年度將如何達成此等目標和計劃。第四，上市後的保薦期：上市後當年及隨後兩年的財政年度須繼續委任一位保薦人作為其財務顧問。第五，會計師報告：會計師報告採用香港和國際會計準則，報告內最近期的財政期間的截止日期不得早於招股章程刊發日期前六個月。

表1

單位：港元

政府資助計劃	負責的部門	宗旨	每家中小企業可獲得最高信貸保證額/資助額	累積貸款金額（截至2012年3月）
特別信貸保證計劃	香港工業貿易署	協助個別企業面對全球金融危機，向參與貸款計劃的機構取得貸款，用作一般業務用途的開支，以解決資金周轉問題。	政府會為貸款提供高達80％的信貸保證，每家企業最高的貸款額為1200萬元。在這貸款額之內，每家企業可從貸款機構取得最多600萬元的循環信貸。	95318286271.94
中小企業信貸保證計劃	香港工業貿易署	以政府為中小企業擔任保證人，在1998年8月專為中小企業抵抗亞洲金融危機融資難而推出。	每家中小企業可獲得的保證額為獲批貸款額的50％，最高為600萬元。信貸保證額可靈活運用於營運設備及器材貸款與營運資金貸款，且購置的有關設備與器材可以置於香港之外。	37416320496.33
中小企業發展支援基金	香港工業貿易署	資助非分配利潤的支援組織、工商組織、專業團體及研究機關，推行有助於提升香港整體或其個別行業的中小企業的競爭能力的項目。	申請機構就每項獲批項目最多可獲基金資助200萬港元或該項目經費的90％。	—
中小企業市場推廣基金	香港工業貿易署	鼓勵中小企業參與出口推廣活動，借此協助其擴展業務。	—	2096496000
中小企業無抵押出口融資計劃	香港出口信用保險局	為支持中小企業無抵押出口融資而設。	凡信保局的保戶可憑該局發出的保單，向銀行取得出口融資而不需提供其他貸款抵押品，只需將保單的權益轉讓給銀行即可。每位出口商可取得貸款總額上限為300萬港元。	—

續表 1

政府資助計劃	負責的部門	宗旨	每家中小企業可獲得最高信貸保證額 / 資助額	累積貸款金額（截至 2012 年 3 月）
外資基金銀行放貸中小企業融資擔保計劃	香港按揭證券有限公司	銀行參與計劃，使用此計劃去管理中小企業貸款的風險。	將每家銀行的高息貸款（即利率超過 10% 的貸款）總貸款額上限由 5000 萬港元增至 1 億港元，允許原本獲得由工業貿易處的特別信貸保證計劃擔保的循環貸款轉移至中小企業融資擔保計劃進行再融資。	約 6.9 億

　　通過對兩地中小企業融資制度的比較，我們可以看到兩地相關制度的差異，也看到了兩地中小企業融資合作方面的障礙與法律問題。①雖然中央和廣東省都制定了中小企業發展的制度，但從制度內容來看都比較具有綱領性和指導性，而香港特區政府制定的中小企業融資政策目標明確、堅持以市場為導向的政策取向，且定期有統計數據公佈，使得中小企業融資更高效更便捷。②「赴港融資容易回流難」。從香港創業板上市的要求看，內地中小企業在香港尋求上市融資比在內地是要容易的。雖然香港特區政府推出的中小企業融資政府資助計劃是針對依香港法成立的法人，但實踐中一些內地企業在香港注冊一個空殼公司就可以申請政府資助計劃。除此之外，在港融資速度較快，香港利率相對較低，手續也相對簡單，所以很多企業「借道」香港融資。根據交通銀行研究員的分析，雖然人民幣結算業務的法律制度已經被鋪平，但「回流難」是由於銀行流程、海關稅收細節。[1]③在擔保物的範圍以及承認方面，存在香港法與國內法的衝突。比如

1　《跨境貿易人民幣結算「還在路上」》，《國際商報》，http：//www.gddoftec.gov.cn/detail.asp？channalid=1351&contentid=13618。

再擔保問題，還有香港永隆銀行推出的「粵港中小企業融資通」，就只承認企業提供的香港物業或該銀行的定期存單。這是由於國內法律規定土地和房屋歸屬分離，土地是國家或集體所有的，房屋可以私有，但香港銀行或其他放貸機構認為這是產權不明晰，存在國有化風險，不承認其有效性。

三　健全粵港中小企業融資合作法律制度的建議

從上面的論述我們可以看到，粵港中小企業融資合作在實踐和法律中都存在一些障礙，有些障礙甚至是改革的深層問題。加強金融合作是 CEPA 的重點合作領域，也是《框架協議》的重點內容。中小企業融資作為一項重要的金融服務，在粵港兩地深度的金融合作中不可避免。粵港中小企業融資合作，一方面，對廣東省來講，便捷廣東企業藉助香港的金融平台融通國際資本，同時也促進廣東提升對中小企業融資的金融服務水平，也有利於人民幣走向國際化；另一方面，在提高香港資本市場的盈利水平的同時，也有助於香港提升和鞏固其國際金融中心的地位。筆者提出在 CEPA 的「先試先行」以及《框架協議》的優惠政策下，促進粵港中小企業融資合作的幾條建議。

（一）立足國情，審慎開放資本跨境流動的「安全閥」

由於我國內地金融市場發展還不完善，發展層次較低，抗風險能力較弱，因此金融風險的防範就變得尤為重要。雖說粵港兩地同屬於一個主權國家，但經濟體制存在較大差異。體制問題在深度的金融合作中不可避免會遇到。既要深化合作促進發展，又要面臨改革問題，所以應處理好改革與發展兩者的關係。政治改革要逐步推進，但當前的經濟發展也應該穩步向前。而香港作為一個國際金融中心，擁有一個完善的國際資本融資平台。內地中小企業赴港成功上市融資的同時，更應該明晰相關的金融規則，注意防範系統性風險。此外，我國應該基於貨幣主權和國家利益的考

量，防止外國「遊資」乘着粵港合作的東風，入侵中國資本市場，造成不穩定因素，最終禍及粵港實體經濟。因此，基於發展程度不同和國家金融安全利益的考慮，粵港中小企業跨境融資合作應該審慎地穩步深入。

（二）借鑒歐盟跨國融資合作經驗要有所選擇

歐盟作為區域經濟合作的典範，其共同的經濟政策是圍繞貨物、服務、人員和資金這四大要素進行磋商和制定的。其中，關於資金自由流動的合作程度的深廣，是其他區域經濟合作組織所不可及的。歐盟取消各成員國之間對跨國界金融交易的限制，允許一國銀行在其他成員國設立分行，允許一國居民自由購買其他成員國的債券和股票；放寬對其他成員國公司和企業在本國發行債券和股票的限制，取消對買賣債券而獲得商業信貸的限制。[1] 歐盟各國要讓渡部分金融主權才能換來如此深入的融資合作，其中歐元扮演了重要角色。

歐盟在不同主權國家中的融資合作能如此深入，是值得粵港「一國兩制」的區域經濟合作借鑒的。CEPA 和《框架協議》都是「一國兩制」下的特殊產物，在一個主權國家範圍內，粵港緊密合作區的融資合作是否應該更深更廣呢？答案是肯定的。現階段仍是粵港金融合作的初步階段，雖說人民幣跨境結算、港資銀行在內地設立分行等方面都取得了良好的效果，正如前文論述的那樣，有很多方面都有待深入。在學習和借鑒的過程中，我們更應該反思歐盟融資合作的前提和背景，即他們都有相同的經濟體制、自由的市場經濟等。粵港合作的基礎是「一國兩制」，因此對歐盟的區域融資經驗不能生搬硬套，應該考慮各國土壤的差異，否則就會出現「橘生淮南則為橘，生於淮北則為枳」的現象。

1　卜偉、葉蜀君、杜佳、劉似臣編著《國際貿易與國際金融》，清華大學出版社，2009，第 141 頁。

（三）在前海、南沙新區試點擴大粵港兩地
金融對擔保物的承認範圍

除了宏觀上要完善相關的法律體系，我們還應該關注一些關鍵環節，比如兩地對抵押物或質押物的承認範圍。信用擔保主要解決的是無抵押物的貸款，其服務的對象是沒有足夠抵押物的企業，而抵押和質押則是相對於有抵押物或質押物的企業，但因兩地法律差異並不能相互承認的情況。由於國內土地產權國有，所以實踐中在香港很多銀行並不承認相應的產權證明，這也導致有些中小企業即便有「抵押物」也貸不到款。就如香港永隆銀行推出的「粵港中小企業融資通」，是讓港商企業或港人以在港定期存款做質押或以物業做抵押，由本行向招商銀行或本行國內分行開出備用信用證，經批核後招商銀行或本行國內分行憑備用信用證向客戶的國內企業發放人民幣及／或外幣貸款。這也是常見的「內保外貸」現象。很多廣東企業就是通過其香港的子公司來向港資銀行貸款的，但其要求的抵押物和質押物均為在港資產。為了解決這樣的矛盾，隨着粵港金融合作的深入，筆者認為，我們可以根據 CEPA 中規定的「先行先試」辦法，放寬兩地對擔保物的承認範圍，規避區際法律衝突的問題，把深圳前海、珠海橫琴和廣州南沙作為試點地區。與此同時，在試點地區可以創新抵押質押擔保方式，不僅是內地的房產或定期存款，還可以是應收賬款、知識產權等，這些措施與這些地區要建設高新金融區的戰略思路是相吻合的。

8. 粵港合作處理企業欠薪的法律策略

慕亞平　陳栩芸

一　粵港兩地欠薪現狀

（一）粵港兩地企業欠薪現狀的幾個特點

企業欠薪，即企業無故克扣或者拖欠勞動者工資報酬。在我國計劃經濟體制時期，國家作為企業的後盾，很少出現企業欠薪現象。但伴隨着改革開放後市場經濟體制的構建，企業欠薪現象大量湧現，其中惡意欠薪甚至成了企業轉嫁經營風險和牟利的手段。企業欠薪是當前我國各地普遍存在的現象，由於我國的經濟發展不平衡，客觀上造成了企業欠薪具體情況錯綜複雜的現實，總體而言粵港兩地企業欠薪具有以下特點。

1. 欠薪的企業以勞動密集型企業為主

據深圳市公佈的 2012 年前三個季度的欠薪用人單位名單，44 家企業主要以器具廠、電子廠、服裝廠為主，其中欠薪 100 萬元以上的有 4 家。[1]而根據香港勞工處 2010～2011 年度破產欠薪保障基金委員會報告，餐飲服務業申請數目最多，其次是建造業，再次是其他個人服務業，這三個行業的申請人數佔申請人總數的 59.4%，而申請的款額則佔總額的 32.5%。[2]建築行業欠薪近年來也頗受關注，因為當地企業發生大規模欠薪而造成群體性

1　《深圳市人力資源與社會保障局通知公告》，深圳市政府官網，http：//www.sz.gov.cn/rsj/qt/tzgg/201204/t20120411_1840958.htm。

2　詳見香港勞工處官網，http://www.labour.gov.hk/tc/public/pdf/wcp/AnnualReport2010-11.pdf。

聚眾鬧事事件屢屢發生。每到年末，建築工地勞務人員因「討薪」而上演了一幕幕「跳樓秀」。2007 年廣東省勞動和社會保障廳發佈的《關於印發開展整治欠薪專項行動工作方案的通知》將建築業企業（包括房地產開發、市政設施、交通路橋、水利電力建設等）列為專項行動檢查單位的重點對象。[1]

2. 欠薪方式多樣化

現階段，企業欠薪大體有兩種類型：一是企業在破產、經審計資不抵債且無力支付員工工資等情形下應支付而逾期未支付給員工的工資；二是惡意欠薪，多指企業在經營狀況良好、資金周轉正常、支付勞動者工資沒有問題的情況下，以轉移財產、逃匿等方法故意拖欠勞動者工資的行為。

在第一種情形下，企業欠薪的形式主要有四種：①無故拖欠勞動者工資；②克扣勞動者工資；③支付職工工資低於最低工資標準；④不按規定支付勞動者加班工資。第二種情形則出現了企業欠薪逃匿的新形式，呈現有組織、有計劃、有前奏的趨勢。他們往往表現為拖欠勞動者工資 2～3 個月，拖欠場租及水電費約半年，拖欠供應商貨款約半年，庫存產品基本變賣，有數月的欠稅記錄，銀行存款為零，名下資產為零。比如，作為佛山第一個涉嫌「惡意欠薪罪」的佛山某製衣廠，其惡意欠薪預謀目的就相當明顯：年末大量的「訂單」、火熱的趕工場面竟然都是老闆製造出來的假象，事實上公司負責人已經提前祕密將公司的機器設備和產品轉移了，拖欠了 84 名員工的 40 多萬元工資。

3. 案件範圍擴大化

以往欠薪逃匿的企業大多是一些規模小、生產成本低的「三來一補」企業，但是從近年的案件來看，一些規模較大的企業也進入了欠薪逃匿的名單，包括在內地投資的外資港商。自 2008 年經濟危機以來，外商非正常

1　詳見《廣東省人力資源和社會保障廳最新政策法規公告》，廣東省人力資源和社會保障廳官網，http://www.gdhrss.gov.cn/publicfiles/business/htmlfiles/gdhrss/s51/201204/33617.html。

撤離中國內地市場有抬頭趨勢，其中以青島的韓資企業「半夜逃跑」和東莞港資玩具廠欠薪逃匿為典型案例。2007 年東莞市大朗鎮洋坑塘的港資玩具廠因老闆涉嫌攜款失蹤，近 2000 名工人擔心拖欠近兩個半月的工資不能發放，遂聚集在廠區門口罷工。2010 年 10 月 12 日，粵港勞動監察協調合作機制第一次會議就逐步建立粵港勞動監察區域協調合作關係，探討兩地立法、執法和處理企業欠薪事宜並探索建立粵港澳協作執法機制，對在粵惡意欠薪逃匿的港澳經營者，可通過港澳媒體公告或委託當地勞工執法機構送達法律文書，實行跨地區協助執行，督促港澳欠薪逃匿者儘快回企業所在地解決欠薪問題，接受處理，聯手打擊惡意欠薪逃匿行為。

（二）粵港兩地企業欠薪的成因

自改革開放以來，我國建立社會主義市場經濟的成績斐然，同時也遇到了一些新的問題，這是改革開放過程中不可避免的現象。企業欠薪是世界範圍內普遍存在的現象，國外發達國家亦有較為成熟的欠薪保障制度來規制企業欠薪行為。可以說，企業欠薪是市場化改革帶來的新風險，要防範這類風險，需要正確地把握企業欠薪現象發生的客觀規律，並把這個規律昇華為對企業欠薪成因問題的理性分析和思辨。

1. 違法成本不高，是企業欠薪逃匿的關鍵原因

在《刑法修正案八》出台之前，我國法律制度中沒有針對欠薪逃匿行為的定罪量刑，只能往關聯罪名上靠，這意味着欠薪逃匿的企業主最多只承擔民事責任，而且在其轉移財產的情況下，還面臨處罰執行難的問題。廣州、東莞等市通過對惡意欠薪企業取消工程競投標資格、限制其承接投資和參加政府採購等方式，在一定程度上對企業起到了警示作用，但也只能是「軟制約」。用人單位欠薪應承擔的法律責任同樣過輕，用人單位違法成本太低，導致用人單位欠薪時毫無顧忌。而追究欠薪逃匿的港商的責任更是難上加難，現階段還沒有建立起完善的粵港勞動監察協調合作機制，僅有

廣東省及深圳、廣州、東莞等各市、區就本轄區內的企業欠薪規制立法。一旦涉及對欠薪逃匿的港商的抓捕，就需要層層審批、層層協作，連省公安廳在操作上都困難重重。

2. 對勞動者工資權的救濟程序複雜、冗長

在法律程序方面，勞動者尋求救濟的成本過高，在前期需要投入大量的人力、物力和財力，從經濟角度考慮，勞動者有可能得不償失，甚至因勝訴執行不到位而加重其經濟負擔。《勞動合同法》第 30 條規定，用人單位應當按照勞動合同約定和國家規定，向勞動者及時足額支付勞動報酬。用人單位拖欠或者未足額支付勞動報酬的，勞動者可以依法向當地人民法院申請支付令，人民法院應當依法發出支付令。這一規定，將支付令制度引入欠薪案件中，賦予了勞動者快捷進入司法救濟程序的途徑。但支付令在司法實踐中基本上形同虛設，因此，要規範支付令的異議內容，賦予法官審查用人單位對支付令提出異議的理由是否充分的權力，只有理由充分才能生效，以限制用人單位支付令異議提出的隨意性。[1] 要想切實保護勞動者的工資權益，現有法律規範就必須在實體和程序上不斷改進提高，從而在法律上徹底根除企業欠薪這一社會頑疾。

3. 勞動監察機構執法效率低下

作為代表人力資源和社會保障行政部門實施行政執法的唯一部門，勞動保障監察機構執法的目的是規範勞資關係。但缺人員、缺編制、缺經費、缺手段、缺支持等問題長期困擾着我國勞動保障監察部門，導致執法效率低下、執法能力弱化。特別是在近年來勞資矛盾進入高發期、職工群體性事件頻頻發生的時代背景下，勞動保障監察部門未能有效威懾和遏制用人單位的欠薪違法行為。

另外，對於企業欠薪所引起的勞動爭議，勞動監察機構在以調解為

1　郭傑：《我國企業欠薪的現狀、原因及其治理措施》，《湖北廣播電視大學學報》2010 年第 6 期。

主、處理為輔的原則指引下，對企業的欠薪行為寬容有餘、處罰不足，無法有效地遏制企業的欠薪行為。2013 年 5 月 1 日施行的《廣東省勞動保障監察條例》第 42 條規定了勞動監察部門在發生用人單位欠薪時的處理程序：「用人單位發生欠薪，人力資源和社會保障行政部門可以採用電話、書面或者張貼公告，以及其他可以確認收悉的方式，通知其法定代表人或者主要負責人接受調查或者配合處理；用人單位法定代表人或者主要負責人無正當理由不接受調查或者不配合處理的，人力資源社會保障行政部門可以通過當地新聞媒體或者人力資源和社會保障行政部門門戶網站，公開用人單位名稱、涉嫌欠薪情況、法定代表人或者主要負責人個人基本信息，公告通知其接受調查或者配合處理。」

4. 勞動者自我維權能力不足

首先，在勞動密集型企業中的勞動者在用工關係中處於弱勢地位，在維權時顧慮重重。當企業拖欠勞動者工資時，勞動者或者擔心與企業打官司丟了工作，或者擔心官司勝訴後執行困難，往往選擇能忍就忍，敢怒而不敢言。他們在企業已拖欠其 2～3 個月工資時未能及時向勞動監察部門舉報，而是寄希望於企業最終能發放工資。其次，現階段欠薪企業多採取欺瞞、掩飾的方法，私下悄悄轉移、變賣名下財產而表面上虛構出工廠經營良好的假象，企業主的突然逃匿往往令勞動者措手不及，無法事先向有關機構檢舉告發，事後更是追訴無門。再次，勞動者法律知識的匱乏和法律意識的淡薄，直接導致其維權意識和能力的缺乏。勞動者請求支付欠薪的前提之一是，勞動者應出具勞動合同或其他能證明其與企業之間勞動關係的書面證明材料。但是以建築行業為代表的勞動密集型企業中，仍有大量勞動者沒有簽訂書面勞動合同，企業主以「按日計薪」「按周計薪」等名目拒絕或拖延與勞動者訂立勞動合同，導致勞動者在維權時處處碰壁。勞動者自我維權能力的不足，助長了企業的囂張氣焰，使其在欠薪方面有恃無恐，藐視法律權威，置勞動者的工資權於不顧。

二　粵港企業欠薪法律規制的理論與實踐

（一）立法現狀

1.《粵港合作框架協議》下有關合作處理企業欠薪的規定

　　《粵港合作框架協議》（以下簡稱《協議》）由廣東省人民政府和香港特別行政區政府於 2010 年 4 月 7 日簽訂，《協議》第六章第五條規定：「建立勞動關係和勞動監察協調合作機制，暢通勞動關係和勞動監察信息溝通渠道，雙方相關部門設立定期互訪機制，開展執法培訓與交流合作，研究促進雙方對用人單位在勞動法規方面的信息溝通，探索兩地處理企業欠薪事宜。」2010 年 10 月 12 日，粵港勞動監察協調合作機制第一次會議在廣州舉行。會議指出，粵港勞動監察協調合作應通過暢通溝通渠道，創新合作手段，拓展協作平台，充分整合兩地人才和資源優勢，逐步建立粵港勞動監察區域協調合作關係，探討兩地立法、執法和處理企業欠薪事宜，共同維護區域經濟社會和諧穩定。會上同意設立定期互訪機制，就兩地的勞動保障法規及運作模式進行定期交流；開展執法培訓項目，讓兩地人員了解雙方在勞動監察及勞工執法方面的最新發展；建立信息溝通渠道，分享勞動監察方面的參考資訊。

　　2009 年 11 月 21 日的《廣東省欠薪保障規定立法意見徵集稿》第六條「粵港澳協作執法」規定：「加強與港澳勞動保障監察協作執法機制建設。在粵欠薪逃匿的港澳經營者，當地勞動保障行政部門應當將欠薪逃匿的相關情況，及時逐級書面上報省勞動保障行政部門，由省級勞動保障監察機構向港澳政府勞工執法機構通報。」值得關注的是，該徵集稿中第三十六條引入了「特殊墊付」，對因欠薪而引起的群體性突發事件做了特殊規定：「不屬於本規定所稱用人單位發生欠薪逃匿，或者不符合本規定欠薪墊付條件，但因欠薪引發較大影響的群體性突發事件，法定代表人或者主要經營者雖未逃匿，確需墊付欠薪的，由當地人民政府決定從應急專項資金中

墊付。」[1]

2013 年 5 月 1 日起施行的《廣東省勞動保障監察條例》相較於原《廣東省勞動監察條例》增加了 31 條，全面規範了勞動保障監察案件查處程序，加強了對勞動者權益的保障，強化了對用人單位勞動保障違法行為的監管。

（1）強化勞動保障違法行為的預防監控。具體通過用人單位建立並保存各項用工管理台賬，建立用人單位用工守法誠信檔案制度及重大違法行為社會公佈制度，對有重大勞動保障違法記錄的用人單位實行重點監控來預防和監控企業的欠薪違法行為。同時規定，用人單位三年內曾發生勞動保障違法行為的將影響其承接投資和參加政府採購，用人單位違法信息將錄入中國人民銀行企業信用信息基礎數據庫。

（2）多項舉措方便勞動者更快更好維權。新條例明確禁止用人單位對勞動者罰款及其他任意扣減工資行為，人力資源和社會保障行政部門在用人單位設立勞動保障宣傳設施、舉報投訴信箱以方便勞動者在勞動場所獲知舉報投訴渠道，大幅度縮短了勞動保障辦案時間，並建立了行政調解制度，使勞動者的勞動報酬權益等得到更快更好的救濟。

（3）加大對用人單位勞動保障違法行為的法律責任追究力度。具體制裁方法包括：涉嫌欠薪逃匿的法定代表人及主要負責人將被新聞媒體和網絡曝光並將受到處罰，用人單位拒不支付勞動報酬等涉嫌犯罪行為的將被移送司法機關，用人單位重複違法的將被從重處罰。

2. 粵港兩地關於企業欠薪法律規制的立法現狀

（1）深圳企業欠薪保障制度簡介

深圳經濟特區建立欠薪保障金制度較早，吸收借鑒了我國台灣、香港

1　詳見《廣東省欠薪保障規定（徵求意見稿）》（截至 2009 年 11 月 21 日），http：//www.fzb. gd.gov.cn/publicfiles/business/htmlfiles/gdsfzb/lfyjzj/201009/3631.html。

兩地制度的某些做法,自深圳市第二屆人大常委會 1996 年 10 月 29 日通過《深圳經濟特區欠薪保障條例》(以下簡稱《條例》)後,陸續通過了《深圳市欠薪保障基金委員會工作規則》《深圳經濟特區和諧勞動關係促進條例》《〈深圳經濟特區欠薪保障條例〉實施細則》,率先建立了比較成熟的欠薪保障基金制度。

制度類型。深圳企業欠薪保障制度屬於強制性的保障制度,依據繳費與共濟、墊付與追償相結合的原則。

基金來源。主要來自三方面,即欠薪保障費及其利息收入、欠薪保障基金的投資收益、財政補貼。《條例》規定,深圳市內所有的企業、其他經濟組織、民辦非企業單位等組織(但個體工商戶除外)每年每戶企業需繳納一次欠薪保障費,其標準為上年度市政府公佈的最低月工資標準的 70%。2013 年每個企業繳納的欠薪保障費統一為 400 元人民幣。

保障範圍。勞動者申請墊付欠薪須同時符合下列條件。①企業欠薪基於下列情形之一:人民法院依法受理破產申請,依法整頓經審計資不抵債且無力支付員工工資,投資者或經營者隱匿或逃跑。②員工個人被欠薪數額 150 元以上的。③墊付欠薪申請期限前 6 個月以內的欠薪。

據深圳市欠薪保障基金委員會辦公室發佈的《2013 年度欠薪保障基金收支及結餘情況》:2013 年,深圳欠薪保障基金收入為 8037 萬元,全市共使用欠薪保障基金向 61 家用人單位的 3599 名員工墊付欠薪 2116 萬元。2013 年共追回當年及以往年份墊付欠薪 1025 萬元,當年基金結餘為 6946 萬元。[1]

(2)香港特別行政區企業欠薪社會保障體制簡介

香港特別行政區《破產欠薪保障條例》於 1985 年 4 月 19 日實施,規定設立一個委員會以管理破產欠薪保障基金(以下簡稱基金),並授權勞工

---

1 《2013 年度欠薪保障基金收支及結餘情況》,深圳市人力資源和社會保障局官網,http: //www. sz. gov. cn/rsj/zjxx/qtzjxx/201406/t20140610_ 2479327.htm。

處處長在僱主無力清償債務時，從基金發放特惠款項給僱員。基金設立的目的主要是向因僱主無力償債而受影響的僱員提供適時的經濟援助，而非為惡意欠薪的企業「買單」。香港保障委員會每年度對基金的運作做了充分的信息披露，向立法會等提交了細緻、認真、詳盡的周年報告。從報告披露的數據看，香港保障基金的運作良好，即使在 2008～2009 年世界金融危機的背景下，申請墊付的數目比 2007～2008 年增加了近 60%，但基金仍然穩健運行，基金盈餘積累充分，為維護香港勞工利益和社會穩定發揮了極為重要的作用。[1]

第一，基金來源。欠薪保障基金來自每張商業登記證所收取的 450 元徵款。每一年度對企業徵收的欠薪保障款項根據基金運轉情況以及社會經濟發展水平而作相應調整。自 1997 年爆發亞洲金融風暴以後，基金所發放的特惠款項大幅上升，收入卻沒有相應增加，因此基金自 1997 年至 1998 年，每年都在虧損的情況下運作。為了確保基金的財政穩健，政府於 2002 年起調高撥付基金的商業登記證徵費，由每年 450 元增至 600 元，但從 2007 年開始又將每年的徵費調低至 450 元並保持至今。

第二，申請時限。根據《破產欠薪保障條例》的規定，勞工處處長不得支付特惠款項予以下的申請：①在服務的最後一天前 4 個月以外的欠薪及未放法定假日薪酬的申請；②在服務的最後一天後的 6 個月以外所提出有關工資和未放法定假日薪酬的申請；③在終止合約後 6 個月以外所提出有關未放年假薪酬、代通知金和遣散費的申請。

第三，根據《破產欠薪保障條例》，基金可以墊支的特惠款項包括：①欠薪（上限 36000 元），僱員在服務最後一天前的 4 個月內，已為僱主服務而被拖欠的工資；已放假而未獲支付的年假工資、法定假日工資、分娩假期工資及疾病津貼；年終酬金。②代通知金，付款最高限額為一個月工資或 22500 元，兩者以較小的款額為準。③遣散費，付款最高限

1　周賢日：《我國港台地區欠薪保障基金制度比較研究》，《比較法研究》2010 年第 6 期。

額為 50000 元，如申請人根據《僱傭條例》有權得到的遣散費超出 50000
元，付款則另加超出數額的 50%。④未放年假及未放法定假日薪酬（上限
10500 元）。

第四，基金的代位權。申請人就工資、代通知金和遣散費收到特惠款
項後，他在《公司條例》或《破產條例》下就這些款項可享有的權益，將
轉讓予委員會。委員會在行使該代位權時，可向破產管理署署長或私人清
盤人呈交債權證明書，以便在清盤或破產程序進行時，追討已發放給申請
人的特惠款項。

（二）實踐現狀

1. 深圳首次啟動行政司法聯動機制打擊惡意欠薪行為

2006 年 1 月，深圳首次啟動行政司法聯動機制重拳打擊惡意欠薪行
為，深圳市公安局以涉嫌經濟犯罪為由刑拘何某等 8 名惡意欠薪者，並將
深圳寶麗金時裝有限公司（港資）等 30 家企業拖欠工資逃匿公開曝光，極
大地震懾了惡意欠薪者。

深圳市此次是首次啟動行政司法聯動機制，由公安和勞動保障部門聯
手抓捕惡意逃薪者，兩個部門還共同召開了「打擊惡意逃薪維護員工合法
權益公開處理大會」。

2. 廣東省首例「拒不支付勞動報酬罪」審結

廣東省首例「拒不支付勞動報酬罪」在惠州審結完畢。惠州市惠陽區
法院以「拒不支付勞動報酬罪」判處楊某均有期徒刑十個月，並處罰金人
民幣兩萬元。在《刑法修正案八》出台之前，尚無法對企業惡意欠薪行為
進行刑事上的定罪量刑，只能往經濟犯罪靠攏。《刑法修正案八》出台，
「拒不支付勞動報酬罪」（或「惡意欠薪罪」）引起社會廣泛關注，被認為
是懲治欠薪惡行的「尚方寶劍」。惠州首例判決案例出台，為廣東運用「拒
不支付勞動報酬罪」打擊惡意欠薪提供了可操作的範本。

3. 根據《粵港勞動監察執法培訓合作協議》安排，2011 年 11 月 20 日至 12 月 3 日，廣東省 20 名勞動監察機構負責人和勞動監察骨幹赴香港參加了粵港勞動監察首次執法培訓

此次培訓的課程內容主要包括香港的基本法律制度，勞工處的架構和職責，勞工視察科、勞資關係科等部門的工作運作情況，勞工視察科巡查工作場所及執法工作，以及中央巡查資料庫電腦系統的運作情況，特別是重點圍繞保障僱員權益方面的法律如《僱傭條例》《最低工資條例》及執法運作進行了重點講解。其間，學員還參觀了香港的裁判法院、勞工視察科辦事處、強制性公積金計劃管理局，到商業機構實地了解企業遵守勞工法律的措施。[1]

三　建立與完善粵港合作處理企業欠薪的法律制度

（一）粵港合作處理企業欠薪的法律體制存在的問題與漏洞

1.「先行墊付」是否合理引發爭議

無論是深圳欠薪保障制度，還是香港破產欠薪保障制度，以及現階段廣東省各地級市的相關欠薪保障體制，在欠薪墊付保障金的來源上都有一個共同點，即通過向當地企業統一徵納「欠薪保障費」，再由欠薪保障部門在基金中先行撥付相應款項給勞動者。無可否認，面向全體企業徵納數額不大的「保障金」，是現階段籌集基金儲備最高效、最穩定、最簡便的方法。擁有充足的欠薪保障儲備基金，可以使勞動者在企業經營不善而破產，甚至惡意欠薪時及時得到墊付的薪酬款項，這是對處於弱勢地位的勞動者最直接的保護。

1　《粵港勞動監察首次執法培訓在香港舉行》，廣東省人力資源和社會保障局工作動態，http：//www.gdhrss.gov.cn/publicfiles/business/htmlfiles/gdhrss/gzdt/201204/29229.html。

但是，這種帶有明顯行政善意的制度在法律層面上是否合理卻頗有爭議。顯然，按照制度設計的初衷，勞動者領取墊付工資後，領取部分的追償權和受償權自動轉讓給欠薪保障基金管理工作領導部門，這意味着政府不過是一種私契約之間的「資金中介」，其可以通過追償權來確保這筆資金總是能夠保持對公共財政「完璧歸趙」的狀態。但問題是，如果政府部門並沒有切實履行追償職能，或者在追償過程中遭遇欠薪企業破產等「不可抗力」情形，是否就意味着所有繳納欠薪保障金的其他企業在為政府的行政善意行為承擔「呆賬壞賬」的風險？

2.「政府令」解決欠薪問題值得商榷

勞動者領取墊付工資後，領取部分的追償權和受償權自動轉讓給欠薪保障基金管理工作部門，由相關部門對欠薪企業進行追償。如果企業風險預警系統在企業發生欠薪逃匿之前能及時反應，往往由工作部門把欠薪案情及時通報法院，由法院提前介入，對欠薪企業的資產依法進行財產保全或凍結其銀行賬戶。或者，在欠薪保障部門墊付工資後，向法院提出申請，由法院依法組織對所查封或扣押的欠薪企業資產進行處理，或直接從其銀行賬戶中強制劃撥，從司法介入的力度上看，政府在先行買單後及時實現「追償權」勢在必行。

但是，按照不告不理原則以及《民事訴訟法》的相關規定，法院作為中立的裁判者不能僅憑一紙「政府令」就劃撥資金以及處理查封扣押財產，畢竟司法裁判才是財產權轉移的法律依據之一，保全財產被強制執行亦需經過訴訟程序，而強行「命令」法院的做法，等於行政部門指揮司法部門，有行政干涉司法獨立的嫌疑，甚至是剝奪對方當事人基本訴訟抗辯權的做法 —— 即便是企業真的惡意欠薪，也應享有基本的訴訟權利，以及非經正當程序不受剝奪財產權的權利。

3. 粵港兩地司法協助制度有待細化

《粵港合作框架協議》原則性地指導兩地「充分整合兩地人才和資源優

勢，逐步建立粵港勞動監察區域協調合作關係」。廣東隨即在勞動監察和社工交流方面展開與港澳的合作，其中粵港澳勞動監察協調合作機制的建立，有助於解決廣東省內外資老闆欠薪逃匿以及員工欠薪的問題。但粵港澳勞務監察協調合作目前局限於加強互訪交流、交流勞動監察情況和有關制度，以及互相派人接受培訓，比如廣東派出一部分有關調解仲裁的工作人員到香港接受培訓，了解香港在勞動監察方面的有關法律法規、規章制度。

《刑法修正案八》將惡意欠薪逃匿納入刑事制裁的範疇中，被認為是法律規制企業欠薪的有力手段。然而對攜款逃匿的港商及其他逃往港、澳、台的欠薪人員，兩地如何建立起規範化的司法協助制度，直接關係兩地合作規制惡意欠薪是否能取得成效。

（二）完善粵港合作規制企業欠薪法律體制的一些建議

誠然，企業欠薪保障制度具有法律層面上的理論瑕疵，但在現階段的確是緩解企業欠薪所引發的社會矛盾最直接有效的制度。從香港、深圳的實踐來看，這種制度具有存在的必要性和實用性，其施行的積極效果也是有目共睹的。當前，應該着力建立和完善企業欠薪保障制度，尤其應該加強粵港兩地合作，建立起一套完善的合作機制。

1. 發揮企業風險信息預警系統的監控作用，防患於未然

企業負責人一旦攜款逃匿，欠薪保障部門在墊付勞動者工資後就很容易處於被動局面，追償工作很難保證順利進行。勞動監察部門如果能開發、使用企業風險預警系統，藉助企業風險信息預警系統的監控功能，利用信息化優勢，對可能出現欠薪倒閉逃匿企業進行跟蹤、扶持和監控，就可以從根源上遏制企業欠薪導致的後果。人力資源和社會保障部門如果能對用人單位進行綜合監控、智能預警，對於防範和應對企業、用人單位破產倒閉、欠薪逃匿、勞資糾紛等風險和事件自然由被動變主動，防患於未然。

2. 加強勞動監察隊伍建設

如前文所述，現階段勞動監察機構存在人員、經費不足，機構分散，合作協調能力差等問題。我國現有勞動保障執法專職監察員約兩萬人，平均每人需面對 1700 多戶用人單位、近兩萬名勞動者。與其所承擔的執法任務相比，機構設置不規範、專職勞動保障監察員嚴重不足、執法裝備落後以及執法力度不夠、監察隊伍素質有待加強等問題十分突出。

勞動保障監察執法的目的是規範勞資關係，這是目前中國社會最嚴峻的矛盾之一。勞動保障監察部門執法的重要程度絕不弱於公檢法、工商、稅務、國土、林業等部門，但實踐中其執法權力卻與它們差距很大。因此，當前應該大力加強勞動監察隊伍建設，一要加強執法隊伍力量，進一步充實人員；二要切實解決好勞動監察機構的工作經費和監察執法條件問題；三要提高執法人員的業務素質和政治素質。粵港勞動監察協調合作機制成功運作的前提是兩地勞動監察部門能有效執法，維護粵港兩地勞動關係和社會的和諧穩定。

結論

建立企業欠薪保障制度是市場經濟國家和地區的通行做法，我國當前有一部分城市已經逐步建立起企業欠薪保障制度。廣東省作為華南地區市場經濟發展的龍頭，現階段以深圳經濟特區為範例、各地級市紛紛構建欠薪保障制度的局面已經初步形成。香港特別行政區破產欠薪保障制度較早形成，也更為成熟，對廣東省建設欠薪保障制度具有良好的示範作用。因此，在《粵港合作框架協議》下，建立和完善粵港合作處理企業欠薪的法律制度對於兩地經濟的長期合作與發展有着至關重要的促進作用和影響。

9. 粵港澳大灣區金融合作中存在的法律問題思考與建議 [1]

慕亞平　葉文飛　周蓮

內地與香港、澳門分別簽訂的《內地與香港關於建立更緊密經貿關係的安排》和《內地與澳門關於建立更緊密經貿關係的安排》（以下統稱 CEPA 協議）大大促進了粵港澳大灣區的金融合作，成為粵港澳大灣區金融合作具有可操作性的主要依據。2010 年和 2011 年廣東分別與香港、澳門簽訂的《粵港合作框架協議》《粵澳合作框架協議》（以下統稱《框架協議》）則進一步闡明了粵港澳大灣區金融合作的發展目標與方向。2012 年獲批的《廣東省建設珠江三角洲金融改革創新綜合試驗區總體方案》（以下簡稱《總體方案》）則成為粵港澳大灣區金融合作的首個正式法律文件。[2] 粵港澳大灣區金融合作有利於具有地緣優勢的廣東借鑒香港、澳門先進的金融管理經驗，並利用香港、澳門相對完備的金融基礎設施，有利於人民幣走向國際化，同時，能進一步鞏固香港作為國際金融中心的地位，促進香港、澳門金融業的發展。儘管粵港澳大灣區金融合作碩果累累，但仍存在許多法律問題，為使粵港澳大灣區金融合作合法合理，有必要對此進行深入探討並提出完善建議。

1　本文入選《中國國際經濟貿易法學研究會 2014 年（長沙）年會論文集》。

2　《廣東省建設珠江三角洲金融改革創新綜合試驗區總體方案》（銀發〔2012〕158 號）由中國人民銀行、國家發展改革委、財政部、國務院港澳事務辦公室、中國銀監會、中國證監會、中國保監會、國家外匯管理局於 2012 年 6 月 27 日聯合發佈。

一　粤港澳大灣區金融合作的依據
在法律效力上存在瑕疵

粤港澳大灣區金融合作現有的主要依據是 CEPA 協議、《框架協議》以及《總體方案》等，但這些依據多為政策性文件，都在不同程度上存在法律效力的瑕疵，致使粤港澳大灣區金融合作缺乏法律支持。

（一）CEPA 協議在法理上存在良性違憲之嫌

CEPA 協議對粤港澳大灣區金融合作進行了詳細、可量化、具有可操作性的規定，比如降低香港金融機構進入內地的具體期限要求，降低香港金融機構經營人民幣業務的准入條件、允許符合一定條件的香港銀行在內地註冊的法人銀行將數據中心設在香港，為香港銀行在廣東省內開設分行設立綠色通道、允許香港銀行在廣東省設立的分行和香港銀行在內地設立的外商獨資銀行在廣東省設立的分行在廣東省內設立異地支行等。[1]

儘管如此，當拋開具體規定，從 CEPA 協議的簽訂主體進行分析時，我們會發現 CEPA 協議在法理上有良性違憲之嫌，這將導致 CEPA 協議的法律效力受到質疑。CEPA 協議是商務部代表內地與香港財政司簽訂的經貿合作協定，亦即協議的締約主體是內地和香港的經貿事務行政主管部門。從商務部代表內地簽訂 CEPA 協議的角度看，CEPA 協議在國內法上無法找到相應的法律依據，其法律效力受到質疑。商務部代表內地締約的依據為國務院辦公廳下發的《商務部主要職責內設機構和人員編制規定》，該文件規定，商務部負責擬訂並執行對香港、澳門特別行政區和台灣地區的經貿政策、貿易中長期規劃；與香港、澳門特別行政區有關經貿主管機構和台灣授權的民間組織進行經貿談判並簽署有關文件；負責內地與香港、澳門特

1　詳見內地與香港簽署的 CEPA 協議及其附件 4，《CEPA 補充協議四》、《補充協議六》等的規定。

別行政區商貿聯絡機制工作；組織實施對台直接通商工作，處理多邊、雙邊經貿領域的涉台問題。[1] 然而，根據《憲法》第八十九條第（三）項規定，各部和各委員會的任務與職責應由國務院規定。根據《國務院組織法》第七條的規定，國務院設立辦公廳，由祕書長領導。因此，國務院辦公廳並不等於國務院，辦公廳僅是協助國務院領導同志處理國務院日常工作的機構，它並不能以自己的名義代替國務院行使《憲法》第八十九條規定的相關職權，國務院辦公廳的這一做法顯然違反了《憲法》的規定。

此外，由於國務院辦公廳規定商務部職責的行為缺乏法律依據，即使它發佈的文件已經國務院批准，但因其不具備發佈此類文件的主體資格，因此，其行為自始無效。亦即，從法理上而言，國務院各部委的職責目前並未有法律規定，商務部根據國務院辦公廳規定的職責範圍履職在客觀上將因為缺乏法律依據而面臨良性違憲的窘況。因此，商務部副部長依據國務院辦公廳規定的商務部職責而代表內地簽訂 CEPA 協議的行為存在良性違憲之嫌，相應地，CEPA 協議的法律效力也將受到質疑。

（二）《框架協議》難以成為粵港澳大灣區金融合作的法律淵源

《框架協議》是廣東省政府與香港、澳門分別簽訂的促進粵港澳更緊密合作而制定的協議，為粵港澳大灣區的金融合作進一步闡明了目標和方向，成為了粵港澳大灣區金融合作的重要政策依據。廣東省與香港、澳門分別簽署的兩份《框架協議》均對金融合作進行了專門的條款約定，旨在推動跨境貿易人民幣結算工作，支持粵港、粵澳兩地金融機構互設分支機構、促進跨境投融資發展等。[2] 但從法理上而言，《框架協議》仍難以成為粵港澳大灣區金融合作的法律淵源，其法律效力亦值得商榷。首先，《框架協

1　《國務院辦公廳關於印發商務部主要職責內設機構和人員編制規定的通知》（國辦發〔2003〕29 號）。

2　《粵港合作框架協議》第三章「現代服務業」第一條、《粵澳合作框架協議》第三章「產業協同發展」第五條，均從 6 個方面對粵港澳大灣區金融合作進行了框架性規定。

議》是廣東省政府與香港、澳門政府分別就落實《規劃綱要》和 CEPA 協議而簽署的政府間協議。上文已述，CEPA 協議存在良性違憲之嫌，其本身在法律效力上存疑，據此簽署的《框架協議》的法律效力亦將因此存疑；而同時，《規劃綱要》又僅是政策性文件，不具有法律效力，且具有期限性，到 2020 年即廢止。因此，這兩份文件均不能成為簽訂《框架協議》的法律依據。

此外，根據《憲法》和《地方組織法》規定，縣級以上地方各級人民政府依照法律規定的權限，管理本行政區域內的經濟、教育、科學、文化、衛生等事務；[1] 縣級以上的地方各級人民政府領導所屬各工作部門和下級人民政府的工作，有權改變或撤銷所屬各工作部門和下級人民政府的不適當的決定。[2] 可見，《憲法》和《地方組織法》僅僅授權各級政府對其轄區內的事務的管轄權，並未對地方政府是否有權自主締結跨行政區劃的合作協定及其相應的締結程序、法律效力等做出任何規定。從另外一個角度而言，《香港特別行政區基本法》《澳門特別行政區基本法》均沒有對香港、澳門與內地各省之間締結區際合作協定的權限做出任何規定。[3] 上述立法缺失將導致包括《框架協議》在內的大量已經存在的政府間合作協定因缺乏

1　《憲法》第八十九條第（四）項規定，國務院「統一領導全國地方各級國家行政機關的工作，規定中央和省、自治區、直轄市的國家行政機關的職權的具體劃分」；第一〇七條規定：「縣級以上地方各級人民政府依照法律規定的權限，管理本行政區域內的經濟、教育、科學、文化、衛生、體育事業、城鄉建設事業和財政、民政、公安、民族事務、司法行政、監察、計劃生育等行政工作，發佈決定和命令，任免、培訓、考核和獎懲行政工作人員。」《地方各級人民代表大會和地方各級人民政府組織法》第五十九條第（五）項規定，縣級以上的地方各級人民政府「執行國民經濟和社會發展計劃、預算，管理本行政區域內的經濟、教育、科學、文化、衛生、體育事業、環境和資源保護、城鄉建設事業和財政、民政、公安、民族事務、司法行政、監察、計劃生育等行政工作」。

2　《憲法》第一〇八條規定：縣級以上的地方各級人民政府領導所屬各工作部門和下級人民政府的工作，有權改變或者撤銷所屬各工作部門和下級人民政府的不適當的決定。《地方各級人民代表大會和地方各級人民政府組織法》第五十九條第（二）項、第（三）項規定，縣級以上的地方各級人民政府領導所屬各工作部門和下級人民政府的工作；改變或者撤銷所屬各工作部門的不適當的命令、指示和下級人民政府的不適當的決定、命令。

3　《香港特別行政區基本法》第 62 條、《澳門特別行政區基本法》第 64 條分別規定的香港特別行政區政府和澳門特別行政區政府的職權中沒有涉及香港政府和澳門政府與內地地方政府之間締結區際合作協定的內容。

法律依據而難以成為法律淵源，因此而無法產生法律效力。

（三）《總體方案》法律效力存疑，缺乏長期有效性和可操作性

《總體方案》經國務院批准，由中國人民銀行、國家發改委、財政部、國務院港澳事務辦公室、中國銀監會、中國證監會、中國保監會、國家外匯管理局聯合發佈，是在粵港澳大灣區金融合作的主要現有規定中少有的部門規章。[1] 然而，《總體方案》存在法律效力存疑、缺乏長期有效性和可操作性等問題。首先，制定《總體方案》的根據是《規劃綱要》，而《規劃綱要》僅為短期的政策性文件，並非法律淵源，缺乏法律效力，雖然《總體方案》經由國務院批准、多部門聯合發佈，但由於其制定依據的法律效力缺失而致使《總體方案》的法律效力也存在瑕疵，值得商榷。其次，如上所述，《規劃綱要》是短期的政策性文件，到 2020 年即廢止，具有時限性，雖然有利於粵港澳大灣區金融合作的階段性發展，但因缺乏長期有效性而影響粵港澳大灣區金融合作的穩定發展。並且，《總體方案》的內容主要包括總體要求、主要任務和保障措施三大板塊，多為原則性、方向性規定，缺乏可操作性以及配套的具體制度。

二　粵港澳大灣區金融合作缺乏有效的金融監管機制

（一）缺乏有效的金融監管機制

粵港澳三地金融監管法律規範適用標準各異，市場准入和業務准入法律標準不同，並且准入門檻普遍較高，影響了三地金融機構的深度合作。

1　規章是法律淵源之一，規章分為部門規章和地方政府規章。國務院各部、委員會、中國人民銀行、審計署和具有行政管理職能的直屬機構，可以根據法律和國務院的行政法規、決定、命令，在本部門的權限範圍內，制定部門規章。摘自黃建武主編《法理學教程》，法律出版社，2005，第61頁。

而粵港澳大灣區金融市場的合作，必須建立在有效的跨區域監管協調基礎之上。[1] 但是粵港澳三地至今未成立統一有效的跨區域的金融監管機制。即使上文所述的粵港澳大灣區金融合作的主要依據 CEPA 協議、《框架協議》《總體方案》等沒有法律效力上的瑕疵，這些主要的合作依據也無法提供有效的金融監管機制。CEPA 協議及其補充協議規定了大量推進粵港澳大灣區金融合作的條款，[2] 但其缺乏對內地與港澳的金融監管條款的規定，遑論對粵港澳大灣區金融合作的金融監管規定。而粵港《框架協議》對於金融監管僅規定為「加強跨境反假幣、反洗錢合作」；粵澳《框架協議》則規定為「加強兩地金融監管和跨境反假幣、反洗錢、打擊銀行卡犯罪等方面的合作，共同打擊跨境金融違法犯罪活動」，兩份文件的規定均過於原則化，缺乏可操作性和監管效果。《總體方案》則提出了「創新粵港澳三地金融監管合作方式，健全粵港澳合作反洗錢機制」，對創新的監管合作方式卻沒能繼續深入規定。粵港澳三地政府在加強金融合作與協調的同時，卻未形成更高層次的統一監管機制，加之三地法律法規存在差異，將給未來三地金融的深入合作帶來困難。

（二）缺乏有效的爭端解決機制

隨着粵港澳三地金融合作的不斷深入，合作過程中的矛盾、衝突和爭端亦將隨之增加，但綜觀三地金融合作和經貿合作的現有規定，粵港澳大灣區金融合作中缺乏有效的爭端解決機制。CEPA 協議規定了協商機制作為爭端解決的方式，粵港簽訂的 CEPA 協議第十九條第五款規定，雙方將本着友好合作的精神，協商解決 CEPA 協議在解釋或執行過程中出現的問題；委

1　國務院研究室課題組：《深化粵港澳金融合作與創新，共同打造更高水平國際金融中心 —— 建立粵港澳更緊密合作框架研究報告之七》，《珠海市行政學院學報》2011 年第 6 期。

2　CEPA 協議及其補充協議二、四、六、七、八、九、十均對內地與香港的金融合作的優惠措施進行了詳細規定。

員會採取協商一致的方式做出決定。而《框架協議》在第十章的機制安排中，共約定了高層會晤、聯席會議、協調工作機構、諮詢渠道、民間合作等五種解決衝突的機制安排。CEPA 協議與《框架協議》對爭端解決的規定均過於簡單、籠統，缺乏可操作性。在粵港澳大灣區金融合作過程中，如採取前述兩份文件所述的非法律手段解決爭端，雖然能依靠政府間的相互禮讓精神或民間的合作對相關問題進行解決或化解，但這種機制缺乏穩定性和長期的有效性與可執行性，不利於三地金融合作過程中產生的爭端的根本解決和長治久安。

與前兩者相比，《總體方案》則沒有規定原則性、籠統的爭端解決機制，而僅提出了粵港澳金融合作中構建爭端解決機制的方向，提出「加強金融法制建設，建立公平、公正、高效的金融案件審判和仲裁機制，推動建立金融專業法庭與仲裁機構，完善金融執法體系，有效打擊金融違法犯罪行為」。雖然該方案仍停留在方向指引層面上，缺乏可操作性，但其為粵港澳金融合作過程中的爭端解決機制的設立提供了有益的思路。

三　解決粵港澳金融合作問題的意見和建議

（一）制定專門法律，為粵港澳金融合作完善法律基礎

CEPA 協議以及《框架協議》等為粵港澳大灣區的金融合作發展做出了很大貢獻，[1] 但其正面臨法律效力存疑的尷尬。因此，應該考慮將法律效力

1　就香港離岸人民幣業務而言，截至 2014 年 6 月底包括存款證在內的人民幣存款餘額 1.1 萬億元（人民幣，下同），較 2010 年 6 月增加約 11 倍；2014 年上半年經香港銀行處理的人民幣貿易結算交易 2.9 萬億元，同期內地以人民幣結算的對外貿易總額為 3.3 萬億元；2014 年上半年人民幣債券發行量 1300 億元；截至 2014 年 6 月底未償還人民幣債券餘額 3800 億元；香港人民幣實時支付系統目前每日平均交易量 7000 億元。摘譯自香港金融管理局總裁陳德霖 2014 年 9 月 15 日在金融管理局和財資市場公會聯合主辦的「2014 財資市場高峰會」上發表的英文演講稿 What does it take to develop a Global Offshore RMB Hub？詳見 http：//www.hkma.gov.hk/eng/key-information/speech-speakers/ntlchan/20140915-1.shtml，2014 年 10 月 10 日。

存在瑕疵的政府間協定以及相關的政策成果通過法定程序轉化為具有法律效力的法律淵源。

　　當務之急，應儘快通過立法程序將 CEPA 協議、《框架協議》等粵港澳大灣區合作的政策成果固定下來，恢復其合法地位。首先，可通過撤銷由國務院辦公廳下發的各部委職責方面的文件，統一改為以國務院的名義發佈關於各部委任務與職責方面的法律文件，以恢復 CEPA 協議在國內法中應有的法律地位，恢復其應有的法律效力，改變目前面臨的良性違憲的窘況。其次，對於《框架協議》這一類文件，可通過法定程序授權廣東省政府等地方人民政府、香港特別行政區政府、澳門特別行政區政府等簽訂政府間合作協定，但由於該「法定程序」存在立法缺失，需要通過修改《地方組織法》《香港特別行政區基本法》《澳門特別行政區基本法》，甚至《憲法》等基本法律來彌補這一缺失，該做法成本較大，故也可考慮將《框架協議》的內容轉化為行政法規等法律法規的形式。這樣，方能使粵港澳大灣區的金融合作有法可依、行之有據，成為有源之水，同時亦可避免其他類似情況的出現。另外，應注意，將來內地或者內地某些行政區劃政府與香港、澳門締結相關經貿合作的多邊或雙邊文件時，應當重視法治，嚴格按照法定程序簽訂相關合作成果，切忌為貪圖近期之利而忽視程序正義。

　　上述立法行為不僅能賦予 CEPA 協議和《框架協議》在國內法上的地位，確保其目標得以最終實現，更有利於為粵港澳大灣區金融合作的未來發展奠定法治基礎。

（二）為粵港澳大灣區金融合作創設跨區域的金融監管機制

　　無論是《框架協議》還是《總體方案》，均提出了應當加強和健全反洗錢等方面的合作，《總體方案》還提出應當「創新粵港澳三地金融監管合作方式，健全粵港澳合作反洗錢機制」。作為目前粵港澳大灣區金融合作的主要依據，從這些政策性文件中可以看出粵港澳大灣區金融合作的監管制度是必不可少的。而從應然的角度而言，區域經濟一體化，特別是金融合

作一體化的必要條件是該區域應當形成具有統一標準的監管機制，否則，在沒有共同法律規則和執行標準的背景下談金融合作將是空談。

　　筆者認為，可有兩種途徑為粵港澳大灣區金融合作提供跨境的金融監管機制。途徑一，可由三地金融監管機構共同協定三地統一的金融監管標準，就具體的金融合作內容（如銀行業、保險業、證券業等）各自制定相應的金融監管制度，但這裏需注意制定監管制度之時應當嚴格遵守三地政府應遵守的法定程序，避免所制定之規定違反《憲法》《基本法》等上位法。對此，較穩妥的解決方法是由具有相應行政管理職能的國務院部委（如銀監會、保監會、證監會等）制定部門規章並報國務院批准；而香港方面，則可根據其法定程序針對粵港澳大灣區的金融合作制定相應的監管制度。這種「分區監管」的模式具有較大的可操作性。途徑二，可考慮由粵港澳三地金融監管機構在粵港澳大灣區緊密合作區內合作設立統一的金融市場監管機構。該機構將成為跨境金融監管機構，有利於提供統一的金融市場監管標準，從而長期穩定地對三地的金融合作進行監管。但是，為了避免該金融市場金融監管機構的法律效力問題，該機構的設立需要在機構成立的法律依據（符合國內法和國際法）、機構的法律性質等實體法和法理層面上得到充分的論證。

（三）設立粵港澳大灣區金融合作中的爭端解決機制

　　如前所述，《總體方案》已經提出建立公平、公正、高效的金融案件審判和仲裁機制，推動建立金融專業法庭與仲裁機構。這種思路相對於 CEPA 協議和《框架協議》提出的協商等非法律手段的爭端解決機制具有穩定、司法性更強、法律強制力更大等優越性。基於此，筆者認為，廣東省與香港特別行政區、澳門特別行政區同屬於中華人民共和國主權下的不同行政區劃，可在「一國」的前提下協商設立可滿足三地金融合作甚至其他經貿合作的爭端解決機制，可以借鑒應用 WTO 或其他區域性組織的爭端解決機制，也可以充分發揮「一國兩制」的優勢，創新地建立跨區域的爭端解決

機制。筆者認為後者方案更為可取，可在粵港澳三地建立專門的粵港澳金融仲裁院，同時重點注意以下方面。

第一，為保障仲裁的公平與公正，應選取在金融爭端領域具有豐富經驗，且諳熟中國國內法、香港法、澳門法以及 WTO 規則等國際法的律師、專家學者等形成仲裁員名冊。

第二，制定公平公正的仲裁規則，並在仲裁規則中明確仲裁前、仲裁期間，以及仲裁後的執行階段等各類期限，以確保爭端解決的高效性。

另外，對於仲裁庭組成、法律適用、裁決的效力與執行等仲裁程序問題均應明確規定，提供便利化的金融爭端解決機制。

粵港澳三地的金融合作正如火如荼地進行，且已取得多項成果。但其合作的主要依據 CEPA 協議、《框架協議》《總體方案》等在法理上都有不同程度的瑕疵，使得其難以成為粵港澳大灣區金融合作的法律淵源，從而導致其法律效力存在瑕疵；同時，粵港澳大灣區金融合作仍欠缺有效的金融監管機制，並未形成統一的監管標準；對於合作中發生的爭端，仍缺乏行之有效的解決機制。因此，為了促進粵港澳大灣區金融的深入合作，應當通過立法行為彌補法律缺失，進而固定已有的政策成果，為粵港澳大灣區金融合作的未來發展奠定法治基礎；粵港澳三地金融監管機構應當統一金融監管標準，制定相應的監管制度，並可在符合國內法和國際法的基礎上，考慮設立在法理上具有充分依據的粵港澳金融市場監管機構；對於粵港澳在金融合作過程中產生的爭端，可考慮充分發揮「一國兩制」的精神，設立粵港澳金融仲裁院，在三地的金融合作過程中提供公平、公正、便利的爭端解決機制。

10. 廣東建立港商獨資醫院的法律可行性分析

慕亞平　黃冬雪

　　引導外資進入我國的醫療服務領域，形成多元化的投資辦醫格局，是近年來我國醫療改革的一大目標。早在 1989 年，衛生部和外經貿部就已經聯合制定《關於開辦外賓華僑醫院診所和外籍醫生來華執業行醫的幾條規定》；3 年以後，衛生部制定了《外籍醫生來華短期行醫管理辦法》；1997年，外經貿部和衛生部針對一些地方越權審批中外合資合作醫療機構以及其管理混亂等情況，為了進一步規範外商投資醫療機構的審批工作，又制定了《關於設立外商投資醫院的補充規定》。這些規章明確了外國公司、企業、醫療機構和其他經濟組織或個人在中國境內同中方醫療機構或其他機構共同投資、共同經營合資合作醫療機構的政策，也明確了在國（境）外獲得合法行醫資格的外籍醫師來華行醫的管理辦法，從而初步奠定了我國醫療服務市場開放的法律基礎。[1]

　　2000 年，衛生部和外經貿部再次聯合制定了《中外合資合作醫療機構暫行管理辦法》，該辦法符合 WTO 逐步開放的原則和要求，以「入世」談判中我國已經做出的承諾為基本依據。2009 年出台的《中共中央國務院關於深化醫藥衛生體制改革的意見》以及 2010 年 2 月頒佈的《關於公立醫院改革試點的指導意見》都已經明確表示：鼓勵社會資本進入醫療領域，促進多元化辦醫格局形成。2010 年，CEPA（《關於建立更緊密經貿關係的安

1　朱玉：《WTO 逼着中國醫療服務上台階》，http://www.dxy.cn/bbs/topic/1477139，2012 年 3 月 5 日。

排》)《補充協議七》的簽訂，令港商在廣東建立獨資醫院成為可能。2010 年 2 月衛生部等國務院 5 部委發佈了《關於進一步鼓勵和引導社會資本舉辦醫療機構意見》；次年 2 月，衛生部又下發了《關於調整中外合資合作醫療機構審批權限的通知》，這些文件的頒佈將極大地改善外資醫療機構在我國的生存和發展狀況。[1]

一　中外合資合作醫療機構的現狀、分佈和面臨的問題

（一）中外合資、合作醫療機構的現狀

據不完全統計，全國約有 200 家各種形式的中外合資合作醫療機構。20 世紀 90 年代初，合資、合作醫療機構呈現出加速發展勢頭，1993～1995 年，出現了一次創辦中外合資、合作醫療機構的高潮，3 年間批准數佔我國合資、合作醫療機構總數的 68.3%。[2]

從目前的此類機構來看，冠以「醫院」稱謂的佔 47.6%；稱為「治療、康復或檢驗中心」的佔 41.5%；稱為「診所」的佔 10.9%。採用合資方式的佔 43.7%，合作方式的佔 37.8%，其餘的機構，現有資料沒有明確反映，但根據現行的政策推斷，不外乎合資或合作形式。[3]

（二）中外合資、合作醫療機構的分佈

從地區分佈來看，中外合資、合作醫療機構具有明顯的地域特點，主

1　參見徐愛軍、施燕吉《再論我國外資醫療機構發展環境與發展建議》，《中國衛生經濟》2011 年第 11 期。

2　http://blog.sina.com.cn/s/blog_4a918f580100ccf5.html，2012 年 4 月 4 日。

3　http://blog.sina.com.cn/s/blog_4a918f580100ccf5.html，2012 年 4 月 4 日。

要分佈在經濟比較發達的沿海地區，覆蓋了北京、天津、上海、黑龍江、吉林、遼寧、陝西、山西、河北、山東、江蘇、湖南、湖北、安徽、江西、四川、廣東、廣西、福建等 19 個省區市，其中以北京、江蘇、山東、遼寧、廣東最多，這 5 個省市佔中外合資、合作醫療機構的 63.4%。合資、合作醫療機構的海外出資主要來自美國、日本和我國港澳台地區，其中美國佔 30.5%，香港地區佔 29.3%，其餘來自日本、澳大利亞、韓國等其他國家、地區和國際組織。[1]

（三）中外合資、合作醫療機構在廣東省的分佈

1995 年由外商（港資）投資興辦的廣東省第一家大型中外合資綜合醫院 —— 東莞市東華醫院成立。[2] 2003 年深圳首家引進外商投資興辦的大型醫院 —— 深圳龍珠醫院在南山區奠基，深圳龍珠醫院由市紅十字會、億仁實業有限公司和香港吉里醫療投資管理有限公司三方合作興辦，共投資 6 億元（人民幣），其中外資佔 70%。[3] 1996 年就註冊成立的外資醫院和睦家醫院於 2008 年 11 月在廣州開設和睦家診所，並與廣東省中醫院通力合作，力爭三年內打造一個更健全的和睦家醫院。[4] 首批香港獨資駐穗醫療機構之一的廣州萬治（香港）內科門診也已於 2010 年 11 月正式掛牌營業。截至 2010 年底，已有 6 家港澳獨資門診部獲准在廣東省開診，其中港資有 5 家、澳資有 1 家，正在廣州、深圳、中山等地緊鑼密鼓地籌備開業。[5]

---

1 http://blog.sina.com.cn/s/blog_6dde72750100n9hp.html，2012 年 3 月 5 日，此數據截至 2010 年。

2 參見《東莞年鑒》，2004。

3 http：//www.southcn.com/news/gdnews/areapaper/200301100554.htm，南方網新聞中心，2012 年 4 月 4 日。

4 參見 http://www.eeo.com.cn/calendar/popular/2010/12/10/188611.shtml，經濟觀察網，2012 年 4 月 6 日。

5 鍾可芬：《社會資本入場券在手，醫療領域大風將起》，《醫藥經濟報》2010 年 12 月 9 日。

（四）中外合資、合作醫療機構面臨的問題

雖然上述數據表明，中外合資、合作醫療機構呈現蓬勃發展的態勢，但現實的困境卻不容小覷。外資辦醫院雖值得期待，結果卻不盡如人意，除了政策等問題外，外資醫院在中國的路並不好走。已登記運營的僅有 65 家，幾乎全部虧損。[1]

同時，衛生部資料表明，目前我國登記運營的醫院有 1.8 萬家，佔到醫院總數的 94%，這些醫院壟斷了政府的絕大部分資金、人才和技術。單單這一項，就足以使社會資本對進入醫療領域心生畏懼。而令社會資本頗為擔憂的另一大因素是，管辦不分的體制使公立醫院顯得相當強大。「我們在市場准入、政策環境和行業監管等方面，很難獲得與公立醫院同等的地位，因此一開始就輸在了起跑線上。」[2] 雖然國家法律規定，外資醫院在建設用地審核、貸款、稅收等方面可以獲得國民待遇，但是在實踐上卻是相當困難，而人才困擾也是十分嚴重。

二 港商獨資醫院的優勢及引進廣東的必要性

（一）港商獨資醫院的優勢

筆者在前文已經對外資醫院在中國的發展狀況做了一個大概的敍述，

---

1 華夏醫屆網，http://news.hxyjw.com/news/510871/，2012 年 3 月 5 日。

2 北京國際心臟病醫院（BIHH）的停業，正是外國醫療企業在中國面臨的諸多困境的一個典型，被稱為「事難遂願的典範」。2002 年，來自亞利桑那心臟病學會的八名醫生，以及其他六名美國醫生和外國投資者，與中國的一家民營房地產開發商泰和公司（Tai He Corporation）展開合作，創建了一所擁有 60 個床位的合資醫院。該項目享有免費土地使用權，但是在與中國的各個政府部門打交道的過程中他們遇到了問題，由於不能得到這些部門的協助，醫院因而無法啟動和經營下去。「等到項目可以落地的時候，經營許可證已經過期了」，一位熟知該項目內情的醫療諮詢機構的資深經理說道：「參與該項目的外國人是觸碰了『高壓線』的典型例子。他們對中國的國情考慮得太簡單，投入資金過少，之後就陷入了資金鏈困境。他們融到了一些資金，但仍是杯水車薪。經營許可證到期必須更新。到了緊要關頭，由於項目耗時太久，投資商棄之而去。」到 2006 年，該醫院項目已不復存在。

既然如此，為什麼國家還要加大力度引進外商獨資醫院呢？

如前所述，其一，是為了履行我國的入世承諾。其二，是為了引進更加完善的醫療制度，以促進我國醫療改革的推行，給國民創造一個更好的醫療環境。我們來看一下香港的醫療文化產業的優勢所在。

1. 嚴格遵循流程化管理

香港醫院管理局通過「引進企業化管理、宣揚以病人為中心文化、提高生產力和效率和推行持續質量改善」對公立醫院進行管理，通過開展戰略規劃、年度工作計劃、制定全面財務預算等工作，來加強醫院管理。同時，實施醫院績效管理，通過制定詳細的評估標準，強化對有關人員的績效考核。醫管局規定每家醫院的行政機構設置、員工薪資標準、財務預算報告、計算機聯網等均要統一。香港醫院現場管理注重「5S」，各類醫療器材、藥品分門別類放置，並以不同的顏色標識。[1]

香港醫院特別注重預警機制和管理。2004 年，香港「泛險失知識管理及分享計劃」在十家醫院實施，主要目的是風險事件發生後，通過上報主管部門、與他人分享經驗、組織更多人學習，達到病人安全的目標。香港醫院如今已經形成了完善的組織和培訓方案。[2]

2. 先進的護理管理模式

香港醫院的護理管理充分體現了以人為本的管理理念、有效的質量管理方法以及分層使用護理人員等基本特點。香港護士主要根據入職要求與工作職責分為註冊護士、資深護師、病房經理部門運作經理（有的兼任區域聯網護理總經理）。[3]

自 20 世紀 90 年代始，香港各醫院形成以行政總監（院長）為首、各總經理和臨床部門主管為骨幹的醫院行政管理架構。在醫院管理層面設中

1　魏威，杭州市衛生局網，http://www.hzws.gov.cn/site/show.asp？id=16216，2012 年 4 月 5 日。

2　魏威，杭州市衛生局網，http://www.hzws.gov.cn/site/show.asp？id=16216，2012 年 4 月 5 日。

3　何月祥，杭州市衛生局網，http://www.hzws.gov.cn/site/show.asp？id=16216，2012 年 4 月 5 日。

央（聯網）護理部，其負責人為護理總經理；其下又設 5 個高級護理助理，負責臨床實習、臨床督導、護理質量考評等多項事務。中央護理部對部門運作經理、病房經理、護士長、專科護士、注冊護士、登記護士、文員進行垂直管理；在部門管理層面，臨床專科的所有醫生、護士、專職醫療人員如物理治療師及健康服務助理等，均歸納在一個臨床管理團隊之下，由部門主管統一掌管。[1]

醫院裏，護理人員數量一般約佔醫院總員工的 35%。護理工作採取小組式護理服務模式，實施整體護理或全程護理。在護理管理制度方面，基本做到每一個護理程序都有標準可循，每一種制度都確實得到執行。護理管理要求如護士素質要求、護士的繼續教育要求等，都非常嚴格、具體。在香港的醫院，護士與醫生地位平等；護理管理人員自主權大、責權明確。[2]

3. 尊重醫務人員的勞動充分體現技術價值

香港醫護人員的總體薪酬水平較高。所有公立醫療機構的醫護人員實施統一標準的薪酬制度，按職級和工作年限取得固定工資收入，不實行獎金制，與創收大小、開藥多少更無任何關係。香港醫師為公務員，享受高額退休長俸，其執業行為也受到廉政機構監控，違規者將受到停牌、取消退休金甚至追究刑事責任的處罰。[3]

香港在醫師注冊和晉升時，特別注重職業道德、臨床實際工作能力和醫學繼續教育經歷，而對學歷、論文發表數量等方面不作特別要求，有些甚至不納入參考指標。醫院將與患者直接打交道的醫師、護士稱為前線人員，行政人員則置於最後，還通過設立患者聯絡主任辦公室、醫務委員會、警方聯絡人員、心理輔導課程和為醫師購買醫療責任保險等五個方面為面臨醫療投訴和糾紛的醫師提供幫助和保護，確保醫師把心思和精力完

1 　何月祥，杭州市衛生局網，http://www.hzws.gov.cn/site/show.asp？id=16216，2012 年 4 月 5 日。

2 　李益民，杭州市衛生局網，http://www.hzws.gov.cn/site/show.asp？id=16216，2012 年 4 月 5 日。

3 　余福有，杭州市衛生局網，http://www.hzws.gov.cn/site/show.asp？id=16216，2012 年 4 月 5 日。

全放在為患者診治和提高醫療技術上。[1]

4. 良好的醫患關係

　　香港的醫療衛生服務以「以人為先、專業為本、敬業樂木和群策群力」為核心價值觀。「以人為先」不僅是指為病人提供最佳的服務，而且要求醫務人員在忙碌或病人要求過高時，仍須保持有一顆真切關懷的心，以及良好的雙向溝通。[2]

　　一項國際調查結果顯示，香港市民對香港的醫療制度最有信心，信心指數高達 72%，醫療機構在市民心目中有很高的信譽。良好的醫患關係得益於以下措施：一是政府財政的大量投入讓患者享受質優、價廉的醫療服務；二是完善的投訴渠道是化解醫患爭端的法寶；三是醫生的良好職業操守是贏得患者信賴的關鍵。[3]

（二）港商獨資醫院引進廣東的必要性

　　吸引港商到廣東省建立港商獨資醫院，一方面，可以進一步促進廣東省醫療服務貿易的發展，有利於學習港商先進的醫療技術，還可以引進適合廣東省醫療發展的先進設備，更好地促進醫學學科的建設和發展；另一方面，引進香港醫療體系科學的管理模式，有利於提高廣東省醫院的管理水平，加快廣東省醫療體制改革的步伐。因為內地和香港醫療理念、技術水平等不同，很多的港商更願意到廣東建立獨資醫院。

1. 有利於提高廣東醫院的管理水平，促進醫療改革

　　香港醫院完善的醫療管理體制和經營理念是非常值得廣東省借鑒的。例如看病先預約，如約前來就不需要排隊，每個大夫每天接診一般不超過

1　何月祥，杭州市衛生局網，http://www.hzws.gov.cn/site/show.asp？id=16216，2012 年 4 月 5 日。

2　杭州市衛生局網，http://www.hzws.gov.cn/site/show.asp？ id=16216，2012 年 4 月 5 日。

3　杭州市衛生局網，http://www.hzws.gov.cn/site/show.asp？ id=16216，2012 年 4 月 5 日。

10 人，這是為了確保每位患者都能得到很好的醫療服務和足夠的看病時間；候診室裏備有沙發、茶點、雜誌等，有的醫院還有供孩子玩耍的兒童樂園。病人等候時間一般不會超過 10 分鐘；醫生時時刻刻都可以為患者提供「家庭醫生」式的醫療服務。有時醫生白天看了病，晚上還打電話到患者家裏問其感覺怎麼樣。

一位在廣州某三甲醫院有多年從業經驗的醫生說，這些細緻入微的服務措施即使在內地有些醫院設置的「高級病房」中也無法完全實現，因為「高級病房」再高級，也逃脫不了醫院的體制，而大多數的醫院還必須保證低標準、廣覆蓋，讓絕大多數群眾得到大眾化的醫療服務。

有專家預測，一旦外資醫院大舉進入廣東，在收費上再適當打出適合「中國中產階級」的價格，大部分年薪六七萬或以上的白領可能會選擇外資醫院，如果公立醫院沒有應對之計，這種局面將對它們形成很大的衝擊。這勢必會加快廣東省醫療改革的步伐。

2. 有利於滿足國內高端人士和外籍人群個性化醫療服務需求

隨着我國走向國際化的步伐加快，在我國的外籍人士日益增多。數據顯示，2009 年僅僅是經深圳各口岸入境的外國人數量已遞增到 700 多萬人次，在深常住外國人數量已達 2 萬，臨時居住外國人總量更達 71.6 萬人次。[1] 但高端醫療服務市場一直未打開，每年我國都有很多富人到韓國或歐美國家就醫，如廣東省深圳市每年就有 1000 人左右到美國治療，每人最低消費在 20 萬元左右。[2]

可見，發展高端醫療服務，把我國富人留在本地看病，並將國外病人吸引進來十分必要。發展高端醫療服務雖對地方政府和經濟有所貢獻，但政府

---

1 健康有為網，http://www.kanguv.com/hm/view.aspx?classid=509&newsid=75741，2012 年 4 月 7 日。

2 李楠楠、夏令、陸璟、周秋敏、何劍輝：《高端醫療或會佔用稀缺醫療資源加重看病難問題》，《信息時報》2011 年 2 月 23 日。

參與投入就會引發如何在公共衛生服務與醫療發展之間取得平衡的爭議：用政府有限的衛生資源發展高端醫療服務以吸引富人甚至外國患者，只會佔用本地基本衛生服務資源，加劇本已有的看病難、看病貴現象。所以，發展高端醫療服務不能靠政府投入，應讓國外資本或者民營資本承擔起這個重責。[1]

3. 有利於豐富醫療市場的主體

　　長期以來，看病難問題一直存在。公立醫院一直是我國醫療服務業的主體，國有醫院佔中國內地醫院總數的 94% 以上。這些公立醫院壟斷了絕大部分的政府資金、醫療技術和人才。[2] 正是公立醫院的壟斷地位，使得我國的醫療資源分佈不均衡，主要表現在優質醫療資源主要集中在公立醫院，而公立醫院又主要集中在城鎮，造成看病難。實際上是廣大民眾對優質醫療資源的需求不能得到滿足。完善外資醫院准入制度，吸引更多的國外資本到廣東省辦醫，可以在一定程度上解決優質醫療資源嚴重不足的問題，以緩解看病難問題。例如，可引導外資涉足市場需求大但服務短缺的醫療領域，像兒童醫院、精神病院等。[3]

三　香港獨資醫院進駐廣東面臨的問題

　　從 2011 年 1 月 1 日起，中國內地就已經開始允許港澳台地區服務提供者在內陸部分省市設立獨資醫院。在內地和香港、澳門簽署的 CEPA《補充協議七》和《補充協議九》中已經有所體現。

　　廣東省地處改革開放的前沿，加上毗鄰港澳的優勢，更容易與國際接軌。進入 20 世紀以來，廣東省各大醫院已經逐漸意識到競爭的緊迫性。但

1　鄧小花：《我國外資醫院准入制度探析》，中共廣東省委黨校碩士學位論文。

2　網易網，http://money.163.com/10/0910/09/6G79JTJK00252G50.html，2012 年 4 月 7 日。

3　李楠楠、夏令、陸璟、周秋敏、何劍輝：《高端醫療或會佔用稀缺醫療資源加重看病難問題》，《信息時報》2011 年 2 月 23 日。

就目前廣東省的實際情況來看，其和香港的醫療水平的差距在於整個醫療服務體系，這些單靠醫院內部改革是無法解決好的，這需要省政府的資金投入和制定良好的法律才能建設好。但遺憾的是，港商獨資醫院落戶廣東省的一些棘手問題還沒有相應的法規加以規制。

（一）「玻璃門」與「彈簧門」[1]

上述現象使民資進入舉步維艱，即便是那些有資格的審批機構，也總有各種藉口不給相關企業審批醫療機構許可證。法律雖然有規定，但是在實踐操作中，許可證的發放率不盡如人意。

（二）國營和外資待遇不平等

一部分港商得到了行政許可，順利進入廣東的醫療服務行業，也會因公私地位不同，而受到歧視。剛剛落幕的中共第十八次全國代表大會，已經提出將給予外資企業和國有企業同等的待遇，但是否能真正地貫徹下去，還有待時日。

（三）醫生注冊制度的限制

醫生注冊制度使醫療人才無法自由流動，醫院因無法聘請到自己想要的人才而無法生存與發展，同時醫生的價值也被嚴重扭曲了。

（四）外資醫院暫不納入定點醫保

醫保定點制使民資望而卻步，患者都有醫保了，非醫保醫療機構難以

1　「玻璃門」主要指投資准入方面的問題，「彈簧門」主要指民營企業被擠出的問題。這兩個方面都反映出我國民間資本在投資領域所遇到的與國有企業不平等的現象。

生存和發展，同時也剝奪了患者的自由擇醫權，因為非醫保定點的醫院雖能提供質優價廉的服務，可因為不能享受醫保自然沒人去，這樣非定點醫療機構無法生存與發展，所以定點制對醫患都不公。[1]

（五）外資准入法律制度缺乏

就上述具體問題，廣東省政府僅在 2009 年出台了《關於加快廣東省民營醫療機構發展的意見》，《意見》對外資進入廣東省境內發展醫療事業做了籠統的規定，周而不詳，不能很好地解決上述問題，政策是好，但是落實難。其實對待內資和外資，最重要的是應有一套統一的監管方法，不應有制度內外的差別。

所以，在大的投資環境不變，並且沒有很好的法律予以保障的情況下，港商企業進駐廣東省開辦獨資醫院，尚有一定困難。

四　國外外資醫院准入制度以及其對廣東省的啟發

（一）國外外資醫院准入制度

1. 德國

德國醫院包括公立醫院、公益性醫院、教會醫院、私立醫院等。根據《醫院融資法》（KHG）第 8 條第 1 款的規定，投資商提交的投資方案必須為相關聯邦州所接受。德國各聯邦州根據自身的醫療服務需求制訂相應的醫院計劃，凡進入該計劃的醫院可申請一定量的投資促進資金用於購置必要的設備和裝備；若與醫院計劃相抵觸，則投資方案不會被州主管機構接

---

1 《醫改成功要先從打破行政壟斷形成多元化辦醫格局入手》，http：//ezheng.people.com.cn/ proposalPostDetail.do？ id=116734，2012 年 3 月 7 日。

受。只要進入計劃醫院範疇，就可接受參加了法定醫療保險的患者就醫。並且，德國《行業條例》第 30 條規定了只要獲得了德國官方許可並滿足相關條件，任何外國企業都可在德國設立醫院或私人醫療機構，但私人診所只能為投保私人保險的患者提供醫療服務，費用由就醫者自理。《社會法典（五）》（SGBV）第 108 條規定了相關事務由各聯邦州主管部門審批。德國對投資本國醫療領域的外國資本實行國民待遇，統計部門對外資和內資並未加以區別，就像德國沒有外商投資企業統計一樣，也沒有外商投資醫院的統計。[1]

外籍醫師在德國從業方面，按照歐盟和德國有關規定，歐盟範圍內的醫師在德國從業，只要符合從業條件，具備和德國醫師同等的醫師素質，即可不受限制地在德行醫。而對於歐盟以外所謂第三國的外籍醫師在德從業，有三個條件：首先，要滿足准許入境和擁有居留許可等基本條件。其次，對於（來自第三國的）外籍醫師，根據《就業條例》第 27 條第 1 款規定，還須具備德國承認的外國高等學歷。所有具備行醫資質的外籍醫師，可在公立醫院、醫療中心或私人診所從業。再次，對於非醫師性質的保健醫生，按照德國《醫士法》相關規定也可在德從業，但要求和審查都相當嚴格。[2]

2. 英國

英國對外商投資既沒有一般性的准入限制，也沒有專門針對外國投資的法律。在大部分行業領域，外國投資者和外商投資企業均能享受法律上的國民待遇，不存在對外資持股比例的限制。醫療服務領域也是如此，比如沒有法律限制外商投資醫療機構或要求對外商投資設立或併購醫療機構進行特殊審批。外商投資醫療機構所從事的醫療服務領域也不受限制。外商投資建立合資或獨資醫療機構適用英國有關醫療機構設立和管

1　轉引自周勝橋《德國醫療體制及醫療服務市場准入情況》，《藥品評價》2010 年第 4 期。

2　轉引自周勝橋《德國醫療體制及醫療服務市場准入情況》，《藥品評價》2010 年第 4 期。

理的一般法律。[1]

　　根據英國《2000 年醫療標準法》（Care Standards Act 2000），任何機構要提供醫療服務必須向醫療質量委員會（CQC）申請許可，外資機構要提供醫療服務也同樣要申請許可。醫療質量委員會負責審核醫療機構擬提供的服務是否符合政府有關醫療服務的標準（由英國衛生部制定），並着重從以下三個方面進行審核：其一，是否有適合提供有關醫療服務的場所；其二，是否有適合提供有關醫療服務的從業人員和機構負責人；其三，擬提供的服務（包括內部規章制度）是否符合法定要求，是否妥當和安全，是否能滿足患者的需求。[2] 醫療質量委員會除了審核申請材料外，還會採取面談、實地考察、背景調查等方式全面了解申請人的情況。醫療質量委員會在審核申請後可以做出同意、附條件同意或拒絕的決定。獲批提供服務的醫療機構也必須始終符合有關法定標準，醫療質量委員會每五年對其進行至少一次檢查，不能達標的可能會被勒令整改、吊銷行醫許可甚至遭到檢控。[3]

（二）對港商獨資醫院進入廣東省的啟示

1. 借鑒德國外資辦醫的經驗，取消獨資辦醫的一切限制

　　從上可以看出，德國對外資醫院准入，不但實行國民待遇，而且沒有任何限制。德國允許任何外國資本在本國設立私人醫療機構和醫院。不僅如此，德國的《醫院融資法》還規定，對進入各聯邦州「醫院計劃」的外資醫院還可以申請一定量的投資促進金，用於購置必要的設備和裝備，全面落實醫院享有購買醫療設備的自主經營權。

　　雖然醫療行業在我國被視為「特殊行業」，但其開放是逐漸擴大的。在

1　鳳凰財經網，http://finance.ifeng.com/roll/20091231/1655797.shtml，2012 年 4 月 7 日。

2　鳳凰財經網，http://finance.ifeng.com/roll/20091231/1655797.shtml，2012 年 4 月 7 日。

3　中國城市發展網，http://www.chinacity.org.cn/csfz/f 着 l/58936.html，2012 年 4 月 7 日。

起步階段，我國允許外資辦醫的形式是合資、合作，並且規定中方資本在外資醫院的持股比例不能低於 30%。但隨着我國加入 WTO，對外開放程度的進一步加深，在由發展改革委、衛生部、財政部、商務部、人力資源和社會保障部制定的《關於進一步鼓勵和引導社會資本舉辦醫療機構意見》中已提出要逐步取消對境外資本的股權比例限制，對具備條件的境外資本在我國境內設立獨資醫療機構正在進行試點，這在廣東省已經有了先例。既然如此，政府應當順勢而為，儘快取消對外商獨資辦醫的一切限制。當然，有一點需要明確，獨資辦醫就意味着外資醫院擁有獨立決策權、經營權和管理權。因此，還應取消對外資醫院購買大型醫療設備的限制，全面落實外資醫院的自主經營權。

2. 借鑒英國對外資辦醫審批快捷的經驗，簡化外資醫院審批程序

外資在英國設立醫療機構沒有持股比例和投資總額的限制，對設置的形式也沒有規定，既可以是合資、合作，也可以是獨資。在這方面，澳大利亞政府也是如此，將醫療服務行業視為普通產業，對外商投資辦醫不存在限制。在對外資醫院的審批方面，外資在英國投資辦醫只需取得醫療質量委員會的許可，審批程序簡單快捷。儘管如此，英國醫療質量委員會還是會在做出許可之前審核申請材料，並且採取面談、實地考察、背景調查等方式全面了解申請人的情況以確保外資醫院的准入質量。

因此，要比照《關於進一步鼓勵和引導社會資本舉辦醫療機構意見》關於簡化並規範外資辦醫審批程序的要求，並借鑒英國對外資設立醫療機構只需獲得醫療質量委員會的許可和對外資進行實地調查的經驗，簡化外商辦醫的審批登記程序，明確審批登記的預期，以縮短審批周期，並要求審批機關對外資投資辦醫的實際情況進行調查。這樣，在吸引更多外資進入廣東省醫療領域的同時，外資醫院准入的質量也能得到保證。[1]

1　參見鄧小花《我國外資醫院准入制度探析》。

11. 我國發展國際法律服務外包業務的法律思考

慕亞平　朱穎俐　慕子怡

　　國際法律服務外包作為一種新興的國際商業業務流程外包形式，日益為世界各國所認同和接受，承接法律服務外包業務的法律服務外包行業正從小作坊式生產發展為真正的全球性產業。[1] 全球服務諮詢和研究公司 Everest Group 預計，全球的業務流程外包（BPO）行業 2012 年總營業額將介於 2200 億和 2800 億美元之間。其中，多數屬於為研究領域提供較複雜的技術，以及參與律師、醫生和銀行家的研究與分析工作。[2] 2014 年 1～11 月，我國承接業務流程外包（BPO）執行金額達 65.3 億美元，同比增長 23.6%。[3] 毫無疑問，國際法律服務外包業務具有極大的發展潛力。有鑒於此，本文從分析國際法律服務外包的內容及歸類入手，通過分析聯合國《產品總分類表》與世貿組織「GNS/W/120 服務部門分類表（以下簡稱 GNS/W/120）」的關係，界定法律服務外包業務的法律歸類，進而分析中國作為世貿組織成員發展國際法律服務外包業務面臨的問題並提出相應的法律對策。

1　金世和、肖穎君編譯《Fronterion 公佈 2011 年度十大法律服務外包發展趨勢》，中國服務外包網，http：//chinasourcing.mofcom.gov.cn/c/2011-01-17/88968.shtml。

2　《路透社專題報道菲律賓外包市場增長》，中國服務外包網，http://chinasourcing.mofcom.gov.cn/c/2012-03-28/111781.shtml，2012 年 3 月 28 日。

3　商務部：《2014 年 1～11 月服務外包統計》，中國服務外包網，http://chinasourcing.mofcom.gov.cn/c/2015-01-15/176086.shtml，2015 年 1 月 15 日。

一　國際法律服務外包的內容及歸類

（一）國際法律服務外包的含義及內容

　　所謂 Outsourcing（外包），也就是「Outside Resource Using」的縮寫，直譯為「外部資源利用」，也可稱之為資源外包、資源外置。[1] 按照《韋氏在線詞典》（Merriam-Webster Online Dictionary）的定義，在英文中「外包」一詞的意思是指「通過與外部供應商訂立合同來獲得（企業或組織需要的貨物或服務）」。[2] 1995 年管理大師彼得·德魯克（Drucker）在其《大變革時代的管理》一書中曾預言：「再過 10 年或 15 年，組織也許會將所有『支持性』而不是『產生收入』的工作以及所有不提供升入高級管理層職業機會的活動都委託給外單位去做。」[3] 顯然，德魯克所說的「委託給外單位去做」實際上就是指外包。按照外包對象的不同，外包可以分為製造外包和服務外包。依據國際收支賬戶對服務貿易的分類，如果發包方與承包方同屬一個國家則屬於國內服務外包或業內所謂「在岸外包」（onshore outsourcing）；如發包方與承包方是不同國家的企業，則從發包方角度看是「離岸外包」（offshore outsourcing），對承包方來說則可以稱作「到岸外包」（inshore outsourcing），總稱國際服務外包。[4] 最早的國際服務外包集中在計算機、信息技術及相關服務領域，因此被稱為計算機及相關服務業務流程外包，即 IPO（Information Process Outsourcing）。隨着互聯網技術的發展和寬帶能力的提升，服務外包逐漸延伸至一系列企業管理事務，於是，企業可以將人力資源管理、會計事務、法律事務、保險、客戶服務、產品研發、圖紙設計等業務流程環節分離出來，交給服務外包

1　張豔、常永勝：《服務外包：近期文獻綜述》，《江蘇商論》2008 年第 1 期，第 88 頁。

2　http://www.merriam-webster.com/dictionary/outsourcing？ show=0&t=1292344018。

3　彼得·德魯克：《大變革時代的管理》，趙幹城譯，上海譯文出版社，1999，第 43 頁。

4　李玉紅：《國際外包的成因及效應研究》，河北大學碩士學位論文，2007，第 36 頁。

公司來做，這就是所謂的商業業務流程外包，即 BPO（Business Process Outsourcing）。[1] 法律服務外包是近年來新興的一種商業業務流程外包（BPO）形式，國際法律服務外包主要表現為兩種形式：一種是由律師事務所將其承接的一個或多個企業外包法律事務中的非核心業務轉包給外國法律服務外包公司，自己負責核心業務，這種方式往往涉及三方當事人即發包企業、律師事務所和外國法律服務外包公司。其中，發包企業可能是一個也可能是多個，可能與律師事務所同屬一國，也可能分屬不同國家，從而形成發包企業與律師事務所之間的在岸或離岸外包關係以及律師事務所與外國法律服務外包公司之間的離岸外包關係。另一種是由企業直接將合同管理、盡職調查、文件審閱和抄錄等法律流程業務發包給外國法律服務外包公司，形成單一的法律服務離岸外包關係。前者如全球最大律師事務所之一的英國卡麥隆‧麥肯納公司於 2010 年 5 月 18 日與菲律賓阿亞拉集團旗下的業務流程外包公司 Integron 簽訂合同金額達 8.52 億美元的法律服務外包合同，[2] 該公司實際上是將其承接的多個企業外包法律事務中的非核心業務轉包給菲律賓 Integron 公司；後者如世界三大鐵礦石巨頭之一的力拓集團於 2009 年 6 月 18 日與 CPA Global 簽署的法律服務外包協議，力拓集團將合同審查和起草、法律研究、文件審查及其他日常法律事務外包給法律支持服務全球領先供應商之一 CPA Global 公司，由該公司的印度團隊幫助力拓集團處理其在全球的法律事務，預計將節省力拓高達 20% 的法律成本。[3] 國際法律服務外包業務通常是指外國法律服務公司承接的到岸外包法律事務，通常包括文件審閱、抄錄、合同管理、盡職調查等一般輔助性業務，以及法律文檔的開示和審核、訴訟支持、法律研究、合同審查和

1　李玉紅：《國際外包的成因及效應研究》，河北大學碩士學位論文，2007，第 46 頁。

2　《阿亞拉集團獲得菲律賓法律服務外包行業最大合同》，中國服務外包網，http：//chinasourcing. mofcom.gov.cn/c/2010-05-19/69158.shtml，2010 年 5 月 19 日。

3　美通社（亞洲）：《力拓集團與 CPA Global 簽署法律服務外包協議》，證券之星網站，http：//finance. stockstar.com/JL2009061900001111.shtml，2009 年 6 月 18 日。

起草、風險管理、專利服務等基礎性法律支持工作，因而法律服務外包業務通常又被稱為法律流程外包，即 LPO（Legal Process Outsourcing），這些工作對於律師事務所而言屬於「支持性」而不是「產生收入」的工作，是律師事務所的非核心業務。

（二）國際法律服務外包業務的法律歸類

發展國際法律服務外包業務首先需要解決法律服務外包業務的法律歸類問題，具體而言，就是要明確被外包的法律事務是否屬於 GNS/W/120 中的法律服務，若其屬於 GNS/W/120 中的法律服務，則世貿組織成員國在發展和管制國際法律服務外包產業時必須遵守其在《服務貿易總協定》中所做的具體承諾，反之，則完全可以通過國內法管制本國的國際法律服務外包產業。

1991 年《關稅及貿易總協定》祕書處編寫了一份有關服務部門分類的說明，被稱為「GNS/W/120 服務部門分類」目錄，它是與各成員國磋商的結果。該目錄明確了國內服務規章所涉及的相關部門和分部門，這樣就可以對這些規章做出具體的承諾並進行談判，所以 GNS/W/120 應被看成是一個談判目錄。為了幫助明確劃分每個分部門，已將聯合國《暫行產品總分類》代碼分配給每個分部門。[1] 根據聯合國於 1989 年制定的《暫行產品總分類（CPCprov）》，法律服務被包含於商業服務中，分為 4 類：第一，在不同法律領域的法律諮詢和代理服務；第二，在准審判庭、管理機構等的法定程序中的法律諮詢和代理服務；第三，法律文件和證明服務；第四，其他法律諮詢和信息服務。[2] 按照 GNS/W/120 服務部門分類，法律服務屬於

1　Manual on Statistics of International Trade in Service. Department of Economic and Social Affairs Statistics Division Statistical Papers，Series M，No.86，ST/ESA/STAT/SER.M/86，p.12.

2　Detailed structure and explanatory notes：CPCprov code 861，聯合國官網，http：//unstats.un.org/unsd/cr/registry/regcs.asp？ Cl=9&Lg=1&Co=861。

商業服務中的專業服務，排在眾多專業服務部門之首。世貿組織服務貿易委員會 1998 年發佈了由祕書處提供的「法律服務背景註釋」，其中第 C 部分將法律服務解釋為：各種法律領域和法定程序中的所有諮詢和代理服務。[1] 世貿組織官方網站對法律服務部門所做的說明指出：「該部門包括就東道國法律、母國法或第三國法律、國際法提供的諮詢和代理服務，法律文件和證明服務，以及其他的法律諮詢和信息服務。」[2] 可見，世貿組織在界定法律服務的範圍時採用的是聯合國 1989 年制定的《暫行產品總分類（CPCprov）》中的法律服務分類標準。

　　由於 GNS/W/120 對於其列舉的服務部門沒有做出具體的解釋，為了幫助人們明確劃分 GNS/W/120 所列舉服務部門的每個分部門，聯合國《暫行產品總分類（CPCprov）》的產品代碼被分配給每個分部門。[3] 對於服務而言，《產品總分類（CPC）》[4] 是第一部針對行業的所有產出門類做出國際分類的目錄，它可以滿足統計用戶和其他用戶的不同分析需求。在烏拉圭回合就《服務貿易總協定》進行談判期間，CPC 已被用於確定服務類型，還被用於說明《國際收支手冊》第五版建議的國際收支服務的組成部分。[5] 為便於統計，《暫行產品總分類（CPCprov）》第三部分對文件所列舉的服務部門進行了解釋性說明。[6] 其中，關於法律服務的說明指出：第一類法律服務是指在刑事和其他法律領域的法定程序方面提供諮詢、代理、起草文件、研

1　WTO Council for Trade in Services. Legal Services Background Note by the Secretariat，paragraph 15-17，S/C/W/43，6 July 1998.

2　SERVICES：SECTOR BY SECTOR Legal services，世界貿易組織官網，http：//www.wto.org/english/tratop_e/serv_e/legal_e/legal_e.htm。

3　Detailed structure and explanatory notes：CPCprov code 861，聯合國官網，http：//unstats.un.org/unsd/cr/registry/regcs.asp？Cl=9&Lg=1&Co=861。

4　《產品總分類（CPC）》泛指聯合國關於產品分類的文件，目前包括《暫行產品總分類（CPCprov）》以及 CPC1.0、CPC1.1 和 CPC2.0 等關於產品分類的四個文本。

5　Manual on Statistics of International Trade in Service. Department of Economic and Social Affairs Statistics Division Statistical Papers，Series M，No.86，ST/ESA/STAT/SER.M/86，p.14.

6　Prov.CPC，complete publication，English（PDF-scan），pp.241-242，聯合國官網，http：//unstats.un.org/unsd/cr/downloads/CPCProv_publication_english.zip。

究相關法律文件、收集證據等服務；第二類法律服務是指在准審判庭、管理機構等的法定程序中提供諮詢、代理、起草文件、研究相關法律文件、收集證據等服務；第三類法律服務是指包括起草遺囑、婚約、商事合同、公司章程等法律文件在內的準備、起草和證明法律文件的服務，這些服務包含為起草和證明法律文件提供諮詢及為起草和證明法律文件所必須提供的各種法律服務；第四類法律服務是指與當事人權利義務相關的諮詢服務和其他地方沒有進行歸類的法律信息服務。[1] 雖然此後聯合國對《產品總分類》先後進行了三次修訂，形成了 CPC1.0、CPC1.1 和 CPC2.0 等多個修訂版本，但作為世貿組織成員談判目錄的 GNS/W/120 並沒有伴隨 CPC 版本的修訂進行相應調整，例如 1998 年出版的 CPC1.0 已經將 CPCprov 放在管理諮詢服務部門中的「仲裁和調解服務」調整到法律服務部門中，但 GNS/W/120 至今仍然是將「仲裁和調解服務」作為管理諮詢服務部門而非法律服務部門中的服務產品；GNS/W/120 所採用的產品代碼也仍然是 CPCprov 中的代碼。因此，CPCprov 對法律服務所做解釋性說明同樣也可用於解釋世貿組織關於法律服務部門所做的分類。

　　根據聯合國《暫行產品總分類（CPCprov）》對法律服務所做解釋，國際法律服務外包業務應歸屬於《服務貿易總協定》各成員採用的「GNS/W/120 服務部門分類」目錄中的法律服務部門，世貿組織成員國在該領域應遵守其所做的具體承諾。依照 CPCprov 關於第三類和第四類法律服務的解釋，世貿組織官方網站中關於法律服務部門包括「法律文件和證明服務，以及其他法律諮詢和信息服務」的說明可以理解為：「法律文件和證明服務」是指「包括起草遺囑、婚約、商事合同、公司章程等法律文件在內

1　CPCprov 對第四類法律服務所做解釋說明的原文是：「Advisory services to clients related to their legal rights and obligations and providing information on legal matters not elsewhere classified. Services such as escrow services and estate settlement services are included.」基於下文將對「escrow services and estate settlement services」的準確含義進行討論，此處不便說明「Services such as escrow services and estate settlement services are included.」的中文意思，故對此句內容暫予省略。

的準備、起草和證明法律文件的服務，這些服務包含為起草和證明法律文件提供諮詢及為起草和證明法律文件所必須提供的各種法律服務」；「其他法律諮詢和信息服務」是指「與當事人權利義務相關的諮詢服務和其他地方沒有進行歸類的法律信息服務」。如上文所述，國際法律服務外包領域中被外包的法律事務主要包括文件審閱、抄錄、合同管理、盡職調查等一般輔助性業務，以及法律文檔的開示和審核、訴訟支持、法律研究、合同審查和起草、風險管理、專利服務等基礎性法律支持工作，按照 CPCprov 的解釋，外包法律服務中，文件審閱、抄錄、合同管理、法律文檔的開示和審核、訴訟支持、合同審查和起草等輔助性法律流程服務可以歸類於「法律文件和證明服務」；風險管理、專利服務等基礎支持性法律流程服務可以歸入「其他法律諮詢和信息服務」的範疇，法律研究、盡職調查等流程服務根據其工作目的不同，既可歸類於「法律文件和證明服務」，也可歸類於「其他法律諮詢和信息服務」。可見，國際法律服務外包業務應歸於世貿組織「GNS/W/120 服務部門分類」中的法律服務部門，在法律上要服從於《服務貿易總協定》中各國所做具體承諾的規定。

二　我國發展國際法律服務外包業務的法律依據

（一）聯合國《暫行產品總分類（CPCprov）》的相關規定

　　如上文所述，世貿組織官方網站上對「法律服務」所做的說明與 CPCprov 的相關內容基本一致，由於世貿組織對其說明沒有做出進一步的解釋，且 GNS/W/120 所做服務部門分類採用的是 CPCprov 使用的產品代碼，因而 CPCprov 對「法律服務」所做解釋完全可用於解釋世貿組織對「法律服務」的相關界定，對 CPCprov 相關解釋的準確把握對於準確界定 GNS/W/120 中的「法律服務」範圍至為重要。在 CPCprov 對「其他法律諮詢和信息服務」所做解釋中提到法律服務包括「escrow services and estate settlement services」，在聯合國、歐洲共同體委員會、國際貨幣基金組織、經濟合作與發展組織、聯合國貿易發展會議和世界貿易組織等國際組織共同編制的《國際服務貿易統計手冊》（2002）第 3.126. 段對「法律服務」所做定義[1]中將「escrow and settlement services」直接與法律諮詢和代理服務、法律文件和文書的起草服務、證明諮詢服務並列作為法律服務的具體形式，[2]沒有出現 CPCprov 和世貿組織官方網站上使用的「Other（legal）advisory and information services」[3]〔其他（法律）諮詢和信息服務〕之類的模糊用語。可見，「escrow and settlement services」屬於國際服務貿易統計中法律服務產品的一種具體類型，對其確切含義的掌握不僅顯得極為重要而且也是不可迴避的。

　　在我國 2010 年 8 月 1 日起施行的《國際服務貿易統計制度》中，由商務部和國家統計局製作的《其他商業服務進出口情況》基層報表（服貿統基 8 表）中的填表說明中關於「法律服務」所做的說明是「法律服務包括任何法律、司法和法定程序中的法律諮詢和代理服務、法律文件和文書的起草服務、證明諮詢服務和暫交第三者保存和結算服務」，可見，我國的國際服務貿易統計制度直接採用了《國際服務貿易統計手冊》中的「法律服務」定義，對「escrow and settlement services」的理解是「暫交第三者保存和結算服務」。聯合國官方網站上公佈的《產品總分類（CPC）》

1　目前《國際服務貿易統計手冊》的最新版本是 2010 版，但該版本在「法律服務」的定義方面與《國際服務貿易統計手冊》（2002）完全一致，沒有做任何修改，故從文章所討論問題的實際需要考慮，此處援引的仍是 2002 版中的相關內容。

2　此處原文是：「3.126. Legal services covers legal advisory and representation services in any legal，judicial and statutory procedures；drafting services of legal documentation and instruments；certification consultancy；and escrow and settlement services.」參見《國際服務貿易統計手冊》（2002）英文版第 49 頁，該內容同樣可見於《國際服務貿易統計手冊》（2010）英文版第 73 頁。

3　《暫行產品總分類（CPCprov）》中使用的表述是「Other legal advisory and information services」；世貿組織官方網站中使用的表述是「Other advisory and information services」。

（版本 1.1）的中文文本[1]則將「escrow services and estate settlement services」翻譯為「暫交第三者保存服務和地產解決服務」。[2]

　　事實上，Escrow 是英美法系中一個民商法範疇的法律名詞，它的基本含義是指由第三人保存、待條件成熟後交付受讓人的契據。[3]在美國，Escrow 制度已經成形且法律化超過 62 年，它通過中立第三方暫時托管價款、契據、文件、各項單據、檢驗報告，計算當事人所應付的各項稅款、保險費，有時也會按照要求完成所有權調查、他項權清查等任務，待契約所應當完成的各項條件達成後，將契據和價款分別交給買賣雙方。律師事務所是美國 Escrow 服務的主要提供者，其服務流程及費用的計算方法相當細緻，有章可循，在國際貿易方面，Escrow 服務也非常普遍。[4]近年來，Escrow 也逐漸被我國律師界運用，特別是在資產重組、股權轉讓等新的法律服務領域運用得比較多。[5]從 Escrow 的上述業務內容來看，其所涉及的具體工作基本上是律師事務所的非訴訟輔助性業務，完全可以發包給法律服務外包公司。換言之，Escrow Services 可以作為法律服務外包業務。至於 Estate Settlement Services 中的 Settlement 在此是指「解決」還是指「結算」，恐怕還有待商榷，整個詞組翻譯為「地產解決服務」，似乎也不太符合中文的語言習慣，這類服務究竟指的是怎樣的法律服務形式，恐怕還需要有關部門做出進一步的解釋。

1　在聯合國官方網站上只有 CPC1.1 有中文文本，CPCprov、CPC1.0 和 CPC2.0 均沒有中文文本，且這句解釋性說明在 CPCprov 和 CPC1.1 中是完全一樣的，故而在此使用 CPC1.1 的中文文本來說明 CPCprov 的有關內容。

2　CPC ver.1.1，complete publication，Chinese（PDF），聯合國官網，http：//unstats.un.org/unsd/cr/downloads/CPCv1.1_complete%28PDF%29_Chinese.zip.

3　楊春寶：《Escrow 的應用》，《中國日報》2002 年 7 月 16 日。

4　龔永芳：《論涉外法律服務的 ESCROW 制度》，《理論界》2011 年第 7 期，第 61 頁。

5　楊春寶：《Escrow 的應用》，《中國日報》2002 年 7 月 16 日。

（二）世貿組織成員在《服務貿易總協定》的 《具體承諾減讓表》中所做的相關承諾

《服務貿易總協定》對服務貿易的調整方式主要是將各成員國的義務分為一般義務與具體承諾的義務，其中一般義務適用於所有的服務行業及其分部門，是成員應當普遍承擔的義務，主要包括最惠國待遇、透明度原則、發展中國家的參與、經濟一體化、緊急保障措施和一般例外等，[1] 而具體承諾的義務只有在成員方做出具體承諾時才需要承擔，主要涉及成員方對市場准入和國民待遇的限制問題。成員方通常以談判的方式確定其關於市場准入和國民待遇的具體承諾義務，具體表現為：每個成員先就自己擬開放的服務部門和方式「出價」，並就希望其他成員開放的服務部門和方式「要價」，再經過雙邊和多邊談判，就自己服務業的開放水平做出最終承諾，並編制一份具體承諾減讓表，[2] 各成員方有權決定在其具體承諾減讓表[3] 中列入承擔市場准入和國民待遇義務的服務部門及服務提供方式，並可就這些服務部門及服務提供方式維持一些條件和限制，未列入表中的服務部門不受市場准入和國民待遇義務的約束，未列入表中的條件和限制必須加以取消。[4]

從各成員方提交的《具體承諾減讓表》來看[5]，世貿組織現有的 153 個成員中有 74 個成員在其具體承諾減讓表中沒有列入法律服務部門，其餘

1　GATS 正文第二部分「一般義務和紀律」，第 2 條至第 15 條。

2　王傳麗：《國際經濟法》，高等教育出版社，2005，第 221 頁。

3　具體承諾減讓表由「水平承諾」和「具體承諾」兩個部分組成。除特別指明外，「水平承諾」是對「具體承諾」中所列的所有服務部門和分部門做出的共同承諾，體現的是成員方在開放服務市場方面承諾的總體水平；「具體承諾」是對各具體服務部門或分部門分別做出的承諾，體現的是成員方在開放服務市場方面承諾的範圍。除特指為具體承諾減讓表中的具體承諾外，具體承諾通常是指成員方在具體承諾減讓表中所做的承諾，包括「水平承諾」和「具體承諾」。

4　房東：《〈服務貿易總協定〉法律約束力研究》，北京大學出版社，2006，第 9 頁。

5　本部分關於各成員具體承諾內容的資料來源於世貿組織官方網站，http：//i-tip.wto.org/services/（S（lsj0bnpakba502s14vezff4v））/Search.aspx，2015 年 1 月 23 日。

79 個成員在承諾減讓表中對法律服務部門所做的具體承諾基本上是以法律諮詢和代理服務、法律文件和證明服務等法律服務領域的開放程度為內容。這 79 個成員中，有 44 個成員基本不允許外國服務提供者提供發包國（地區）法律服務，有 11 個成員限制外國服務提供者起草法律文書或為出庭準備法律文件等，但這 79 個成員的具體承諾減讓表中均沒有涉及文件審閱、抄錄、合同管理、盡職調查等輔助性法律服務，這也就意味着各成員方對此類服務完全開放，沒有限制。此外，這 79 個成員中除新西蘭、智利、特立尼達和多巴哥等極少數成員外，絕大多數成員允許外國服務提供者就其母國法提供法律服務，而且與外國服務提供者母國法相關的法律研究、合同審查和起草、風險管理、專利服務等法律服務也基本不受限制。可見，世貿組織絕大多數成員就法律服務部門開放水平所做的具體承諾對國際法律服務外包業務的發展基本沒有影響，我國發展國際法律服務外包業務完全具有現實可能性。

三　我國發展國際法律服務外包業務面臨的問題及對策

（一）針對部分法律服務外包業務內涵不明的現狀，建議由權威機構明確「estate settlement services」的具體內涵，並建立 escrow services 的相關法律制度

　　如前文所述，我國 2010 年 8 月 1 日起施行的《國際服務貿易統計制度》直接採用了《國際服務貿易統計手冊》中的「法律服務」定義，對「escrow and settlement services」的理解是「暫交第三者保存和結算服務」；而聯合國官方網站上公佈的《產品總分類（CPC）》（版本 1.1）的中文文本則將「escrow services and estate settlement services」翻譯為「暫交第三者保存服務和地產解決服務」。後者關於「estate settlement services」的翻譯似乎不合乎中文的表達習慣,從而令人很難理解所謂的「地產解決服務」究竟指的是何種法律服務。由於「estate」有「財產」的意思,且 Escrow 是基於買賣雙方互不信任而產生的由第三方暫時代為保管雙方契據及資金直至雙方約定的條件達成後,再由第三方按要求將契據及資金分別交給買方和賣方的特殊法律服務外包業務。根據上下文的關聯性,筆者認為,將「estate settlement services」理解為「財產結算服務」也許更合乎《產品總分類(CPC)》的本意,也更易為人們所理解。需要說明的是,這裏所說的「財產結算服務」並不單純指會計結算服務,而是包括財產轉移所必需的法律服務的結算服務,是一種以法律服務為主的綜合性服務,在產品分類中被歸類為法律服務而非會計服務。因此,筆者認為「escrow services and estate settlement services」可以理解為「暫交第三者保存服務和財產結算服務」。為了更好地發展此類法律服務外包業務,避免爭議,建議國家權威部門對此給予進一步的說明甚至是立法,以促進此類國際法律服務外包業務的有序發展。

此外,對於 Escrow 之類的已被明確納入國際法律服務貿易範圍的特定法律服務外包方式也應儘快通過立法進行確認和調整,以促進此類法律服務外包業務在我國的健康發展。Escrow 法律服務方式早在 20 世紀 90 年代就已經引起了國內律師的關注,但這一服務方式至今在國內法中還無法找到一個可以準確反映其內涵的相應法律術語。中國內地關於 Escrow 的稱謂目前有很多,如所有權保留合同、公證托管制度、第三方托管、有條件支付、履約保證、信託付款服務、代管服務等,香港和澳門的法律人則將其音譯為「艾士庫」或「埃斯克羅」。[1] 為結束這一混亂狀態,中央政府有必要通過立法確認該法律服務方式並統一其中文稱謂。由於 Escrow 是基於買賣雙方互不信任而產生的由第三方暫時代為保管雙方契據及資金直至雙方約定的條件達成後,再由第三方按要求將契據及資金分別交給買方和賣方的

1　龔永芳:《論涉外法律服務的 ESCROW 制度》,《理論界》2011 年第 7 期,第 60 頁。

特殊法律服務外包形式，在該服務方式的運轉過程中必然會圍繞資金管理
而產生第三方資質認定、對第三方的監管及關於第三方的權限和責任的界
定等一系列法律問題，在缺乏國家法律規定的情況下開展此項業務無疑會
給第三方帶來難以預測的法律風險。正因為如此，即使在客戶找上門請求
提供 Escrow 服務的情況下，我國很多律師事務所也基於謹慎而婉拒，這顯
然不利於此類法律服務貿易在我國的發展。更為重要的是，由於缺乏此類
服務的支持，買賣雙方互不信任的問題無法解決，最終還可能導致已形成
意向的國際貿易行為歸於失敗。顯然，建立 Escrow 法律制度，統一該制度
的中文稱謂，對於促進我國發展相關的國際法律服務外包業務具有極其重
要的現實意義，對於已開展 Escrow 業務的機構也能起到很好的規範作用，
從而有效防範法律風險。

（二）針對國際法律服務外包業務不受重視的情況，
建議將其納入到國家重點發展的服務外包產業體系，
並配套相應的法律制度

我國自 2005 年在《國民經濟和社會發展第十一個五年計劃綱要
（2006－2010）》中首次提出要大力發展外包產業以來，[1] 各部委出台了大
量發展服務外包的鼓勵性政策措施，服務外包產業發展迅速，但法律服務
並不在國家扶持和鼓勵發展的產業範圍。在財政部、國家稅務總局、商務
部、科技部、國家發展和改革委員會聯合下發的《關於技術先進型服務企
業有關企業所得稅政策問題的通知》附件《技術先進型業務認定範圍（試
行）》中，只有會計、審計、稅務管理等專業服務被作為技術先進型業務，
享受減徵企業所得稅等稅收優惠，而法律服務被排除了在外。然而，按照
世貿組織成員用於談判的 GNS/W/120 服務部門分類，法律服務與會計、審

1　龔永芳：《論涉外法律服務的 ESCROW 制度》，《理論界》2011 年第 7 期，第 60 頁。

計、稅務管理等服務部門同屬於專業服務部門，且法律服務在專業服務部門中位列第一。更為重要的是，在國際服務外包領域，法律服務外包企業採用結合法律和非法律支持服務的 BPO 交付模式提供外包服務已經成為服務外包公司承接法律服務外包的主要趨勢，儘管純粹的法律服務提供商總會有市場空間，但打包服務對一些大客戶卻更有吸引力。世界上最大的律師事務所之一英國高偉紳律師事務所與 Integron 公司簽訂的外包服務合同中，Integron 公司不僅提供法律服務，還擔當起該律師事務所的後台辦公室的角色，同時提供會計服務和 IT 職能。[1]可見，法律服務與會計等專業服務不僅僅是在服務分類表中具有同等地位，更重要的是在國際服務外包領域存在將法律服務、會計服務等企業內部管理服務打包外包的發展趨勢，將法律服務外包業務棄置一旁，單純發展會計、審計、稅務管理等服務領域的外包業務的做法不僅令法律服務外包喪失了發展的良機，更令會計、審計、稅務管理等服務部門的發展受到嚴重制約。從這個意義上說，我國有必要儘快將法律服務外包業務納入國家重點發展的服務外包產業體系，在此基礎上建立規範國際法律服務外包業務的法律制度體系，引導並促進我國國際法律服務外包行業蓬勃健康地發展。

　　具體而言，當前最迫切的工作就是要建立發展國際法律服務外包業務所必需的信息資料保護制度。國際法律服務外包必然伴隨着客戶信息的跨國流動，確保個人資料跨國流通的安全是發展法律服務到岸外包的基本要求。聯合國經合組織早在 1981 年就提出了個人資料跨國流通的基本原則 —— 自由流通與法律限制，規定成員國應採取一切適當的措施確保個人資料國際流通的自由，以及規定對自由流通進行限制的條件，為資料跨國流通確立了基本方向。[2]然而，包括我國在內的眾多發展中國家對數據資

1　趙新遠：《全球法律服務外包市場：危機創造了新的機遇》，中國服務外包網，http：//chinasourcing.mofcom.gov.cn/c/2009-02-16/35400.shtml。

2　齊愛民：《個人資料保護法原理及其跨國流通法律問題研究》，武漢大學出版社，2004，第 212 頁。

料的立法保護極其有限，在信息資料跨國流通方面的立法近乎空白，從而大大制約了國際法律服務外包業務的發展。眾所周知，「能否確保信息資料流通安全」是發包方選擇發包對象時必然要考慮的重要因素，因此，建立和完善信息資料保護制度將是我國發展國際法律服務外包業務的首要工作。

參考文獻

金世和、肖穎君：《Fronterion 公佈 2011 年度十大法律服務外包發展趨勢》，http：//chinasourcing.mofcom.gov.cn/c/2011-01-17/88968.shtml。

《路透社專題報道菲律賓外包市場增長》，http：//chinasourcing.mofcom.gov.cn/c/2012-03-28/111781.shtml。

張豔、常永勝：《服務外包：近期文獻綜述》，《江蘇商論》2008 年第 1 期。http：//www.merriam-webster.com/dictionary/outsourcing？ show=0&t=1292344018.

彼得．德魯克：《大變革時代的管理》，趙幹城譯，上海譯文出版社，1999。

李玉紅：《國際外包的成因及效應研究》，河北大學博士學位論文，2007。

《阿亞拉集團獲得菲律賓法律服務外包行業最大合同》，http：//chinasourcing.mofcom.gov.cn/c/2010-05-19/69158.shtml。

《力拓集團與 CPA Global 簽署法律服務外包協議》，http：//fx.caixun.com/orgarea/0000018e/00000dls/00000dmg/2137479.shtm。

楊春寶：《Escrow 的應用》，《中國日報》2002 年 7 月 16 日。

龔永芳：《論涉外法律服務的 ESCROW 制度》，《理論界》2011 年第 7 期。

王傳麗：《國際經濟法》，高等教育出版社，2005。

房東：《〈服務貿易總協定〉法律約束力研究》，北京大學出版社，2006。

趙新遠：《全球法律服務外包市場：危機創造了新的機遇》，http：//chinasourcing.mofcom.gov.cn/c/2009-02-16/35400.shtml。

齊愛民：《個人資料保護法原理及其跨國流通法律問題研究》，武漢大學出版社，2004。

Manual on Statistics of International Trade in Service. Department of Economic and Social Affairs Statistics Division Statistical Papers，Series M，No.86，ST/ESA/STAT/SER.M/86.

Detailed Structure and Explanatory Notes：CPCprov code 861. http：//unstats. un.org/unsd/cr/registry/regcs.asp？ Cl=9&Lg=1&Co=861.

WTO Council for Trade in Services. Legal Services Background Note by the Secretariat，paragraphs 15-17，S/C/W/43，6 July 1998.

SERVICES：SECTOR BY SECTOR Legal services，http：//www.wto.org/english/ tratop_e/serv_e/legal_e/legal_e.htm.

Prov. CPC，complete publication，English（PDF），http：//unstats.un.org/unsd/ cr/downloads/CPCProv_publication_english.zip.

CPC ver.1.1，complete publication，Chinese（PDF），http：//unstats.un.org/unsd/ cr/downloads/CPCv1.1_complete%28PDF%29_Chinese.zip.

12. 我國區際司法協助的制度發展及理念創新 [1]

王承志

　　區際司法協助（本文特指區際民事司法協助）是指一個國家內部不同法域的主管機關之間，根據該法域的法律或彼此之間所訂立的協議，在民事領域進行相互委託，代為履行或實施某些司法行為或與司法密切相關的行為，如送達訴訟文書、調查取證以及承認與執行法院判決和仲裁裁決等。[2] 與國際司法協助相比，二者之間最大的區別在於適用的空間範圍不同：國際司法協助主要適用於國家之間的協助與合作，屬國際法的範疇；區際司法協助則是一個主權國家內部不同法域之間的司法合作與安排，屬國內法範疇。

　　在這裏，涉及一個非常重要的法律概念 —— 法域。它特指一個主權國家內部實行獨特法律制度和享有獨立司法管轄權的地理區域。[3] 從衝突法角度來看，一個具有獨立、單一法律體系的主權國家可以構成一個法域；而一個具有多元法律體系的主權國家內部的不同管轄區域也可以構成不同的法域。[4]

1　原文發表於《中山大學法律評論》（第 7 卷）。

2　參見黃進《區際衝突法研究》，學林出版社，1991，第 75 頁。

3　參見韓德培主編《國際私法新論》，武漢大學出版社，1997，第 412 頁。

4　有學者認為，法域的範圍可小於、等於甚至大於主權國家司法管轄的範圍：在複合法域國家，法域〈國家，如美國各州相比美國而言；在大多數單一法域國家，法域＝國家，如日本、法國等；在少數情況下，法域〉國家，如隨着歐盟一體化程度的加深，越來越多的學者傾向於將其認定為一個法域，其範圍遠遠大於各成員國。由於在目前歐盟這一特例並不具有代表性，因此本文在探討區際司法協助問題上，只採納法域 ≤ 國家這一觀點。

我國多法域格局的形成是「一國兩制」的產物，我國的區際司法協助也因此具有其他多法域國家所不同的特點。首先，我國的區際司法協助是在社會主義和資本主義兩種社會經濟制度根本不同的法域間進行的。其次，我國的區際司法協助是在大陸法系、普通法系以及社會主義法系的法域間進行的。最後，我國的區際司法協助是在各法域均有獨立終審權的條件下進行的。在許多複合法域的國家中，都存在着一個最高的國家司法機關，它或多或少地享有對各法域的終審權。對各法域享有終審權的國家最高司法機關，可以通過審理上訴案件的方式，或通過司法監督、發表司法意見的方式來協調各法域間的司法協助。而在中國，不存在一個凌駕於各法域之上的最高司法機關來協調各法域間的區際司法協助問題。簡而言之，我國的區際司法協助是在一國兩制原則之下三個法系四個法域之間開展的司法協助。在這種特殊歷史背景下的中國區際司法協助，呈現的是一種具有自身特殊規律的法制現象，而非有些學者所稱的「異質」法域司法協助。[1]因此，在我國開展區際司法協助要比其他多法域國家困難得多，需要克服的障礙也更多。

一　我國區際司法協助模式的選擇

對於我國可能採取的區際司法協助模式，國內學者在借鑒外國經驗及中國自身實踐的基礎上做了較多探索和研討。綜合而言，主要有以下幾種觀點。

1. 統一立法模式

該模式以美國和澳大利亞為代表，即由中央國家機關制定全國性法律調整國內不同法域之間的司法協助行為。美國、澳大利亞分別在其憲法中

1　參見趙國強《基本法與區際司法協助》，中國社會科學出版社，2000，第193頁。

對區際司法協助問題做了規定。根據美國聯邦憲法的充分誠信條款，各州對於其他州的公共法令、記錄和司法程序，應予充分誠意和信任。[1] 這裏所稱的「司法程序」即是指「姊妹州法院的判決和准司法判決」。[2] 後來美國國會通過《充分誠信法案》，規定該司法程序「在美國及其領地和屬地內的每一法院都應具有同樣的充分誠信，如同該程序在其來源地的那個州、領地或屬地的法院依照法律或慣例所具有的充分誠信那樣」[3]，從而將充分誠信條款擴大適用於聯邦、州、領地和屬地的法院，使相互承認和執行判決的要求對一切法院均發生拘束力。《澳大利亞聯邦憲法》第五十一條規定，聯邦議會有權為了聯邦共同體的和平、秩序和良好的政治而對包括各州法院的民事、刑事訴訟和判決的送達和執行以及各州司法程序的承認制定法律。在憲法的指引下，美國《聯邦民事訴訟規則》《統一州際和國際訴訟程序議案》先後對區際司法協助問題做了規定；澳大利亞《送達與執行程序法》《州與地區法律和記錄承認法》也先後對其區際司法協助問題做出了規定。其中，1992 年《送達與執行程序法》規定了澳大利亞各州和地區承認與執行其他州和地區法院判決的具體程序。

在中國，《中華人民共和國憲法》並沒有對區際司法協助問題做出規定，但《香港特別行政區基本法》和《澳門特別行政區基本法》等憲法性文件則規定，中國各法域的司法機關應當通過協商依法進行司法方面的聯繫和相互提供協助。[4] 該規定成為內地和香港、澳門之間就司法協助進行協商和開展具體司法協助的重要法律依據。但由於兩部基本法的規定過於原則，欠缺可操作性，因此有學者主張參照美國、澳大利亞模式，通過修改憲法增設專門條款，或由全國人大制定全國性法律用以解決我國區際司法協助問題，並適用於港澳台地區。

1　U.S.Const. Art. IV § 1.

2　參見韓德培、韓健《美國國際私法（衝突法）導論》，法律出版社，1994，第 255 頁。

3　　28 U.S.C. § 1738.

4　《香港特別行政區基本法》第 95 條、《澳門特別行政區基本法》第 93 條。

雖然採用統一立法的方式調整區際司法協助問題具有穩定性和實用性等優點，但反對意見則認為，我國並不具備進行統一區際司法協助立法的條件。《香港特別行政區基本法》和《澳門特別行政區基本法》均明確規定，在香港特區和澳門特區實施的全國性法律均列於基本法附件 3。雖然全國人大常委會在徵詢特區基本法委員會和特區政府的意見後可對附件 3 所列法律予以增減，但僅限於「國防、外交和其他按基本法規定不屬於特區自治範圍的法律」[1]。可見，基本法並沒有明確將司法協助問題限定在不屬於特區自治範圍內的事項，而且，從香港、澳門回歸後的區際司法協助的實踐看，二者均將此問題認定為本法域內部的事務。因此，在現階段採用中央統一立法的模式解決我國區際司法協助問題似有違「高度自治」原則之嫌。[2]而且，海峽兩岸的統一尚待時日，即使兩岸統一，可以預見，台灣地區的自治權也將遠遠大於香港、澳門，因此，該模式在中國適用的可能性微乎其微。

2. 分別立法模式

該模式以英國為代表。英國對其本土三個法域（英格蘭、蘇格蘭、北愛爾蘭）之間的司法協助（尤其是民商事判決的承認與執行）問題以專門立法予以規定；而對其本土與海外領土之間的司法協助問題則以其他法律予以調整。

傳統上，英格蘭、蘇格蘭、北愛爾蘭三法域之間互相將對方的判決視為外國判決。彼此之間判決的執行，須由當事人提出新的訴訟，而原判決只能作為證據提出。[3]直至 1801 年，《英國王室債務法》才開始准許對英格蘭及北愛爾蘭高等法院的財務法庭命令和衡平法院的判決以互惠方式登記

1　《香港特別行政區基本法》《澳門特別行政區基本法》第 18 條。

2　參見趙家琪、付志剛《「泛珠三角」區域合作框架下內地與港澳司法合作研究》，《法學雜誌》2008 年第 5 期，第 61 頁。

3　參見董立坤《香港法的理論與實踐》，法律出版社，1990，第 323 頁。

執行。1868 年《判決延伸法》進一步規定，各法域應相互尊重各高等法院所做出的判決，並賦予此類判決較外國判決更優越的地位。該制度隨後通過 1882 年的《下級法院判決延伸法》擴張適用於各法域之間下級法院判決的執行。[1] 英國在加入 1968 年《布魯塞爾公約》之後，於 1982 年制定了《民事管轄權和判決法》。該法對於其本土各法域判決的承認與執行制度進行了調整，規定了各法域間的判決只能由登記方式得到執行，排除重新起訴方式。

在英國本土之外，基於歷史原因，英國還擁有 14 塊海外領土，其主權歸屬英國。[2] 對於英國本土與其海外領土之間的司法協助問題，英國並未制定統一立法予以調整，而是採取了各自分別立法的模式。就英國本土而言，它主要依據 1920 年《司法管理法》和 1933 年《外國判決（相互執行）法》來解決與海外領土之間的司法協助問題。前者適用於安圭拉、百慕大，後者擴展適用於根西島、澤西島、馬恩島等地。二者對承認與執行海外領土所生之民商事判決的規則和程序均做出了明確規定。與此同時，英國海外領土大多以英國普通法為傳統，在此基礎上融合了當地的法律和法規，如安圭拉先後頒佈了適用於自己領域內的《國際商業公司法》《證券法》和《共同基金法》等。這些海外領土與英國本土之間的司法協助往往由各自立法機構分別制定法律予以規定。由此可見，英國的區際司法協助是在不同的主體之間採取了比較獨特的雙軌制做法。

有鑒於此，國內有學者建議，考慮到中國四法域之間政治格局及法律聯繫程度的不同，我們在進行司法協助模式選擇時可仿照英國的雙軌制做法，區別對待內地與香港、澳門以及大陸與台灣之間的司法協助問題：在內地和香港、澳門之間採取統一立法方式，而大陸和台灣之間則採取分別立法模式，由各法域分別立法規定相互提供協助的義務、條件和程序。支

1　參見賀曉翊《英國的外國法院判決承認與執行制度研究》，法律出版社，2008，第 29～30 頁。

2　英國議會於 2002 年通過《海外領土法案》，將 1981 年《英國國籍法》中使用的「英國屬地」（British Dependent Territory）改稱「海外領土」（British Overseas Territories）。而在 1981 年之前，這些領地被稱為「殖民地」（colonies）或「皇家殖民地」（Crown colonies）。

持者認為，這一模式不僅照顧到我國區際法律衝突的特殊性，還可以使區際司法協助規範化和制度化，是最現實可行且有效的區際司法協助方式。反對意見則認為，採用雙軌制將增加我國區際司法協助問題的複雜性，一方面，內地和香港、澳門之間制定統一立法缺乏現實可行性；另一方面，大陸和台灣通過分別立法各自規定區際司法協助問題，由於兩地均有權修改或者廢除自己制定的法律，區際司法協助機制的穩定性將大打折扣，勢必會影響區際司法協助的順利進行。

3. 區際協議模式

該模式要求一國內各法域之間通過協商達成協議，以此解決相互間的司法協助問題。這一模式是我國現階段建立和發展區際司法協助關係、統一區際司法協助法律制度最主要的方式。根據基本法的有關規定，香港、澳門可與全國其他地區的司法機關通過協商依法進行司法方面的聯繫，並向對方提供協助。在港、澳回歸之後，內地最高人民法院與香港特別行政區和澳門特別行政區的相關機構和代表經協商一致，先後簽署了 6 項重要區際司法協助協議，內容涵蓋相互委託送達司法文書和調查取證、相互認可和執行仲裁裁決及法院判決等各個方面。由於這些協議均以「安排」的（arrangement）形式出現，該模式因此又被稱為「安排」模式。為了將這種區際協議區別於國際協議，在正式的談判文本中沒有採用「協議」二字，而是採用不具有主權特徵的「安排」提法。

對於中國不同法域之間就司法協助問題達成的協議的法律性質，官方和學界並無統一而明確的認識。雖然這類協議並不具備自執行性或直接效力，但各法域均自覺地遵守該協議並將其轉化為直接適用於本地的有約束力的規範性文件，如 1999 年《關於內地與香港特別行政區相互執行仲裁裁決的安排》簽署之後，內地最高人民法院即在 2000 年初以司法解釋的形式將其予以公告。[1] 香港立法會也於同期對其《仲裁條例》進行修訂，將《安排》

1　法釋（2000）3 號。

的有關規定納入其中，對內地裁決在香港的執行專門予以了規定。

4. 國際公約模式

　　該模式的基本思路是由一國不同法域共同參加同一公約，並在特定事項上適用公約的規定。[1] 這一模式要求內地與特別行政區共同參加司法協助的有關國際公約，在公約體制下開展司法協助，從而將區際司法協助與國際司法協助問題合二為一。也就是說，內地將《民事訴訟法》第四編的有關規定適用於其他法域的司法協助問題，而在其他法域，如香港則依據其《高等法院規則：關於外國訴訟的規定》等處理與內地的司法協助關係。

　　在香港回歸之前，英國曾將其參加的某些國際公約，如《承認與執行外國仲裁裁決的紐約公約》（即 1958 年《紐約公約》）延伸適用於香港。香港回歸之後，《紐約公約》仍繼續適用於香港特區。但由於這些公約調整的是主權國家之間的司法協助關係，並不適用於統一主權國家內部不同法域之間的司法協助行為。因此，同時在中國不同法域適用的司法協助公約並非各法域之間開展司法協助活動的法律淵源。雖然各法域均適用的國際司法協助公約可作為制定區際司法協助協定或安排的重要範本，但完全准用其原則及具體規定，則不利於我國區際司法協助的實現。因此，國際公約模式並不可取。

5. 示範法模式

　　這種模式的設想是在堅持「一國兩制」的原則下，由司法部牽頭，由各法域派代表組成「區際司法協助委員會」，在中國國際私法學會的協助下，制定一部「中國區際司法協助示範法」，再由各法域立法機關予以批准實施。由於中國國際私法學會是全國性的學術團體，其會員來自國內不同法域，包括國際私法的著名學者和司法部門的法律專家。他們所具有的理論知識與實踐經驗是擬定一部完善的「中國區際司法協助示範法」的重要

1　參見徐宏《論一國兩制下香港與內地的司法協助》，載司法部司法局主編《司法協助研究》，法律出版社，1996，第 336～338 頁。

保障。這種做法既堅持了「一個國家」的原則，也無損其他法域的立法權、獨立的司法權和終審權，滿足了「兩種制度」的要求。而且，示範法可以成為「中央統一立法」的法律草案，為「中央統一立法」模式的最終實現打好基礎。[1]

但這種模式存在明顯的缺陷：一是該模式具有極大的不確定性，因為示範法本身不具有強制性，須經各法域立法機關採納後才具有法律效力。考慮到目前我國「一國兩制三法系四法域」的歷史傳統以及法律文化之間的差異性，難免出現有的法域採用而有的法域不採用，或在進行不同程度的修改後予以採用的局面，達不到制定示範法的目的。二是要制定一部為各法域廣泛接受的示範法存在較大難度，因為內地和港澳台各法域有關司法協助的法律，尤其是在實施程序、法院規則等方面存在較大差異，難以形成統一適用的規範。

通過對上述各種區際司法協助模式的比較研究，不難發現每種模式均有其適用的特定條件。在美國和澳大利亞，由於各法域建立在同一社會制度乃至相同法律原則之上，因此在憲法框架下採取統一的全國性法律來調整不同法域之間的司法協助行為比較可行。英國本土的三個法域之間聯繫緊密，法律制度差異較小，而其本土與海外屬地的聯繫則比較鬆散，法律制度差異較大。因此，英國採用了比較靈活的雙軌制：以統一立法的方式規定其本土與三個法域之間的司法協助問題；而以分別立法的方式規定其本土與海外屬地之間的相互承認與執行判決等事項。

相比較而言，區際協議模式具有明顯的優越性：首先，它既維護了國家主權的統一，又照顧到各法域的具體差異性，充分體現了「一國兩制、法域平等」的基本原則。其次，這種模式程序簡單、靈活便利、易於操作。最高人民法院作為國家的最高審判機關，與香港、澳門就司法合作事

1　參見宋錫祥《中國內地與香港區際民商事司法協助若干問題探討》，《華東政法大學學報》2008 年第 2 期，第 63 頁。

宜進行協商，能夠最大限度地了解當前司法實踐中最需要解決的問題，做出科學的制度設計與程序安排。再次，採取這種方式不需要對現行法律制度做大的變動，易於為各方所接受，可以避免由於某些暫時無法達成共識的問題的分歧而延誤合作，是一種較為務實的選擇。

中國內地與香港、澳門、台灣之間的關係既不同於英國本土三法域之間的關係，也不同於英國本土與其海外領土之間的關係。因此，在處理司法協助事項時需要有特別的考慮。一方面，香港、澳門與內地其他省份的地位不同，它們擁有高度的自治權、自主權，與內地的法律關係較之聯邦制下各法域間的聯繫更為鬆散；另一方面，內地與台灣的關係同內地與香港、澳門之間的關係亦有所區別，不能簡單套用同種司法協助模式。在海峽兩岸實現統一之前，內地與台灣間的法律關係往往受制於政治關係的推演。兩岸之間區際司法協助協議的達成，勢必要經過較長的時間，其結果具有極大的不確定性。

基於上述現實，在我國區際司法協助模式的選擇問題上，我們可適當借鑒英國的雙軌制做法，在內地與香港、澳門之間通過簽訂區際協議方式開展司法協助活動，這是三地之間加強司法交流與合作的理想選擇；而在內地和台灣之間則宜採取分別立法方式，務實地推進兩岸司法協助，一旦條件成熟，便考慮運用區際協議方式，解決兩地司法協助問題。可以說，這是兩岸之間減少法律衝突、開展司法合作並節約成本的現實選擇。

二　我國區際司法協助的制度發展

（一）內地和香港、澳門之間區際司法協助制度的發展

在香港、澳門回歸之前，內地與香港、澳門之間主要依據各自訴訟程序法律或共同參加的國際公約進行司法文書的送達、調查取證、認可及執行法院判決或仲裁裁決。值得一提的是，在此期間，廣東省高級人民法院

主動與當時的香港最高法院協商，於 1985 年達成了相互委託送達民商事司法文書的七條協議。該協議後經最高人民法院批覆同意，開創了內地和香港協助送達司法文書的先河。[1]

隨着香港、澳門的回歸，它們與內地一起成為同一主權國家內部相互獨立的三個法域。原有規範三地司法協助的國際公約及法律文件隨着港澳主體地位的變化不再繼續適用，新的法律文件又未能及時跟進，導致在這一段時間內地與港澳之間的司法協助出現了法律的真空，域外司法文書的送達和仲裁裁決的認可及執行等司法合作基本處於凍結狀態。在實踐中，甚至發生了內地與香港法院互相拒絕執行對方仲裁裁決的尷尬局面。[2]

為了解決港澳回歸之後內地與港澳之間在司法協助中出現的障礙，自 1998 年開始，內地與港澳之間歷經多輪談判磋商，先後達成 6 項區際司法協助協議，按簽署時間先後分別為：① 1998 年《關於內地與香港特別行政區法院相互委託送達民商事司法文書的安排》（簡稱《內地與香港送達安排》）；② 1999 年《關於內地與香港特別行政區相互執行仲裁裁決的安排》（簡稱《內地與香港裁決安排》）；③ 2001 年 8 月《內地與澳門特別行政區就民商事案件相互委託送達司法文書和調取證據的安排》（簡稱《內地與澳門送達和取證安排》）；④ 2006 年 2 月 28 日《內地與澳門特別行政區法院關於相互認可和執行民商事判決的安排》（簡稱《內地與澳門判決安排》）；⑤ 2006 年 7 月 14 日《關於內地與香港特別行政區法院相互認可和執行當事人協議管轄的民商事案件判決的安排》（簡稱《內地與香港判決安排》）；⑥ 2007 年《關於內地與澳門特別行政區相互認可和執行仲裁裁決的安排》（簡稱《內地與澳門裁決安排》）。從內容上看，內地和香港、澳門之間的區際協議已基本涵蓋司法協助所涉及的各主要方面。經過近十年的努力，

1　1986 年 1 月 3 日法（經）覆（1986）1 號。

2　如香港高等法院在五豐行案中拒絕執行內地仲裁機構所做仲裁裁決；太原市中級人民法院在 RAAB 案中，拒絕執行香港國際仲裁中心所做裁決。參見趙健《國際商事仲裁的司法監督》，法律出版社，2002，第 232 頁。

三地攜手構建了我國區際司法協助的核心體系，為我國區際司法協助體制的完善奠定了堅實的基礎。

由於上述安排在內地和香港、澳門之間並無自動執行的效力，「安排」簽署後，各法域依據各自法律程序將其轉化為直接適用於本地的有約束力的規範性文件：在內地，最高人民法院以發佈司法解釋的形式將其予以公告，賦予其法律效力；[1] 在澳門，通過行政長官公告的方式使「安排」生效或具有時效；[2] 在香港，則由香港立法會修訂相關法例，將「安排」的規定納入其中。

（二）內地和台灣區際司法協助制度的發展

受兩岸政治關係影響，內地和台灣之間開展司法協助難度較大。目前，雙方尚未通過官方渠道達成關於送達文書、調查取證以及認可與執行法院判決、仲裁裁決的雙邊協議或安排。因此，雙方只能通過分別立法的方式做出單方面的規定。在實踐中，兩岸通過由官方授權的民間途徑這一變通方式開展司法合作。

在內地，最高人民法院 1984 年曾做出《關於如何給在台灣地區的當事人送達法律文書的批覆》，對在台當事人進行公告送達的方式予以了肯定。1990 年，司法部《關於辦理涉台法律事務有關事宜的通知》指出：需要在台灣辦理公證文書的送達和調查取證等法律事務，可委託台灣律師辦理。最高人民法院於 1998 年發佈了《關於人民法院認可台灣地區有關法院民事判決的規定》（以下簡稱《認可台灣判決規定》）。這是內地法院執行台灣法院判決和仲裁裁決的轉折點。依據該規定，當事人可向內地法院申請認可台灣地區法院的民事判決和仲裁機構的裁決。如獲認可，則依內地《民事訴訟法》規定的程序辦理。至此，內地執行台灣法院判決和仲裁裁決終

1　法釋（1999）9 號、（2000）3 號、（2001）26 號、（2006）2 號、（2007）17 號、（2008）9 號。

2　澳門特別行政區第 39/2001 號、第 12/2006 號、第 22/2007 號行政長官公告。

於有了明確的法律依據。之後，最高人民法院又發佈了兩個司法解釋，將在內地予以認可和執行的台灣地區民商事裁判文書的範圍擴大至調解書和支付令。

需要特別指出的是，隨着當事人申請認可台灣地區有關法院民事判決範圍的不斷擴大，在海峽兩岸已經實現「大三通」的時局下，為了保證認可台灣地區法院民事裁判文書在促進海峽兩岸關係發展中能夠發揮更大的作用，最高人民法院於 2009 年 4 月 24 日發佈了《關於人民法院認可台灣地區有關法院民事判決的補充規定》，對上述《認可台灣判決規定》的內容進行了完善，並在程序上進行了全面規範。[1]

為解決兩岸往來所引發的法律問題，台灣地區於 1992 年制定了《台灣地區與大陸地區人民關係條例》（以下簡稱《兩岸關係條例》），對解決兩岸交往中產生的一系列民事法律衝突做了規定，在一個中國的框架內對兩岸開展司法協助進行了原則性規定。該條例涉及對大陸送達司法文書、內地民事判決和仲裁裁決在台灣的承認與執行等問題。根據《兩岸關係條例》的規定，台灣向大陸送達文書，須經「行政院」指定或設立的機構或民間團體辦理。為此而指定的民間團體主要是「財團法人海峽交流基金會」（海基會）。海基會自成立以來，承辦了兩岸之間主要的文書送達事宜，並積極為在此方面與大陸達成協議而努力。[2]

經過兩岸的共同促成，大陸和台灣終於在司法協作方面走出了達成協議的第一步。1993 年 4 月，大陸民間機構「海峽兩岸關係協會（海協會）」和台灣海基會在新加坡舉行了「汪辜會談」，簽訂了《兩岸公證書使用查證協議》等 4 項協議。協議規定，有關兩岸公證書副本的寄送、查證，均由台灣海基會直接與大陸「中國公證員協會」及其各地分支機構聯繫，若有其他相關事宜，大陸海協會與台灣海基會直接聯繫。

1　法釋（2009）4 號。

2　參見王志文《論國際與區際民事司法協助》，《法學家》1997 年第 3 期，第 63 頁。

因此，司法部於 1993 年 5 月 11 日發佈《關於印發〈海峽兩岸公證書使用查證協議實施辦法〉的通知》，指明該協議及其實施辦法自 1993 年 5 月 29 日起在大陸施行。台灣「行政院」也已宣佈「汪辜會談」所簽 4 項協議於 1993 年 5 月 29 日在台灣生效。雖然該協議所涉取證協助範圍非常狹窄，但長期困擾兩岸文書查證的問題在協議的框架下得到了一定程度的解決。這種通過指定的機構負責文書送達的模式成為目前內地和台灣之間進行區際司法合作的一道獨特風景。

三　我國區際司法協助中存在的主要問題

上述幾個「安排」文件的簽署見證了內地和香港、澳門之間不斷加強司法合作的步伐，為內地與香港、澳門開展司法合作提供了具體而明確的指引；內地和台灣各自法律的規定也為兩岸之間開展司法合作提供了制度依據。但從它們的內容及其在司法實踐中的適用情況來看，仍存在不少問題。

第一，司法協助的區際特色不明顯。

在內容上，內地和港澳之間達成的區際安排過分依賴有關國際條約的規定，保留了較多國際做法，有的甚至比國際做法更嚴格，使得兩地區際安排距離我們所要求的「區際」特色非常遙遠。[1]

為規範涉外民事或商事案件司法文書的送達，內地最高人民法院曾於 2006 年 7 月 17 日發佈《關於涉外民事或商事案件司法文書送達問題若干規定》。[2] 該規定借鑒了國際上關於域外送達的先進經驗，向在我國領域內沒有住所的受送達人送達司法文書時，人民法院可以靈活採取多種送達方式，

1　參見于志宏《內地與香港特別行政區司法協助的新進展 —— 評兩地相互認可與執行民商事案件判決的安排》，《2006 年中國青年國際法學者暨博士生論壇論文集》（國際私法卷），第 73 頁。

2　法釋（2006）5 號。

包括對當事人或代表機構直接送達、郵寄送達、電子送達、公告送達、留置送達等等。但是，對涉港澳民商事案件司法文書的送達，內地的有關制度仍局限在與香港、澳門簽署的安排框架之下，從而出現國際送達簡便易行而區際送達複雜模糊的尷尬局面。這一狀況直到最近才有所改觀：最高人民法院於 2009 年 2 月 16 日通過《關於涉港澳民商事案件司法文書送達問題若干規定》，將上述域外送達的合理機制移植到了涉港澳民商事司法文書的送達上來。[1]

另外，《內地與香港裁決安排》的內容近乎 1958 年《紐約公約》的克隆，毫無區際特色可言，兩地的合作只不過是恢復到香港回歸之前的水平罷了。而且，兩地區際安排皆以內地與香港、內地與澳門這種一對一的「雙邊」方式締結，缺乏整體解決的全局性，容易產生不協調和缺漏之處。比如，內地與香港在司法文書送達方面已有規律可循，但缺乏相互調查取證的依據；內地和澳門可以相互認可和執行對方絕大多數民商事判決，而內地與香港僅限於相互認可和執行當事人協議管轄的民商事案件的判決；等等。因此，有學者建議站得更高更遠來看待和解決內地與港澳區際司法協助問題。在有關安排的起草上，考慮「三邊」模式，在相互協助的範圍上，應從司法文書送達、調查取證等方面向仲裁裁決執行、法院判決執行等領域全面擴展。[2]

第二，司法協助的範圍受到限制。

內地與香港、澳門簽訂的司法文書送達安排僅涉及司法文書的送達，而將司法外文書（extra-judicial documents）排除在外。司法外文書雖與訴訟案件本身並不直接相關，但它往往需要某一當局的介入，並產生相應的法律後果，具有實體法上的意義。將該部分排除在安排之外，顯然

---

1   法釋（2009）2 號。
2   參見徐青森、杜煥芳《研究涉外程序立法，推動涉外司法實踐》，《法學家》2007 年第 1 期，第 99 頁。

不利於跨法域民商事爭議的最終解決。而且，安排僅規定法院委託送達方式，而未涉及其他諸如郵寄送達、個人送達、公告送達等途徑。在實踐中往往引發對安排所規定的法院委託送達方式與其他非強制送達方式孰先孰後的爭論，導致各地做法不一的混亂局面。

　　在內地與香港的司法合作中，安排適用範圍受限尤其明顯。《內地與香港判決安排》將兩地相互認可和執行的民商事案件判決僅限基於雙方當事人書面管轄權協議而做出的須支付款項的具有執行力的終審判決。而且，當事人的書面管轄協議只能限於解決「特定法律關係」的爭議，即除僱傭合同、自然人消費、家庭事宜及其他非商業合約之外的因民商事合同產生的爭議。在現實中，安排所針對的協議管轄案件只佔大量商事合同案件的極小比例，上述限制條件大大降低了安排適用的可能性，其使用價值將大打折扣。另外，內地和香港之間在調查取證領域尚未達成有效協議，即使在仲裁裁決的執行領域，《內地與香港裁決安排》的規定趨於保守，香港法院僅執行安排所附列的內地 100 餘家仲裁機構所做裁決，其他仲裁機構所做的裁決則不能基於安排在香港獲得認可與執行。

　　受分別立法模式所限，內地和台灣之間司法合作的範圍，無論是在文書的送達、調查取證還是在判決、仲裁裁決的認可和執行等方面均顯保守，受掣肘較多，在實踐中的表現更是差強人意。

　　第三，司法協助的制度存在模糊之處。

　　《內地與香港判決安排》規定，「認可和執行對方判決的程序，依執行地法律的規定。本安排另有規定的除外」；而《內地與澳門判決安排》則規定，「對民商事判決的認可和執行，除本安排有規定的以外，適用被請求方的法律規定」。根據後者，認可和執行中的實體法和程序法問題都可按照執行地法來解決；而根據前者，則無法確定是否允許適用法院地的實體法。

　　《內地與香港裁決安排》對相互執行的仲裁裁決的性質及範圍是否僅限於商事法律關係未做明確規定。中國政府在加入 1958 年《紐約公約》時曾

提出了「商事」保留：我國僅對按照我國法律屬於契約性和非契約性商事法律關係所引起的爭議適用該公約。最高人民法院在司法解釋中以列舉方式對「商事」予以了界定。[1]而中國政府 1997 年通知聯合國關於《紐約公約》繼續適用於香港之時，並未做出商事保留的聲明。這意味着，內地和香港對商事保留的立場有所不同，而兩地安排對此亦未予以明確，在實踐中容易引起理解上的分歧，將增加執行的難度。

對比內地和台灣兩地的法律規定，二者都將對方的仲裁裁決比照對方的法院判決予以認可和執行，區別於執行各自本地裁決、外國仲裁裁決以及港澳仲裁裁決，可謂自成一體。這種處理手法使得仲裁裁決有搭法院判決便車之嫌，對仲裁裁決自身的特點關注不夠。例如，兩地法律對於仲裁協議的效力、仲裁庭的組成、仲裁程序等內容的審查均未涉及，而這些是承認仲裁裁決過程中必可不少的。畢竟，仲裁裁決與法院判決存在顯著區別，完全類推適用相同的制度，容易導致結果的非理性，不利於兩岸仲裁裁決的相互認可和執行。[2]

第四，公共政策條款被泛化。

無論是在內地與香港、澳門所簽署的區際安排中，還是大陸和台灣各自法律規定中均不同程度地表現出對公共政策條款的信賴和偏愛。除《內地與香港送達安排》未提及公共政策外，內地與香港、澳門所簽署的其他 5 項安排中皆含有公共政策條款。《內地與香港裁決安排》《內地與澳門裁決安排》第 7 條均規定：在內地或者香港、澳門申請執行仲裁裁決過程中，內地法院認定在內地執行該仲裁裁決違反內地社會公共利益，或者香港、澳門法院認定在香港、澳門執行該仲裁裁決違反香港、澳門的公共政策（或公共秩序），則不予執行該裁決。《內地與澳門判決安排》第 11 條、《內

1　　法經發（1987）15 號。

2　　參見宋連斌《試論大陸與台灣地區相互認可和執行仲裁裁決》，《2006 年海峽兩岸國際私法學術研討會論文集》（上），第 235～236 頁。

地與香港判決安排》第 9 條也有類似規定，《內地與澳門送達和取證安排》第 8 條亦不例外。

在不予認可和執行的理由中，安排引入了「社會公共利益」和「公共政策」的概念，但未對其範圍進行明確界定。按照內地《民事訴訟法》的規定，內地社會公共利益包括我國法律的基本原則、國家主權、安全和社會公共利益。香港方面則認為應盡可能地對公共政策做狹義解釋。可見，「社會公共利益」範圍遠大於「公共政策」，具體運用上較難把握。當法院在判斷原審判決是否以不正當方式取得時，被申請認可和執行的法院不可避免地會對原審判決進行實質性審查。這種審查不僅會增加被申請法院的工作負擔，而且會對原審法院表示出不信任。

內地《認可台灣判決規定》第 9 條規定，如果台灣地區有關法院的民事判決具有違反國家法律的基本原則，或者損害社會公共利益情形的，裁定不予認可。台灣《兩岸關係條例》更是將內地所做的民事判決或裁決不違背台灣地區公共秩序或善良風俗作為認可和執行的唯一審查要件。台灣司法部門在對認可大陸判決的準則進行解釋時強調：認可大陸法院的判決僅審查其判決內容有無違背台灣地區公共秩序或善良風俗。由於公共秩序或善良風俗等概念的不確定性，在個案中台灣法院將從保障的人民基本權利、台灣地區人民的福祉、台灣地區強制禁止規定等方面來衡量。

由於「公共秩序」「公共政策」或「善良風俗」等概念本身極具彈性，在不同的階段其內涵都會發生變化。公共政策條款的泛化容易使其淪為相關機關拒絕提供司法協助的政策工具，不利於區際司法合作的順利開展。

第五，司法協助效率不高。

以內地與港澳之間的司法文書送達為例，由於內地的涉港澳案件主要集中在具有涉外管轄權的中級人民法院，高級人民法院本身直接需要送達的涉港澳案件較少，各中級人民法院如按照安排規定的送達程序均需要通過高級人民法院委託香港或澳門終審法院進行送達，環節及程序煩瑣，耽擱的時間久，導致在司法實踐中兩個安排的實施情況不夠理想。據統計，

2002～2004 年，廣東省高級人民法院委託香港高等法院代為送達民商事司法文書共計 554 件，成功送達 173 件，未成功送達 377 件，另有 4 件無回音，送達成功率僅為 31%。同期，香港高等法院委託廣東省高級人民法院代為送達民商事司法文書共 89 件，成功送達 54 件，未成功送達 34 件，另有 1 件無回音，送達成功率不到 61%。[1] 由於送達成功率不高，安排在實踐中所發揮的作用受到限制。另外，由於送達手續複雜、環節繁多，多數文書的送達周期過長。據上海市高級人民法院反映，其委託香港高等法院送達的司法文書長時間（2 個月以上）沒有結果的約佔 10%，最長的達一年之久。送達周期過長嚴重影響了案件及時審結，客觀上影響了涉港澳民商事審判的效率。[2]

另外，雖然相互承認與執行仲裁裁決在內地和台灣均有制度作為保障，但實踐中兩岸仍處於一種有依據、無合作的狀態。[3] 在台灣地區，首例認可和執行內地仲裁裁決的案件要追溯至 2003 年國騰電子（江蘇）有限公司申請台中地方法院認可中國國際經濟貿易仲裁委員會仲裁裁決一案。而此時距《兩岸關係條例》實施已有十餘年。2004 年，內地才出現第一個認可和執行台灣地區仲裁裁決的案例。[4]

四 我國區際司法協助的理念創新及制度完善

一項制度的完善既需要對制度本身進行改良，也要對隱藏在制度背後的理論乃至理念進行檢討，對於如何完善我國的區際司法協助制度，尤

---

1 以上數據來源參見李繼《中國區際民商事司法協助法律問題研究》，中國政法大學博士學位論文，2006，第 111～112 頁。

2 參見馮霞《我國內地區際民商事送達制度的司法探索》，《人民司法》2006 年第 8 期，第 81 頁。

3 參見詹禮願《內地與港澳台之間相互承認與執行仲裁裁決若干法律問題之探討》，《中國國際私法與比較法年刊》（第 3 卷），法律出版社，2000，第 431 頁。

4 （2004）廈執行字第 95 號。

應如此。學者更多從微觀制度層面提出修改意見，而往往忽略了觀念的轉變和理念的提升。如何在一個主權國家內部不同法域之間順利開展司法合作，理念往往比制度更重要。

（一）更新觀念，正確釐定區際司法協助的性質和功能

區際司法協助說到底是一個主權國家內部不同法域之間的司法合作與安排，其目的是為跨法域民商事交往的發展及其爭議的解決提供法律保障，其功能在於保護權利、保證法律機制的公平服務。因此，在構建我國區際司法協助體制時，更應該注重經濟基礎的決定性作用，而非強調法律傳統、法律制度等上層建築的差異性。檢驗我國區際司法協助機制好壞的標準應該是結果，而非制度本身。

從現狀來看，內地和港澳台之間的區際司法協助制度過多糾纏於各自法律制度的特性，而忽略了個案中當事人的合理期待以及案件背後經濟基礎的內在要求。可以說，這是導致我國區際司法協助效率不高的直接原因。以區際送達為例，送達難是內地與港澳台進行司法合作中的沉疴痼疾，其症結主要在於我們對司法權與送達效率二者關係的認識存在誤區，對送達性質的確定有誤。內地相關立法和法學理論均認為，送達在性質上是人民法院的一項職權行為，是國家公權力在民事訴訟領域的運用，區際送達體現的是法域司法權的「獨立性」。在這種理念指引之下，人民法院在送達過程中處處謹小慎微，唯恐在程序上發生任何意外，否則，當事人就可以送達程序不合法為由提出抗辯，致使大部分涉外民商事案件因送達不成功而無法啟動訴訟程序。

對比英美法系的立法及實踐，其對送達性質的認識與大陸法系有着明顯區別。在美國，送達被認為是一種「私」的行為，可以由年滿 18 周歲的任何一個非當事人完成，法官基本上不再進行送達。送達最直接的、最重要的功能就是通知。對於當事人尤其是被告而言，送達傳票等司法文書意味着向被告通知原告的起訴或訴訟進程，並向其提供出庭答辯或以其他

方式主張其權利的機會。[1] 當事人只有收到司法文書並獲悉司法文書的內容後，才能確定自己如何行使訴訟權利和承擔訴訟義務。

由此可見，將送達視為行使司法權的理念在某種程度上制約着送達功能的實現，這一認識本身不符合客觀的實際情況和現實需要。「司法職權」的定性存在諸多的缺陷，最大的不足來源於對送達方式多樣化的束縛。如果將送達僅視為一種手續、一種程序，可能會使我們在制度設計時，放下思想的包袱，更能靈活和科學地採用各種方式、各種技術手段以實現送達的目的。[2] 因此，送達機制的改革與完善需從訴訟行為的機理中尋求依據，不能單純以法院為中心考慮問題，而應從送達的功能和目的來看待送達制度，為送達制度賦予一定的靈活性，並為裁判的正當性提供合理的依據。[3]

過分強調各法域司法權的獨立性，其弊端是導致對其他法域法律制度的抵觸甚至不信。缺少信任做基礎，一切司法合作只不過是空中樓閣。這也是本文特別將「誠意與信任」作為指導我國區際司法協助重要原則的立意所在。香港地區對內地法院民商事判決終局性的擔憂以及公共政策條款在我國區際司法協助協議中的濫用無不反映出對於對方法律制度的非理性懷疑。顯然，只要這種情緒不消減或緩解，那麼對判決終局性的糾纏以及對公共政策條款濫用的擔心都將無法得到有效解決，更談不上開展進一步的區際司法合作了。因此，唯有正確釐定我國區際司法協助的性質和功能，才能找到解決其中存在問題的正確路徑。

（二）完善我國區際司法協助制度的幾點建議

第一，區別對待區際司法協助與國際司法協助，強化司法協助的區際特色。

1　參見何其生《我國域外送達機制的困境與選擇》，《法學研究》2005 年第 2 期，第 130 頁。

2　參見李繼《中國國際民商事司法協助法律問題研究》，中國政法大學博士學位論文，2006，第 113 頁。

3　參見何其生《域外送達制度研究》，北京大學出版社，2006，第 318 頁。

正如前文所指出的，區際司法協助是一國的內部事務，沒有任何國際屬性。因此，我們在進行區際司法協助時，應該突出國家主權的核心地位。雖然我國各法域法律制度存在較大差異，但是各法域處於同一主權管轄下，其根本利益應是一致的，對區際司法協助條件的要求理應比國際司法協助更為寬鬆。這也是「一國兩制」原則的應有之義。

例如，在區際送達問題上，由於內地與港澳台地區是同屬於一個主權國家的不同法域，相互直接送達不存在國家主權的障礙，在送達人員不採用強制送達方式的前提下，直接當面送達也不會對受送達法域的司法權造成嚴重影響。同樣，在我國的區際取證過程中，由於不存在危害國家主權、安全等方面的考慮，可以適當借鑒英美普通法的做法，以互派特派員的方式作為直接取證制度的補充。特派員取證制度具有針對性和靈活性的特徵，可以減少委託的各種煩瑣環節，提高取證效率。

第二，放寬對司法協助範圍的限制，提高司法協助效率。

內地與港澳台之間的司法協助或以區際協議為基礎，或有立法做保障，但其範圍仍受諸多限制，如對司法文書和訴訟證據的界定、對送達和取證方式的限制、對法院判決和仲裁裁決性質的要求等，都在不同程度上影響了司法協助機制實效的發揮。鑒於區際司法協助的服務特性，在開展區際司法協助中尤應強調效率原則，廣開司法協助的渠道。譬如，在區際送達過程中，要敢於突破現有送達框架，綜合運用多種送達方式。可以將現代科技運用於送達活動，推廣電子送達方式。互聯網技術的高速發展，為內地和港澳台司法機關通過國際互聯網送達司法文書提供了物質條件和技術支持。只有充分調動法院、當事人以及社會力量，綜合運用現代電子技術及傳統送達方式，才能提高送達效率，並最終解決送達難的問題。

為了規範涉港澳民商事案件司法文書的送達，提高內地對港澳地區的送達效率，最高人民法院在最近通過的《關於涉港澳民商事案件司法文書送達問題若干規定》中明確認可了直接送達方式，鼓勵人民法院同時採取多種送達方式，實現送達方式的多元化。從內容上看，該規定理清了各種

送達方式之間的關係，將極大地提升內地對涉港澳民商事案件司法文書送達的效率。可以說，它是內地在完善區際送達制度上邁出的重要一步，反映了我國區際司法協助制度的未來走向。

第三，嚴格限制公共政策條款的適用。

在區際司法協助中，公共政策（或公共秩序）保留是指一國境內某一法域法院或其他相關機關依法應向其他法域提供司法協助時，因提供此種司法協助會與本法域的重大利益、基本政策、法律的基本原則或道德的基本觀念相抵觸而有權排除和拒絕的保留制度。該條款的正確適用有助於維護各法域的根本利益，保證各法域在沒有後顧之憂的情況下積極地開展區際司法協助活動和完善區際司法協助制度。但如適用不當，則會成為區際司法合作的壁壘，甚至阻礙區際民商事交流的順利進行。

在國際層面，公共政策的限制在承認與執行仲裁裁決過程中日漸受冷落。各國法院普遍從嚴解釋並適用公共政策條款，法院往往只在非常情形下才接受違反公共政策的主張。如今，在《紐約公約》框架下，已經很難找到法院以公共政策為由拒絕執行外國仲裁裁決的案例。在法院判決的承認與執行問題上，英國認為援引公共政策一般針對的是國際法意義上的外國，並非一國範圍內的獨立法域。因此，英國在處理區際判決的相互承認與執行時排除公共政策的援引。此外，世界上一些多法域國家的司法實踐亦表明在區際訴訟中對公共政策保留制度的適用無一例外地予以嚴格限制。

目前，在香港和澳門的司法實踐中，公共政策的適用受到了較為嚴格的限制。例如，香港終審法院曾在河北進出口公司案中明確指出：「公共政策」是一個多面體式的概念，永遠不能以窮盡的方式加以定義。出於國際尊重，法院應當承認外國仲裁庭所做裁決的有效性，並且予以執行，除非執行該裁決有違道德和正義的基本理念。[1] 台灣地區也試圖從「立法」上對公共秩序或善良風俗的內涵進行界定。相比較而言，內地關於公共秩序保

---

1   [1998]1 HKC 192.

留制度的規定則顯得比較粗糙，無論是與香港、澳門簽訂的司法協助安排還是其他相關法律，只是概括地提及該項制度，而未附具任何限制性條件。顯然，缺乏制度約束的公共秩序保留條款，在實踐中存在被濫用的隱患。

在內地和香港、澳門、台灣之間，雖然各自法律傳統、社會制度不同，但有關法律的基本原則、道德基本觀念和正義的理念卻是相通的，國家主權更是共同的。在這「相通」和「共同」之外，很難找到其中根本性的分歧之所在。在進行區際司法協助中需要維護的利益與主權國家的利益有着本質的差別，這種利益的差異性決定了應嚴格限制公共政策條款的適用。

13. ECFA背景下「兩岸四地」 證券業合作展望及監管模式探討

代中現　羅劍釗

一　引言

　　《海峽兩岸四地經濟合作框架協議》（ECFA）的簽署為海峽「兩岸四地」證券市場交叉融資奠定了堅實的基礎。長期以來，大陸與台灣的來往富有鮮明的「兩岸四地」特色：先民間後官方、先經濟後政治。這種特點有助於「兩岸四地」的經貿合作關係愈趨緊密、經貿總量逐年穩步上升。現在大陸與台灣的經貿合作進入了「後ECFA」時期的發展新階段，在制度上保障海峽「兩岸四地」的經貿合作，必將促使這種經貿合作從廣度上、深度上進一步加速發展。在證券市場上，由於政治和政策方面的因素，海峽「兩岸四地」的經貿往來依然存在不平衡的狀態，「兩岸四地」證券市場對「兩岸四地」企業的證券交叉融資並不開放，致使「兩岸四地」閒餘資金與企業資金需求之間處於割裂的狀態。這不利於中國大陸與台灣地區的經貿合作在愈加緊密情況下經濟資源進一步優化配置，與「後ECFA」的發展環境不相匹配。

　　2013年1月29日，「兩岸四地」證券期貨監理合作平台首次會議順利在中國台北舉行，會議目的在於確認海峽「兩岸四地」監理合作平台的內容及運作機制，就目前「兩岸四地」證券期貨業者所關切的市場開放議題及陸資企業來台上市等相關議題進行意見交流。會議進展取得突破，大陸

方面將給予台灣地區 1000 億人民幣 RQFII[1] 額度的利多，台灣方面表示將適時把會議所得的市場開放協商結果納入「兩岸四地」經濟協議（ECFA）後續服務貿易協議的具體承諾清單，有助於 ECFA 背景下一直滯後於銀行業的證券行業迎頭趕上。海峽「兩岸四地」證券業的高效合作還有賴於合理監督機制的保障，探討如何建立一個有效全面綜合的監管體系具有重要的現實意義。除了傳統的證券監管模式，如證監會對上市公司以信息披露為核心，並同時對上市公司法人治理結構的完整與完善、上市公司董事和高管人員及控股股東等人的行為規範進行一定程度的監管，還應引入市場化的監管手段，鼓勵以營利為目的的從事證券諮詢或者證券交易的公司研究上市公司的財務真實度並以此獲利，比如有償提供信息、賣空存在嚴重財務問題的公司股票等。

二　ECFA 背景下「兩岸四地」證券業合作展望

（一）「兩岸四地」證券業合作的障礙

首先，由於 ECFA 只是涉及經濟金融方面的框架性協議，最終能否實施與「兩岸四地」官方政策相接軌的程度緊密相關。「兩岸四地」政治議題比較敏感而複雜，雙方對證券交叉融資合作存在顧慮。大陸方面，儘管早將證券業合作列入 ECFA，但依然採用《合格境外機構投資者境內證券投資管理辦法》審批台灣機構投資者，限制其准入規模。台灣方面，出於對證券市場開放後大陸巨額資金進入引起市場波動以及本地資金流出造成的排擠

1　RQFII，全稱 RMB Qualified Foreign Institutional Investors，指人民幣合格境外投資者，也是台灣人民幣回流的重要通道。

效應，[1]也在「法律法規」上做出了一定的限制。

其次，「兩岸四地」證券市場存在差異性，發展不平衡也對「兩岸四地」證券業合作造成障礙。台灣地區證券業起步相對較早，在證券市場開放程度、證券市場體系的層次等方面均優於大陸證券市場，大陸證券市場開放較晚，至 2002 年才開始實施 QFII 制度，嚴格規定 QFII 的資格條件和資金管理政策，如目前對台資 QFII 的審批要求為資產管理規模在 50 億美元以上。在證券市場結構方面，包括上市公司類型、涉及行業等，如台灣上市公司科技股成分比較大，大陸上市公司中，國有企業佔比較大。這些差異也為兩地證券市場的整合帶來了障礙。

此外，有不少綜合性因素阻礙海峽兩地證券市場整合，包括缺乏證券資訊交換平台、會計制度方面的差異等造成的技術性障礙。《「兩岸四地」金融監管合作備忘錄》（MOU）直到 2009 年才簽署，缺乏相應法規和運作框架，導致雙方長期未能深化交流合作。還有大陸券商業務競爭力低、創新業務少，收入主要來源於傳統業務，波動性大。證券機構設置和高層管理人才的認定差異阻礙了「兩岸四地」要素自由流動，也影響證券行業資源配置優化。「兩岸四地」銀行在放貸標準與觀念方面存在差異，缺乏完備的貨幣清算體系等。上述因素均在不同程度上對海峽兩地證券市場整合造成了障礙。

（二）「兩岸四地」證券業合作的意義

在世界經濟危機風暴中，中國經濟依然高速發展，在全球佔據越來越重要的地位，近日環球銀行金融電信協會報告顯示，人民幣成為全球第十三大支付貨幣。[2]在中國經濟、貨幣力量逐漸增強的同時，證券市場並沒

1　參見智佳佳《兩岸四地金融一體化可行性及其路徑分析》，《亞太經濟》2010 年第 2 期，第 44～48 頁。

2　北京時間 2013 年 2 月 28 日凌晨消息：環球同業銀行金融電訊協會（Worldwide Interbank Financial Telecommunication）在一份報告中表示，人民幣在全球支付系統中的地位已首次超出盧布，排全球第十三位。

有獲得與中國整體經濟實力相匹配的國際地位。「兩岸四地」證券市場具有一定的互補性，整合「兩岸四地」證券市場有利於「兩岸四地」資本市場共同發展。[1] 台灣證券市場相對成熟，大陸證券市場仍然處於轉軌階段，具有很大的發展潛力，近年來，隨着各項改革措施的實施，內地證券市場發展迅猛，證券業運作更規範，為「兩岸四地」證券市場合作創造了有利條件。「兩岸四地」證券業合作能夠有效降低交易成本，增強風險抵抗能力，優化資源配置，從而提高中國證券市場在全球的地位。

「兩岸四地」證券業合作可以為投資者和籌資者提供一體化的證券行業服務和證券產品，為「兩岸四地」投資者帶來更豐富的投資品種、更高的流動性、更便利的上市渠道和更全面的市場信息。近年來，台灣地區勞動密集型產業和部分高科技產業向內地轉移，「兩岸四地」追求規模經濟，進行產業結構調整，在這個過程中，「兩岸四地」證券業合作能夠在金融服務上積極跟進，為「兩岸四地」產業發展帶來便利。同時在證券業合作下，生產要素自由流動，帶來更多的社會儲蓄，可以配置到生產效率更高的部門，促進「兩岸四地」經濟的發展。

雖然台灣證券市場已建立完備的證券交易體制和法律體系，並積累了大量的市場運作經驗，但台灣地區總體經濟環境受到島內企業向大陸及東南亞地區轉移和島內券商競爭過於激烈的影響，發展潛力凸顯不足，證券業優勢逐漸淡化，大陸逐步開放台資企業在 A 股上市交易，更使台灣證券業陷入困境，「兩岸四地」證券業的進一步合作，開放一體化進程能夠為台灣證券市場注入活力，擺脫發展困境。

總的來說，「兩岸四地」證券業合作、證券市場一體化能夠為「兩岸四地」最終經濟一體化合作奠定良好的基礎，帶來雙贏的局面。

---

1 參見謝世坤《兩岸四地證券市場互補性強，台海證券業要加強合作》，《通信信息報》2009 年 5 月 13 日。

（三）「兩岸四地」證券業合作的現狀與發展前景

在「兩岸四地」經濟合作框架協議的金融業開放承諾裏，大陸涉及證券、期貨及其相關服務的承諾如下：①對符合條件的台資金融機構在大陸申請合格境外機構投資者資格給予適當便利；②儘快將台灣證券交易所、期貨交易所列入大陸允許合格境內機構投資者投資金融衍生產品的交易所名單；③簡化台灣證券從業人員在大陸申請從業人員資格和取得執業資格的相關程序。[1]1997 年 11 月，群益證券公司成為首家獲批在大陸設立代表處的證券公司，「兩岸四地」開始證券合作事宜。2000 年後台灣當局以「積極開放、有效管理」取代「戒急用忍」的保守政策，開始加強雙方證券交流。2008 年台灣當局出台《調整『兩岸四地』證券投資方案》，標誌着「兩岸四地」在證券市場上的合作前進了關鍵一步。

ECFA 簽訂後，「兩岸四地」證券業合作加快。截至 2012 年底，已有包括成霖股份、環旭電子、羅普斯金等 21 家台資企業在大陸 A 股上市。[2]2013 年初郭樹清台灣行之後，「兩岸四地」業界看好證券市場，甚至推測「台灣板塊」的出現。ECFA 簽署以來，已有 17 家台資金融機構在大陸獲得 QFII 資格，總共獲批投資額度為 17.2 億美元。考慮到台資券商情況，大陸方面有可能會放寬 QFII 的管理辦法規定中證券公司申請 QFII 資格須有不少於 50 億美元的管理證券資產規模的限制。大陸現行的開放政策下，台資在大陸合資證券公司持股比例不超過 49%。為進一步推進「兩岸四地」證券業合作，大陸方面將考慮在 ECFA 框架下允許符合設立外資參股證券公司條件的台資在上海、福建、深圳各設立 1 家「兩岸四地」合資的全牌照證券公司，其中，台資持股比例最高可達 51%；允許台資股東在大陸批准的「在金融改革方面先行先試」的若干改革試驗區內，各新設 1 家「兩岸四地」合資

1　參見《兩岸四地經濟合作框架協議中金融業開放承諾》，國務院台灣事務辦公室網站，http：//www.gwytb.gov.cn/lajm/lajr/rules/201101/t20110111_1690865.htm。

2　數據參見李巍《蘇州推動台資企業 A 股上市》，《中國證券報》2012 年 12 月。

全牌照證券公司，其中，大陸股東不限於證券公司，台資持股比例不超過49%，且取消大陸單一股東須持股 49% 的限制。在券商合作方面，台灣元大證券與大陸東吳證券、台灣寶來證券與大陸銀河證券、台灣群益證券與大陸申銀萬國證券等紛紛簽署備忘錄，開展證券合作。

大陸證券業在台灣地區的佈局中，內地的揚子江船業、中國泰山、神州數碼等先後通過赴台發行 TDR（台灣存托憑證）方式實現在台灣融資。另外，內地上投摩根基金、華夏基金等多家 QDII（境內合格機構投資者）也獲批投資台灣股市。郭樹清台灣之行後，台灣方面放寬大陸 QDII 投資額度到 10 億美元，且放寬大陸證券期貨機構在台設立代表處的資格。大陸企業在台灣正式上市的「T 股」也在考慮範圍之內。2013 年 2 月 6 日，「兩岸四地」的貨幣清算機制也已經實質性運作，台灣首批 46 家銀行開辦人民幣業務，開局良好。[1]

雖然「兩岸四地」證券業進一步合作仍然存在障礙，但也應該從目前「兩岸四地」的合作基礎和既定法規看到海峽「兩岸四地」證券業合作的前景。

（1）「兩岸四地」貨幣清算機制實質性運作帶來契機。「兩岸四地」證券業合作，整合證券市場的第一要務就是建立一個良好的貨幣清算機制。貨幣是資本的現實形式，貨幣自由兌換對「兩岸四地」證券業間的資本自由流動有關鍵性的作用。此前儘管大陸和台灣地區實現雙向兌換，但在具體操作中，台灣地區人民幣依然需要通過美國、香港的銀行引入，台幣在大陸的交易成本也較高。貨幣清算機制實際運行下，「兩岸四地」實現直接通匯，能夠大大降低交易成本，對貨幣交易量龐大的證券行業有重要意義。

（2）一系列的協議為證券業合作奠定基礎。中國大陸和台灣地區先後成為 WTO 的成員，海峽「兩岸四地」都沒有援引 WTO 中互不適用條款，

1　參見《兩岸四地貨幣清算機制開始實質運作》，中金在線，http：//news.cnfol.com/130227/101，1279，14487530，00.shtml。

雙方證券業的合作應遵循 WTO 規則，在允許範圍內締約成員成立一體化組織，證券業的合作沒有違背 WTO 的規定，有法律的可行性。「兩岸四地」簽署的 ECFA、MOU（《「兩岸四地」金融監管合作備忘錄》）等協定涉及雙方在證券市場信息交流、人員培訓等方面的要求，這些協議為雙方深化證券業合作提供了框架。

（3）「兩岸四地」證券業交流積累了大量經驗。在 ECFA 早期計劃中，大陸對證券業作出了承諾，並兌現給予台灣 RQFII 便利，簡化台灣證券從業人員在大陸申請從業資格的程序，將台灣證券交易所、期貨交易所列入大陸允許合格境內機構投資者投資金融衍生品的交易所名單中。2013 年初，證監會主席郭樹清到台灣參加首屆「金證會」，更是為台灣送出了 1000 億元人民幣的 RQFII，台灣「行政院」也督促建立「兩岸四地」證券交易平台，雙方在證券業合作上加快了步伐，將合作納入 ECFA 框架繼續深化討論。

三 「兩岸四地」證券業合作下的監管模式

（一）「兩岸四地」證券監管體制比較

監管規定方面。台灣早在 1954 年就已經出台《台灣證券管理辦法》，規定證券主管單位。1961 年台灣證券交易所建立後，證交所相繼制定出台《台灣省證券交易所股份有限公司營業細則》《證券交易所上市股票零股買賣暫行辦法》等條例。1968 年台灣地區公佈「證券交易法」，仿效美國法律，規範了上市政策。20 世紀 80 年代後台灣先後出台十多部法規，包括《證券投資信託基金管理辦法》等，進一步完善了證券業管理法律法規。由於證券業起步晚，目前中國大陸證券行業主要法律為《中華人民共和國證券法》《中華人民共和國公司法》《中華人民共和國證券投資基金法》以及《證券登記結算辦法》《證券發行與承銷管理辦法》等。大陸缺乏與《證券

法》相匹配的完善的法律法規，對中小投資者保護力度不足，對 IPO 的規定不完善。出現民事證券賠償責任，蒙受損失的投資者只能以《中華人民共和國民法通則》的一般化規章向法院申訴。相比起大陸，台灣地區的證券業法律法規建立已久，更健全，對上市公司舞弊行為監督、管理層監控等都比大陸地區法律更有力，在證券監管方面更具權威性。

自律組織方面。大陸證券業主要的自律組織包括證券交易所和證券業協會，但兩個組織均沒有發揮應有的作用。證券交易所一直以來處於行政力量干預之下，法律對證券交易所的地位、性質規定不明確，《證券法》規定證券交易所是法人單位，但在具體的治理結構、人事安排上不明確，交易所會員制法人治理結構未能完全確立，行政化思維作風仍主導證交所經營管理。證券交易所缺乏獨立性，政府是交易所的直接發起人，交易所設立來自政府規劃，經營大權和日常事務管理受政府主導，自然在市場化的經濟中證交所的獨立性就相當弱，證券交易所無法對違規行為進行調查與處罰，導致其根本無法有力地監管，更無法談自律性。證券業協會自律監管更是不足，同樣是政府主導建立，儘管證券業協會有專職會長制度，但仍受證監會在人事任命、資格考試方面的干預。實際上，證券業協會缺乏創新能力，無法反映會員的利益和要求，會員單位極少通過證券業協會維護自身權益，證券業協會主要起的是協調作用[1]，這與證監會權力職能過大有關，很大程度上證券業協會只是形同虛設。相比起大陸，台灣地區的自律組織更完善，台灣證券交易所和證券商協會在自律管理方面發揮關鍵作用，有一套解決內部矛盾與糾紛的仲裁程序。台灣證券商協會的組織體系完善，包括會員大會、理事會等，理事會下設 18 個專門委員會，分管承銷業務、經紀業務、期貨業務、申訴處理等，還有專門工作小組，處理法規問題、議價、衍生品管理等，證券業協會的組織完備性和職能與大陸證券

1　證券業協會章程規定，證券業協會具體職責為服務和傳導職能，只有「對會員之間」「會員與客戶之間發生的證券業務」糾紛進行調解和「監督、檢查會員行為，對違反法律行政法規或者協會章程」按照規定給予紀律處分。

業協會具有很大的不同，在自律管理方面的規定和執行力遠比大陸地區完善和強大。

　　監督手段方面。台灣地區證券監管體制仿效美國做法，嚴格依照法律法規對證券業務進行監督管理，監管更加市場化。在監管手段上，大陸依然存在不足，關鍵問題還是在於證券業監管要從中國國情出發，實行有中國特色的社會主義制度，證券業的監管要遵守社會主義公有制佔主導地位的原則，防止國有資產流失，還有過去經濟轉型過程中遺留下來的體制性障礙等問題。因而在監管上，大陸除了用法律手段，還要採取行政手段，比如在股權分置問題上的處理以及上市指標審查等方面，行政干預力度很大，目的是構造一個更公平、更公正的證券市場。

（二）證券監管模式的路徑選擇

　　證券市場作為金融市場重要組成部分，對海峽「兩岸四地」經濟發展起着關鍵的作用。證券市場運作機制複雜、對從業人員要求高、操作槓桿性強、風險大、內部消息對市場衝擊大等特點要求證券市場需要一個不斷完善的證券監督體制。現在，「兩岸四地」證券市場均存在不少問題。大陸證券市場上，大量的上市公司出現圈錢現象，大股東頻頻套現，一直受吹捧的石墨烯行業成為魅影。大量的套現必將使中小投資者遭受損失，長期下去將使投資者對股票市場失去信心。大陸股市一直有「鐵公雞」之稱，分紅水平整體過低。此外，中國證券市場受政策影響極大，又稱政策股，如以前力推的節能燈股份，近期大力推行環保低碳，該行業的股票一路高奏凱歌。上述這些都是股票市場上的不正常現象。台灣地區的證券市場也有自身的問題，其中最明顯的是受台灣目前經濟不景氣的影響，大量支柱企業尋求島外發展，證券業競爭大造成證券市場長期低迷。

　　證券監管是保障證券市場平穩運作、不斷發展、減少違法現象的關鍵，而任何監管制度必須有理論的論證與支持，證券監管模式也應該遵循正確的理論路徑。首先，證券業監管的重點要關注多種利益的均衡。對於

「兩岸四地」證券市場整合來說，就是關注地區、監管機構、市場投資者、企業之間的利益衝突，做到維持證券市場的公平、公正與公開。其次，監管不能片面強調約束被監管者，而應該轉向約束監管者與被監管者，這對於大陸證券業是關鍵方面，卻往往被忽視了。監管者當然代表公共利益的假設要被拋棄。必須承認，包括證監會、證券交易所等在內的有監督管理權的機關都會存在政治上、經濟上的利益追求，一味關注被監管者而忽視約束監管者盲目追求政策紅利的做法是不可取的。最後，監管的模式可以選擇從約束監管者與被監管者雙方向激勵監管者轉變，即市場化監管的做法。建立相應激勵制度，實現市場與監管者互動，提高監管效率。

（三）證券業監管模式優化

1. 法律法規建設與監管機構執行方面

（1）確立證券市場監管機構的法律地位，保證監管機構的獨立性。世界上多數國家對證券監督機構給予直接立法授權，保障證券監管機構的權威性。中國大陸證券交易所、證券業協會監管權力小，監管範圍有限。而上一級監管機構證監會法律性質上屬於國務院事業單位，實質上變成行政機構，間接授權容易導致中間層架空，帶來證券監管實踐中的諸多矛盾，只有法律上直接賦予監管機構獨立的地位才能保證其只對法律和籌資者、投資者負責。

（2）增強證券監管法律體系的配套性與完整性。前文提到，大陸證券業的法律存在許多不匹配情況，如《證券法》規定對投資者的保護，但在《行政訴訟法》《民法通則》裏面沒有具體的條例保障投資者維護自身權益，銜接性很差，投資者只能以《民法通則》的一般條例提起訴訟。需要制定專門的證券市場監管法，或是在已有法律上明確監管目標、責任分工、訴訟渠道等細則。

（3）加大證券業監管的執法力度。建立健全的證券業監管法律法規實施機制，合理規定監管主體的法律權力。在明確規定的權力範圍內，由負

責機構具體執行。賦予證監會足夠的執法權力，加強其調查權，包括搜查令權、強制令、清算令等，可以考慮給予證監會部分處罰權，如公開譴責權等。在下一級執行中，也應給予證券交易所和證券業協會足夠的權力，仿效台灣證券商協會的組織規範，讓證交所實行一線監管，具體執行細則，如《證券法》第 115 條第 3 款規定，證券交易所可以對重大異常情況的證券賬戶採取限制交易的措施，此處則應明確「重大」的定義，讓證交所執行監管迅速而有據。

（4）考慮證券網絡化和市場開放的發展趨勢。網絡化時代，會出現許多傳統證券業所未能預料到的情況，例如通過網絡漏洞操縱證券業內幕消息的行為等，對這些新時期的監管問題應該及時制定法規，對違法行為進行處罰。

2. 對監管主體的約束及行業自律的建設

（1）對監管主體的約束機制在我國證券市場上幾乎仍處於空白狀態，建立有效的權力制衡機制具有重要意義。目前，我國證券業監管主體主要為證監會，對證監會的權力監督可以通過立法司法監督、行政監督和社會監督三方面進行。首先，全國人大及其常委會應在相關法律法規中明確證監會的監管權限，防止證監會權力濫用、越權執法造成證券業管理混亂。證監會出現的監管不力和行為不當情況應有司法監督，讓證券公司或者投資者有渠道有法律依據對證監會的執法決定提出異議。其次，要對證監會的行政立法執法過程予以監督，要求證監會公開披露立法細節，要求證監會在重大決策前舉行社會聽證，要求它提高政務信息公開的程度等。最後，利用社會媒體、公眾輿論監督證監會的監管行為，由於社會監督者通常不具有法律權利，不能有效監督，可以考慮設立專門的社會監督機構實施對證監會的監督。

（2）完善證券業自律的建設。行業自律主要依賴證券交易所和證券業協會。然而在目前中國大陸的實際情況下，證券交易所的監管功能有限，證券業協會更是形同虛設，無法在證券交易、上市公司監管、投資者

保護上發揮應有的監管作用。證監會一定程度上把所有監管職能全部歸於自身，難以做到面面俱到。可以考慮將部分監管職能分給證券交易所，證券交易所處於全國證券交易的第一線，在證券業監管上具有許多優勢。另外，證券業協會則可以仿效台灣地區的做法，細分協會的職能，專業化管理包括投資者利益、訴訟處理等各方面的事務。

3. 對上市公司的監管

從規範和發展兩方面做好對上市公司的監管。前文提到大陸許多上市公司出現瘋狂套利、空殼上市、低分紅水平的現象，均是由於對上市公司監管力度不足而產生的，這些現象要是長期不解決會導致投資者失去信心。因此，應該重點加強管理上市公司，嚴格規範信息披露制度，增強披露信息的有效性審查，規範上市公司退市、復牌細則等。此外，還應該完善公司的獨立董事制度。提高獨立董事的社會地位，提高其參與上市公司最高決策的程度，建立獨立董事人才培養機制，區分獨立董事與監事會的不同職責，讓獨立董事得以在上市公司中發揮規範公司運行的作用。同時，落實各項關於獨立董事的法律法規，保障獨立董事制度運行的外部環境良好。在加強對上市公司監督的同時，也應為上市公司的快速發展創造良好的外部環境，監控不良競爭與內幕操作行為，防止外部機構以不實信息對上市公司做空等，保障投資者的合法權益。

4. 市場化的監管模式

證券監管部門對上市公司的監管主要以信息披露為核心，同時對上市公司法人治理結構的完整與完善、上市公司董事和高管人員及控股股東等人的行為規範進行一定程度的監管，以提高上市公司治理結構、財務管理、經營行為的透明度。海峽「兩岸四地」證券業合作後，面對如此大量的上市公司，而且是跨地區上市融資的，官方監管難免會出現疏漏，所以市場化的監管手段是對證券業監管的必要補充。

市場化證券監管模式在監管的經濟屬性上，強調監管者和被監管者雙

方的關係類似於一項交易中的交易雙方的關係，具有平等的地位。作為一種經濟行為，其主體會對所參與的監管行為進行成本效益核算，在其效益高於成本時，才會更高效地參與監管活動，證券業監管主體也是如此。前期，國內證券市場的發展主要靠行政手段，今後，證券業應更多地順應市場規律發展。對於各類證券市場機構，要在合法合規的前提下，鼓勵競爭和強化信息披露，以完善市場機制。建立證券行業的信用評級機制，合理完善的證券評級體系和權威的證券評級機構是證券業規範的重要舉措，有助於證券業資源配置的優化。證券市場運行遵循市場機制，證券市場監管是為了解決市場失靈問題，從而促進並保障市場機制更好地發揮作用，而不是替代市場機制。

（四）「兩岸四地」證券業監管協調機制

1. 建立海峽「兩岸四地」證券業監督交流平台

「兩岸四地」證券業的交流只停留在兩會協商平台層面上，尚未有制度化、常規化的交流機制，缺少了制度化的交流渠道，「兩岸四地」涉及證券業合作的細則難以快速談妥。建立一個信息交流平台，保證信息暢通，能增強「兩岸四地」證券機構彼此間的合作交流。在經濟開放的大環境下，未來海峽「兩岸四地」的資本准入制度會放寬，證券市場管制也會逐漸放寬。海峽「兩岸四地」可以考慮從證券交易所實現連線交易到證券產品兩地上市和交叉發行，最後實現「兩岸四地」證券業的整合，相互參股與相互投資。在信息交換平台的建立上，可以考慮在兩會制度性協商的基礎上，設立專門負責「兩岸四地」證券業監管的協商小組，作為海峽「兩岸四地」證券業日常信息交流的重要官方交流平台。

2. 統一「兩岸四地」證券業的技術規範

由於「兩岸四地」證券業發展時間與發展環境不同，在「兩岸四地」證券業合作前必須統一「兩岸四地」證券業的技術規範，避免出現因規避

某地證券監管而導致的混亂情況。具體而言，可在以下幾方面實現。首先，統一「兩岸四地」證券市場准入規則，可以仿效歐盟「最低限度協調」原則，為「兩岸四地」證券市場准入制定最低門檻。其次，整合「兩岸四地」證券監管實體法。「兩岸四地」證券法在證券發行、承銷、交易等方面都做了規定，但制度設計層面上仍有很大差異，「兩岸四地」有必要在具體的細則上加以協調和完善，達到統一和規範的目的。再次，「兩岸四地」的證券從業人員相互承認機制尚未完全建立，對在一方已從事證券業很久的資深從業者在異地從事證券業時仍要進行重新評估必然是低效率不可取的，「兩岸四地」應該考慮建立統一的證券從業人員資格考核條件，建立證券從業人員相互承認機制來協調。最後，還應該在會計準則層面實現統一規範。可以通過共同採取國際會計準則等措施，統一規範「兩岸四地」證券市場參與者的財務報表，降低融資與投資成本，提高交易效率，減少和消除資本自由流通的技術阻礙。

3. 海峽「兩岸四地」證券監管國際化合作模式

「兩岸四地」證券交易所分別先後加入國際證券交易所聯合會（WFE），WFE 對會員的市場規模、法制化建設都有嚴格的要求。加強「兩岸四地」證券業的合作，應該以 WFE 有關交易所運作的《市場原則》為基礎，「兩岸四地」證券市場在信息披露、風險管理、仲裁等方面開展廣泛合作。然而 WFE 規則不具有正式監管實權，其原則只能作為建議，沒有強制約束力，也存在範圍過窄等問題，「兩岸四地」證券監管機構應該在 WFE 原則上根據「兩岸四地」實際情況加以補充。「兩岸四地」簽署《「兩岸四地」金融監管合作諒解備忘錄》（MOU），《備忘錄》作為增強中國在國際證券監管合作領域地位的重要手段，成為國外金融機構進入中國證券市場的必備條件，大陸與台灣簽訂的 MOU 是「兩岸四地」證券業合作，以及整合後國際化運作的重要監管合作規則。在經濟全球化的潮流下，「兩岸四地」證券業應與國際證券監管組織充分合作，提高各證券監管機構的跨境協查合作與執法效率。此外，「兩岸四地」證券監管機構應該積極與國際證監會組織、貨幣

基金組織等國際機構進行協商，保持與世界銀行、區域性經濟合作組織的聯繫，聯合應對國際證券市場風險。

參考文獻

曹伊：《ECFA 時期深化海峽兩岸四地融資租賃合作探析》，《現代商貿工業》2012年第 20 期。

陳婷婷：《中國證券市場監管體制研究》，中央民族大學碩士學位論文，2012。

代中現、彭浩華：《論 ECFA 背景下大陸企業在台灣證券市場的融資機制 —— 借鑒香港證券市場的發展經驗》，《國際商務研究》2012 年第 5 期。

喬小明：《論我國證券監管體系的優化措施》，《經濟問題探索》2010 年第 6 期。

王擎：《海峽兩岸四地證券監管體制比較及啟示》，《台灣研究》2005 年第 6 期。

岳彩申、王俊：《監管理論的發展與證券監管制度完善的路徑選擇》，《現代法學》2006 年第 3 期。

余希：《我國證券市場監管問題與對策探析》，《特區經濟》2007 年第 4 期。

鄭啟福：《後 ECFA 時期兩岸四地證券市場一體化展望及法律機制之構建》，《重慶工商大學學報》（社會科學版）2012 年第 5 期。

鄭鳴、黃光曉：《兩岸四地證券市場整合與監管探討》，《亞太經濟》2009 年第 2 期。

14. 論 ECFA 背景下「兩岸四地」證券交叉融資機制 [1]

代中現　鄧毓

大陸與台灣的合作長期帶有先民間後官方、先經濟後政治的特點。近幾年,「兩岸四地」往來日益密切,國民黨重新執政後更是拓寬了交流的領域,深入了合作的層次,尤其是「兩岸四地」的經貿合作關係日趨緊密,經貿合作總量也逐年穩步上升,發展趨勢良好。2010 年 ECFA 的簽訂為「兩岸四地」的經貿合作提供了制度上的保障,必然會將「兩岸四地」合作推向進一步的深化與拓展。但其中發展嚴重滯後並且值得關注的是海峽「兩岸四地」交叉融資的發展,「兩岸四地」的證券交叉融資主要包括注冊地在大陸的企業到台灣證券市場上市融資、注冊地在台灣的企業到大陸證券市場上市融資、母公司在台灣的大陸經營子公司到大陸證券市場上市融資。在交叉融資的合作方面,早期台灣為陸資企業設置了過多的限制,導致金融合作曾經持續不平衡。海峽「兩岸四地」的經貿合作惠及「兩岸四地」的民間百姓,經貿加速融合的趨勢更是「兩岸四地」民眾的共識。歷史發展趨勢不可逆,並不會隨着領導人意志的改變而改變,也不會隨着領導人的更替而發生改變。加強金融合作交流,使金融合作更好地配合「兩岸四地」經貿合作的發展趨勢勢在必行。

1　本文發表於《探求》2013 年第 4 期。

一 「兩岸四地」證券交叉融資的基礎

（一）「兩岸四地」加強金融合作是推動
「兩岸四地」經貿合作發展的內在要求

多年來，隨着「兩岸四地」官方與民間的交流日益密切，海峽「兩岸四地」逐漸展開了多層次、寬領域的深入合作，自經濟、政治、文化層面不斷滲透。值得一提的是自 1979 年「三通」提出之後，「兩岸四地」的經貿合作不斷擴展，已形成從小到大持續增長的規模。商務部的統計資料顯示，1979 年，「兩岸四地」的貿易總額只有 0.76 億美元，2005 年 912.3 億美元，而 2012 年大陸與台灣的貿易總額增長到 1689.6 億美元，佔大陸對外貿易總額的 4.4%，同比上升了 5.6%。1979 年台灣地區向大陸出口額為 0.2 億美元，2005 年增長到 647.8 億美元，到 2012 年大陸自台灣地區的進口額達到 1321.8 億美元，同時，大陸向台灣的出口額由 1979 年的 0.6 億美元，增長到了 2012 年的 367.8 億美元，除了在 1979 年出現台灣對大陸近 0.4 億美元的貿易逆差之外，台灣對大陸的貿易一直呈現順差局面，2012 年順差更是上升到了 954 億美元。[1] 海峽「兩岸四地」經濟貿易總額逐年上升，「兩岸四地」的貿易依存度也日益加深，自 2003 年起，大陸已經超越美國、日本，成為台灣最大的貿易夥伴，是台灣貿易順差的主要來源。同時，大陸支持台商投資項目，截至 2012 年 12 月底，大陸累計批准了台資項目 88001 個，實際利用台資 570.5 億美元。[2]

「兩岸四地」經濟高速增長，相互之間的經貿合作也經歷了從無到有的成長，如今互惠互利的經貿合作格局也強烈要求「兩岸四地」加強金融方

1　參見《海峽兩岸四地金融合作的瓶頸與機制創新構想》，http://lunwen.28xl.com/
　　bencandy-102-164274-1.htm，2013 年 5 月 3 日。

2　參見《海峽兩岸四地金融合作的瓶頸與機制創新構想》，http://lunwen.28xl.com/
　　bencandy-102-164274-1.htm，2013 年 5 月 3 日。

面的合作。所以海峽「兩岸四地」在銀行、證券等領域必須付諸行動，提供更多的合作空間，滿足經貿合作的需求，推動「兩岸四地」的密切交流。

（二）ECFA 的簽訂為「兩岸四地」證券交叉融資
提供了制度上的支持

海峽「兩岸四地」經濟往來日益頻繁，經貿合作不斷加深，「兩岸四地」的交流如火如荼地發展，但由於長久以來發展模式存在差異，「兩岸四地」之間的經濟貿易等合作仍然面臨很多限制性因素。經過多年的努力、磋商，2010 年 6 月 29 日，海峽「兩岸四地」關係協會會長陳雲林與台灣海峽交流基金會董事長江丙坤在重慶簽署了《海峽兩岸四地經濟合作框架協議》（ECFA），為「兩岸四地」的貿易與投資合作提供一個良好的互動平台，致力於減少「兩岸四地」之間交流合作的障礙與限制，創造更加公平、互利的投融資合作環境。

ECFA 的簽訂，為「兩岸四地」證券交叉融資提供了制度化的保障，建立起了合作互利、共同發展繁榮的有力機制。具體說來，一是 ECFA 的制度性將「兩岸四地」的投資合作推向了規範化、正常化，ECFA 具有框架性協議性質，其本意是努力消除「兩岸四地」貿易壁壘，使得「兩岸四地」資源能夠得以合理高效地配置，在更廣泛的領域內建立多元化、合作化的合作模式，因而在已經形成的互動格局中，ECFA 使得「兩岸四地」在這樣的框架指導下，共同探討推動雙方合作的具體事項；二是 ECFA 的綜合性保證了「兩岸四地」投資的全面發展，ECFA 的內容基本上涉及了主要的經濟活動、貿易與投資，這對「兩岸四地」的經濟合作確定了基本的框架與規劃，不僅有力地推動了即時經濟效益的增長，也為「兩岸四地」未來長遠的經濟發展提供了可靠的基礎；三是 ECFA 的漸進性拓展了「兩岸四地」經濟合作的空間，ECFA 簽訂生效之後，「兩岸四地」又繼續簽訂服務貿易、貨物貿易、投資等多個單項協議，為「兩岸四地」開展合作提供了更大的空間，力求最大限度地實現「兩岸四地」經濟互惠互利。

ECFA 逐步加深「兩岸四地」之間的經濟、貿易、投資合作交流,「兩岸四地」從較小產業的合作逐漸深入到多產業、多領域的合作,從低資金投入的合作過渡到高資金投入的合作。更重要的是,ECFA 為「兩岸四地」金融領域的交流提供了動力,尤其是為大陸赴台投融資項目提供了不小的支持。長年以來,「兩岸四地」的經濟貿易合作主要集中在大規模的資本流動上,但是由於「兩岸四地」發展模式的差異,台灣對大陸赴台投資設置了不少限制,所以這些資本流動又大部分依賴於台商到大陸的投資,而大陸不能到台灣投資。持續單方向的投資勢必會造成海峽「兩岸四地」經貿發展的不平衡,也會不同程度地損害「兩岸四地」的經濟,ECFA 的簽訂則有望使台灣放寬對大陸赴台投資的條件限制,有力地促進海峽「兩岸四地」的投融資狀況。

(三)「兩岸四地」股票市場的優勢互補空間大

大陸與台灣的證券市場有很多相似之處,雖「兩岸四地」都是亞洲新興的證券市場,但都已經或日益形成多層次的市場體系,且隨着信息技術系統的發展,網絡化與自動化的程度不斷提高。另外,由於「兩岸四地」的經濟發展程度、投資者結構、文化等方面比較接近,「兩岸四地」的交易機制也十分相似,均採用委託驅動、競價交易。

除此之外,大陸與台灣的證券市場也存在許多差異而能夠優勢互補,台灣證券市場的多層次體系日益完善,不僅能夠滿足大型企業的融資需求,而且通過積極發展的策略解決了中小企業快速增長過程中面臨的融資問題,而由於大陸在這方面對創業板上市要求高,多層次體系斷層明顯,不能很好地滿足中小企業的需求,既制約了證券市場的良好發展,又阻礙了企業的創新前進,大陸亟須與台灣進行相互交流合作。另外,台灣市場體系完善,但證券化的程度較高,發展空間有限,潛力不足,但大陸由於證券化程度低,仍有很大的空間可以發展,台灣完全可以利用大陸的優勢,繼續開拓市場。

二 「兩岸四地」金融證券業合作的現狀

自「三通」以來，海峽「兩岸四地」的經貿合作得以不斷深入、拓展，然而由於台灣對大陸諸多的限制因素，早期「兩岸四地」的金融合作嚴重滯後於經貿合作，呈現出不對稱、不平衡的現象。大陸積極鼓勵台商到大陸投資，但是最初台灣卻對陸資企業的進入幾乎完全拒絕。

2000 年以後，隨着經濟全球化的發展，中國經濟對世界經濟的貢獻越來越大，同時對全球經濟的依賴程度也日益加深，大陸逐步放開了外資企業在中國大陸上市融資的限制，2001 年底，大陸徹底允許外資企業在大陸發行 A 股並上市，這很快就吸引了不少外資企業進入大陸的資本市場，其中包括許多台資控股企業以及台商獨資企業。2003 年底，浙江國祥製冷股份有限公司在上海 A 股上市成功，這是自大陸放寬限制、清除障礙之後的第一家台資企業登陸大陸的股票市場。緊接着，2004 年，廈門燦坤被批准在深圳 B 股上市發行，深圳成霖潔具在 A 股上市發行。近幾年，越來越多的台資企業到大陸上市融資。除了國祥股份、成霖股份，信隆實業、晉億實業、斯米克等多家台資企業實現了在大陸的上市發行。同時，大陸對於台商的投資項目也給予了大力支持，到 2012 年底，已累計有八萬多個台資項目通過批准，在大陸進行投資，而台灣券商也日益發現大陸資本市場的發展空間之大。自 20 世紀末以來，已有多家證券公司在大陸設立辦事處，進入大陸市場，獲取了豐厚的利潤。從台灣在大陸的投資、融資單方向來看，一直呈現良好的發展趨勢，並且有繼續深入合作發展的良好勢頭。

而大陸企業到台灣進行投融資的道路卻比較坎坷，早期台灣由於「兩岸四地」發展模式的不同，對陸資企業赴台投融資設置了過多的限制，導致「兩岸四地」交叉融資發展的不平衡，陸資企業基本無法在台灣進行正常的投融資。2008 年，國民黨在台灣大選中獲勝，得以重新執政後，逐步放開了對陸資企業赴台融資的相關限制，鬆綁政策使得「兩岸四地」的金融交流走上了相互平衡的道路，「兩岸四地」的合作交流也迎來了新的紀

元。具體步驟如下，最初台灣對大陸資金的「門戶開放」表現在允許陸資通過基金形式間接進入台灣資本市場，以及大陸 QDII 投資台灣的股票、期貨市場；2008 年 6 月 26 日，台灣當局通過了《調整兩岸四地證券投資方案 —— 短期計劃》，放寬了部分限制，開放台灣與香港 ETF 相互掛牌，允許部分已在香港上市的企業赴台投資，開放香港交易所掛牌企業赴台第二上櫃，發行台灣存託憑證 TDR。但此時，仍只限於部分企業，其中不包括在大陸註冊登記或陸資有主要影響力或陸資持股超過 20% 的在香港上市的企業；2008 年 7 月 31 日，台灣當局採取了進一步的放鬆政策，通過了《海外企業來台上市鬆綁及適度開放陸資投資島內股市的相關方案》，允許含陸資任意比例的外資企業都能夠赴台灣第二上櫃；2008 年 9 月 12 日，台灣將島內投資陸資股份的基金上限上調，由最初的 0.4% 提高到超過 10%，原本對港澳 H 股和紅籌股的投資限制也完全取消，大幅度放寬對陸資基金的投資；台灣也逐步放寬島內對大陸證券期貨的投資，將投資大陸證券期貨業的總金額不斷提高；2009 年 4 月 30 日，台灣金融主管部門發佈《大陸地區投資人來台從事證券投資及期貨交易管理辦法》，「兩岸四地」簽署《海峽「兩岸四地」金融合作協議》，同年 11 月，「兩岸四地」簽署《「兩岸四地」金融監管備忘錄》，相關管理辦法與協議的簽署，標誌着「兩岸四地」的金融合作已從早期的單方向、不平衡狀態走向了良好合作的發展道路，「兩岸四地」的經貿合作也迎來了嶄新的面貌。台灣放寬限制的政策很快就有了良好的效果，2010 年 9 月 8 日，江蘇揚子江船業集團所屬股票「揚子江船業」以中國台灣存託憑證（TDR）的方式正式在中國台灣證券交易所掛牌交易，成為首家在中國台灣上市的大陸企業，揚子江船業成為海峽「兩岸四地」經濟合作框架協議（ECFA）正式生效後登陸中國台灣資本市場的第一家大陸資本的上市公司，開盤即一路走高，當日就遇到漲停。江蘇揚子江的成功上市為陸資企業赴台投資打開了全新局面。

在海峽「兩岸四地」各方的努力下，「兩岸四地」的經貿合作正逐漸走向健康全面的發展，伴隨着雙方相關開放政策的出台，「兩岸四地」資本合

作不斷加深，市場規模不斷擴大，收穫的利潤更加豐厚，推動着「兩岸四地」的資本市場向更全面、更優質的方向發展。

三 「兩岸四地」證券交叉融資的限制性因素

海峽「兩岸四地」之間的經貿交流與合作如火如荼地進行，金融資本方面的合作也日益成熟、深入，向着良好、全面的方向發展，然而「兩岸四地」金融領域的合作仍然面臨諸多限制因素。上文提到，早期台灣對陸資赴台融資設立了許多限制條件，這已經使得「兩岸四地」的金融合作發展不平衡，面臨着單方向的問題。雖然台灣逐漸表示出友好善意，放寬了相關的條件，陸資企業也得以成功地登陸台灣進行融資，但從「兩岸四地」政策、「兩岸四地」的法律法規、「兩岸四地」資本市場的結構發展以及企業自身存在的一些問題來看，仍然存在不少的限制，努力減少這些限制是當務之急，但在此之前，我們還必須對限制因素的具體內容進行相關探討。

（一）「兩岸四地」政策的限制

影響海峽「兩岸四地」之間經貿交流與合作順利進行的最大障礙來自「兩岸四地」政策的設立，「三通」開始後初期，台灣長期為大陸赴台融資設置限制，很長一段時間影響了「兩岸四地」金融合作的深入進行。2008年7月31日台灣「行政院」通過《海外企業來台上市鬆綁及適度開放陸資投資島內股市方案》，之後於2010年海峽「兩岸四地」在重慶簽訂了《海峽「兩岸四地」經濟合作框架協議》，同年台灣也迎來了第一家大陸企業江蘇揚子江船業成功在台灣上市融資，然而《海外企業來台上市鬆綁及適度開放陸資投資島內股市方案》卻與台灣官方發佈的《台灣地區與大陸地區人民關係條例》有相互衝突的地方，由於擔心台灣會過度依賴大陸的經濟，該條例第36條規定，「台灣地區金融保險機構及其他在台灣地區以外之國家或地區設立之分支機構，非經主管機關許可，不得與大陸地區之團

體、其他機構或其在大陸地區以外國家或地區設立之分支機構有業務上之直接往來」，並且禁止台資銀行到大陸設立分行，禁止台灣民眾投資大陸證券市場，禁止台灣投資陸資企業。另外，上述方案提出後，具體的實施時間長期未確定下來，拖延了「兩岸四地」減少相互之間障礙的步伐。

一個地區的政策往往具有明確而又強制的導向作用，台灣地區官方早期發佈的《台灣地區與大陸地區人民關係條例》同樣對台商的投資以及台灣對陸資企業的態度影響頗深，而且該條例長時間地左右着台灣方面與大陸金融交流的行為。儘管自 2008 年之後，「兩岸四地」逐漸放鬆了相互在經貿合作交流上的限制，但長期不平衡、單方向的金融合作交流留下了很大的後遺症，需要傾注大量努力才能使金融合作跟得上高速發展的經貿合作。

（二）「兩岸四地」法律法規的限制

一直以來在大陸的法律條文中，並沒有專門設立針對台灣赴大陸進行融資的項目，涉及台資企業進入大陸的法律主要是《合格境外機構投資者境內證券投資管理辦法》《關於設立外商投資股份有限公司若干問題的暫行規定》。大陸沒有刻意對台灣企業到大陸融資進行限制，只是將台灣證券期貨機構視同外資進行規範。[1] 大陸證券市場的《合格境外機構投資者境內證券投資管理辦法》對境外投資者設定了嚴苛的資格限定，該辦法規定所有類型的合格境外機構投資者管理證券資產的規模均不小於 100 億美元，由於人民幣的兌換困難，對投資額度的要求也比較嚴格。所以按照上述辦法中的規定，台灣的基金公司、投信公司申請得到 QFII 資格的困難很大，直到 2013年 6 月來自台灣的匯豐中華證券投資信託股份有限公司才獲得 QFII 資格。

台灣也設置了許多有形的障礙，首先台灣規定大陸商務人員若需赴台投融資，必須申請獲得「大陸居民往來台灣通行證」以及「台灣地區入出

1 　莊宗明、吳衛鋒：《ECFA 背景下兩岸四地證券市場合作的溢出效應與合作障礙》，《亞太經濟》2011 年第 2 期，第 135～140 頁。

境許可證」，而這兩項證件的申請都需要提交詳細嚴格的證明材料，並且企業人員開展商務考察活動不能夠單獨前往，必須跟隨相關部門組團考察，這就嚴重制約了商務往來交流的自主性與深入。同時，對於在台灣的大陸居民，法律上有嚴格的控制與限制，大陸居民、陸資企業的權益常常無法得到真正的保障。這就使得陸資企業不能持續有效地進行經營活動，商務人員也不能有效地開展工作。[1] 其次，台灣嚴格規定了對陸資企業赴台上市融資的限制，「規定指出，『在核定的包括香港交易所在內的 16 家證券市場中，上市滿 6 個月的企業就可以申請赴台第二上市發行 TDR，但排除在大陸註冊登記及陸資直接或間接持股超過 30% 或有主要影響力的上市企業』。換句話說，陸資持股 30% 以上，並在第三地註冊掛牌上市的公司，即『紅籌股』可以在台發行 TDR，而在大陸註冊的陸資公司仍未開放赴台第二上市。『紅籌股』陸資企業若申請在台第一上市仍須專案審查，目前並無公司申請」。再次，台灣對台資企業返台上市也設置了許多限制，規定指出，上市上櫃公司的子公司、上市上櫃公司股東個人投資、已在台灣以外上市但在台無上市母公司的三類台商不適合回台上市，專門設置的高返台上市門檻制約了許多台商回台進入資本市場上市融資的步伐，阻礙了「兩岸四地」資本市場的交流。

（三）證券市場的限制

海峽「兩岸四地」證券市場有諸多能夠互補的優勢，但許多差異以及障礙也是不可忽視的。首先，由於「兩岸四地」證券法規不同，證券類工作人員考核以及准入原則有所不同，這就使證券機構的管理人員的專業素質等方面有差異，影響了證券行業技術人員以及證券資源的優勢互補，妨礙了「兩岸四地」交叉融資的順利進行；其次，「兩岸四地」的證券管理與監督體系仍然存在不小的差異，雙方都在某些方面要求嚴苛，勢必造成許

1　肖文、孫豔香：《ECFA 框架下大陸民營企業入島投資研究》，《台灣研究》2012 年第 2 期，第 11～16 頁。

多有形但無心的障礙。另外，「兩岸四地」在證券制度、會計制度、證券業作業標準上存在或多或少的不同，為「兩岸四地」的證券業合作與管理增添了困難，致使「兩岸四地」不能夠順利地優化配置有利資源。

四 「兩岸四地」金融證券業合作的前景

經過之前的分析，「兩岸四地」的金融證券合作曾經呈現長期的單向、不平衡狀態，在 ECFA 等一系列的相關協議、法案的推動下，雖然仍深受之前不協調發展的影響，但「兩岸四地」的金融證券合作隨着經貿交流的發展已經逐漸走向健康與完善。另外，「兩岸四地」的證券市場在各自不同的方面有着相當的競爭優勢，台灣證券市場層次體系日益完善，證券交易機制和法律體系較為完備，證券化程度高，經驗豐富，市場成熟，政府對投資者保護方面的法規比較完善，但是台灣的市場縱深不夠，市場容量較小，證券業的發展也遇到了瓶頸。大陸雖然金融產品的種類單一，多層次體系出現明顯的斷層，但是大陸的經濟規模較大，市場容量也有很大的拓展空間，伴隨着高速發展的經濟，許多企業發展勢頭良好，都具備了潛在上市的能力。因此，海峽「兩岸四地」的金融證券合作有很大的空間，並且勢在必行。[1]具體可以從以下幾個方面進行合作。

（一）市場合作

鑒於「兩岸四地」能夠相互扶持、補充的優勢，台灣證券市場與大陸證券市場應當增強聯動性。「兩岸四地」要增加交叉融資的活動，首先需要的是推進市場合作。近幾年，台商登陸大陸的資本市場進行投融資的數量越來越多，到 2012 年底，大陸批准的台資項目甚至接近 9 萬個。台商在大陸的

1　黃梅波、許月蓮：《「兩岸四地」證券業競爭力對比及合作空間》，《台灣研究集刊》2012 年第 1 期，第 46～54 頁。

投融資發展呈現良好的發展態勢，台資企業在大陸的金融證券市場也是活躍的一分子，這些都是促進「兩岸四地」市場合作的有力動力。

推進「兩岸四地」金融證券市場的合作，需要雙方共同的努力合作。可以參考台商來大陸進行投融資的良好形勢，大陸鼓勵陸資企業赴台上市融資，台灣需要繼續放鬆對陸資企業實行融資的條件限制。「兩岸四地」應當在 ECFA 的協議精神指示下，加強磋商，共同商議增大「兩岸四地」市場對對方的開放度。大陸方面需要理解台灣當地的法律法規、資本市場等情況，台灣也需對放寬陸資赴台融資的限制給予必要的考慮。

推進、拓展市場方面的合作是至關重要的，「兩岸四地」無論從政府還是非政府的角度，都需要足夠重視。

（二）機構合作

海峽「兩岸四地」除了在證券市場上存在着較強的互補優勢外，金融機構之間互補的可能性也不可忽視。台灣的金融機構在激烈的市場競爭中歷經磨煉，擁有豐富的市場經驗，人才眾多，專業水平高，創新能力強，整體上擁有極強的競爭優勢；而大陸的金融機構大多有國有或大型商業銀行持股，在市場關係、客戶資源方面存在不可多得的優勢。「兩岸四地」的金融機構可以在市場進一步開放的基礎上，積極開展廣泛的交流合作。具體說來，「兩岸四地」金融機構可以從以下方面開展交流工作，一是技術方面的交流，「兩岸四地」可以共同召開技術交流研討會，互通有無，着力增強技術人員的培訓以及其他硬件方面的開發；二是管理方面的協同，「兩岸四地」可以相互交流管理方面的經驗與技術，雙方互派管理人員進行合作，力爭建立創新的、能夠協同合作的管理機制；三是合資機構的嘗試，「兩岸四地」可以嘗試建立合資證券機構，共同探討證券公司的管理機制，「兩岸四地」間證券業的交流，促進「兩岸四地」交叉融資的實質性行動。[1]

1　鄭鳴、黃光曉：《「兩岸四地」證券市場整合與監管探討》，《亞太經濟》2009 年第 2 期，第 107～111 頁。

（三）監管機制的構建

開放證券市場與機構的合作，同時也必須協同監管機構之間的合作。我國的證券監管機構指的即是中國證券監督管理委員會及其派出機構，性質是國務院直屬的證券監督管理機構。中國證監會按照國務院授權和依照相關法律法規對證券市場進行集中、統一監管，依法制定有關證券市場監督管理的規章、規則，負責監督有關法律法規的執行，負責保護投資者的合法權益，對全國的證券發行、證券交易、中介機構的行為等依法實施全面監管，對公司的財務狀況、經營行為進行監督，維持公平而有序的證券市場。

監管部門責任重大、地位重要，是「兩岸四地」的交叉融資能夠順利進行的保障，「兩岸四地」需要加快建立協調「兩岸四地」監管的交流平台。一是積極組織「兩岸四地」建立協商論壇，定期交流「兩岸四地」在監管方面的經驗，溝通進一步監管合作的可能性；二是積極推進「兩岸四地」信息資源的共享，「兩岸四地」及時溝通各自證券市場上出現的問題，以及證券機構的最新動向，充分利用市場上出現的信息，把握動態，避免證券市場出現不利的動盪；三是規範「兩岸四地」的法規準則，「兩岸四地」各自適用的會計準則差異較大，台灣早期的會計準則依循美國會計準則的架構，自 1982 年開始，台灣就表示正式接受《公認會計準則》（GAAP）。近年來，為適應全球化的經濟，台灣會計研究發展基金會又表示會參考施行《國際財務報告準則》（IFRS），而大陸則從 2007 年起施行財政部修訂的《企業會計準則》。[1] 會計準則上的差異，會阻礙「兩岸四地」的企業到對方證券市場上順利投融資，所以務必協調「兩岸四地」的法規準則，可以運用企業原產地的會計準則對上市企業進行審查處理，促進交叉融資的交流。

---

1 李新、泰永宏：《海峽兩岸四地會計準則之比較》，《揚州大學稅務學院學報》2009 年第 12 期，第 50～54 頁。

15. 論 ECFA 背景下大陸企業在台灣證券市場的融資機制 [1]

—— 借鑒香港證券市場的發展經驗

代中現　彭浩華

　　區域經濟一體化的進程加速，要求區域經濟的各種資源進一步優化分配，在雙贏的原則下實現總體的利益最大化。中國大陸與台灣地區的經貿合作愈加緊密，同樣強烈要求雙方的經濟資源進一步優化配置，包括資金的融通。然而台灣證券市場在法律上、政策上都嚴格限制大陸注冊的企業赴台上市融資，致使台灣地區的閒餘資金與大陸企業的資金需求處於割裂的狀態。這既不符合雙贏的原則，也不是雙方利益最大化的實踐，更與 ECFA 協議的精神相矛盾。香港證券市場鼓勵內地企業赴港上市融資，並通過《內地與香港關於建立更緊密經貿關係的安排》（以下簡稱 CEPA）的簽署將之制度化。在滿足內地企業資金需求的同時，香港也進一步鞏固了其作為亞太地區國際金融中心的地位。台灣與香港這兩個經濟體的相似性使得香港經驗具有借鑒意義，本文將從這個角度出發研究未來台灣證交所對大陸企業的制度性開放問題，並進一步研究如何開放，以期能對政府決策方提供一些有價值的參考。

1　本文發表於《國際商務研究》2012 年第 5 期。

一 大陸企業在台灣和香港證券市場融資比較

（一）大陸企業在台灣證券市場的融資現狀分析

台灣證券市場發軔於 1962 年成立的台灣證券交易所，台灣證券市場的國際化則始於 20 世紀 80 年代，並且具有明顯的階段性特徵。這大致上可以分成三個階段，即台灣本土的信託公司募集海外資金進行股市投資階段、額度開放海外基金投資台灣股市階段、1996 年以來的完全開放階段。[1] 如今，台灣的證券市場具有相對明顯的國際化特徵，這不僅體現在證券交易的國際化上，也體現在證券發行的國際化上。[2] 然而台灣證券市場限制大陸企業赴台上市融資。

在 2008 年 7 月台灣「行政院」通過《海外企業來台上市鬆綁及適度開放陸資投資國內股市方案》之前，適用的《外國發行人募集與發行有價證券處理準則》有如下規定，第七條第 2 款規定「有下列情形之一的將退回有價證券之募集與發行：（1）所募資金用於直接或間接赴大陸地區投資。（2）外國發行人直接或間接赴大陸地區投資金額，累計超過淨值及未來一年度新增於『中華民國』境內投資金額之百分之四十者。但其資金用途係用於『中華民國』境內購置固定資產者，不在此限。」[3] 由此可見，2008 年之前的情況是，[4] 注冊在大陸的企業、注冊地在海外的陸資企業、包含一定陸資股權比例的外資企業都不允許在台灣第一上市、第二上櫃市場發行證券融資。

1　參見林泉源、李宏遠（台灣）《兩岸證券市場國際化之政策思維及執行模式比較》，《遠景基金會季刊》2007 年第 8 卷第 2 期，第 81～130 頁。

2　參見譚遙《關於我國證券市場國際化的思考》，《經濟與社會發展》2010 年第 11 期，第 26～29 頁。

3　2008 年台灣金管會第 211 次委員會議討論通過刪除《外國發行人募集與發行有價證券處理準則》第七條第 2 款規定，即所引用的這個條款。

4　關於《外國發行人募集與發行有價證券處理準則》在 20 世紀 80 年代就已經制定，至今已多次修改，但每次修改總體方向是在原來的基礎上加強說明或者適度放鬆，具體可參見 1987 年 3 月台灣當局修訂的《外國發行人募集與發行有價證券處理準則》以及後來的幾次修訂。

　　2008 年 7 月台灣「行政院」通過了金管會擬定的《海外企業來台上市鬆綁及適度開放陸資投資島內股市方案》，放寬了海外企業去台上市及籌資用途限制。相關開放措施包括：（1）取消第一上市（櫃）原資格限制有關大陸投資超過淨值特定比例不得來台上市之限制；原資格限制有關陸資持股超過 20% 或為主要影響力之股東部分，將配合《陸委會修正兩岸關係條例》第 73 條有關大陸地區企業於島內從事投資行為相關規定之時並同放寬。（2）取消第二上市（櫃）原資格限制有關陸資持股超過 20% 或為主要影響力之股東者，不得來台上市之限制。（3）取消外國發行人在台募集資金不得用於直接或間接赴大陸地區投資之限制。

　　然而，《兩岸關係條例》第 73 條規定：「（島外公司之撤銷）大陸地區人民、法人、團體或其他機構，持有股份超過百分之二十之島外公司，得不予認許。經認許者，得撤銷之。島外公司主要影響力之股東為大陸地區人民、法人、團體或其他機構者，亦同。」此條例規定與《海外企業來台上市鬆綁及適度開放陸資投資島內股市方案》相矛盾。因此，註冊地在大陸的企業依舊不能在台灣證券市場上市融資。不過，《海外企業來台上市鬆綁及適度開放陸資投資島內股市方案》的通過使得大陸的紅籌股[1]具備赴台上市融資的條件了。比如，在新加坡注冊的陸資企業「揚子江船業」在台灣證交所發行台灣存託憑證（TDR）[2]融資，類似的還有在百慕大群島注冊的大陸 IT 服務商神州數碼、大陸的醫療設備供應商金衛醫療等企業。

（二）內地企業在香港證券市場的融資現狀分析

　　香港證券市場的歷史悠久，最初的證券交易場所可以追溯到 19 世紀末

1　在中國境外注冊，並在境外上市，由中資控股的企業稱為紅籌股。

2　TDR 是指已在台灣地區以外證券市場（一般是香港證券市場、新加坡證券市場等）上市的公司將股票交付給保管機構，再由存託機構發行存託憑證並出售給台灣投資者的股權籌資工具。本質上 TDR 是一種可以上市交易的股權憑證，其性質與股票類似。

成立的香港經紀協會，香港證券市場的國際化則始於 1980 年香港聯合交易所的成立。受益於香港的全球國際金融中心之一的地位，香港證券交易所逐步發展成了一個完全自由化、國際化的證券交易中心，不僅進行證券交易的國際資金的進出不受限制，而且企業的證券發行與上市同樣不受注冊地的限制，同時香港證交所多樣化的上市渠道也極大方便了企業的上市融資。[1]

　　為了推動內地企業到香港上市融資，香港證交所特意做了一系列的工作。香港回歸後，香港證交所就已經開始籌備在內地的推介工作，並且一系列的配套措施也隨之展開，比如股票發行上市申請程序的精簡、相關工作量的減少、上市成本的合理節減等。CEPA 協議的第十三條「金融合作」提出為進一步加強雙方在銀行、證券和保險領域的合作，將採取以下措施：（1）內地支持國有獨資商業銀行及部分股份制商業銀行將其國際資金外匯交易中心移到香港；（2）支持內地銀行在香港以收購方式發展網絡和業務活動；（3）內地在金融改革、重組和發展中支持充分利用和發揮香港金融中介機構的作用；（4）雙方加強金融監管部門的合作和信息共享；（5）內地本着尊重市場規律、提高監管效率的原則，支持符合條件的內地保險企業以及包括民營企業在內的其他企業到香港上市。[2]

　　從 2010 年底的情況來看，在香港證交所上市的國企股有 160 家、紅籌股 102 家、內地民企股 319 家，[3] 合計佔香港證交所上市公司總數的 40%多。從市值角度看，內地企業的上市公司總市值佔香港證交所上市公司總

1　上市方式上可以選擇主板上市或者創業板上市，大陸境內注冊的企業可以發行 H 股上市，大陸境外注冊的企業可以發行紅籌股上市。另外，企業還可以在香港聯合交易所通過買殼上市，成功的案例有國美電器向京華自動化不斷注入資產實現低成本買殼上市。

2　只要滿足相應的財務要求、業務經營的獨立性以及持續性、公開發行的股份比例要求、最低的市值要求的股份有限公司都可以在香港證交所申請發行證券上市，對公司的注冊地沒有任何限制。具體參見香港聯合交易所官方網站公佈的《主板上市規則》和《創業板上市規則》。

3　參見方正證券 2011 年 3 月做的一份報告《香港證券市場介紹》，對香港證券市場的發展歷程、發展現狀、交易規則做了系統的介紹。

市值的比例將近 60%；從交易額的角度看，內地企業的成交金額佔總成交金額的比例超過 60%。從這些數據可以看出，內地企業資金需求得到滿足的同時，香港證交所的優質上市資源的補充能力大大提高了，並使得香港證交所成為了亞太地區的證券發行與交易中心之一。

（三）台灣證券市場國際化發展的困境分析

台灣證券市場上市公司的數量從 2003 年至 2013 年增加不到一百家，而同期香港證券市場上市公司數量的增加僅內地企業就達 500 家。根據世界交易所聯合會（WFE）的統計資料，台灣證券交易所的競爭力處於下降趨勢，其全球市值排名由 2000 年的第 15 名退居到 2009 年的第 21 名。[1] 目前，台灣證交所深陷於優質上市資源匱乏的窘境，並極大地影響了其國際化發展的進程。證券市場國際化的基本要素，內部條件則體現在證券發行、交易、監管等法律法規的建立健全，以及證券市場對外開放的制度性安排上；外部條件則體現在國際資金的流入意願，以及跨國證券的發行意願上。對一個證券市場的發展而言，優質上市資源的補充能力至關重要，因為現存的優質上市公司中總會有一部分在優勝劣汰的競爭規則中被淘汰出局。

分析台灣證券市場，在內部條件上嚴格限制在大陸註冊的企業赴台上市融資，由此導致台灣證交所優質上市資源的補充能力被大大削弱了，並進一步導致國際資金流入台灣的意願減弱。從這個邏輯思路上分析，只要放開在大陸註冊的企業赴台上市融資，就能夠從根本上解決台灣證交所的國際化發展困境問題。比較台灣證交所與香港證交所的發展歷史，兩者在 20 世紀 80 年代本在同一起跑線上，然而香港證交所卻能夠在後期的發展過程中遙遙領先於台灣證交所，究其原因，香港證交所奉行的是更加自由

1　參見《TDR 紅籌年將至？》，《新世紀》（周刊）2011 年第 5 期，金融版。

化的證券市場發展政策。香港證交所能夠更加積極主動地融入內地這個龐大經濟體的發展過程中，在滿足內地企業資金需求的同時，也在不斷地發展壯大自己。

二　借鑒香港證券市場模式的可行性分析

（一）台灣與香港具有相似的經濟發展環境

　　從 20 世紀 60 年代開始，台灣經濟的發展路徑就與香港極其相似。兩者都是相對獨立的島嶼經濟體，四面環海的地理特點、礦產資源匱乏的稟賦特徵都在一定程度上決定着它們最佳的經濟發展路徑應該是以出口為導向的外向型經濟。機緣巧合的是，當時以美國為代表的西方經濟大國正在進行產業結構調整，着重發展資本、技術密集型的產業，而原來的勞動力密集型產業則向外遷移。在這種條件下，大力發展市場經濟的、與西方國家有着千絲萬縷聯繫的中國台灣與中國香港則成為承接這種勞動力密集型產業的最佳地點。1960～1980 年，台灣、香港的經濟總量急速增長，成為世界級的經濟增長明星，它們與新加坡、韓國一起被稱為「亞洲四小龍」，其經濟發展模式也被總結成富有區域特色的「東亞模式」。

　　改革開放以來，大陸經濟獲得了長足發展，而台灣和香港地區的經濟增長則相對的後繼乏力，並驅使它們都努力加強與大陸（內地）之間的經貿合作。內地巨大的市場容量、相對低廉的勞動力成本以及各種優惠的外商投資政策吸引着大量香港製造業企業遷往內地，並將香港發展成世界性的商品貿易集散中心。為了進一步加強經貿合作，2003 年內地與香港簽訂了 CEPA 協議，並在隨後的幾年裏分別簽署了 8 個補充協議。CEPA 主要涵蓋貨物貿易、服務貿易和投資便利化三個方面，通過減免關稅、擴大市場准入、簡化投資資金流動手續等制度性的安排，進一步提高內地與香港之間的經濟貿易合作水平。

　　台灣方面礙於大陸與台灣之間微妙、此起彼伏的政治關係，以及兩岸之間直接投資的種種限制政策，與大陸之間經貿合作的發展則相對緩慢。然而進入 21 世紀以來，面對大陸經濟的崛起以及大陸市場廣闊空間的吸引，台資企業通過各種途徑加速進入大陸投資。福建省海峽西岸經濟區（以下簡稱「海西區」）概念的提出，以福建為主體、加速推進海峽兩岸的經貿合作的設想引起台灣農商界的高度重視，台灣水果、水產品集散中心以及其他各種產銷組織都相繼在福建建立。[1] 2010 年 ECFA 的簽訂將海峽兩岸的經貿合作推升到了制度化的高度。可以預見的是，大陸與台灣的經濟將加速融合。

（二）CEPA 對內地企業融資的開放與規範機制

　　2003 年簽署的 CEPA 協議提出「內地本着尊重市場規律、提高監管效率的原則，支持符合條件的內地保險企業以及包括民營企業在內的其他企業到香港上市」。CEPA 協議對內地企業赴港上市融資做了框架性的安排。針對實踐操作中出現的具體情況，隨後簽署的一系列 CEPA 補充協議又做出了相應的安排。

　　《〈內地與香港關於建立更緊密經貿關係的安排〉補充協議二》於 2005 年 10 月 18 日在香港簽署，允許符合條件的內地創新試點類證券公司根據相關要求在香港設立分支機構；允許符合條件的內地期貨公司到香港經營期貨業務，包括設立分支機構。《〈內地與香港關於建立更緊密經貿關係的安排〉補充協議四》於 2007 年 6 月 29 日在香港簽署，允許經中國證監會批准的內地基金管理公司在香港設立分支機構，經營相關業務；內地證券公司在香港設立分支機構，其完成香港注冊程序的時限由 6 個月延長至 1 年。《〈內地與香港關於建立更緊密經貿關係的安排〉補充協議五》於 2008

1　參見練卜鳴《兩岸農業合作交流存在的迷思與前景分析 —— 兼論海西在兩岸農業合作交流中應扮演的角色》，《華人前瞻研究》2011 年第 7 卷第 1 期，第 103～110 頁。

年 7 月 29 日在香港簽署，雙方主管部門或行業機構將繼續推動兩地開展會計專業技術資格考試部分考試科目相互豁免工作。《〈內地與香港關於建立更緊密經貿關係的安排〉補充協議六》於 2009 年 5 月 9 日在香港簽署，允許符合條件的經中國證監會批准的內地證券公司根據相關要求在香港設立分支機構；允許符合外資參股證券公司境外股東資質條件的香港證券公司與內地具備設立子公司條件的證券公司，以廣東省為試點設立合資證券投資諮詢公司，香港證券公司方持股比例最高可達 1/3。

正是這一系列補充協議的具體安排，將內地企業赴港上市融資這一操作逐步地制度化、常態化。在應對實踐操作過程中出現的情況時，循序漸進、逐步細化的相關 CEPA 規制模式顯示出了其高度的靈活性與對具體環境的適應性。CEPA 模式對於台灣證券市場的借鑒意義，不僅在於 CEPA 對大陸企業融資的開放與規範機制，同時其循序漸進的模式也很符合大陸與台灣相對複雜的環境特點。

三　關於開放大陸注冊的企業赴台上市融資的制度構建

（一）在 ECFA 附加協議框架內達成制度性的融資安排

ECFA 第六條「經濟合作」提出「金融合作」，並在第二款提出「雙方應儘速針對本條合作事項的具體計劃與內容展開協商」。依據 ECFA 協議的指示精神，筆者認為可以在 ECFA 的附加協議中達成台灣證券市場對大陸注冊的企業實行融資開放的制度性安排。

在協商的主體代表上，筆者認為可沿用 ECFA 的磋商框架，海峽兩岸關係協會帶領證監會、證券交易所的相關人員與財團法人海峽交流基金會進行協商。依據 ECFA 第十一條機構安排的規定：雙方成立「兩岸經濟合作委員會」（以下簡稱委員會）。委員會由雙方指定的代表組成，負責處理與本

協議相關的事宜，包括但不限於：（一）完成為落實本協議目標所必需的磋商；（二）監督並評估本協議的執行；（三）解釋本協議的規定；（四）通報重要經貿信息；（五）根據本協議第十條規定，解決任何關於本協議解釋、實施和適用的爭端。因此，融資開放的磋商也由委員會組織進行。若由委員會進行磋商，則更符合 ECFA 的精神，向外界展現了 ECFA 的效力。

磋商過程中，應針對企業的注冊地限制、募得資金的使用條款設計、上市渠道的安排等進行充分的討論研究。在尊重台灣證交所的「法律法規」、例行慣例的基礎上，充分考慮大陸注冊企業的特殊情況，以儘快推進台灣證券市場對大陸企業融資開放為目標。最佳的結果是取消企業的注冊地限制，對募資的使用充分尊重上市公司的自主決策。對於上市渠道的安排，針對目前紅籌股只在台灣證券市場發行台灣存託憑證（TDR）融資的現狀，時機成熟的話完全可以進一步開放台灣第一上市、第二上櫃市場。

（二）相關法律法規的協同

在會計處理準則方面，台灣的會計處理準則強調與國際接軌，現行的會計處理準則（ROC GAAP）與美國的會計處理準則（US GAAP）基本上是一致的。美國 2008 年宣佈逐步採用國際會計處理準則（IFRS），台灣也有意跟隨之。大陸的會計處理準則，從 2007 年 1 月 1 日起適用經財政部修訂的《企業會計準則 —— 基本準則》。比較台灣與大陸的會計準則，其差異還是挺大的，而大陸企業到台灣上市融資必然會涉及會計處理準則的協調問題。在解決方案上，一種方案是採用台灣證券市場上紅籌股的做法沿用 ROC GAAP，不過這會額外增加企業的上市成本；另一種方案是針對大陸企業上市，允許適用大陸的會計處理準則，並聘用大陸的會計師事務所進行審計。

後者是香港證交所採用的方案，在港上市的內地企業可以適用內地的會計處理準則。《〈內地與香港關於建立更緊密經貿關係的安排〉補充協議五》提出「雙方主管部門或行業機構將繼續推動兩地開展會計專業技術資格考試部分考試科目相互豁免工作」。這一規定能夠極大地方便會計人才在

內地、香港間的流動，並方便內地企業赴港上市融資。在公司治理結構方面，大陸與台灣同屬於大陸法系，對上市公司治理結構的要求大致相同，並不構成重要的阻礙因素。大陸強制要求上市公司應該設立監事會，而台灣現行的「公司法」同樣要求台灣上市櫃公司設立監事人機關，在性質上與大陸的監事會是一致的。至於上市公司的信息披露制度以及對上市公司監督制度的協調，原則上應該充分尊重台灣證管會、證交所的規章制度。

（三）有效監管制度的設計

證券監管部門如證監會、證券交易所對上市公司的監管主要以信息披露為核心，強制上市公司及時、準確地披露股價敏感信息，並同時對上市公司法人治理結構的完整與完善，上市公司董事、監事和高管人員及控股股東、實際控制人行為的規範等進行一定程度的監管。監管的目標則是完善上市公司的治理結構，以及提高公司財務、經營行為的透明度，維護證券市場的高效運行。

然而，面對大量的上市公司，而且是跨地區上市融資的，官方監管難免存在疏漏之處。即使在成熟的資本市場中，上市公司財務造假的案例也並不少。一般情況下上市公司並不會財務造假，除非是公司經營遇到了極大的困難，並且公司經理人又懷着僥倖心理。財務造假雖然能夠暫時地掩蓋公司經營所實際面臨的困難，但終究會露出蛛絲馬跡，並對不知情的中小投資者造成巨大的損失。中國香港地區、美國等成熟資本市場都會存在許多做空機構或者能夠依靠做空而盈利的對沖基金，財務造假的上市公司其實是它們潛在的盈利機會。它們有動機去關注並研究上市公司財務造假的行為，並在一定程度上充當着證券監管者的角色。筆者將這種監管稱為市場化的監管手段。筆者認為在官方監管之外，有必要補充這種市場化的監管手段，鼓勵以營利為目的的從事證券諮詢、證券交易的公司去研究上市公司的財務真實度，並以此達到營利目的。這類公司可以是有償提供信息的證券諮詢機構，或者是具有賣空能力的對沖基金等。

（四）嘗試允許大陸券商到台灣設立分支機構

在最終實現制度性開放之前，台灣方面可以先行允許中資券商在台灣設立分支機構或者子公司，經營證券經紀、台灣本土企業的證券發行與承銷業務等。一旦相關政策得到落實，中資券商將可以直接發揮作用。並且，中資券商對大陸不同行業的企業以及會計制度的應用都比較熟悉，在一定程度上可以解決制度性開放前期兩岸的信息不對稱問題。《〈內地與香港關於建立更緊密經貿關係的安排〉補充協議二》，允許符合條件的內地創新試點類證券公司根據相關要求在香港設立分支機構。從香港證券市場的發展經驗來看，中資券商在證券承銷與發行這一塊發揮了巨大的作用。內地企業赴港上市數量的增加與中資券商的發展形成良性循環。中資券商漸成規模，並在 2009 年成立香港中資證券業協會，與港資券商、外資券商一起逐鹿香港證券市場。筆者認為這也將是台灣證券市場的發展方向。

參考文獻

莊宗明、吳衛鋒：《ECFA 背景下兩岸證券市場合作的溢出效應與合作障礙》，《亞太經濟》2011 年第 2 期。

胡煥武：《基於區域性國際經濟一體化的 ECFA》，《經濟研究導刊》2011 年第 21 期。

余佩琨：《內地與香港之間經濟合作的發展路徑分析》，《國際經濟合作》2007 年第 2 期。

朱磊：《台灣資本市場對大陸開放現狀和效果》，《海峽科技與產業》2010 年第 10 期。

陳勝權：《台灣證券市場對外開放的經驗與教訓》，《金融信息參考》2002 年第 8 期。

鄭鳴、黃光曉：《兩岸證券市場整合與監管探討》，《亞太經濟》2009 年第 2 期。

王祥騮：《海西經濟區 —— 兩岸合作新平台》，《營建知訊》2011 年第 7 期。

徐明、蔣輝宇：《外國公司在我國證券發行與上市的法律問題》，《東方法學》2009 年第 2 期。

16.「兩岸三地」經濟一體化中的民商事司法合作

王承志　黃媛

在 CEPA 及其補充協議深入貫徹落實的今天，廣東省分別和香港與澳門簽訂了「合作框架協議」進行粵港澳深度合作，並已經設立「珠海橫琴新區」和「前海深港現代服務合作區」先試先行。隨着「兩岸三地」經貿關係的進一步緊密合作，傳統的司法合作模式難以滿足現實的發展需求，不利於「兩岸三地」法律糾紛的妥善解決。為促進「兩岸三地」經貿的進一步順利發展，在傳統司法合作的模式上探討新的合作模式以掃除發展中的障礙，成為了十分緊迫的現實問題。本文主要探討「兩岸三地」之間的民商事司法合作，為了表述的簡潔，文中均以「司法合作」代替「民商事司法合作」。

一 「兩岸三地」經濟一體化中司法合作的基礎

（一）「兩岸三地」經濟一體化中司法合作的界定

近年來，隨着粵港澳經濟一體化進程的加快推進，經濟文化的加速合作與發展對「兩岸三地」的司法合作提出了新的要求。準確界定新形勢下「兩岸三地」司法合作的內涵是「兩岸三地」更好地開展司法合作必須要解決的首要問題。

司法合作（judicial co-operation），或稱「司法協助」（judicial assistance）、「法律協助」（legal assistance）或「司法聯繫」（judicial relation）。[1]本文傾向於採用「司法合作」的提法，因為其內涵大於司法協助，除了代為履行送達文書和調查取證職責外，還包括出於便利域外送達、域外取證的目的而採取的全部行政性和司法性活動，以及承認和執行外國法院的判決，向外國提供法律或者司法制度的情報、資料等行為，甚至還包括通過簽訂和參加共同的國際條約實現國際立法的途徑，來實現和完成司法領域的其他合作。[2]

從語詞的角度來看，合作指二人或多人共同完成某一任務；而協助則是輔助、從旁幫助的意思。合作是以一種主動的姿態積極尋求各種途徑加強雙方的合作，協助則是被動的由相關當事人申請才啟動的程序。從這個意義上講，隨着「兩岸三地」CEPA及其補充協議的進一步深化貫徹落實，「兩岸三地」應該以一種更加主動積極的態度來尋求司法上的合作，那種被動依申請而啟動的司法協助程序顯然已經不符合「兩岸三地」發展的實踐。從內容上看，「兩岸三地」的司法合作不僅包括訴訟程序中的合作，也包括訴訟活動前的司法交流。為表述方便，下文對司法協助與司法合作按同義對待，不做區分。

（二）「兩岸三地」經濟一體化中司法合作的依據

在國際層面上，國家之間進行司法合作一般通過訂立多邊條約或雙邊條約以及通過互惠關係或外交途徑實現，如1958年的《關於承認及執行外國仲裁裁決公約》、1965年的《關於民事或商事司法和司法外文件送達公約》、1970年的《民事或商事案件向外國取證公約》，我國均已加入這三個國際性的司法協助條約。截至2009年6月，中國已與63個國家簽訂107項司法協助條約。其中75項條約已生效，包括22項引渡條約、4項被判刑人移管條約和49項司法協助條約。

1　肖永平：《國際私法原理》，法律出版社，2007，第389頁。
2　參見趙相林主編《國際民商事爭議解決的理論和實踐》，中國政法大學出版社，2009，第128頁。

　　根據我國民事訴訟法律制度，我國法院可依據我國締結或者參加的國際條約，或者按照互惠原則，與外國法院相互請求代為送達文書、調查取證以及進行其他訴訟行為。如果不存在條約關係，則應通過外交途徑請求和提供司法協助。與中國既無司法協助協議又無互惠關係的外國法院，如未通過外交途徑而直接請求我國法院提供司法協助的，我國法院應予退回。

　　顯然，同一主權國家下的區際司法合作不同於上述國際司法協助，從各國的立法和司法實踐來看，區際司法合作的法律依據主要有以下四種：（1）憲法或憲法性文件，如《美國聯邦憲法》第四條規定的「充分誠信條款」，要求各州對於他州的公共法令、記錄和司法程序，給予充分誠意和信任；（2）在各法域之上制定的中央法律，如英國議會制定的《民事管轄權和判決法》同時在三個法域適用；（3）地方之間的司法協助協議，如1988年廣東省高級人民法院和香港最高法院簽訂的《關於相互委託送達民事經濟糾紛案件訴訟文書的協議》；（4）互惠關係，在各法域間不存在以上任何一種安排時予以適用。[1]

　　目前，「兩岸三地」之間開展司法合作的法律依據主要包括兩類：其一，《香港特別行政區基本法》和《澳門特別行政區基本法》等憲法性文件，兩部「基本法」規定香港、澳門可與內地司法機關通過協商依法進行司法方面的聯繫和相互提供協助；其二，1998～2007年，內地先後與香港、澳門簽訂的一系列司法合作安排，包括《內地與香港特別行政區法院相互委託送達民商事司法文書的安排》《內地與香港特別行政區相互執行仲裁裁決的安排》《內地與澳門特別行政區法院就民商事案件相互委託送達司法文書和調取證據的安排》《內地與澳門特別行政區關於相互認可和執行民商事判決的安排》《內地與香港特別行政區法院相互認可和執行當事人協議管轄的民商事案件判決的安排》《內地與澳門特別行政區相互認可和執行仲裁裁決的安排》。

1　黃進：《區際司法協助的理論實務》，武漢大學出版社，1994，第31～32頁。

（三）「兩岸三地」經濟一體化中司法合作的基本原則

在內地和港澳開展司法合作的過程中，必須堅持某些基本原則作為「兩岸三地」司法合作的指導思想，以共同維護「兩岸三地」的法律權威、司法秩序及當事人的合法權益。

第一，「一國兩制」原則。首先必須明確的是，「兩岸三地」當事人之間的民商事爭議屬於同一主權國家內部不同法域之間當事人的糾紛。雖然由於歷史發展原因，內地和港澳實行不同的法律制度，但內地和港澳都是中華人民共和國不可分割的一部分，因此在面對「兩岸三地」民商事法律衝突與合作時，應在「一國兩制」基本思想指導下，將維護國家主權放在首要位置，不能片面追求各法域司法的獨立性而損害國家的統一性和完整性。「兩岸三地」間的司法合作在本質上是一國內部不同法域之間的司法合作，與國家間的司法協助有着本質區別。

第二，平等協商原則。兩地間開展司法協助必須在平等協商的基礎上進行，當雙方有不同意見時，通過平等協商解決，這是內地與港澳特別行政區妥善解決法律衝突的重要途徑，也是「一國兩制」原則的根本要求。比如《香港特別行政區基本法》第 95 條明確規定：香港特別行政區可與全國其他地區的司法機關通過協商依法進行司法方面的聯繫和相互提供協助。這是內地與港澳開展司法合作最直接的法律依據。平等的內涵包括地位平等和權利義務對等。「兩岸三地」雖分屬不同法域，各自享有獨立的司法權和終審權，但法律地位是平等的。「兩岸三地」都有權決定各自法域內的司法事務，對於三地之間的司法合作，各方也應切實履行三方約定的義務，促進三方合法利益的共同實現。

第三，簡便高效原則。一國內部不同法域間開展司法合作，因為不存在國際司法協助中的國家主權因素，因而進行司法合作的途徑和方式應比國際司法協助更加簡便和直接，更加富有效率。[1] 在開展合作時，雙方可以

---

1 黃惠芬：《淺析內地與港澳之間的區際司法協助》，《當地港澳》2002 年第 1 期，第 6 頁。

採取更加靈活變通的方式。例如，允許通過郵寄方式在不同區域內進行司法文書和司法外文書的送達；對不需要強制執行的法域外判決，免除事先審查程序而予以當然承認；等等。

第四，互惠互利原則。互惠關係不僅是國際司法協助的一個重要依據，也是區際司法合作的依據之一。基於對等互利，雙方的合作關係才能更好地、可持續地、穩定地發展。因此「兩岸三地」應該在堅持一個中國原則下，同時互相尊重各方的現實情況，平等、對等、互惠地開展合作。

二 「兩岸三地」經濟一體化中司法合作的必要性及可行性

近年來，「兩岸三地」經貿互動越來越頻繁，粵港、粵澳「合作框架協議」的出台和 CEPA 協議的簽訂，標誌着「兩岸三地」經濟合作邁入一個全新的階段。區際民商事衝突越來越多，「兩岸三地」的區際民商事司法合作也被提到了重要的位置。

（一）「兩岸三地」區際司法合作的必要性

2003～2006 年，內地先後與香港、澳門特區政府簽署了內地與香港、澳門《關於建立更緊密經貿關係的安排》（CEPA）及其補充協議。CEPA 內容豐富、領域廣泛，涵蓋內地與港澳經貿交流的各個方面，被譽為「一國兩制」原則的成功實踐，是內地與港澳制度性合作的新路徑，是內地與港澳經貿交流與合作的重要里程碑。2008 年底國家發展和改革委員會出台了《珠江三角洲地區改革發展規劃綱要（2008～2020）》（以下簡稱《規劃綱要》），提出了「珠江三角洲地區與香港、澳門和台灣地區進一步加強經濟和社會發展領域合作的規劃」，力爭到 2020 年把珠江三角洲地區建成粵港澳三地分工合作、優勢互補、全球最具核心競爭力的大都市圈之一。為落實上述《規劃綱要》、CEPA 及其補充協議，進一步促進

粵港、粵澳更緊密合作，廣東省人民政府於 2010～2011 年先後和香港、澳門特別行政區政府簽署了《粵港合作框架協議》和《粵澳合作框架協議》。與此同時，中央決定設立珠海橫琴新區和深圳前海作為內地和港澳深化合作的先試先行區域。「兩岸三地」這一連串經貿合作的頻繁互動必然導致各種法律糾紛增多，唯有開展有效的司法合作，才能更好地維護當事人的合法利益，保持良好的法律秩序，才能促進「兩岸三地」經濟一體化的高度繁榮。

（二）「兩岸三地」區際司法合作的可行性

「一國兩制」方針是「兩岸三地」司法合作的政治基礎。在一個中國的前提下，內地與香港、澳門均屬同一主權國家內的不同法域，這是「兩岸三地」區際司法合作區別於國際司法協助的關鍵所在。以公共秩序保留制度為例，因內地與香港、澳門同屬於一個中國，「兩岸三地」的重大利益、基本政策、法律的基本原則和道德的基本觀念大抵相同，因而在區際司法協助中不應像國際司法協助那樣強調公共秩序保留的「安全閥」功能，這將極大地便利「兩岸三地」司法合作的開展。

香港、澳門特別行政區「基本法」是「兩岸三地」經濟一體化中司法合作的法律基礎，「兩岸三地」的司法合作因此有了憲法性文件的保障。據此，港澳的司法機關可以直接與內地機關開展司法合作，這將有利於引導「兩岸三地」司法合作朝着更加專業化、規範化的方向發展。

「兩岸三地」已有的司法合作經驗為其進一步發展提供了良好的實踐基礎。在中國內地各地區中，廣東省是在地緣上、文化上以及人員往來方面與香港聯繫最密切的地區，廣東法院系統審理的涉港民商事案件數量佔全國法院審理同類案件的 30%。因此在某種程度上說，香港與廣東之間的司法協助現狀可以反映香港與內地之間司法協助的原本面貌。在兩地相互代為送達民商事司法文書方面，據統計，2002～2004 年，香港高等法院委託廣東省高級人民法院代為送達民商事司法文書的情況是：成功送達 54 件，

未成功送達 34 件，未有回音的 1 件。廣東省高級人民法院委託香港特別行政區高等法院代為送達民商事司法文書的情況是：成功送達 173 件，未成功送達 377 件，未有回音的 4 件。[1] 以上這些方面的合作，為此後「兩岸三地」進一步深化司法合作打下了良好的基礎。

三 「兩岸三地」經濟一體化中
司法合作的模式選擇

（一）國外區際司法合作模式概況

第一，聯邦制國家 —— 美國模式。

作為多法域國家的典型代表，美國的區際司法合作主要體現在法院判決和仲裁裁決的相互承認和執行方面。《美國聯邦憲法》確立了開展區際司法合作的幾項基本原則，包括充分誠信原則、正當程序原則及平等公平原則等。以充分誠信原則為例，《美國聯邦憲法》第四條第一款規定：每個州對於他州的公共法律、案卷和司法程序，應給予充分信任和尊重。國會得以一般法律規定這類法律、案卷和司法程序如何證明和具有的效力。美國國會隨後通過立法規定了各州立法機關的法律、法院的案卷和司法程序的證明方式，要求經過驗證的案卷和司法程序應在美國任何法院得到同樣的信任和尊重。與此同時，美國《統一外州判決強制執行法》供各州立法機關推薦使用，各州立法機關對是否採用該法享有充分自主權。

第二，單一制國家 —— 英國模式。

在英國，由於蘇格蘭和北愛爾蘭分別實行獨立的法律制度，而威爾士和英格蘭則沿襲普通法傳統，經過幾個世紀的交流和融合，英國各法域之間的差異已經越來越小。但由於各法域的立法權和司法權相互獨立，法

1　黃惠芬：《淺析內地與港澳之間的區際司法協助》，《當地港澳》2002 年第 1 期，第 6 頁。

律傳統也各具特色。英國雖然制定了凌駕於三大法域之上的中央法律，要求各法域互相給予司法協助。但與其他國家不同的是，各法域對於是否給予其他法域司法協助享有一定的自主權。一法域可設置一個低程度審查限制：如果通過該審查限制即可給予司法協助，反之則可以拒絕。可見，英國實行的是有條件的區際民事司法協助，在統一法中規定適當的限制條件，以協調不同法域之間的利益關係。[1]

英國採用的是在統一立法或分別立法的形式下有條件的區際司法協助模式；在立法模式上或採用統一立法或採用分別立法，根據不同情況區別對待。實踐中，在英國本土與其海外屬地之間產生司法協助問題時，由英國和各海外屬地分別立法來解決；而在英格蘭、蘇格蘭、威爾士和北愛爾蘭之間發生法院判決或仲裁裁決的承認與執行問題時，則通過統一立法《民事司法管轄權與判決法》來解決。

第三，邦聯制 —— 歐盟模式。

在歐盟，由於各國政治、經濟、文化、社會高度統一，各國人民交往越來越密切，各種法律衝突也隨之增多。歐盟內部的法律衝突，由於歐盟的特殊性質，使得它既不同於一般的國際私法衝突，也區別於一般的區際私法衝突，歐盟統一國際私法立法穩定且迅速。歐盟建立之初，即十分重視成員國之間的司法協助問題，自 1958 年《羅馬條約》至 1969 年《布魯塞爾公約》，乃至 1993 年《歐盟條約》，無一不對司法協助做出了明確要求。《羅馬條約》要求各成員國為確保國民的利益，應該努力協商以簡化各成員國間有關法院或法庭的判決和仲裁裁決的相互承認和執行的程序；《布魯塞爾公約》直接定位於成員國之間法院判決的承認與執行及管轄權的協調；[2]《歐盟條約》則進一步要求各成員國在不妨礙歐共體權利的前提下，將

---

1 參見李繼《中國區際民商事司法協助法律問題研究》，博士學位論文，中國政法大學，2006，第29頁。

2 杜志華：《歐盟統一國際私法的最新發展》，《法學評論》2001 年第 6 期，第 12 頁。

民事方面的司法合作視為具有共同利益的事務進行司法和內務合作，以使歐洲公民享有一個更高水平的安全和司法環境，以實現歐盟建立內部市場的目標；隨後通過的《阿姆斯特丹條約》，使得歐盟理事會有權直接立法，將各國民事司法合作由一般的協商模式納入到共同體法的範疇。

（二）中國區際司法合作模式的選擇

20 世紀 80 年代以來，我國理論界和司法實踐部門對區際司法合作的方式提出了一系列主張，歸納下來主要有以下幾種。

第一，個案協助模式，也被稱作打遊擊模式，指港澳和內地的有關主管部門根據具體案件靈活地提供送達訴訟文書等協助的司法合作方式，這種模式沒有系統的一整套規章制度，出現一個問題就解決一個問題。這種沒有固定程式的「遊擊模式」在新中國成立以後的某個時期起過積極的作用，完成了訴訟程序上的必要手續，使訴訟過程得以完成。當然「遊擊模式」只是一種沒有辦法的辦法，顯然已經不能適應新時期發展的需要。[1] 因為這種個案協調方式過於單一，效率極其低下，不利於構建一個完整、有序的司法合作體系。

第二，准國際私法模式。這種模式是指各法域進行司法合作時，可比照各法域民事訴訟法中有關國際司法協助的規定。筆者認為這種模式不太可取。因為「兩岸三地」司法合作是同一主權國家內不同法域之間的合作，這和國與國之間夾雜主權性質的國際司法協助有着本質區別，而且比世界上其他複合法域的區際司法合作更複雜。

第三，藉助國際條約的模式。這種模式是指進行區際司法合作時，相關法域之間可依照有關國際條約的規定進行。筆者認為這種模式亦不可取，因為「兩岸三地」的區際司法合作是同一主權國家內不同法域之

1　余先予：《內地與港澳地區司法協助方式的選擇》，《法學》1990 年第 11 期，第 8 頁。

間的合作，所以不能直接藉助國際司法協助條約，而應該結合我國的實際國情，考慮「兩岸三地」的特殊情況，制定一套真正適合我國的司法合作模式。

第四，分別立法模式。該種模式下各法域對司法協助的法規的制定和實施都有很大的自主權。一法域在與其他法域產生私法衝突時，可以根據自己的規定進行私法協助，具有很大的自主性和靈活性。但是筆者不看好這種模式，因為「兩岸三地」的司法制度受不同法系的影響，受不同法律文化的熏陶，本來就存在很大的差異性，制定出來的規定難免存在差異，從而更加不利於解決因不同法律規定而產生的糾紛。

第五，國內法統一或憲法限制模式。在香港和澳門回歸後，「兩岸三地」成為同一個主權國家下的不同法域。我們可以仿照美國在憲法中規定基本區際司法合作的基本原則的方式，在中國憲法中做出補充修改，規定區際司法合作的指導性原則。在「一國兩制」的國策下，《憲法》應該發揮其根本法的作用。雖然內地、香港、澳門各自擁有獨立的司法權和終審權，但港、澳仍處於《中華人民共和國憲法》的統一管轄下，是中華人民共和國不可或缺的構成體。由於現行《憲法》在制定時，港澳尚未回歸，中國還未形成一國兩制三法系四法域的複雜局面，因此未能對我國區際司法合作問題做出制度性設計與安排。我國在以後的修憲過程中，不妨借鑒其他國家的思路，在憲法中確定各法域「充分誠信」「平等公平」「正當程序」等原則，為區際司法合作樹立基本指導原則。[1]

第六，中心機關處理模式。這種模式是指區際司法協助事務可由專門設立的中央機關來處理。同時把大陸 31 個省份（未含台灣省）劃為幾個片區，每個片區設立一個中央司法合作的聯絡機構，而沒必要在每個省區市都設置。這樣可以節省大量的人力物力，優化資源配置，爭取用最少的資源達到最好的效果。

1　王仲興、郭天武：《內地與香港刑事司法合作研究》，北京大學出版社，2008，第 239 頁。

第七，示範法模式。示範法是指由一些非官方或行業自律組織制定的任意性規範，官方可以參考這些示範法制定相關法律法規，以期統一相關方面的立法。[1]以《中華人民共和國國際私法示範法》為例，該《示範法》由中國國際私法協會組織起草，吸收了國際私法理論及實務界的不同看法，融合了國內外國際私法立法的先進經驗，為我國《涉外民事關係法律適用法》及其司法解釋的出台提供了重要的借鑒。示範法模式雖靈活自由、簡單易行，但由於缺乏強制約束力，其實效也將大打折扣。

第八，雙方協商模式。港、澳特別行政區基本法明確規定了特別行政區可與全國其他地區的司法機關通過協商依法進行司法方面的聯繫和相互提供協助。這是內地和港澳分別簽訂雙邊協議的法律依據。[2]在此基礎上，內地最高人民法院先後與港、澳特別行政區就司法文書的送達、調取證據、仲裁裁決和法院判決的認可和執行等領域簽署了相關「安排」。以上文件為「兩岸三地」司法協助的正常、順利開展發揮了重大作用。但上述「安排」的範圍畢竟十分有限，尚不能涵蓋區際司法合作的所有問題。

比較而言，筆者認為「兩岸三地」應該構建一種綜合性、多層次、多元化的區際司法合作模式。首先應在憲法層面增加區際司法合作的基本原則，作為「兩岸三地」司法合作的指導思想，可包括誠信原則、平等協商原則、互惠互利原則、簡單高效原則等內容。此外，可以在中央以及分片區及港澳設立「兩岸三地」司法合作聯絡中心，專門處理區際司法合作事宜。聯絡中心可由全國人大統一設立，具體合作方式、細節可由「兩岸三地」充分協商後確定，合作方案確定後在全國範圍內統一執行。

3　翁國民、曹慧敏：《論示範法在中國的應用》，《浙江大學學報》2006 年第 4 期，第 12 頁。

2　何智慧：《對中國區際司法協助模式的再認識》，《河北法學》2001 年第 5 期，第 5 頁。

四 「兩岸三地」經濟一體化中司法合作的新發展

（一）廣東省與港澳合作框架協議的鋪墊

為了落實《規劃綱要》《內地與香港關於建立更緊密經貿關係的安排》及其補充協議，促進粵港更緊密合作，廣東省政府和香港特別行政區政府經協商一致，於 2010 年 7 月 4 日簽訂了《粵港合作框架協議》，明確規定雙方之間開展法律事務合作：建立法律法規文本交流制度，提供投資貿易操作程序和規則指引。建立溝通機制，就涉及雙方合作項目的立法建議相互通報及諮詢；建立法律事務協調機制，成立法律問題協商與合作專家小組，處理涉及雙方合作的法律事務問題，按需要就加強雙方各領域合作提出立法建議；支持兩地法律專業服務機構開展律師諮詢業務，推動律師、公證、司法鑒定領域的交流與合作。

同時，為落實《規劃綱要》《橫琴總體發展規劃》《內地與澳門關於建立更緊密經貿關係的安排》及其補充協議，推進粵澳更緊密合作，推動廣東科學發展和澳門經濟適度多元發展，廣東省政府和澳門特別行政區政府於 2011 年 3 月 6 日簽署了《粵澳合作框架協議》，該協議明確規定了雙方之間法律事務與治安管理合作：建立粵澳法律事務協調與溝通機制，成立法律問題協商與合作專家小組，處理涉及雙方合作的法律事務；加強法律服務業交流合作，探索建立粵澳律師、公證等領域的合作機制；在內地公安機關與澳門警方交流合作機制框架下，完善打擊跨境犯罪的直接聯絡、會晤和案件協查渠道，提高打擊跨境犯罪的效率和能力；推進區域突發事件應急管理合作，完善通報及信息共享機制，實現應急平台互聯互通，提升聯合處置能力。

上述兩份「合作框架協議」皆重點涉及廣東省與港澳特別行政區之間的法律合作，其廣度和深度均遠遠超越了傳統司法協助的範圍和層次。假

如能以此為基礎，將這種合作模式推而廣之以吸納內地更多的省份參加進來，並將「合作框架協議」逐一落實到具體的法律領域，對於促進「兩岸三地」法律合作機制的最終建成具有重要的鋪墊意義。

（二）珠海橫琴新區與深圳前海司法合作的嘗試

橫琴新區為珠海市橫琴島所在區域，位於珠海市南部，毗鄰港澳。2009 年國務院批准實施《橫琴總體發展規劃》，擬逐步把橫琴建設成為「一國兩制」下探索粵港澳合作新模式的示範區。橫琴新區成為繼「上海浦東新區」和「天津濱海新區」之後在珠海設立的第三個國家級新區。根據《橫琴總體發展規劃》，橫琴新區的發展將以合作創新和服務為主題，充分發揮橫琴地處「一國兩制」交匯點和內外源經濟結合部的優勢，逐步把橫琴建設成為「兩區一平台」的粵港澳創新合作區，即「一國兩制」下探索粵港澳合作新模式的示範區、深化改革開放和科技創新的先行區、促進珠江口岸地區產業升級的新平台。

同年，澳門特區政府向中央政府提交了《關於請求中央政府同意澳門大學遷建珠海橫琴島並授權澳門特區對澳門大學新校區實行法律管轄的報告》。全國人大常委會決定自 2012 年 12 月 20 日起正式在澳大橫琴新校區實行澳門法律，廣東省高院決定在橫琴新區設立專門的涉外民商事審判庭處理內地與港澳合作中產生的民商事糾紛。澳門在內地橫琴新區的「租借」區實行澳門的法律，這是「一國兩制」施行以來的又一創舉。其實，中央政府授權特別行政區在本身行政管轄範圍之外的土地上實施管轄，人大授權已有先例。全國人大常委會曾於 2006 年通過《關於授權香港特別行政區對深圳灣港方口岸區實施管轄的決定》，授權香港特區政府在位於深圳境內的港方口岸區範圍內實行全封閉管理，在港方口岸區實施香港法律，並由香港執法人員管理。據上述《決定》，香港特區立法會隨後制定了《深圳灣口岸港方口岸區條例》，就有關管轄作出了細則性規定。

為深化與香港合作，提升粵港澳合作水平，深圳經濟特區於 2011 年通

過了《前海深港現代服務業合作區條例》，該條例明確提出：依法在前海合作區設立專門的商事審判機構，審理有關商事糾紛案件；鼓勵深港合作建立法律查明機制，為前海合作區商事活動提供境外法律的查明服務；鼓勵前海合作區引入國際商事仲裁的先進制度，鼓勵香港仲裁機構為前海合作區的企業提供商事仲裁服務，鼓勵深港民間調解組織合作，為前海合作區的企業提供商事調解服務。

　　無論是中央政府對珠海橫琴新區法律制度的特殊安排，還是地方政府對深圳前海司法合作的推動，雖然相關文件用語仍顯模糊宏觀，需要在實踐中去摸索細化，但這種嘗試極具開創性，將為學者研究內地與港澳司法合作的新模式提供全新的思路和方向。

17.「兩岸三地」經濟一體化下的民商事審判[1]

王承志

　　隨着「兩岸三地」經濟一體化進程的加快，內地與港、澳之間的民商事交流也日益頻繁和深入。與此同時，「一國兩制」導致的社會制度、法律制度和生活方式的差異，影響並阻礙着內地和港、澳之間的經濟交往與合作。在深化內地與港、澳合作的進程中，如何為解決涉港澳民商事法律衝突提供立法依據和理論支持，為「兩岸三地」經濟一體化營造良好的法治環境，成為了擺在我們面前的一個現實課題。本文擬結合廣東省司法機關在審判實踐中存在的問題，着重探討如何妥善解決內地與港澳之間民商事案件管轄權、法律適用及港澳法的查明等司法問題，以期為內地司法質量的提升及協調機制的建立提出管窺之見。

一　涉港澳民商事案件中的管轄權問題

　　「一國兩制」的成功實施和「一國四法域」格局的形成，導致了中國內地與港澳之間的區際法律衝突及區際民商事管轄權的衝突。由於各法域在審理民商事案件時均以各自程序法律來決定是否行使管轄權，而各法域在管轄權上的立法又存在差異，因而不可避免地產生了區際民商事案件管轄權的衝突。

1　原文以《深化粵港澳合作中民商事司法問題研究》為題發表於《汕頭大學法學評論》（第 3 輯）。

（一）內地有關涉港澳民商事案件管轄權規定的不足

目前，內地與港澳地區都按各自審理涉外案件所適用的程序規則，沒有制定或完善審埋區際商事案件的管轄權規則。在內地，具有涉外民商事案件管轄權的法院一般依據《中華人民共和國民事訴訟法》（以下簡稱《民事訴訟法》）及其司法解釋的有關規定行使管轄權，包括普通地域管轄、特殊地域管轄、專屬管轄、協議管轄以及推定管轄等幾個方面的內容。對於涉及港澳的區際民商事案件的管轄權問題，僅在最高人民法院公佈的兩次全國涉外商事海事審判工作會議「紀要」以及關於涉外民商事案件集中管轄的司法解釋中有所涉及，[1] 並無其他相關規定。致使各地法院在處理區際民商事訴訟案件時往往各行其是，表現出極大的不確定性，對區際民商事案件定性的模糊是導致管轄權衝突的重要原因之一。

內地有關區際民商事管轄權規定的不足主要體現為平行訴訟的不當擴大。第一次「紀要」規定，凡是中國法院享有管轄權的涉港澳經濟糾紛案件，港澳地區法院對該案的受理，並不影響當事人就同一案件在內地人民法院起訴。第二次「紀要」在肯定此做法的基礎上，進一步明確：內地法院和外國（包括外法域）法院都享有管轄權的涉外商事糾紛案件，一方當事人向外國法院起訴且被受理後又就同一爭議向我國法院提起訴訟，或者對方當事人就同一爭議向我國法院提起訴訟的，外國法院是否已經受理案件或者做出判決，不影響我國法院行使管轄權。最高人民法院在《關於適用〈中華人民共和國民事訴訟法〉若干問題的意見》中也持相同立場：對於人民法院和外國法院都有管轄權的案件，一方當事人向外國法院起訴，而另一方當事人向人民法院起訴的，人民法院可予受理。判決後，外國法院申請或者當事人請求人民法院承認和執行外國法院對本案做出的判決、

1　參見最高人民法院發佈的《全國沿海地區涉外、涉港澳經濟審判工作座談會紀要》，法（經）發〔1989〕12 號；《第二次全國涉外商事海事審判工作會議紀要》，法發〔2005〕26 號；《最高人民法院關於涉外民商事案件訴訟管轄若干問題的規定》，法釋〔2002〕5 號。

裁定的，不予准許。

此外，現行法律規定中還存在雙重標準等不良現象。例如，我國《民事訴訟法》規定，涉外合同或者涉外財產權益糾紛的當事人可以用書面協議選擇與爭議有實際聯繫的地方的法院管轄。理解「與爭議有實際聯繫」，應當綜合考察當事人住所地、登記地、主要營業地或營業地、合同簽訂地、合同履行地、標的物所在地等諸多因素。但最高人民法院民四庭在其頒佈的《涉外商事海事審判實務問題解答（一）》[1]中，對境外當事人就發生在我國境外的商事糾紛起訴到我國法院的辦理方式，採取了不同標準，即除涉及不動產物權的糾紛外，當事人書面協議選擇到我國法院進行訴訟的，我國法院就取得對該案的管轄權。如果當事人之間沒有書面協議，只要一方當事人起訴到人民法院，對方當事人應訴並就實體問題答辯的，亦視為當事人承認人民法院的管轄權。上述規定均反映出人民法院在確定涉外民商事案件管轄權時存在極大的擴張性。

在擴大平行訴訟、擴張管轄權指導思想的推動下，加之內地法律為人民法院行使管轄權規定了較為廣泛的基礎，使得一些本來應由港澳法院管轄或者由其管轄更為便利的案件，卻因當事人選擇向內地法院起訴而成為內地法院受理的案件，從而導致當事人挑選法院（forum shopping）現象的發生，既浪費訴訟資源，也不利於雙方的正常民商事交往。應該說，內地和港澳作為同一主權國家內部不同法域，雖存在一定的利益差別，但並不存在根本的利益衝突，管轄權的擴張和爭奪不再必要。隨着平行訴訟範圍的不斷擴大，一案兩審、一事兩訴等管轄權衝突的頻繁出現，甚至同一事實和法律關係不同裁判結果的產生，將嚴重影響港澳和內地之間的審判權威和雙方互信。

1　中國涉外商事海事審判網，http://www.ccmt.org.cn/news/show.php？cld=5034，2004 年 4 月 8 日。

（二）廣東省法院處理涉港澳民商事案件管轄權問題的不足

筆者根據中國涉外商事海事審判網及廣東法院網所公佈的海商事裁判文書，蒐集到廣東省高級人民法院、廣州市中級人民法院、珠海市中級人民法院、廣州海事法院公佈涉港澳裁判文書 60 餘份。通過對上述裁判文書的考察，不難發現，只要存在符合現行管轄基礎的聯結因素，如合同履行地、合同簽訂地、被告住所地或常駐代表機構在法院管轄範圍內，人民法院均會根據現行訴訟法的規定，積極主張自己的管轄權。在 AAA Strategic Investment Limited 與廣州經濟技術開發區管道燃氣有限責任公司借款合同糾紛[1]、廣州帝臣貿易有限公司訴香港卡美萊特集團有限公司買賣合同糾紛[2]、富騰有限公司訴廣州市新達裝修工程有限公司委託合同糾紛[3]、廣州市華僑房屋開發公司訴俊威投資有限公司股權轉讓合同糾紛[4]、廣州市商業銀行區莊支行與香港瑞暉有限公司借款合同糾紛[5]等案件中，廣州市中院即是依據合同履行地、合同簽訂地、被告住所地等管轄基礎行使管轄權。

一方面，這是堅持內地司法主權的體現；另一方面極易導致內地與港澳法院之間民商事案件管轄權的衝突。例如，在中國工商銀行深圳市分行與香港嘉星（集團）有限公司、嘉星投資有限公司等被告借款糾紛案[6]中，廣東省高院認為，原告與被告嘉星投資公司簽訂的《開證及 T/R 額度協定》中雖然約定合同適用澳門法律並受澳門地區法院管轄，但原告以向法院起訴的方式放棄了其在合同中的管轄權選擇，轉而選擇內地法院作為解決糾紛的管轄法院。被告投資公司不應訴不答辯，應視為對其享有的民事訴訟管轄權異議權利的放棄。廣東省高院遂根據《民事訴訟法》第二百四十三

1　〔2007〕穗中法民四初字第 20 號。

2　〔2005〕穗中法民三初字第 310 號。

3　〔2005〕穗中法民三初字第 246 號。

4　〔2004〕穗中法民三初字第 146 號。

5　〔2005〕穗中法民三初字第 443 號。

6　〔2000〕粵法經二初字第 14 號。

條的規定，對該合同爭議主張管轄權。又由於被告戚康九等為嘉星集團向原告償還做出連帶責任的保證，而該保證書中約定了不排除內地法院對保證合同糾紛行使管轄權。廣東省高院認為，在原告向法院提起訴訟的情況下，被告戚康九等不應訴不答辯，應視為對其享有的民事訴訟管轄權異議權利的放棄。而上述被告是嘉星集團向原告償還本案的借款債務做出連帶責任的保證，在本院已經對該從債務所依附的主債務糾紛行使了管轄權的情況下，本院對該爭議行使管轄權，有利於事實的查明和法律的平等適用，以及對債權人合法權益的保護。

雖然我國《民事訴訟法》規定，涉外民事訴訟的被告對人民法院管轄不提出異議，並應訴答辯的，視為承認該人民法院為有管轄權的法院。但在司法實踐中，法院往往會在明知無權管轄的情況下先行受理案件，再等被告默認管轄事由的出現，從而取得案件的管轄權。最極端的莫過於上述案例，廣東省高院竟然無視當事人以書面協議形式選擇與爭議有實際聯繫的澳門法院管轄這一客觀事實，將被告不應訴不答辯視為其放棄管轄權異議，從而攫取案件的管轄權。這種做法無論在法律上還是邏輯上均存在問題。

在此前的住友銀行（香港）有限公司與香港新華房地產有限公司、廣東發展銀行貸款合同糾紛系列案件中，最高人民法院不止一次撤銷了廣東省高院關於管轄權的裁定。[1] 最高人民法院認為，由於本案雙方當事人均係在香港注冊登記成立的法人，該融資貸款協議的簽訂地、履行地均在香港，當事人又選擇香港法作為貸款協議的准據法，從方便訴訟的原則考慮，本案由香港特別行政區法院管轄更為適宜，廣東省高院不宜受理本案。作為內地受理區際私法案件最多的省高級人民法院，其管轄權的裁定多次被最高人民法院否決，應該說比較客觀地反映出了廣東地方法院擴張甚至爭奪管轄權的不良傾向。但令人欣慰的是，最高人民法院已在多起案件中彰顯其協調區際管轄權衝突、尊重其他法域司法管轄權的堅定決心和

1　〔1999〕經終字第 194 號、〔2001〕民四終字第 18 號。

勇氣。無疑，這將直接影響內地法院處理區際民商事管轄權衝突的司法態勢，以促使管轄權衝突的積極解決。

此外，還有少數判決罔顧法律規定，恣意混淆法院行使管轄權和適用法律的基礎，譬如在梁國能訴黃細妹借款合同糾紛案[1]、香港友祥發展有限公司訴廣州市穗航實業有限公司侵權糾紛案[2]中，廣州市中院在判決書中均根據最密切聯繫原則，主張法院對案件行使管轄權。

在海事審判中，廣州海事法院僅在江蘇環球國際貨運公司深圳分公司訴海通運輸公司貨運代理合同糾紛[3]、鄭禮強訴威富物流有限公司海上貨物運輸合同貨物交付糾紛[4]等少數案件的判決書中述及管轄權問題，大多數判決書對法院行使管轄權的依據隻字不提。

二　涉港澳民商事案件中的法律適用問題

（一）內地有關區際民商事案件法律適用規定概述

在內地，對於涉港澳民商事（含海事）案件法律適用的處理採取與涉及外國相同的做法。[5] 在我國，有關涉外民商事關係的法律適用問題的規定散見於《民法通則》《繼承法》《合同法》《海商法》《票據法》等一般或特別法及其相關司法解釋之中，涉及身份能力、不動產物權、合同、侵權、婚姻、撫養、繼承、票據、海商等領域，除去相關司法解釋，法律條文累計不足 30 條。如此有限的條文卻要涵蓋如此眾多的法律部門及領域，立法

1　〔2005〕穗中法民三初字第 229 號。

2　〔2003〕穗中法民三初字第 46 號。

3　〔2004〕廣海法初字第 216 號。

4　〔2005〕廣海法初字第 267 號。

5　參見《最高人民法院〈關於審理涉港澳經濟糾紛案件若干問題的解答〉的通知》（法（經）發〔1987〕28 號）第 3 條、《關於審理涉外民事或商事合同糾紛案件法律適用若干問題的規定》（法釋〔2007〕14 號）第 11 條、《第二次全國涉外商事海事審判工作會議紀要》（法發〔2005〕26 號）第 153 條。

的「盲點」與「真空」也就可想而知了。

但值得肯定的是，我國已有的衝突規範和先進國家的衝突規範並無多大區別，只是執行情況相去甚遠而已。[1] 例如，對於涉外合同的法律適用，我國《民法通則》早在 20 年前就規定有意思自治原則和最密切聯繫原則，應該說是頗為明智的。原《涉外經濟合同法》司法解釋通過「特徵性履行方法」指出特定種類的合同所應適用的法律，並藉助例外條款的形式為法律適用設置了靈活的出口，也是難能可貴的。

以涉外合同法律適用為例，我國現行立法普遍採用合同自體法的形式，即適用當事人選擇的法律或當事人未有效選擇時與合同有最密切聯繫的法律。《民法通則》《合同法》《海商法》《民用航空法》等均採用這一模式。而且，最高人民法院在新近頒佈的《關於審理涉外民事或商事合同糾紛案件法律適用若干問題的規定》的司法解釋中，補充和完善了對當事人選擇準據法的時間、範圍和方式的規定，並對如何確定最密切聯繫地予以了明確。可以說，合同「自體法」的引入和「特徵性履行」方法的廣泛採用，在一定程度上發揮了我國衝突法立法的後發優勢。

（二）廣東省法院處理涉港澳民商事案件法律適用問題的不足

綜合考察上述廣東省高院、廣州市中院以及廣州海事法院發佈的商事、海事裁判文書，不難發現，絕大多數案件因合同糾紛而起。其中，只有少數案件當事人基於意思自治在訂立合同之時或庭審之中選擇處理合同爭議所適用的法律。例如，在前述 AAA Strategic Investment Limited 與廣州經濟技術開發區管道燃氣有限責任公司借款合同糾紛案中，借款合同約定按照香港的法律管轄和解釋，廣州市中院認為該約定是當事人意思表示一致的結果，在未經合同簽約人變更該約定的情況下，應適用香港法律

---

1   參見宋連斌《再論中國國際私法的實踐困境及出路》，《中國國際私法與比較法年刊》（第 6 卷），法律出版社，2003，第 88 頁。

處理借款合同爭議。在廣州華南安通企業有限公司訴怡和機器有限公司貨物買賣合同糾紛案中，因雙方在庭審中明確表示同意適用中國內地法律，廣州中院遂依據內地法律處理該案合同爭議。[1]

但是，在大多數案件中，雙方當事人未對處理合同爭議所適用的法律做出選擇，因而法院面臨的最大問題就是如何根據最密切聯繫原則確立准據法。可以說，對最密切聯繫地的判斷直接關係到案件的法律適用，進而影響案件的判決結果。但透過上述廣東省兩級法院的司法實踐，我們會發現許多法官運用聯結點確定最密切聯繫地的手法還比較粗糙。

在廣州帝臣貿易有限公司訴香港卡美萊特集團有限公司買賣合同糾紛、富騰有限公司訴廣州市新達裝修工程有限公司委託合同糾紛、廣州市商業銀行區莊支行與香港瑞暉有限公司借款合同糾紛、梁國能訴黃細妹借款合同糾紛、香港友祥發展有限公司訴廣州市穗航實業有限公司侵權糾紛等案件中，廣州市中院分別以涉案合同履行地、被告住所地、借款合同履行地、法律事實發生地在中國內地，或發生爭議的主體是中國內地企業為由，依據最密切聯繫原則，確定內地法律作為解決案件爭議的准據法。

為了正確審理涉外民商事合同糾紛案件、準確適用法律、糾正內地各級法院在涉外合同法律適用問題上的混亂局面，最高人民法院在 2007 年專門就涉外民商事合同糾紛案件的法律適用問題出台司法解釋，其第 5 條明確規定：人民法院根據最密切聯繫原則確定合同爭議應適用的法律時，應根據合同的特殊性質，以及某一方當事人履行的義務最能體現合同的本質特性等因素，確定與合同有最密切聯繫的國家或者地區的法律作為合同的准據法。在此宏觀要求之下，該解釋還具體列舉了 17 類合同最密切聯繫地的確定方法，廣泛涉及買賣、加工承攬、動產租賃、保險、保證、委託、拍賣、居間等諸多方面。

在司法實踐中，還存在對最密切聯繫原則的適用範圍及其與意思自治

1　〔2003〕穗中法民三初字第 117 號。

原則的關係認識不清等問題，導致判決書中出現常識性錯誤，尤其值得注意。譬如，在金利吊機重運有限公司與廣州市番禺金利市政土石方工程有限公司侵犯財產權益糾紛案[1]中，廣州市中院認為，雙方當事人未對本案適用法律做出選擇，本院依照最密切聯繫原則確定適用法律。由於原告指控兩被告的侵權行為地均在我國內地，故可認定我國內地與本案爭議事實具有最密切的聯繫，應適用我國內地法律為解決雙方當事人爭議的准據法。該判決混淆了合同案件和侵權案件法律適用的規則及規則，進而錯誤地根據最密切聯繫原則確定案件所應適用的法律。

在上文中國工商銀行深圳市分行與嘉星（集團）有限公司等被告借款糾紛案中，廣東省高院認為，由於原告宣示放棄其在合同中關於適用澳門法律處理該合同爭議的選擇，繼而選擇內地法律來處理糾紛，在被告投資公司經合法傳喚不到庭，從而構成對其依法享有的法律適用的選擇權放棄的情況下，由於該協議在我國境內簽訂，並經深圳市公證處公證，原告是中國法人，「根據最密切聯繫原則，對於原告表示選擇適用中國法律處理本案爭議的請求應予准許」。顯然，廣東省高院的判決本末倒置地混淆了意思自治原則和最密切聯繫原則之間的關係，將原告在被告缺席時單方面做出變更法律適用協議的做法看作是最密切聯繫原則的體現。

三　涉港澳民商事案件中港澳法的查明問題

人民法院在審理涉港澳民商事案件時，如果根據內地衝突規範的指引應適用港澳實體法，將會涉及如何查明港澳法關於這一特定問題的規定的問題。長期以來，由於我們對港澳地區的民商法律制度缺乏必要的了解，加之現行法律對涉外法律適用的規定不明確，因此存在涉外民商事糾紛案件適用法律難的問題。

1　〔2004〕穗中法民三初字第 222 號。

對此，最高人民法院《關於貫徹執行〈中華人民共和國民法通則〉若干問題的意見（試行）》第193條規定：「對於應當適用的外國法律，可通過下列途徑查明：（1）由當事人提供；（2）由與我國訂立司法協助協定的締約對方的中央機關提供；（3）由我國駐該國使領館提供；（4）由該國駐我國使館提供；（5）由中外法律專家提供。通過以上途徑仍不能查明的，適用中華人民共和國法律。」該條僅僅規定了外國法查明的方法，並未明確外國法查明的責任分配，由此導致在具體案件對於究竟由法官還是由當事人承擔查明外國法的責任存在不同的做法。

在涉及港澳法的查明問題上，雖然理論上存在當事人承擔查明責任、法院承擔查明責任、法院與當事人合作查明三種觀點，[1] 但法律制度的缺失及遺漏，導致了實踐中法院與當事人互相推諉、指責的混亂局面。原廣東省高院副院長李琦在《入世後全省法院民商事審判工作座談會上的講話》中特別強調當事人的證明責任，認為對外國法和港澳法的證明是當事人的責任，當事人無法證明的，應適用中國內地法律。[2] 在此思想的指導下，在廣東省涉港澳司法實踐中，法官往往並不依職權查明港澳法，而是直接要求當事人提供，當事人不能提供港澳法的內容，法官也很少通過其他途徑查明港澳法的規定。

在重慶力帆實業（集團）進出口有限公司等訴香港茂霖運通有限公司海上貨物運輸合同貨物交付糾紛案中，合議庭雖認為提單法律適用條款對法律適用的選擇合法有效，適用香港法是雙方真實的意思表示，不違反公共利益；但由於當事人並未向本院提供香港特別行政區相關法律以供查明，遂參照《關於貫徹執行〈中華人民共和國民法通則〉若干問題的意見（試

1　參見韓德培主編《國際私法》（第2版），高等教育出版社，2007，第152～153頁。

2　《迎接新挑戰，開創新局面，為入世後廣東經濟建設的先發優勢提供有力的司法保障──廣東省高級人民法院副院長李琦在入世後全省法院民商事審判工作座談會上的講話》，廣東法院網，http://www.gdcourts.gov.cn/fynj/2002/sevent/t20031230_2974.htm，2008年5月20日。

行）》第193條的規定適用內地法律。[1] 由於該條並未明確法院查明外國法時是否必須窮盡所列五種途徑，也未規定查明方法的先後順序，使得該條在審判實踐中的作用有限。法院常常為了省時省力僅僅使用其中一兩種方法，甚至根本就沒有適用其中的方法查明外國法。上述規定成為法院藉以適用內地法的託詞，嚴重背離其立法初衷。

根據筆者對上述法院所公佈裁判文書的考察分析，發現法院僅在下述兩起案件中依職權查明港澳法或外國法的規定。在 AAA Strategic Investment Limited 與廣州經濟技術開發區管道燃氣有限責任公司借款合同糾紛案中，廣州中院基於當事人的選擇適用香港法，並查明香港《時效條例》的具體規定，據此認定原告所主張的債權是否失去訴訟時效。在深圳市怡禾進出口股份有限公司訴 MSC 地中海航運有限公司運輸合同貨物交付糾紛案中，廣州海事法院依職權查明提單背面法律適用條款約定的美國法的規定，並據以做出判決。[2]

即使在少數案件中，法院決定自行查明港澳法或外國法的內容，但往往也是流於形式、敷衍塞責、消極應付，輕易宣佈無法查明港澳法或外國法的內容，最終導致適用中國法裁判案件。[3] 諸如在鄭禮強訴威富物流有限公司海上貨物運輸合同貨物交付糾紛案中，廣州海事法院認為，根據涉案提單背面條款的約定，結合本案事實，涉案提單應受英國法律調整，但原、被告雙方均未提供證據證明英國法律的相關規定，且英國係判例法國家，英國法律的相關規定難以查明，涉案提單背面條款的約定無法執行。鑑於涉案運輸的始發地、託運人的住所地均在中國境內，中國是與涉案運輸合同有最密切聯繫的國家，依照《中華人民共和國海商法》第269條的規定，在當事人的約定無法執行時，本案應當適用與本案有最密切聯繫國

1　〔2004〕廣海法初字第 10 號。

2　〔2003〕廣海法初字第 176 號。

3　參見劉來平《外國法的查明》，法律出版社，2007，第 118 頁。

家即中國的法律進行實體審理。[1]

　　在廣東省的司法實踐中，大量的涉港澳民商事案件因為當事人在訂立合同時或庭審中約定適用內地法，或者人民法院根據最密切聯繫原則指引適用內地法；還有極少數案件法院基於單邊主義立場，無視已有衝突規範，不考慮法律適用問題，而直接根據內地實體法做出裁判，如李錫棠訴李仕榮船舶所有權糾紛案。[2] 最後適用港澳法的案件所剩無幾，如果法院動輒以港澳法無法查明為由適用內地法，勢必動搖國際私法制度的基礎，既不利於粵港澳民商事交往的順利開展，也是對內地和港澳法律平等原則的傷害。

四　協調涉港澳民商事司法機制的幾點建議

（一）解決涉港澳民商事管轄權衝突的建議

1. 確立一事不再理原則與靈活運用不方便法院原則相結合

　　平行訴訟的不當擴大是導致內地與港澳之間管轄權積極衝突的主要原因。對於涉外案件中出現的訴訟競合問題，《中華人民共和國民事訴訟法》堅持各自管轄的態度；而對於內地人民法院間出現平行訴訟情形，則採取首先受訴原則，即「原告向兩個以上有管轄權的人民法院起訴的，由最先立案的人民法院管轄」。可以說，在解決區際民商事糾紛中保留這種雙軌制的做法，實無必要。因為港澳台作為中國領土的組成部分，內地與其之間的民商事管轄權衝突也僅僅只是同一主權國家內部區際私法衝突，與主權國家間通過爭奪民商事案件管轄權來擴張自己司法主權的行為有着本質的區別，在中國內部各法域之間也不存在需特別保護內地當事人權益的政策取向。因此，在解決區際管轄權衝突時，應當擯棄現階段的雙軌制做法，

1　〔2005〕廣海法初字第 267 號。

2　〔2005〕廣海法初字第 240 號。

確立一事不再理原則，採用與調整內地法院之間管轄權衝突相同的單軌制，並實行受訴在先原則。[1]

　　內地立法並未做「不方便法院」之類的規定，但在司法實踐中，最高人民法院已在多起案件中表明其支持、認可不方便法院原則的立場。尤其值得一提的是，最高人民法院在第二次「紀要」中明確要求，我國法院在審理涉外商事糾紛案件過程中，如發現案件存在不方便管轄的因素，可以根據「不方便法院原則」裁定駁回原告的起訴。其中，「不方便法院原則」的適用應符合下列條件：（1）被告提出適用「不方便法院原則」的請求，或者提出管轄異議而受訴法院認為可以考慮適用「不方便法院原則」；（2）受理案件的我國法院對案件享有管轄權；（3）當事人之間不存在選擇我國法院管轄的協議；（4）案件不屬於我國法院專屬管轄；（5）案件不涉及我國公民、法人或其他組織的利益；（6）案件爭議發生的主要事實不在我國境內且不適用我國法律，我國法院若受理案件在認定事實和適用法律方面存在重大困難；（7）外國法院對案件享有管轄權且審理該案件更加方便。[2]

　　由於「不方便法院原則」涉及司法主權和當事人訴權問題，人民法院在適用該原則時顯得尤為謹慎。在司法實踐中，若要同時滿足上述七個要件，可能性微乎其微。廣東省高院在 2004 年下發的《關於涉外商事審判若干問題的指導意見》中認為，適用「不方便法院原則」屬案件審理中的重大問題，有涉外案件管轄權的法院應當為該原則的適用設置一定的審查程序，嚴格把握這一原則的適用條件，避免該原則被濫用。[3]最高人民法院在新近發佈的《全國法院涉港澳商事審判工作座談會紀要》中也要求：人民法院受理的涉港澳商事案件，如果被告未到庭應訴，即使案件存在不方便管轄的因素，在被告未提出管轄權異議的情況下，人民法院不應依職權主

1　肖永平、王承志：《英國訴訟競合制度之判例研究》，《河南省政法管理幹部學院學報》2001 年第 4 期。

2　法發〔2005〕26 號，第 11 條。

3　粵高法發〔2004〕32 號。

動適用「不方便法院原則」放棄對案件的管轄權。[1] 我國法院慎用「不方便法院原則」的傾向由此可見一斑。

應該說，「不方便法院原則」在協調國際民商事案件管轄權衝突、防止當事人挑選法院及濫用法院選擇程序、簡化司法任務等方面起着積極的作用。在適用上設置過多限制和障礙，與該原則的精神是背道而馳的。因此，在解決我國區際民商事管轄權衝突時，配合前述「一事不再理原則」，靈活地引入「不方便法院原則」，內地法院在立案後若發現港澳台法院已經立案在先的，可以據此放棄對案件的管轄權，促進區際民商事爭議及時有效解決。[2]

2. 擴大當事人協議管轄的適用範圍，充分尊重當事人意思自治

當事人合意管轄可以改變各法域的平行管轄，它是能有效地避免管轄權衝突的方法。從實踐來看，內地和港澳台當事人在區際民商事活動中約定管轄法院的並不少，但是該約定最終被受理案件的法院所尊重的卻很少。原因之一就是，許多管轄權條款都約定被選擇法院享有非排他性管轄權或沒有明確是否為排他性管轄，因此沒有排除其他法院根據自身的民事訴訟法的規定行使管轄權。由於法院行使管轄權不受非排他性管轄條款的限制，所以當事人的約定管轄條款通常形同虛設。

2001 年 10 月 29 日，最高人民法院萬鄂湘副院長在全國涉外商事海事審判工作會議上指出：內地法院在涉外審判過程中，應該充分尊重當事人對爭議解決方式的選擇。當事人協議選擇其他法域法院管轄的，只要其約定不違反內地法律關於管轄的規定，人民法院就應當尊重當事人的意願，認定協議有效。當事人協議選擇內地法院管轄的，如果協議違反內地法律關於專屬管轄的，其協議無效。如果協議僅違反內地法律關於級別管轄或專門管轄的規定，則不要輕易認定無效，而應當通過移送或者指定管轄的

1　法發〔2008〕8 號，第 7 條。

2　參見王承志《我國區際民商事管轄權的衝突及協調》，《暨南學報》2008 年第 4 期，第 54 頁。

方法予以變通處理。[1]

為了體現對當事人意思自治的充分尊重，在協調內地和港澳台區際管轄權衝突時應當擴大當事人協議管轄的適用範圍，在當事人沒有明確約定選擇法院是排他性管轄還是非排他性管轄時，應當允許法院推定為隱含的排他性管轄，並儘可能使當事人的約定發揮實效。在這一點上，可以借鑒海牙國際私法會議新近通過的《選擇法院協議公約》的有關規定，即除非當事人明確地做出相反表示，其選擇法院的協議都被視為排他的。[2] 除此之外，內地法院在慎重對待違反級別管轄或專門管轄約定的同時，還應適當控制專屬管轄的範圍，以使其與港澳台的司法實踐相協調。

（二）解決涉港澳民商事案件法律適用問題的建議

為指導各級法院正確適用法律，提高涉外審判質量，最高人民法院於2003 年 7 月發佈了《關於我國法院審理涉外商事案件適用法律情況的通報》。[3] 該通報指出，不少法院對法律適用問題意識不強，有的裁判文書甚至沒有對法律適用問題進行任何分析和論述。最高人民法院意識到，要搞好涉外民商事審判工作，就必須提高法律適用方面的意識。正確適用法律是公正裁判的基礎，法院應當在涉外民商事案件裁判文書的論理部分首先對該案應適用的法律做出分析和判斷，並具體闡明理由。上述《通報》甚至將能否正確運用衝突法、能否正確適用法律提高到法院是否公正司法的高度，顯示出我國最高司法層對審判實踐中加強對法律適用問題分析的關注與重視。

在肯定我國法院以立法衝突規範為標準進行法律選擇的同時，仍應清

---

1 參見萬鄂湘主編《中國涉外商事海事審判指導與研究》（2002 年第 1 卷），人民法院出版社，2002，第 51～52 頁。

2 參見《選擇法院協議公約》第 1 章。

3 法〔2003〕121 號。

醒地看待其中存在的問題，主要表現為法院對最密切聯繫原則的錯誤理解及運用。通過對廣東省法院判決的考察，不難發現一個現象，即法院在經過「最密切聯繫」分析之後，無一例外地指向法院地法，即內地法。這種以法院地法為中心的做法有別於那種完全無視法律適用程序而直接適用法院地實體法的單邊主義模式，它是法院打着「分析法律適用問題」幌子適用本地法的一種狹隘雙邊主義模式。如不加以規範，則極易走向將涉外案件當作純國內案件審理、放棄法律適用分析的極端。因此，如何正確引導法院擺脫法院地法的束縛，對於我國衝突法實踐早日擺脫困境、走上法律選擇理性化的道路具有重要意義。

從理論上講，以最密切聯繫原則作為法律選擇的基本原則反映了衝突法的本質，它融合了傳統與現代衝突法對衝突正義和實體正義不同層次的追求。尤其是在中國的制定法傳統下，最密切聯繫原則既可以彰顯現代法律選擇方法對靈活性及個案公正的需要，也可以滿足傳統法律選擇方法對確定性和一致性的渴求。具體而言：運用最密切聯繫原則確定准據法不僅要把「政府利益」（包括國家政策和地方利益）作為考慮因素，而且要把准據法選擇的準確性和方便性等考慮進去。同時，運用最密切聯繫原則確定准據法不但改變了傳統衝突法聯結因素的單一性，而且使得與案件相關的各方面因素，包括法律選擇的原則和案件的具體情況都能得到考慮，避免了一葉障目，加強了案件處理的科學性。

而且，最密切聯繫原則的應用，淡化了傳統衝突法所特有的反致、轉致、公共秩序保留、法律規避、外國法的查明等制度，從這個意義上說，它可以提高法律適用的確定性。另外，如能正確把握最密切聯繫原則，還可以避免因傳統衝突法的呆板、機械而導致的結果不公。但最密切聯繫原則猶如一把雙刃劍，對於其與生俱來的靈活性如果運用不當，就可能導致法官「自由裁量權」的濫用，助長法院地法擴大適用的傾向，從而使法律適用流於隨意。

對於准據法的確定，理性的選擇應該是建立在對聯結點的綜合考量基

礎之上，只有經過嚴謹的邏輯推導，通過對聯結點「質」與「量」的考察，才能找到與案情相吻合的准據法。如果法院能在聯結點的「質」與「量」的平衡中自然得出本案與中國有最密切聯繫，這樣的判決才是符合要求的判決。

（三）港澳法查明中的幾點建議

正如有學者指出，在我國現行法律體制下，僅僅以司法解釋規定外國法的查明不夠妥當，對外國法查明方法的規定亦存在局限性。[1]如何在現有法律框架下，廓清法院與當事人之間的權責、公平合理解決港澳法的適用問題，成為了人民法院無法迴避的重要問題。

根據廣東省高院《關於涉外商事審判若干問題的指導意見》，在審判實踐中，港澳法等域外法一般被作為特殊的事實看待，由當事人負責提供。若當事人拒絕或者未能提供域外法，法院可以認定域外法「不能查明」。在下列情形下，法院應依職權查明域外法：（1）涉案爭議的准據法是我國締結或參加的某一國際條約或經某一國際組織整理總結的國際慣例；（2）當事人不能證明或不能完全證明相關的域外法，若法院因此認定域外法不能查明而適用我國法律，可能會產生嚴重不公平的結果；（3）法官確信通過某種簡便的方式，或利用自己的學識或掌握的法律資料，能夠查明有關域外法。在上述三種情形下，若法院雖盡勤勉義務仍不能取得有關域外法的，可以認定域外法「不能查明」，但是，在案件適用我國締結或參加的國際條約或某一國際組織整理總結的國際慣例的情形下，法院不能以沒有獲取相關條約或慣例為由認定其「不能查明」。

在所查明的域外法不明確、不充分，或者雙方當事人提供的法律資料相互矛盾，或者依據的法律為判例，或者在其他域外法難以直接適用的情

1　劉來平：《外國法的查明》，法律出版社，2007，第 209～212 頁。

形下，法院不應簡單地認定域外法「不能查明」，而應當採取適當的方法或程序進一步確定域外法的內容或者進一步認定所查明的法律能否適用於涉案爭議。法院只有在採取適當的方法或程序後仍不能確定域外法的內容或該域外法仍不能適用於涉案爭議時，才可以認定該域外法「不能查明」，而適用內地法律解決涉案爭議。

應該說，廣東省高院的上述意見，試圖在當事人與法院的查明責任之間進行平衡：它一方面借鑒英美法中將域外法當作「特殊事實」來看待的做法，給當事人課以查明域外法的主要義務；另一方面，又比照大陸法系國家將域外法視為「法律」的立場，要求法院在查明域外法過程中發揮積極作用，並賦予法官查明域外法的自由裁量權，以保障在某些情況下法律公平原則的實現。

內地與香港、澳門作為一個主權國家之下的不同法域，隨着三地之間交往的日益密切，彼此對對方法律的了解亦應日漸加深，港澳法的查明比主權國家之間外國法的查明更為便捷通暢。而且，通過官方途徑（即通過法院）比通過民間途徑（即通過當事人）更易查明或證明域外法。[1] 因此，在內地與港澳之間域外法的查明問題上，應堅持以法官依職權查明為主、當事人協助提供為輔的原則。

與此同時，我們也應當認識到，港澳法是一種不同於內地法的「特殊法律」，在查的程序上應具有特殊性，既不能完全採用證明客觀事實的程序也不能完全採用查明內地法的程序。在內地法官對港澳法不了解的情況下，法官可以要求當事人協助提供證據證明域外法的內容，以合理利用訴訟資源，減少精力耗費，節省不必要的開支。因此，法官應充分利用當事人的這種便利條件，在自己對域外法不熟悉的情況下，要求當事人協助提供證明，以便快速及時地查明域外法的內容。在法官提出要求的情況下，當事人負有提供域外法律的義務，如果當事人沒有正當理由拒絕提供的，

1　謝瑩：《內地與香港民商事法律衝突的法律適用問題》，《中國律師》1998 年第 4 期。

應承擔不提供的法律後果。只有這樣，才能發揮法官和雙方當事人的積極性，保證迅速準確查明港澳法的內容，從而正確適用法律裁判案件。這也是內地實行「法官職權主義」模式與英美法系實行「當事人主義」體現在域外法查明制度上的最大區別。

總之，在運用司法手段解決內地與港、澳之間民商事糾紛過程中內地法院將會面臨管轄權的協調、法律適用的衝突及如何查明港、澳法等諸多現實問題。它不僅涉及不同法域之間法律理念、法律文化的碰撞與摩擦，又關乎法律框架、法律制度衝突與協調。探索內地和港、澳之間民商事司法協調機制，不僅對解決我國區際民商事法律糾紛具有重大的現實意義，而且對內地與港、澳之間開展區際司法協助，進一步深化內地與港、澳之間的合作具有積極的戰略意義。

18.《粵港合作框架協議》的性質、效力分析及立法建議[1]

朱穎俐　慕子怡　慕亞平

　　《粵港合作框架協議》（以下簡稱《框架協議》）是我國內地省份與香港特別行政區之間簽署的首份綜合性合作協議。[2] 在《框架協議》的序言中，明確指出此協議是「為落實《珠江三角洲地區改革發展規劃綱要（2008—2020年）》（以下簡稱《規劃綱要》）和《內地與香港關於建立更緊密經貿關係的安排》（以下簡稱 CEPA 協議）及其補充協議，促進粵港更緊密合作」，由廣東省人民政府和香港特別行政區政府協商一致制定的。可見，《框架協議》是以《規劃綱要》和 CEPA 協議為訂立基礎的。然而，根據我國《憲法》和《立法法》的相關規定來分析，《規劃綱要》難以成為《立法法》所確定的法律淵源，CEPA 協議在國內法上的效力也不甚明確，從而使得明確確定《框架協議》的法律性質、定位及其效力受到影響。為促進《框架協議》目標的順利實現，有必要從法理上分析重新界定《規劃綱要》和 CEPA 協議的性質，進而明確《框架協議》的性質與效力，[3] 並針對在這一問題上現行法的缺失提出相應的立法建議。

1　本文發表於《學術研究》2011 年第 6 期。

2　《黃華華、曾蔭權召開記者會解讀〈粵港合作框架協議〉》，新民網，http://news.xinmin.cn/rollnews/2010/04/07/4335222.html。

3　本文所研究的《框架協議》性質及效力主要是基於中國內地法律的相關規定，特指《框架協議》在內地法上的性質與效力，不包括該協議在香港法上的性質。

一 《規劃綱要》性質與效力的法理分析

首先，《規劃綱要》不屬於行政法規和部門規章等法律文件。

《規劃綱要》是國家發展和改革委員會（以下簡稱國家發改委）針對當前國內外經濟形勢發生深刻變化、珠江三角洲地區正處在經濟結構轉型和發展方式轉變關鍵時期的特定歷史條件，從國家戰略全局和長遠發展出發，為促進珠江三角洲地區增創新優勢，進一步發揮對全國的輻射帶動作用和先行示範作用，特別為該地區制定的改革發展規劃綱要。《規劃綱要》前言明確指出：「該規劃綱要的規劃範圍是，以廣東省的廣州、深圳、珠海、佛山、江門、東莞、中山、惠州和肇慶市為主體，輻射泛珠江三角洲區域，並將與港澳緊密合作的相關內容納入規劃。本規劃綱要是指導珠江三角洲地區當前和今後一個時期改革發展的行動綱領和編制相關專項規劃的依據。」顯然，國家發改委是將《規劃綱要》作為國家指導珠江三角洲地區在 2008～2020 年這一特定時期的改革發展工作的重要文件。

然而，依據《立法法》第 2 條[1]的規定，我國目前的法律形式主要包括法律、行政法規、地方性法規、自治條例和單行條例，以及國務院部門規章和地方政府規章。依據該法第 56 條、第 71 條和第 73 條的規定，我國的行政法律規範是指國務院根據憲法和法律制定的行政法規；國務院各部、委員會、中國人民銀行、審計署和具有行政管理職能的直屬機構，根據法律和國務院的行政法規、決定、命令，在本部門的權限範圍內制定的規章；以及省、自治區、直轄市和較大的市的人民政府，根據法律、行政法規和本省、自治區、直轄市的地方性法規制定的規章。此外，根據《立法法》第 71 條的規定，除法律和國務院的行政法規外，國務院各部委及直屬機構制定行政規章的依據還包括國務院的決定和命令，國務院的決定和命

1　《中華人民共和國立法法》第 2 條規定：「法律、行政法規、地方性法規、自治條例和單行條例的制定、修改和廢止，適用本法。國務院部門規章和地方政府規章的制定、修改和廢止，依照本法的有關規定執行。」

令這兩種不屬於《立法法》第 2 條規定的法律形式的規範性文件,由此也成為具有法律效力的行政規範性文件。顯然,我國有權制定和發佈行政法規、規章的國家行政機關並不多。此外,由於《立法法》對行政法規和規章在內容和制定、發佈程序上有着嚴格的規定,在不符合法律規定的情況下,即使是有立法權的行政機關發佈的文件也不屬於行政法規或規章,《規劃綱要》就是其中較為典型的範例之一。

按照《立法法》的規定,行政法規只能由國務院制定發佈,《規劃綱要》的制定機關是國家發改委,該文件顯然不可能是行政法規。儘管依據《立法法》國家發改委有權制定部門規章,但國家發改委制定發佈的文件並不都是部門規章,要成為部門規章這一行政法律規範,該文件在內容和制定、發佈程序上必須符合《立法法》的相關規定。《立法法》第 6 條規定了立法文件應具備的基本內容:「立法應當從實際出發,科學合理地規定公民、法人和其他組織的權利與義務、國家機關的權力與責任。」但《規劃綱要》在內容上既沒有為公民、法人或其他組織設定權利與義務,也沒有為國家機關設定權力與責任,完全不具備立法文件在內容方面的基本條件。根據《立法法》第 76 條規定:「部門規章由部門首長簽署命令予以公佈。」而《規劃綱要》是以國家發改委的名義直接發佈的,完全不符合部門規章發佈程序的基本要求。可見,按照《立法法》的相關規定,《規劃綱要》無論從內容方面還是從發佈程序方面來看,都不具備部門規章的基本要件。從法理上說,《規劃綱要》在性質上既不屬於行政法規,也不屬於部門規章。

其次,《規劃綱要》屬於行政指導性文件,不應具有法律強制力。

儘管《立法法》對行政立法做出了嚴格限制,但為了確保法律、行政法規和規章的實施,包括國務院在內的具有行政立法權的各級人民政府及其職能部門,以及那些不具備行政立法權的各級人民政府及其職能部門,都制定了大量的行政措施等行政管理文件,這些文件雖不屬於行政法律文件,但在制定機關的管轄範圍內被普遍適用,是我國各級行政機關依據《憲法》和《地方各級人民代表大會和地方各級人民政府組織法》(以下簡

稱《地方組織法》)[1] 進行行政管理的重要工具。由於《憲法》和《立法法》
對此類行政管理文件沒有做出相應規定，我國行政法學界通常將之稱為其
他規範性文件，包括除行政法規、規章以外的，由行政機關在法定權限範
圍內製作的所有具有普遍約束力的書面文件。[2] 所謂其他規範性文件，是指
此類文件相對於規範性法律文件而言，不具有法律上的約束力，其典型特
徵在於制定該文件的機關不具有立法權或有立法權的機關沒有按照法定程
序制定該文件。實踐中往往將此類行政管理文件簡稱為行政規範性文件或
規範性文件。[3]

　　按不同標準可以將行政規範性文件劃分為不同類型。以行政規範性
文件的法律效果為標準，可以將它分為四種類型：行政創制性文件、行政
解釋性文件、行政指導性文件和行政告知性文件。[4] 其中，行政指導性文件
是指行政主體對不特定的多數相對人實施行政指導時所形成的書面文件，
也是一種規範性文件。[5] 在我國，行政指導是指行政主體基於國家的法律、
政策的規定而做出的，旨在引導行政相對人自願採取一定的作為或者不作
為，以實現行政管理目的的一種非職權行為，對行政相對人沒有強制力。[6]
行政相對人可以是公民、法人或其他組織，也可以是包括國家行政機關在

1　《憲法》第 89 條第 1 項規定：國務院可以規定行政措施，並發佈決定和命令；第 90 條第 2 款規
　　定：各部委可以發佈命令、指示。《地方各級人民代表大會和地方各級人民政府組織法》第 59 條第
　　1 項規定：縣級以上地方各級人民政府可以規定行政措施、發佈決定和命令；第 61 條第 1 項規定：
　　鄉鎮人民政府可以發佈決定和命令。

2　羅豪才：《行政法學》，北京大學出版社，2001，第 112 頁；張正釗：《行政法與行政訴訟法》，中
　　國人民大學出版社，2004，第 124 頁。

3　在姜明安主編的《行政法與行政訴訟法》（北京大學出版社、高等教育出版社，1999，第 171～
　　174 頁）中，將其他規範性文件簡稱為行政規範性文件；葉必豐、周佑勇：《行政規範研究》（法律
　　出版社，2002，第 33～34 頁），明確指出「行政規範，即行政機關制定的除行政法規和規章以外
　　的規範性文件」；在一些研究其他規範性文件的學術論文中，往往將其他規範性文件簡稱為規範性
　　文件，如葉必豐、劉道筠：《規範性文件的種類》，《行政法學研究》2000 年第 2 期；林慶偉、沈
　　少陽：《規範性文件的法律效力問題研究》，《行政法學研究》2004 年第 3 期等。

4　葉必豐、劉道筠：《規範性文件的種類》，《行政法學研究》2000 年第 2 期，第 44 頁。

5　〔日〕鹽野宏：《行政法》，楊建順譯，法律出版社，1999，第 47～48 頁。

6　姜明安：《行政法與行政訴訟法》，北京大學出版社、高等教育出版社，1999，第 247、251 頁。

內的國家機關。[1] 在日本，著名行政法學家鹽野宏把這種行政指導性文件稱為指導綱要。「指導綱要可以在地方公共團體層次看到實例，從概念上說，國家行政機關制定的指導綱要，也是能夠成立的。」「現實中的行政指導實際上是按照綱要實施的。」[2]

《規劃綱要》是國家發改委基於國家戰略全局和長遠發展的目標，對珠江三角洲地區的改革發展實施行政指導所制定的規範性文件，旨在引導納入規劃範圍的珠江三角洲地區各市政府自願採取積極有效的改革措施，努力將珠江三角洲地區發展成為粵港澳三地分工合作、優勢互補的全球最具核心競爭力的大都市圈之一。該文件詳細規劃了珠江三角洲地區在 2008～2020 年期間的具體發展方向，但沒有規定各地政府機關不服從其行政指導時的行政處罰措施，是典型的行政指導性文件，不應產生法律上的強制力。

二 CEPA 協議性質與效力的法理分析 [3]

首先，在國際法上，CEPA 協議是我國一國主權下的不同單獨關稅區之間訂立的經貿合作協定，具有國際法上的約束力，但不屬於國際條約。

內地與香港締結 CEPA 協議是兩地政府在「一國兩制」方針下在世界貿易組織（簡稱世貿組織，或 WTO）框架內為建立更緊密經貿關係做出的特殊安排，無論在世貿組織還是在中國國內，這一合作形式都是一種創新。由於世貿組織的成員資格實質上是以關稅區而不是以主權國家為適格條件，香港和澳門早在 1995 年就以單獨關稅區的身份成為世貿組織的創始成

---

1 羅豪才：《行政法學》，北京大學出版社，2001，第 44 頁。
2 〔日〕鹽野宏：《行政法》，楊建順譯，法律出版社，1999，第 77～78 頁。
3 本文所研究的 CEPA 協議特指《內地與香港關於建立更緊密經貿關係的安排》，對 CEPA 協議性質與效力的法理分析主要是基於中國內地法律的相關規定，分析其在內地法上的性質與效力，不包括該文件在香港法上的性質與效力。

員方。[1] 在 CEPA 中，「內地係指中華人民共和國的全部關稅領土」。[2] 所謂「中華人民共和國的全部關稅領土」是指除香港特別行政區關稅領土（即「中國香港」）、澳門特別行政區關稅領土（即「中國澳門」）及台灣、澎湖、金門、馬祖單獨關稅區（簡稱「中國台北」）以外的中國大陸地區全部關稅領土。因此，CEPA 實際上是世貿組織的兩個正式成員之間的經貿合作，CEPA 關於貿易自由化方面的規定必須符合世貿組織法的相關規定，世貿組織的其他成員方也負有基於世貿組織規則尊重 CEPA 的義務，因此 CEPA 也就具有了國際法上的拘束力。[3] 但因國際條約必須是由不同主權國家之間、隸屬於不同主權國家的非主權實體之間或一主權國家與另一主權國家的非主權實體之間締結的協定，香港作為中國的非主權實體，它與外國之間或與外國非主權實體之間締結的協定屬於國際條約，而它與中國國家主體之間或中國其他非主權實體之間締結的協定則不屬於國際條約，而是一國國內的區際協定。[4] 需要強調的是，CEPA 的性質不同於香港與內地簽訂的一般的區際協議，並不類似於國際私法中的國內「區際」，這裏是在 WTO 框架內的「單獨關稅區」的區際，更多是適用 WTO 的協議規則，因此，不能簡單用國內法的思維來定位和解釋 CEPA 的性質。[5] 換言之，CEPA 是我國不同關稅區之間訂立的經貿合作協定，其中與貿易相關的約定需遵守 WTO 規則，具有國際法上的約束力，但它不屬於國際條約，也有別於傳統意義上僅僅基於不同法域所形成的國內區際協議。

其次，從現行國內法來看，商務部代表內地與香港特別行政區締結

1　根據 1947 年《關稅和貿易總協定》（GATT1947）第 26、32、33 條規定，任何實體，不論是否主權國家，只要構成一個關稅區，均可按一定程序成為 GATT 的締約方。《建立世界貿易組織協定》沿襲了 GATT1947 有關成員資格的規定。

2　《內地與香港關於建立更緊密經貿關係的安排》，2003 年 6 月 29 日。

3　韋經建、王小林：《論 CEPA 的性質、效力及其爭議解決模式》，《當代法學》2004 年第 5 期，第123 頁。

4　曾華群：《論內地與香港 CEPA 之性質》，《廈門大學學報》（哲學社會科學版）2004 年第 6 期，第31 頁。

5　慕亞平、代中現、慕子怡：《CEPA 協議及其實施中的法律問題研究》，法律出版社，2009，第 56 頁。

CEPA 協議的行為面臨良性違憲的尷尬，致使 CEPA 協議的效力被質疑。

　　CEPA 協議是商務部代表內地與香港特別行政區有關經貿主管機構簽訂的經貿合作協定，從形式上看，其締約主體分別是內地和香港特別行政區的經貿事務行政主管機構，因此，CEPA 協議是內地政府與香港政府之間締結的經貿合作協定。由於目前我國國內法上沒有關於內地與特別行政區締結政府間合作協定的相關規定，使得 CEPA 協議在現階段難以成為內地法上的法律淵源。

　　從商務部代表內地與香港特別行政區簽署 CEPA 協議的法律依據來看，CEPA 協議在國內法上的效力被人質疑。商務部代表內地簽約的依據是國務院辦公廳下發的《商務部主要職責內設機構和人員編制規定》第 2 條第 12 項的規定。根據《規定》，商務部負責擬訂並執行對香港、澳門特別行政區和台灣地區的經貿政策、貿易中長期規劃；與香港、澳門特別行政區有關的經貿主管機構和台灣授權的民間組織進行經貿談判並簽署有關文件；負責內地與香港、澳門特別行政區商貿聯絡機制工作；組織實施對台直接通商工作，處理多邊、雙邊經貿領域的涉台問題。[1] 然而，依據《憲法》第八十九條第三項的規定，各部和各委員會的任務和職責應由國務院規定。從性質上說，國務院辦公廳只是協助國務院領導同志處理國務院日常工作的機構，其作用主要是充當國務院領導的參謀助手和國務院的運轉樞紐。[2] 作為協助國務院領導同志處理國務院日常工作的機構，國務院辦公廳當然不能以自己的名義代替國務院行使國務院的相關職權。因此，國務院辦公廳以自己的名義下文規定商務部職責的做法明顯違反了《憲法》第八十九條第三項的具體規定。此外，由於國務院辦公廳規定各部委職責的行為缺乏法律依據，即使其發佈的文件已經國務院批准，但因其不具備發佈此類文件的主體資格，該行為自始至終都不具備法律效力，從法理上分析，國

1　國辦發〔2003〕29 號：《國務院辦公廳關於印發商務部主要職責內設機構和人員編制規定的通知》，2003 年 4 月 25 日。

2　國辦發〔1998〕31 號：《國務院辦公廳關於印發國務院辦公廳職能配置內設機構和人員編制規定的通知》，1998 年 6 月 6 日。

務院各部委目前並沒有法律規定的職責，各部委依照國務院辦公廳規定的職責範圍從事的履職行為在客觀上都會因缺乏法律依據而面臨良性違憲的尷尬。[1] 顯然，商務部副部長依國務院辦公廳規定的商務部職責代表內地與香港特別行政區有關經貿主管機構（即香港特別行政區財政司）負責人簽署經貿合作文件 —— CEPA 協議的行為已經面臨良性違憲的尷尬，CEPA 協議在國內法上的效力也因此受到了質疑。

三 《框架協議》性質與效力的法理分析

首先，《框架協議》是政府間的合作協定，既不同於內地各省之間締結的政府間合作協定，也不同於 CEPA 建立的一國之內不同單獨關稅區之間締結的政府合作協定。

改革開放以來，中央政府向地方政府進行的放權讓利的「行政性分權」改革，逐漸使地方政府成為地方利益的主體，這一變革不僅使中央與地方這一縱向的政府間關係發生了變化，而且使在傳統體制下被阻隔的政府間橫向聯繫變得日益密切。[2] 政府間合作協定正是在地方政府間的橫向合作過程中產生的。1992 年建立的長江三角洲 15 個城市的協作部門主任聯席會議是我國第一個區域合作協調機構，為推動和加強長江三角洲地區經濟聯合與協作，1997 年經 15 個城市協商一致，該組織升格為長江三角洲城市經濟協調會，通過了《長江三角洲城市經濟協調會章程》，[3] 在我國開創了以政府間合作協定加強地方政府間合作的先例。此後，我國內地各地方政府之

1　這一問題普遍存在於國務院各部委職責的確定依據中，國家發改委也不例外。但因《規劃綱要》本身並不屬於法律文件，國家發改委制定《規劃綱要》的行為依據問題對《規劃綱要》的性質與效力影響不大，因此，上文在分析《規劃綱要》的性質與效力時沒有提及國家發改委的職責及其確定依據存在的問題。

2　陳瑞蓮、張緊跟：《試論我國區域行政研究》，《廣州大學學報》（哲學社會科學版）2002 年第 4 期，第 1 頁。

3　《長三角城市經濟協調會第七次會議開幕》，江蘇商務之窗網，http://jiangsu.mofcom.gov.cn/aarticle/sjdixiansw/200611/20061103842314.html，2006 年 11 月 24 日。

間開始採用各種形式進行區域合作，出現了多種形式的政府間合作，如高層領導聯席會議、城市政府聯合體、區域內經濟貿易協調會、跨經濟區的地方政府聯合等，[1] 其中既有同級地方政府之間的省際或市際合作，也有不同級別地方政府之間的合作，最為典型的是長江三角洲城市經濟協調會[2]，其成員既有省級直轄市如上海，也有省會城市如南京、杭州等，還有地級市如蘇州、寧波等；既有雙邊合作，也有多邊合作。廣東省人民政府與香港特別行政區政府建立的粵港合作聯席會議制度是一種雙邊不同級別地方政府間的合作形式。該合作機制建立於 1998 年，是內地省級政府與香港特別行政區政府之間建立的第一個高層次、經常性的協調組織機構。此次粵港兩地政府締結的《框架協議》是兩地政府為落實 CEPA 協議，在粵港合作聯席會議制度基礎上進一步加強粵港深度合作所締結的協議，其法律性質與此前內地各省之間締結的政府間合作協議有所不同。由於香港是單獨關稅區，也是一國兩制下的特別行政區，粵港之間的合作協議既不同於內地各省之間締結的同一法域內省級地方政府之間的合作協議，也不同於美國等聯邦制國家內同一級別不同法域地方政府之間締結的區際政府間合作協定，是一國之內不同級別、不同法域的地方政府之間締結的區際政府合作協定。從締結協議的主體來看，《框架協議》已不屬於國內行政法調整的範疇。在適用法律方面，廣東省作為內地的一個省份，其與香港特別行政區締結的《框架協議》既不能違反內地的相關法律，也不能違反香港的相關規定，其中與貿易相關的內容還不能違反 WTO 的相關規則，而內地各省之間締結的省際合作協議是單純的國內行政法主體之間締結的行政協議，在

1　張孝文：《論區域經濟發展中的地方府際關係及其治理》，碩士學位論文，上海師範大學，2004，第 25～27 頁。

2　2010 年 3 月 26 日，「長江三角洲城市經濟協調會」第十次會議內部會議審議通過了《關於修改長江三角洲城市經濟協調會章程的提案》，《提案》內容除了同意新增 6 個城市會員外，還包括大會正式更名為「長江三角洲城市經濟協調會市長聯席會議」。目前的成員包括上海、無錫、寧波、舟山、蘇州、揚州、杭州、紹興、南京、南通、泰州、常州、湖州、嘉興、鎮江、台州、合肥、鹽城、馬鞍山、金華、淮安、衢州等 22 個成員城市。

法律適用方面，只要不違反內地的相關法律就可以了。

需要特別說明的是，《框架協議》與 CEPA 協議在性質上雖然都是國內不同法域、不同級別政府之間締結的區際政府合作協定，協議中與貿易相關的內容都受世貿組織相關規則的約束，但二者有着根本的區別。如前文所述，CEPA 協議在性質上屬於區際政府合作協定的主要原因是香港與內地屬於同一個主權國家之內的不同法域，但由於香港與內地都是世貿組織的成員，在世貿組織中具有完全平等的地位，該協議中與貿易相關的內容必須遵守世貿組織的相關規定，因此，CEPA 協議是在世貿組織框架內的同一主權國家不同關稅區之間形成的區際政府合作協定，在法律適用方面也更多地考慮世貿組織的相關規則，從而令這一合作形式與傳統上的僅僅基於不同法域所形成的區際政府合作協定有着很大的不同。《框架協議》是廣東省與香港特別行政區簽訂的經濟合作協議，由於內地與香港同是世貿組織成員，而廣東是內地的組成部分，世貿組織規則由此具有了對《框架協議》中與貿易相關的內容的法律約束力，但廣東省作為《框架協議》的締約主體，其本身並不具有世貿組織的成員資格，這是《框架協議》與 CEPA 協議在締約主體身份方面存在的根本區別。更為重要的是，CEPA 協議是《框架協議》訂立的前提和基礎，《框架協議》是粵港兩地為落實 CEPA 協議、促進兩地更緊密合作而簽訂的經濟合作協議，二者地位不可混同。

其次，《框架協議》因法律依據的欠缺，妨礙了其法律效力的產生。

《框架協議》是廣東省人民政府和香港特別行政區政府為落實《規劃綱要》和 CEPA 協議，促進粵港更緊密合作而制定的綜合性合作協議。[1]《規劃綱要》和 CEPA 協議是《框架協議》訂立的基礎，而根據內地現行法律這兩份文件都不具有法律效力，因而不能成為《框架協議》訂立的法律依據。加之，粵港兩地政府訂立《框架協議》的行為本身並沒有法律的明確授權，從而使該文件很難成為國內法淵源。

1　《粵港合作框架協議》，2010 年 4 月 7 日。

　　《憲法》第八十九條第四項規定：「中央政府（國務院）統一領導全國地方各級國家行政機關的工作，規定中央和省、自治區、直轄市的國家行政機關的職權的具體劃分。」《憲法》和《地方組織法》規定，縣級以上地方各級人民政府依照法律規定的權限，管理本行政區域內的經濟、教育、科學、文化、衛生等事務；[1] 縣級以上的地方各級人民政府領導所屬各工作部門和下級人民政府的工作，有權改變或者撤銷所屬各工作部門和下級人民政府的不適當的決定。[2] 可見，我國憲法和地方組織法只授權各級政府管理其轄區範圍內的事務，對地方政府能否自主締結跨行政區劃的合作協定，以及締結協定的權、程序及法律效力等問題，都沒有任何規定。此外，《香港特別行政區基本法》也沒有對香港特別行政區政府與內地各省之間締結區際合作協定的權限做出規定。[3] 這一立法上的缺失導致我國已經大量存在的政府間合作協定因缺乏法律依據而難以成為法律淵源，無法產生法律效力，《框架協議》也不例外。

四　明確 CEPA 及《框架協議》的性質與效力的立法建議

　　作為依法行政原則組成部分的法律保留原則認為，行政機關實施任

1　《憲法》第一〇七條規定：縣級以上地方各級人民政府依照法律規定的權限，管理本行政區域內的經濟、教育、科學、文化、衛生、體育事業、城鄉建設事業和財政、民政、公安、民族事務、司法行政、監察、計劃生育等行政工作。《地方各級人民代表大會和地方各級人民政府組織法》第 59 條第 5 項規定：縣級以上的地方各級人民政府管理本行政區域內的經濟、教育、科學、文化、衛生、體育事業、環境和資源保護、城鄉建設事業和財政、民政、公安、民族事務、司法行政、監察、計劃生育等行政工作。

2　《憲法》第一〇八條規定：縣級以上的地方各級人民政府領導所屬各工作部門和下級人民政府的工作，有權改變或者撤銷所屬各工作部門和下級人民政府的不適當的決定。《地方各級人民代表大會和地方各級人民政府組織法》第 59 條第 2 項、第 3 項規定：縣級以上的地方各級人民政府領導所屬各工作部門和下級人民政府的工作；改變或者撤銷所屬各工作部門的不適當的命令、指示和下級人民政府的不適當的決定、命令。

3　《香港特別行政區基本法》第 62 條規定的香港特別行政區政府職權中沒有涉及香港政府與內地地方政府之間締結區際合作協定的內容。

何行政行為都必須有法律授權，否則，其合法性將受到質疑。[1] 這正是致使 CEPA 協議及《框架協議》在內地法律效力受到質疑的原因所在。《憲法》和《地方組織法》都沒有賦予縣級以上人民政府締結政府間合作協定的權力，《立法法》也沒有對政府間合作協定的法律地位做出規定，地方政府間的締約行為缺乏法律授權，其行為的法律效力自然受到質疑。從我國實踐來看，地方政府締約權的適憲性及適法性的缺失問題，已經成了阻礙區域合作和區域一體化的瓶頸。[2] 要改變政府間合作協定在我國所面臨的法律困境，首要的是要解決政府間合作協定的法律依據問題。美國憲法中的「協定條款」及聯邦最高法院對該條款的最終解釋權制度可為我國解決政府間合作協定的法律依據問題提供有益的借鑒，進而為我國明確 CEPA 協議及《框架協議》的性質及法律效力提供借鑒。

美國州際協定的法律基礎是《聯邦憲法》第一條第十款第三項即所謂的「協定條款」（Compact Clause）：「任何一州，未經國會同意，不得與他州或外國締結協定或盟約。」這一條款表明，美國憲法允許各州在國會同意的前提下締結協定，賦予各州間締結州際協定的權力。州際協定對成員州的所有公民具有約束力。[3] 經國會批准的州際協定既是成員州的法律，也是它們之間的契約，[4] 其效力如同主權國家之間的條約，相關的州和公民都要嚴格遵守。[5] 美國聯邦最高法院具有州際協定的終極解釋權。1938 年「欣得里德訴拉普拉塔 & 切利河灌溉公司」案中州際協定被定位為州法。但 1981 年的「凱勒訴亞當斯」案的判例中，聯邦認定了「國會的批准將州際

1　陳新民：《行政法總論》，台北，三民書局，1995，第 54 頁。

2　王貽志：《長三角一體化進程中的政府合作機制評估與分析》，《中國長三角區域發展報告》，社會科學文獻出版社，2005，第 206～208 頁。

3　L.Zimmerman and Mitchell Wendell.The Law and Use of Interstate Compacts.Chicago：The Council of State Governments，1961.

4　The Council of State Governments.The Book of the States 1984-1985，vol.25.

5　Johnny H.Killian and George A.Costello：The Constitution of the United States of America：Analysis and Interpretation Washington：U.S.Government Printing Office，1996.

協定轉變為合眾國的法律」，[1] 從而確立了經國會批准的州際協定屬於聯邦法律的觀點。「州際協定既然是聯邦法律，自然要服從聯邦的解釋」，聯邦最高法院確立了其終極裁判者的地位，剝奪了各州法院在這個領域中解釋本州憲法的絕對權力，州際協定是否違反成員州的憲法、是否與成員州的相關法律衝突，要由聯邦最高法院做最終的裁決。聯邦最高法院這種權威阻止了不少成員州單方面放棄協定或拒不履行相關義務的行為，[2] 有效確保了州際協定的順利實施。

我國雖是單一制國家，但因中央政府允許香港、澳門回歸後保留其原有的法律制度，在客觀上已經形成內地、香港、澳門三大法域，從而令政府之間的合作也存在兩種性質，一種是同一法域內地方政府之間的區域合作，另一種是不同法域的政府之間進行的區際合作。其中，區際合作又表現為以法域為單位的整個中國內地與香港或澳門特別行政區之間的雙邊合作，如 CEPA 協議建立的合作關係；中國內地法域中的多個地區與香港和澳門兩個不同法域建立的多邊合作，如《泛珠三角區域合作框架協議》建立的「9+2」合作關係；以及中國內地法域中的單個地區與香港或澳門之間的雙邊合作，如《粵港合作框架協議》建立的廣東省與香港之間的深度合作關係。隨着 2010 年 6 月 29 日中國大陸與台灣簽署《兩岸經濟合作框架協定》（以下簡稱 ECFA），我國主權範圍內的區際政府合作呈現出了更加多樣化的合作形式。此外，由於香港、澳門和台灣都是世貿組織的成員，內地（中國大陸地區）與上述地區締結的與貿易相關的協議同時還要受世貿組織規則的約束，具有國際法上的約束力。需要強調的是，即使在國內法上，內地（中國大陸地區）與香港、澳門甚至台灣地區締結的政府間合作協議也因這些地區的高度自治性而與其他國家已有的區際合作協議有所不

1　Joseph F.Zimmerman，Interstate Relations：The Neglected Dimension of Federalism.Westport：Praeger Publishers，1996.

2　Com.of Virginia v.State of West Virginia，246U.S.565，1918.

同，且台灣地區目前的法律地位與香港、澳門還不完全相同，其與中國大陸地區締結的 ECFA 協議在性質上與 CEPA 協議也有所不同。我國目前已經形成的形式多樣、性質各異的政府間合作協定在世界各國中難得一見，這主要是由我國的特殊國情造成的，其中，我國政府在解決歷史遺留問題中所進行的制度創新更是形成這一現象的根本原因。由於我國主權範圍內各法域地位的特殊性，我國已經形成的區際政府合作協議在其他國家目前還無法找到相同的先例，但在不同法域的地方政府之間建立的區際政府合作關係方面，美國的州際合作與我國的區際合作仍有一定的相似之處，美國關於州際協定的立法和司法模式對我國明確區際政府合作協定的性質和法律效力問題仍有相當重要的借鑒意義。此外，由於發生在同一法域之內的地方政府之間的區域合作關係較區際合作關係更為簡單，美國關於州際協定的做法同樣可為我國解決地方政府間區域合作協定的法律依據問題提供重要參考。

具體而言，我國可以借鑒美國關於州際協定的相關規定，在《憲法》中對地方政府締結政府間合作協定的權力做出一些原則性規定，授予地方政府在其行政管理職能範圍內開展對外合作的締約權（包括區域合作和區際合作的締約權），對於可能影響其他地方政府利益的政府間合作協定應報上一級行政機關批准，涉及中央政府權威的地方政府間合作協定必須報國務院審批。為規範地方政府的橫向合作關係，可以由《地方組織法》對地方政府間關係做出專門規定，明確各級政府締結合作協定的權限。在《憲法》授予地方政府締約權後，地方政府締結合作協定的行為就是法律行為，政府間合作協定由此具有了法律效力，為保證法的銜接性，還必須由《立法法》對政府間合作協定的法律地位及生效程序做出規定。此外，由於政府間合作協定是地方政府間基於行政管理的需要所締結的合作合同，締約雙方都負有履行約定的義務，在出現合同一方不完全履行合同或拒絕履行合同義務時，另一方需要相應的救濟措施，因此，《憲法》在授予地方政府締約權時，還有必要規定處理政府間合作協定爭議的權威機構，並由《地方組織法》規定該機構處理爭議的權限和程序。在條件成熟時，

可以考慮由國務院制定《政府間合作協定條例》，對政府間合作協定的生效條件、生效程序、爭議處理、違約救濟等一系列具體問題系統地加以規範。區際政府合作協定涉及香港或澳門甚至台灣地區等不同法域，基於締結協定主體擁有的高度自治權及所屬地區法律制度的差異以及世貿組織規則的限制，《憲法》《地方組織法》《立法法》和《政府間合作協定條例》只能在不違背世貿組織規則的前提下，對地方政府與港澳台地區締結區際政府合作協定的權限及協定的生效條件、生效程序及爭議處理原則和程序等基本問題單獨做出原則性規定，對於區際政府合作協定的爭議處理應區分內地與特別行政區發生的爭議（如 CEPA 協議）和內地各省與特別行政區發生的爭議（如《框架協議》）的不同，分別做出原則性規定。當務之急，應盡快撤銷由國務院辦公廳下發的各部委職責方面的文件，統一以國務院的名義規定各部委的任務和職責，恢復 CEPA 協議在國內法上應有的法律地位，改變目前面臨的良性違憲的尷尬境地，避免其他類似情況的出現。通過上述立法行為，明確 CEPA 協議和《框架協議》的性質和效力，賦予其在國內法上應有的法律地位，確保 CEPA 協議和《框架協議》目標的最終實現。

參考文獻

《黃華華、曾蔭權召開記者會解讀〈粵港合作框架協議〉》，新民網，http：//news.xinmin.cn/rollnews/2010/04/07/4335222.html，2010 年 4 月 7 日。

羅豪才：《行政法學》，北京大學出版社，2001。

張正釗：《行政法與行政訴訟法》，中國人民大學出版社，2004。

葉必豐、劉道筠：《規範性文件的種類》，《行政法學研究》2000 年第 2 期。

姜明安：《行政法與行政訴訟法》，北京大學出版社、高等教育出版社，1999。

〔日〕鹽野宏：《行政法》，楊建順譯，法律出版社，1999。

《內地與香港關於建立更緊密經貿關係的安排》，2003 年 6 月 29 日。

韋經建、王小林：《論 CEPA 的性質、效力及其爭議解決模式》，《當代法學》2004 年第 5 期。

曾華群：《論內地與香港 CEPA 之性質》，《廈門大學學報》（哲學社會科學版）2004
年第 6 期。

慕亞平、代中現、慕子怡：《CEPA 協議及其實施中的法律問題研究》，法律出版社，
2009。

《國務院辦公廳關於印發〈商務部主要職責內設機構和人員編制規定〉的通知》（國辦
發〔2003〕29 號）2003 年 4 月 25 日。

《國務院辦公廳關於印發國務院辦公廳職能配置內設機構和人員編制規定的通知》（國
辦發〔1998〕31 號），1998 年 6 月 6 日。

陳瑞蓮、張緊跟：《試論我國區域行政研究》，《廣州大學學報》（哲學社會科學版）
2002 年第 4 期。

《長三角城市經濟協調會第七次會議開幕》，江蘇商務之窗網，http：//jiangsu.
mofcom.gov.cn/aarticle/sjdixiansw/200611/20061103842314.html，2006 年 11
月 24 日。

張孝文：《論區域經濟發展中的地方府際關係及其治理》，碩士學位論文，上海師範
大學，2004。

《粵港合作框架協議》，2010 年 4 月 7 日。

陳新民：《行政法總論》，台北，三民書局，1995。

王貽志：《長三角一體化進程中的政府合作機制評估與分析》，參見《中國長三角區
域發展報告》，社會科學文獻出版社，2005。

L.Zimmerman and Mitchell Wendell. The law and Use of Interstate Compacts.
Chicago：The Council of State Governments，1961.

The Council of State Governments. The Book of the States 1984-1985，Vol.25.

Johnny H.Killian and George A. Costello：The Constitution of the United States of
America：Analysis and Interpretation Washington：U.S.Government Printing Office，
1996.

Joseph F.Zimmerman，Interstate Relations：The Neglected Dimension of Federalism.
Westport：Praeger Publishers，1996.

Com.of Virginia v. State of West Virginia，246 U.S. 565，1918.

19.《粵港合作框架協議》
若干法律問題探析

慕亞平　鍾燕蓮

為了落實《珠江三角洲地區改革發展規劃綱要（2008－2020 年）》（以下簡稱《規劃綱要》）和《內地與香港關於建立更緊密經貿關係的安排》（以下簡稱《CEPA 協議》）及其補充協議，促進粵港更緊密地合作，廣東省人民政府與香港特別行政區政府經協商一致簽訂了《粵港合作框架協議》（以下簡稱《框架協議》）。要促進《框架協議》的各項目標和要求的實現，我們首先必須分析和明確《框架協議》是何性質、其簽訂有無法律依據以及有無法律效力等若干問題。否則，在實施過程中難免會遇到各種執行上的困難，從而導致粵港的更緊密合作受到阻礙。因此，本文試圖對上述幾個法律問題進行探討。

一　《框架協議》的性質問題

總的來說，《框架協議》是區際政府的合作協議。具體來講，對《框架協議》性質的理解，可以從兩個方面展開：首先，《框架協議》是一份行政協議，是不同政府之間為了促進相互的合作而簽訂的行政協議；其次，《框架協議》是一份區際性的行政協議，是不同法域、不同級別的政府之間簽訂的行政協議。

（一）《框架協議》是政府間的合作協議

我國的區域經濟一體化正在迅猛發展中，長三角地區、珠三角地區和

環渤海地區等都在為實現區域經濟一體化而不斷地探索和實踐。要實現區域經濟一體化，政府間的合作是必然的選擇。近年來，我國地方政府之間通過行政首長聯席會議機制締結合作協議的情況日漸增多，政府合作協議作為聯席會議達成的一種結果，在法學上被定性為「行政協議」。[1]

對於行政協議的含義，目前學界的通說認為：「行政協議是兩個或兩個以上的行政主體，為了提高行使國家權力的效率，實現行政管理的效果，互相意思表示一致而達成協議的雙方行為，本質上是一種對等性行政契約。」[2]由此可見，行政協議的構成要件可以分為三個方面：①行政協議的締結主體是兩個或兩個以上的行政主體；②締結行政協議是以平等合作為基礎，以達到協調和促進區域經濟政府間的社會經濟公共事務管理的目的；③行政協議必須是締結主體之間意思表示一致而達成的結果。

《框架協議》是廣東省人民政府和香港特別行政區政府為落實《規劃綱要》和 CEPA 協議、促進粵港更緊密合作而簽訂的，並且《規劃綱要》和 CEPA 協議的產生也是為了促進我國的區域經濟一體化。《框架協議》的第一條就闡明了粵港合作的宗旨：「進一步建立互利共贏的區域合作關係，有效整合存量資源，創新發展增量資源，推動區域經濟一體化，促進社會、文化、生活等多方面共同發展，攜手打造亞太地區最具活力和國際競爭力的城市群，率先形成最具發展空間和增長潛力的世界級新經濟區域。」顯然，《框架協議》完全符合上述提到的行政協議的構成要件。因此，《框架協議》也是一份行政協議，是粵港政府之間的合作協議。

（二）《框架協議》是區際性行政協議

在確定《框架協議》是政府間合作的行政協議之後，我們需要注意的是，這份粵港兩個政府之間締結的行政協議，是區際性行政協議，與內地

1　崔卓蘭、黃嘉偉：《區際行政協議試論》，《當代法學》2011 年第 6 期，第 19 頁。

2　何淵：《論行政協議》，《行政法學研究》2006 年第 3 期，第 46 頁。

地方政府之間簽訂的行政協議不同。

「區際」這個概念源自國際私法，是以法域為基礎提出來的。「一般說來，一個具有獨特法律制度的地區被稱為法域。」[1] 就我國本身而言，內地和港澳是具有獨特法律制度的行政區域，這三個行政區域之間形成了不同的法域，這三個法域之間的相互關係可以稱之為區際。區際行政協議是指在區域經濟一體化的客觀趨勢和區域合作治理的目標指引下，一定經濟區域內不同法域的行政機關之間為協調區際公共事務而訂立的行政協議，是一種新型的、特殊的行政協議。[2] 自港澳回歸、中國加入 WTO 以來，內地與港澳便形成了一個主權國家內三個不同的法域。隨着粵港澳三地經濟關係的日益密切，粵港澳形成了一定的經濟區域，然而這樣的經濟區域因其成員來自不同的法域而有別於內地的經濟區域，粵港澳之間的經濟關係是一個主權國家內三個不同法域之間的經濟關係。同時，廣東省是我國內地的一個省份，而香港和澳門是我國的特別行政區，廣東省人民政府和香港、澳門特別行政區政府所擁有的權力、享有權利和義務是不同的，前者與後兩者是不同級別的政府。因此，粵港兩地政府為了促進相互間更緊密的合作而簽訂的《框架協議》帶有區際屬性，屬於區際行政協議，是不同法域、不同級別的政府之間簽訂的行政協議。

二　《框架協議》簽訂的法律依據問題

（一）《框架協議》的簽訂沒有明確的法律依據

1. 從《框架協議》簽訂的基礎角度分析

從《框架協議》簽訂的基礎來講，該文件的簽訂是缺乏法律依據的。

1　韓德培：《國際私法》，北京大學出版社、高等教育出版社，2000，第 274 頁。
2　崔卓蘭、黃嘉偉：《區際行政協議試論》，《當代法學》2011 年第 6 期，第 20 頁。

《框架協議》的開篇即闡明，該協議是廣東省人民政府和香港特別行政區政府為落實《規劃綱要》和 CEPA 協議、促進粵港澳更緊密合作而制定的。由此可見，《框架協議》是以《規劃綱要》和 CEPA 協議為基礎訂立的。然而，《規劃綱要》是行政指導性文件，不屬於法律規定的法律淵源，不具有法律效力。[1] 至於 CEPA 協議，從國內法層面上看，它是內地政府與香港特別行政區政府之間締結的區際經貿合作協定。但我國目前在國內法上沒有關於內地與特別行政區締結政府間合作協定的相關規定，因此，CEPA 協議目前並不能成為國內法上的法律淵源，其效力也存在着疑問。[2] 可見，《規劃綱要》和 CEPA 協議都不具有法律效力，因而不能成為《框架協議》訂立的法律基礎。

2. 從簽訂主體的權限角度分析

從《框架協議》的簽訂主體的權力角度來講，該文件的簽訂主體都是沒有法律明確授權的。根據《憲法》和《地方組織法》的規定和授權，各級政府只能管理其轄區範圍內的事務，而對於地方政府能否同國內其他行政區劃的政府自願協商一致締結合作協定，以及締結協定的權限、程序及法律效力等問題，則都沒有任何規定。此外，《香港特別行政區基本法》也沒有對香港政府能否與內地各省之間締結區際合作協定做出規定。經過上述分析可知，廣東省人民政府和香港特別行政區政府簽訂《框架協議》的行為沒有獲得法律的明確授權，從而令該文件無法成為國內法律規定的法律淵源。

綜上所述，無論從《框架協議》簽訂的基礎角度，還是從其簽訂主體的權限角度來講，該文件的簽訂都是缺乏法律依據的。

1　朱穎俐、慕子怡、慕亞平：《〈粵港合作框架協議〉性質的法理分析及立法建議》，《粵港澳緊密合作中的法律問題研究》，中國民主法治出版社，2011，第 23～25 頁。

2　朱穎俐、慕子怡、慕亞平：《〈粵港合作框架協議〉性質的法理分析及立法建議》，《粵港澳緊密合作中的法律問題研究》，中國民主法治出版社，2011，第 27 頁。

（二）應儘快立法為各種行政協議的簽訂提供明確的法律依據

其實，不僅是區際政府簽訂合作協定沒有得到規定，即便是內地各政府之間簽訂的合作協定也沒有得到授權，換句話說，目前我國尚未有法律對這一類行政行為進行規範。

然而，有學者認為不能因此而否認內地政府之間、內地政府與港澳政府之間有權締結行政協議。他們認為法律雖然沒有明確的「行政協議條款」，但同樣也沒有禁止性的規定，因此，《憲法》和《地方組織法》實際上暗示或間接授予了這些地方政府締結行政協議的權限，只要在《憲法》和法律規定的管理權限內，並且沒有涉及中央政府的職權、不具有其他重大政治意義，這些政府之間就有權締結行政協議。[1] 筆者認為，這只是一種基於「法無禁止即自由」的理論而做出的推斷。如果從「法無授權即禁止」的角度來理解，得出的結論自然就是各地方政府之間無權簽署行政協議了。

雖然我國對行政協議沒有相應的法律規定，關於行政協議的理論探討也仍在發展中，尚未形成一套很成熟的理論，然而在實踐中，以簽訂行政協議來促進政府間合作的方式卻已被廣泛地採用，譬如長三角地區的《長江三角洲城市經濟協調會章程》《長江三角洲地區城市合作協議》，珠三角地區的《泛珠三角區域合作框架協議》《泛珠三角區域外經貿合作備忘錄》，環渤海地區的《環渤海區域合作框架協議》，還有《粵港合作框架協議》和《粵澳合作框架協議》等等。

可見，我國立法上關於「行政協議」的空白不僅使得學者們在理論上針對「行政協議」的簽訂有無法律基礎存在爭議，更造成了現實中存在着大量的行政協議卻沒有法律依據的尷尬局面。因此，儘快立法為各種行政協議的簽訂提供明確的法律依據，通過立法賦予包括中央政府、內地各地區政府和港澳地區政府等在內的各級政府締結行政協議的權力，是非常有必要的。

1　何淵：《論行政協議》，《行政法學研究》2006 年第 3 期，第 46 頁。

三 《框架協議》的效力問題

（一）從法律規定的角度而言，我國立法沒有對行政協議做出任何規定，因此《框架協議》不具有法律效力

《立法法》第 2 條規定：「法律、行政法規、地方性法規、自治條例和單行條例的制定、修改和廢止，適用本法。國務院部門規章和地方政府規章的制定、修改和廢止，依照本法的有關規定執行。」由此可見，我國的法律形式包括上述法條中規定的法律、行政法規、地方性法規、自治條例、單行條例、國務院部門規章和地方政府規章，此外還有這一法條未做規定的軍事規章。《框架協議》明顯不屬於這些法律形式中的任何一種。上文已經提到，我國的立法並沒對行政協議做出任何明確的規定，從這個角度講，行政協議不僅不是法定的法律形式，而且其簽訂也是沒有明確的法律依據的。因此，《框架協議》作為行政協議，不屬於法定的法律形式，其簽訂沒有法律依據的支持，不具有法律效力。

（二）從契約的性質和《框架協議》簽訂的目的而言，《框架協議》對締結機關有拘束力

《框架協議》是廣東省人民政府和香港特別行政區政府之間簽訂的行政協議，其本質是公法契約。既然《框架協議》屬於契約，那麼其簽訂主體就必須受契約的約束。也就是說，《框架協議》基於其契約的本質而對廣東省人民政府和香港特別行政區政府有拘束力。

粵港兩地政府簽訂《框架協議》的目的就是促進兩地更緊密地合作，希望通過該協議約束雙方的行為，促使雙方更好地實踐乃至實現協議中的內容和要求。如果這份《框架協議》對締結的雙方是沒有約束力的，那麼粵港兩地政府簽訂該協議又有何意義呢？因此，《框架協議》不管基於其契約的性質還是簽訂的目的都是應該對粵港兩地政府有拘束力的。

有學者認為，行政協議的效力依據可以參考民法上的誠實信用原則和國際法上的條約必須遵守原則。[1]對此，筆者認為這一思路是可以考慮的。誠實信用原則是民法的基本原則，現在可以說是為大部分的部門法所接受。在筆者看來，不管是私法契約還是公法契約，都是締約方的意思表達一致的結果，都是各締約方對對方的承諾，各締約方都應該遵循誠實信用原則，應秉着善意、誠實的心態，信守約定。條約必須遵守原則是國際條約法的基本原則，其要求凡是有效的條約，對其各當事方均有約束力，各當事方必須善意履行。條約必須遵守原則的核心要求就是條約必須得到善意的履行。雖然條約和我們此處所討論的行政協議分屬國際和國內兩個不同的法律體系，但還是可以有類比和借鑒之處。條約的締約方為不同的國家，而行政協議的締約方是同一國家內不同地區的政府，條約和行政協議的簽訂都是為了協調和促進締約方的發展，爭取各方的互利共贏。條約和行政協議，都是締約方所做出的承諾的體現。行政協議也應該像條約那樣，對締約方有拘束力，要求締約方的善意履行。

綜上所述，《框架協議》作為行政協議，不論是基於其契約的性質還是其簽訂的目的，都應該對粵港兩地政府有拘束力。而參照民法上的誠實信用原則和國際法上的條約必須遵守原則，《框架協議》也必須得到粵港兩地政府誠實、善意的履行。

（三）從《框架協議》的內容角度而言，該協議對行政相對人和其他有關行政機關有拘束力

作為政府間的合作協議，《框架協議》不僅約束締約政府的行為，也可能對締約政府的管轄區域內的行政相對人產生一定的外部效果。不僅如此，隸屬於粵港兩地政府的有關行政機關也將受到《框架協議》的約束。

---

1 何淵：《區域協調發展背景下行政協議的法律效力》，《上海行政學院學報》2010 年第 7 期，第 36 頁。

通覽《框架協議》全文，該協議雖然沒有直接約定行政相對人的權利和義務，卻「通過約定締約機關之間的權利義務而使得相對人獲得某種利益或使其利益範圍受到某種限定」。[1]而且，《框架協議》並不是一次性地對某一特定對象進行適用，而是作為一種政策性、指導性的文件反覆地對相關對象產生影響。

《框架協議》對隸屬於粵港兩地政府的有關行政機關的拘束力，可以從兩個方面來分析。一方面，《框架協議》直接約定了隸屬於粵港兩地政府的有關行政機關的權利和義務。例如，《框架協議》的第十章為「機制安排」，其中的第三條為「擴充粵港合作聯絡辦公室職能，粵方設在廣東省人民政府港澳事務辦公室，港方設在香港特別行政區政府政制及內地事務局，負責跟進落實本協議有關事項，協調解決合作爭端，建立公共信息平台，定期發表本協議落實情況報告。」這一條就直接約定了粵港合作聯絡辦公室的設立和職能。另一方面，《框架協議》通過粵港兩地政府之間的權利義務而使得隸屬於粵港兩地政府的有關行政機關的權利和義務受到一定的影響。這是顯而易見的，因為粵港兩地政府簽訂了合作協議，約定很多合作發展的事項，隸屬於這兩個政府的有關行政機關自然必須聽從上級的要求，認真履行《框架協議》中的有關內容和要求。

（四）我國立法應盡快對行政協議做出規定，從而賦予《框架協議》應有的法律效力

總結上文的意思，我國法律沒有對行政協議做出任何規定，也就是說，《框架協議》不是法定的法律形式，其簽訂也沒有法律依據，因此《框架協議》是沒有法律效力的。然而，《框架協議》卻基於其契約的性質和簽訂的目的而對粵港兩地政府有拘束力，又基於其具體內容的要求而對行政

1　葉必豐等：《行政協議：區域政府間合作機制研究》，法律出版社，2010，第 194 頁。

相對人和隸屬於粵港兩地政府的有關行政機關具有拘束力。換句話說，《框架協議》具有事實上的拘束力。

言及於此，筆者不禁產生了疑惑：既然《框架協議》的簽訂是沒有法律依據的，那麼是否粵港政府、行政相對人、有關行政機關就不需要受到《框架協議》的拘束呢？《框架協議》因法律沒有相關規定而沒有法律效力，然而從現實情況來看它卻具有事實上的拘束力，這是否形成了一個矛盾和悖論呢？筆者認為這並不矛盾，而是反映了我國在行政協議方面的立法缺失。法律沒有相應的規定，並不代表其沒有存在的必要和作用。但是，這樣的局面不應長久維持，一方面因為這種情況的存在本身就是不合理的；另一方面，萬一在粵港雙方的合作中產生了爭端，豈不是沒有法律進行保護和平衡？可見，我國立法應儘快對行政協議做出規定，從而賦予《框架協議》應有的法律效力。

結語

《框架協議》是區際政府的合作協議，但是其簽訂卻是沒有任何法律依據的。《框架協議》因法律沒有相關規定而沒有法律效力，然而從現實情況來看卻具有事實上的拘束力。雖然《框架協議》的簽訂具有很重要的作用和意義，它適應並推動內地與港澳區域經濟一體化的發展，有助於貫徹「一國兩制」方針和保障港澳的繁榮與穩定，但是如果其簽訂是沒有法律依據的，也因此而無法產生法律效力，即便其有事實上的拘束力，當發生爭端的時候又該如何尋求法律進行保護和平衡呢？因此，我國應填補立法中關於行政協議的規定的空白，從而賦予《框架協議》應有的法律地位和效力，以真正促進粵港的更緊密合作，推動我國區域經濟一體化的發展。

區域經濟一體化中的法律問題研究

慕亞平　主　編
慕子怡　朱穎俐　副主編

責任編輯　劉　華
裝幀設計　高　林
排　　版　黎　浪
印　　務　林佳年

出版　　開明書店
　　　　香港北角英皇道 499 號北角工業大廈一樓 B
　　　　電話：(852) 2137 2338　傳真：(852) 2713 8202
　　　　電子郵件：info@chunghwabook.com.hk
　　　　網址：http://www.chunghwabook.com.hk

發行　　香港聯合書刊物流有限公司
　　　　香港新界大埔汀麗路 36 號
　　　　中華商務印刷大廈 3 字樓
　　　　電話：(852) 2150 2100　傳真：(852) 2407 3062
　　　　電子郵件：info@suplogistics.com.hk

印刷　　美雅印刷製本有限公司
　　　　香港觀塘榮業街 6 號海濱工業大廈 4 樓 A 室

版次　　2020 年 9 月初版
　　　　2023 年 11 月第 2 次印刷
　　　　© 2020 2023 開明書店

規格　　16 開（240mm×170mm）

ISBN　　978-962-459-070-8